Le Droit International de la Femme et son Application dans le Contexte Africain

Publications Universitaires Européennes
Europäische Hochschulschriften
European University Studies

Série II
Droit

Reihe II Series II
Rechtswissenschaft
Law

Vol./Bd. 4787

PETER LANG
Frankfurt am Main · Berlin · Bern · Bruxelles · New York · Oxford · Wien

Crescence Nga Beyeme

Le Droit International de la Femme et son Application dans le Contexte Africain

Le Cas des Mutilations Génitales Féminines

PETER LANG
Internationaler Verlag der Wissenschaften

Information bibliographique de la Deutsche Nationalbibliothek
La Deutsche Nationalbibliothek a répertorié cette publication dans la Deutsche Nationalbibliographie ; les données bibliographiques détaillées peuvent être consultées sur Internet à l'adresse http://www.d-nb.de.

Zugl.: München, Univ., Diss., 2008

D 19
ISSN 0531-7312
ISBN 978-3-631-58528-3

Imprimé en Allemagne 1 2 3 4 5 7

www.peterlang.de

PRÉFACE

Mes remerciements vont :

à l'Eternel, Dieu Tout-Puissant dont la fidélité ne m'a pas fait défaut ;

à la Friedrich Ebert Stiftung dont l'encadrement aussi bien financier, matériel que moral m'a permis de rédiger cette dissertation ;

à mon professeur de thèse Professeur Dr. Georg Nolte, dont les conseils judicieux m'ont permis de réaliser ce travail ;

à mes parents, Mr et Mme Beyeme, qui m'ont inculqué dès mon plus jeune âge, le culte de l'effort ;

à mes amis, parents et connaissances dont je ne saurais citer ici les noms mais dont le soutien a été déterminant dans la réalisation de cette thèse.

Göttingen, le 4 Août 2008.

SOMMAIRE

ABRÉVIATIONS

ACAFEJ:	Association Camerounaise des Femmes Juristes
AJICL:	Arizona Journal of International and Comparative Law
ALVF:	Association de Lutte contre les Violences Féminines
A/N/40:	Rapport Annuel du CDH à la Nième Session de l'Assemblée Générale des Nations Unies
BHRLR:	Buffalo Human Rights Law Review
CADHP:	Charte Africaine des Droits de l'Homme et des Peuples.
CAT:	Convention Against Torture.
CCT:	Comité Contre la Torture.
CDE:	Comité des Droits de l'Enfant.
CDH:	Comité des Droits de l'Homme.
CDESC:	Comité des Droits Économiques, Sociaux et Culturels.
CEDAW:	Convention on the Elimination of all Forms of Discrimination Against Women
CHRLR:	Columbia Human Rights Law Review
CILJ:	Cornell International Law Journal
CJICL:	Cardozo Journal of International and Comparative Law
CJTL:	Columbia Journal of Transnational Law
CEDEF:	Comité d'Élimination des Discriminations à l'Égard des Femmes
CEDH:	Convention Européenne des Droits de l'Homme.
CESCR:	Committee on Economic, Social and Cultural Rights
CF:	Circoncision Féminine.
CHRLR:	Columbia Human Rights Law Review
CRC:	Convention on the Rights of the Child.
CREFELS:	Groupe de Recherche Femmes et Lois au Sénégal
CRLP:	Centre pour le Droit et les Politiques en matière de Santé et de Reproduction
CSW:	Commission on the Status of Women
Dec:	Décision
DUDH:	Déclaration Universelle des Droits de l'Homme.
EILR:	Emory international Law Review
FGC:	Female Genital Cutting
FGM:	Female Genital Mutilation
FGS:	Female Genitale Surgeries
GJF:	Global Jurist Frontiers
GTZ:	Gesellschaft für Technische Zusammenarbeit
GWILR:	George Waschington international Law Rights
HHRJ:	Harvard Human Rights Journal
HILJ:	Harvard International Law Journal
HJIL:	Houston Journal of International Law

HRQ:	Human Rights Quarterly
HWLJ:	Harvard Women's Law Journal
IAC:	Inter African Committee
IJIL:	Indian Journal of International Law
IL:	International Lawyer
LLAICLR:	Loyola of Los Angeles International and Comparative Law Review
LSR:	Law and Society Review
MJILT:	Maryland Journal of International Law and Trade
NMLR:	New Mexico Law Review
NQHR:	Netherlands Quarterly of Human Rights
OMS:	Organisation Mondiale de la Santé.
ONU:	Organisation des Nations Unies
ONG:	Organisation Non Gouvernementale.
Para	Paragraphe
PILR	Pace International Law Review
PIDCP	Pacte International des Droits Civils et Politiques
PIDESC	Pacte International des Droits Économiques, Sociaux et Culturels
PF:	Protocole Facultatif.
PUF:	Presses Universitaires de France
RADIC:	Revue Africaine de Droit International et Comparé
RTDH:	Revue Trimestrielle des Droits de l'Homme
RBDI:	Revue Belge de Droit international
RCADI:	Recueil des Cours de l'Académie de Droit International de la Haye
RHDI:	Revue Hellenique de Droit International
RUDH:	Revue Universelle des droits de l'Homme
SJICLR:	Singapore Journal of International and Comparative Law
STLR:	Suffolk Transnational Law Review
Tostan:	Organisation non Gouvernementale Internationale basée au Sénégal
UCAC:	Université Catholique d'Afrique Centrale.
UMICLR:	University of Miami International and Comparative Law Review
Vol:	Volume
WHO:	World Health Organisation.

INTRODUCTION

La question de la femme occupe une place de plus en plus importante dans la définition des politiques des États en matière des droits de l'homme aussi bien à l'échelle internationale que nationale, les deux ordres s'influençant réciproquement[1]. Et, il est aujourd'hui admis qu'une approche fondée sur le genre du régime international des droits de l'homme est incontournable si l'on veut remédier aux déséquilibres des rapports des sexes. Il est en effet soutenu que ladite réglementation, quoique consacrant une égalité entre les deux sexes conformément aux valeurs libérales qui la sous-tendent s'avère dans les faits, compte tenu de la position privilégiée qu'occupent les hommes dans bien des domaines et de la spécificité des problèmes féminins, très souvent impropre à réparer les injustices dont sont victimes les femmes[2]. De l'avis de certains auteurs à l'exemple de Hilary Charlesworth, la mise en œuvre d'une réglementation véritablement favorable aux femmes ne doit pas consister à créer un régime juridique propre aux femmes, lequel à l'instar du système mis en place par les Nations Unies ne ferait que contribuer à une plus grande marginalisation des femmes[3], mais devrait plutôt conduire à une modification plus ou moins

1 *"In the past, women's rights issue typically were excluded from discussion of international human rights. A general consensus exists today, however, that women's rights are human rights and, therefore, violence against women is a human rights violation. Women are beginning to use this policy consensus in conjunction with international instruments to alter laws and practices at national and local levels because international instruments can be particulary effective in changing the law. Further, international human rights standards are also being used in the national fora. Women's groups are using a country's international obligations as the minimum standard against which national laws should be measured. Gains in this area are slows but significant"*: P. Subrata, "*Combating Domestic Violence Through Positive International Action in The International Community and in The United Kingdom, India, and Africa*", CJICL, 7, 1999, p.227 (228).

2 *"Liberalism constructs a social and political order which seeks to emancipate the individual from the oppression of political structures that reinforce hierarchical forms of human association. However the presence of patriarchy in these emancipatory structures reveals the gap between liberal concepts and reality. A critique of liberal society that exposes its hollowness may promote the realisation of its realization"*: C. Romany, "*Women as aliens: a Feminist Critique of the Public/ Private Distinction*", HHLJ, 6, 1993, p.87 (90). Dans le même sens: E. Margareth, "*Addressing Gender-Based Violence In An International Context*", HWLJ, 18, 1995, pp.139. (146 et s); R. Cook, "*State Responsibility For Violations of Women's Human Rights,* HHRJ,7, 1994, pp.125. (130 et s).

3 *« The United Nations system has responded to women's concerns by creating specialized institutions and instruments, for example, the Commission on the status of women and the Convention on the Elimination of All Forms of Discrimination Against Women. While both the Commission and the Convention have been valuable as*

substantielle du régime international actuel en faveur des femmes sans que l'hypothèse d'une réglementation nouvelle générale ne soit à priori exclue[4]. Si les critiques faites à l'encontre du régime classique des droits de l'homme apparaissent à bien des égards fondées, la mise sur pied d'un régime nouveau réalisant parfaitement l'équilibre des deux sexes reste une entreprise des plus difficiles[5]. L'on peut alors comprendre l'orientation bien plus modeste des Nations Unies, qui tout en adoptant des réglementations spécifiques propres aux femmes[6] ont eu également à apporter des interprétations nouvelles à certaines dispositions existantes dans le sens d'une plus grande protection des femmes[7]. C'est la raison pour laquelle dans le cadre de notre thèse influencée en cela par l'orientation choisie par les Nations Unies, nous entendons par droit international de la femme, l'ensemble des règles du droit international des droits de l'homme aussi bien celles générales que spécifiques, visant à assurer une

---

vehicles for women's concerns to be expressed internationally, their existence has also been used as a reason as to exclude women from the mainstream human rights agenda. In other words, the creation of a specialized branch of women's human rights law has allowed its marginalization: mainstrain human rights bodies have tended to ignore the application of human rights norms to women.........Simply adding women and mixing obscures the fact that the international legal system it gendered in itself" : H. Charlesworth, *"Alienating Oscar ? Feminist Analysis of International Law"*, in *Reconceiving Reality: Women and International Law, Studies in transnational Legal Policy*, p. 1(9). Dans le même sens J. Donnely cité par L. Thio, *"The Impact of Internationalisation on domestic Governance: Gender Egalitarianism & The Transformative Potential of CEDAW"*, SJICL, 1, 1997, pp.278 (286-287).

4 H. Charlesworth, op. cit., p.1(12).

5 Ibid, pp.1(12-13).

6 La CEDAW serait en ce sens une bonne illustration. Son intérêt dans le cadre d'une protection effective des droits des femmes a été relevée par certains auteurs tels que: E. Evatt, *Finding a voice for Women's rights: the early days of CEDAW*, GWILR, 34, 2002, pp.515 (516 et s); L. Thio, op. cit., pp.278 (282-283).

7 C'est ainsi que diverses conventions existantes ont été interprétées extensivement de manière à dénoncer la pratique des MGF. L'exemple type est la définition extensive de l'art 1 de la convention sur la torture permettant de faire rentrer dans son champ d'application les MGF. Les MGF sont alors considérées comme un cas de violences spécifiques faites aux femmes pouvant donner lieu au droit d'asile conformément à l'art 3al1, CAT aux termes duquel : *« Aucun État partie n'expulsera, ne refoulera, ni n'extradera une personne vers un autre État où il y'a des motifs sérieux de croire qu'elle risque d'être soumise à la torture»*. Des décisions ont d'ailleurs été données dans ce sens au niveau de certains États occidentaux tels que: la France, le Canada, les États-Unis, la suède. Voir en ce sens: I. Coello, *«Female Genital Mutilation:marked by Tradition,* 7.CJICL, 213, 1999, pp.213 (223 et s); B. Gillia; *"Female Genital Mutilation: a Form of Persecution"*, NMLR, 1997,35, 1997, pp.579. (588 et s); B. Passade Cisse, *"International Law Sources applicable to Female Genital Mutilation: a guide to Adjudicators of Refugee Claims based on a Fear of Female Genital Mutilation"*, 35.CJTL, 429, 1997, passim.

certaine dignité aux femmes. Le droit international des femmes serait donc constitué à cet égard, d'un ensemble de règles applicables aussi bien aux femmes qu'aux hommes du fait de leur appartenance à la race humaine, mais également et surtout de règles spéciales à même de faire face aux injustices spécifiquement féminines. La nécessité de considérer les intérêts des femmes au niveau des Nations Unies, n'eût été possible sans l'ardeur des mouvements féministes. En effet, certaines féministes ont eu à démontrer que le régime traditionnel classique des droits de l'homme dans sa formulation et conception, étaient d'une faible portée pour les femmes, dans la mesure où il était difficile dans les hypothèses pourtant flagrantes de violation des droits de l'homme de mettre en cause la responsabilité de l'État, lesdits actes étant commis dans le cadre de la sphère privée[8]. La situation des femmes était d'autant plus dramatique, que les préjudices, qu'elles avaient à subir étaient accomplis dans la sphère familiale sous l'acceptance sociale et ne donnaient en conséquence lieu dans la plupart des cas à aucune action en justice au plan interne[9]. C'est la raison pour laquelle, la distinction traditionnelle droit public/ privé fut dénoncée car il apparaissait impératif que le droit international pût voler au secours des femmes[10]. Ces dernières ne peuvent à ce titre être exclues de la protection du droit international, dont l'objet pour reprendre les termes de René Cassin consisterait à« *.....étudier les rapports entre les hommes en fonction de la dignité humaine, en déterminant les droits et facultés dont l'ensemble est nécessaire à l'épanouissement de la personnalité de chaque être humain »*[11]. Il devenait par conséquent insoutenable que des comportements émanant aussi bien des États que des Individus et qui portaient atteinte à la dignité de la femme du seul fait qu'elle soit femme, soient de quelque manière tolérés. Dans ce sens, il est aujourd'hui admis, que la responsabilité de l'État est désormais engagée même

8 C. Romany, op. cit., pp.87 (89 et s); E. Margareth, op. cit., pp.139 (145 et s) ; H. Charlesworth, op. cit., p.1(10).

9 *"While private individuals who perpetuate abuses against women act under the aegis of societal acceptance and governmental indifference, rarely does an organized state body exist that the international community ca hold accountable for these actrocities. Consequently, the international community relegates such abuses to the sphere of private domestic issues within which it has no legal jurisdiction":* E Margareth, op. cit., p.139 (158).

10 *« the public/private dichotomy , by ignoring the political character of power unequally distributed in family life, obscures the political nature of so-called private life. The dichotomy clouds the fact that the domestic arena is itself created by the political realm where the state reserves the right to intervene. The dichotomy hides the area in which our selves become gendered. Finally the dichotomy obscures the psychological and practical barriers that the social division of labor imposes upon women"*: propos de Susan Okin cité par C. Romany, op. cit., pp.87(100-01).

11 La dite définition a été citée par K. Vasak, les Dimensions internationales des droits de l'homme, paris, Unesco, 1978, p.VIII.

si l'atteinte émane d'un particulier, dès lors que sa négligence peut être relevé[12]. L'obligation qui pèse sur l'État est désormais assez large, il ne s'agit plus uniquement de légiférer en la matière et de s'abstenir dans ses relations avec les individus de porter atteinte à leurs droits mais également et surtout d'oeuvrer diligemment, de manière à prévenir certaines atteintes aux droits de l'homme sur le plan des rapports inter individuels[13]. Une telle évolution du droit international des droits de l'homme trouverait donc essentiellement son origine dans la volonté des uns et des autres de voir les États sortir de toute passivité en ce qui concerne le respect des droits des femmes[14]. Il n'est donc pas surprenant, que les droits de l'homme bon gré, mal gré soient devenus le moyen par excellence, à même de défendre la cause féminine, la femme africaine n'étant pas en reste[15]. En effet, de par la perméabilité qu'ils postulent entre l'ordre juridique international et les ordres juridiques internes des États[16], les droits de l'homme sont très souvent utilisés par les ONGs comme moyens de pression à l'encontre

---

12 R. Cook, "*State Responsibility For Violations of Women's Human Rights*", HHRJ,7, 1994, pp.125 (151-152).

13 Pour plus d'informations, voir infra partie II, chapitre. I. traitant de l'obligation pour les États parties d'introduire les traités relatifs aux droits de l'homme.

14 Un tel engagement en faveur des droits de la femme fut d'ailleurs clairement exprimé à Vienne en 1993 lors de la deuxième conférence mondiale sur les droits de l'homme. Dans ce sens, voir le para. 18 de la déclaration de Vienne : A/conf. 157/23, 12 juillet 1993.

15 *"For example, about two decades or so ago, Female circumcision was adressed primarily as a health issue, and the question of widowhood practices in Africa was addressed largely as an economic issue. The past decade has increasingly witnessed the tendency to herd all categories of human suffering into one battlefield: human rights. Human rights have become the mantra for all African women's problems"*: Obioma Nnaemeka, "*Colonial Discourses, and Imperialist Interventions: Female Circumcision as Impetus", in Female Circumcision and the politics of Knowledge*, Praeger, West point Connectitut, 2005, p.44 (47).

16 La perméabilité du droit international des droits de l'homme amène à s'interroger sur la portée de l'art 2, para.7 de la charte des Nations Unies reservant la compétence de l'État à certaines matières propres. S'il est vrai, que les droits de l'homme rentrent dans la compétence des affaires internes des États et sont généralement réglés au niveau des constitutions nationales, leur origine internationale ne doit cependant pas être ignorée dans la mesure où leur introduction au plan interne ne serait que la conséquence logique des ratifications de traités relatifs aux droits de l'homme contractés au niveau international. A dire vrai, comme a eu à le souligner Karel vasak dans la préface de l'ouvrage : « les dimensions internationales des droits de l'homme », la question de l'applicabilité de l'art sus mentionné à la question des droits de l'homme touche la question même de la nature du droit international dont les droits de l'homme font partie. A cet égard, les avis sont divisés, si d'aucuns soutiennent qu'il s'agirait en l'espèce d'un droit de coordination, d'autres affirment que l'on aurait en l'espèce un droit de subordination. Voir en ce sens K. Vasak, préface les Dimensions internationales des droits de l'homme, paris, Unesco, 1978, pp. X-XI.

des États auprès des instances internationales[17]. Par le truchement des droits de l'homme, les États se sont vus obligés de sortir de leur mutisme concernant bien des problèmes. Et, une telle possibilité se doit d'être appréciée à sa juste valeur, quand on sait la circonscription légendaire des États en ce qui concerne le respect des droits de l'homme[18] et surtout leur répugnance extinctive à exercer des pressions les uns à l'égard des autres en cette matière[19]. La question des MGF est restée pendant longtemps une question tabou aussi bien pour les États africains directement concernés par la pratique, que ceux l'étant indirectement, les uns et les autres refusant pour des raisons essentiellement politiques de se confronter à cette question. Pour les premiers, il s'agissait de ne pas interférer sur la tradition afin d'éviter d'exacerber les conflits ethniques, lesquels devaient rendre hypothétiques leur cohésion et développement[20]. Pour les seconds, l'opportunisme politique commandait d'éviter des positions qui pouvaient rendre préjudiciables leurs rapports avec les pays africains directement concernés par le phénomène[21]. N'eût été l'activisme des féministes[22] ainsi que

---

17 A. Fraser, *"Becoming Human: The origins and development of Women's Human Rights"*,HRQ, 21.4, 1999, passim.

18 Ceci est particulièrement vrai pour les États africains pour lesquels les droits de l'homme bien qu'ayant été au départ le moyen par excellence des revendications indépendantistes à l'égard des puissances colonisatrices au travers de l'affirmation de l'existence d'un droit à l'autodétermination, vont se trouver par la suite fortement limités dans leurs applications concrètes à cause de certains impératifs tels que la lutte contre le sous développement, l'intégration nationale......Pour plus d'informations, lire F. Ouguergouz, la Charte Africaine des droits de l'homme et des Peuples : une approche juridique des droits de l'homme entre tradition et modernité, Paris, P.U.F (presses Universitaires de France), 1993, p.26-27.

19 *« .....Il faut admettre que les États sont très rarement prêts à jouer le rôle de gardiens du respest des obligations par les autres États parties »*, Voir C. Sciotti-Liam, l'applicabilité des traités internationaux relatifs aux droits de l'homme en droit interne, Bruxelles, Etablissement Emile Bruyant, 2004, para.61, p.42.

20 A cet égard, la fréquence de l'argument culturel, que les États ont l'habitude d'avancer devant les organes de surveillance des traités pour expliquer le faible impact de leurs politiques en l'espèce, est assez illustrative. Voir en ce sens les observations finales suivantes : U.N. Committee on the Rights of the Child, CRC/C/SR. 409, para.51, 2.10.1997 (Uganda); U.N. Committee on the Rights of the Child, CRC/C/SR.711, para.44, 6.06.2001 (Côte d'Ivoire); U.N. Committee on the Rights of the Child, CRC/C/3/Add.57, para.209, 8. 8.2000 (Congo); Committee on the Rights of the Child, CRC/C/SR.571, para.26, 5. 10.1999 (Mali); Committee on the Rights of the Child, CRC/C/SR.89, para.18, 11.11.1994 (Soudan); U.N. Committee on the Rights of the Child, CRC/C/SR.544, para.14, 4.01,2000 (Bénin); U.N. Committee on the Rights of the Child, CRC/C/SR.637, para.25, 8.06.2000 (Djibouti).

21 En ce sens, il apparaît assez surprenant que du temps de la colonisation, aucune puissance coloniale exceptée celle britannique n'ait essayé d'affronter cette question. Voir en ce sens M. Erlich, *«notion de mutilation et criminalisation de l'excision en France», in droit et Cultures*, 20, 1990, pp.151 (156-157).

des ONGs travaillant sur la question des droits de l'homme[23], la communauté internationale ne serait vraisemblablement pas sortie de son silence en prenant position contre les MGF et la nécessité de protéger les femmes en l'espèce n'aurait peut être jamais été identifiée comme une priorité de l'heure et les réformes juridiques appelant une telle orientation n'auraient jamais été envisagées. Toutefois, grand demeure le fossé entre d'un côté l'évidence admise par la majorité sur la nécessité de voir appliquer le droit international de la femme en l'espèce et de l'autre côté la détermination de règles juridiques, véritablement protectrices des intérêts des femmes africaines directement concernées par le phénomène. En d'autres termes, si l'application du droit international des droits de l'homme intégrant les questions féminines ne semble plus poser de difficultés majeures dans son principe, les difficultés sont légion et presque insolubles en ce qui concerne leurs formulations[24], surtout quand on considère les particularismes féminins des États membres de la société internationale[25]. A cet égard les intérêts des femmes, sujets de droit des États africains connaissant de la pratique des MGF se doivent d'être réellement considérés en vue de leur réelle protection sans être occultés par les débats relatifs à la mise sur pied d'une législation internationale féminine plaidant en

---

22 H. Lewis, *"Between Irua and Female Genital Mutilation: Feminist Human Rights Discourse and the Cultural Divide"*, HHRJ, 8, 1995, pp.1 (5-6; 10-11); B. Gillia, op. cit., p.579 (579) ; F. Hosken, les mutilations sexuelles féminines, paris, denoel/gonthier, 1983, p.30.

23 L'apport des ONG, transparaît clairement dans le premier document de référence élaboré par le groupé établi pour la toute première fois au sein des Nations Unies pour étudier de manière approfondie la question des MGF. Voir Report of the Working group on traditional practices affecting the health of women and children, E/CN.4/1986/42, para.9-1, 4 February 1986.

24 A cet égard, Mbaye kéba a à juste titre remarqué, qu'il fallait bien *« se garder de confondre universalisme et uniformité »*, Kéba Mbaye, *« Les droits de l'homme (définition, fondements, finalités et caractères) », in liber amicorum in memoriam of judge josé Maria Ruda, , kluwer law international*, 2000, p.553 (561). Dans le même sens Maurice Kamto : *« Il y'a lieu de constater que le discours démocratique tout comme la rhétorique des droits de l'homme et de l'État de droit connaissent une adhésion quasi universelle, même si des divergences persistent sur le contenu à donner à ces notions et sur les modalités de leur mise en oeuvre»*, M. Kamto, Mondialisation et droit, R.H.D.I, vol.53, 2000, p.456 (461).

25 C'est ainsi que certains auteurs ont eu à prévenir des dangers d'adopter une approche globalisante des questions de genre dans l'application d'un système juridique international qui se veut réellement protecteur des femmes : *« Feminist analysis of the international legal system requires, then, a more nuanced perspective than always necessary in a purely domestic context. It can not present one true story of women's domination worlwide ; il must acknowledge the range of cultural, national, religious, economic, and social concerns and interests to which it responds »*, in H. Charlesworth, op. cit., p.1(4).

faveur d'un renversement de l'oppression masculine dont seraient victimes les femmes dans leur globalité. Ainsi, la définition d'un droit international des droits de l'homme propre aux femmes, qu'il s'agisse des règles générales ou spéciales, n'a de signification à notre avis, que s'il parvient dans les faits à remédier aux déséquilibres pesant sur les femmes dans leurs contextes de vies respectifs aussi variés soient-ils, les femmes africaines ne devant aucunement être en reste[26]. La problématique de la question féminine des droits garants de la dignité humaine est donc inséparable de certaines considérations d'ordre philosophiques et sociologiques, d'où l'extrême difficulté dans le cadre de notre travail de dissocier le discours du droit de celui sur le droit. En ce qui concerne la question de l'applicabilité du régime international des droits de la femme aux MGF, une telle remarque impliquerait que les situations de vies concrètes des femmes des pays africains concernés soient considérées[27]. En effet, la femme, respectivement la fillette, que le droit international veut protéger en l'espèce se sait déjà protégée par une autre règle coutumière[28], à laquelle sont attribuées des valeurs précises[29]. Nous avons donc à faire en l'espèce à deux ordres

26 En ce sens E. Margareth a eu à préciser qu'une politique de libération de la femme ne visant avant tout qu'à impacter positivement les conditions de vies des femmes les plus défavorisées n'aurait qu'une faible incidence sur l'amélioration des conditions de vie des femmes prises dans leur ensemble. E. Margareth, op. cit., pp.139 (169-170).

27 Une telle démarche n'étant pas toujours observée dans le contexte africain, on y note généralement un certain déphasage entre la norme juridique et le vécu des populations d'où la nécessité pour le juriste de ne pas se limiter uniquement à l'étude de la norme. *« ..... en Afrique le phénomène politique a souvent primé les cadres constitutionnels et leurs prolongements juridiques, et il semblerait que l'institutionnalisation du phénomène social n'y peut être qu'une œuvre de longue haleine et de patience. Le juriste doit en tenir compte. Habitué à l'étude de la norme, il sera souvent amené à considérer non pas ce qui doit logiquement être, mais ce qui est »* , R. Yakemtchouk, l'Afrique en droit international, Librairie générale de droit et de jurisprudence, paris, 1971, pp. 21-22. Cet aspect sera analysé de manière approfondie dans le cadre de la partie.II, Chap.II, I.B de notre thèse traitant des raisons de l'écart entre le droit et les faits dans le contexte africain.

28 Comme a eu à le relever Hope Lewis: *« ...how should international law respond to the fact that FGS is practiced by women on women and girls ? »*. Les justifications de l'application du droit international en l'espèce ne sont donc pas des plus évidentes, H. Lewis, op. cit., p.1 (4).

29 *« ...la pratique traditionnelle des mutilations génitales obéit à d'importantes composantes normatives. Non seulement on a toujours agi ainsi mais c'est ainsi qu'il faut agir. La sanction qui accompagne la désobéissance à la coutume n'est pas seulement mortelle mais sociable, et se concrétise justement dans l'isolement des jeunes filles non mutilées. La norme coutumière apparaît donc plus contraignante par rapport non seulement à la norme du pays d'accueil, mais aussi à la norme officielle du pays d'origine, lorsque cette dernière interdit les mutilation. La sanction pour désobéissance à la norme coutumière est donc bien plus lourde que celle infligée éventuellement pour la violation de la norme officielle »*, T. Pitch, La Loi juste. Le

juridiques[30] et il peut s'avérer des plus utopiques de croire comme a eu à le démontrer Bonny Ibhawoh, qu'il suffit de décréter la supériorité de la réglementation internationale en matière des droits de l'homme sur celle traditionnelle pour que le problème soit résolu[31]. Fort de ce constat, il nous semble qu'une réelle protection des intérêts des femmes africaines concernées par la pratique commanderait qu'une diabolisation aussi bien de l'ordre juridique moderne ou coutumier soit évitée, les deux systèmes de valeurs ayant pour finalité dans le fond, une certaine valorisation de la femme africaine[32]. C'est la raison pour laquelle, il nous a paru judicieux dans le cadre d'un chapitre préliminaire d'analyser la pratique traditionnelle, que sont les MGF de manière à la rendre quelque peu compréhensible tout en tenant compte du dynamisme qui la sous-tend. Le dynamisme inhérent à cette tradition, caractéristique de toute règle culturelle[33], ne pouvant que faciliter sa mise en relation avec le droit

---

traitement juridique des mutilations génitales féminines (version française), The Afro-Arab Expert Consultation on Legal Tools For The Prevention of Female Genital Mutilation, cairo, 21-23 June 2003, pp. 6-7, consulté le 30 Janvier 2007 à l'adresse http://www.npwj.org/2007/02/08/FGMbrochure032004fr.pdf.

30 En ce sens certains auteurs certains auteurs tels que Désiré Moussoki ont démontré qu'il serait dangereux de méconnaître l'impact des coutumes dans le contexte africain au profit d'un droit moderne, lequel dans les faits aurait une moindre influence sur les comportements des africains au quotidien. En ce sens, il a eu à soutenir que la coutume serait en réalité *« .....un système de droit puisque expressément ou implicitement, tous les pays de la sous-région de l'Afrique centrale , ont institué ou laissé subsister des tribunaux de droit coutumier devant appliquer les règles coutumières pour trancher les conflits entre citoyens qui recourent à ce système juridictionnel»*: D. Moussoki, *«Quels droits de l'homme?», in droits de l'homme en Afrique centrale: colloque de yaoundé*, UCAC-Karthala, 9-11 novembre 1994, pp.57-66.

31 B. Ibhawoh, *"Between Culture and Constitution: Evaluating the Cultural Legitimacy of Human Rights in the African state"*, HRQ, 22, 2000, pp. 838 (855-856).

32 Il convient tout de même de relever, que si les deux systèmes se veulent protectrices des intérêts des femmes africaines concernées, celles-ci se retrouvent très souvent niée du fait des rapports d'exclusivité qui caractérisent ces deux ordres juridiques en l'espèce. Ce point sera particulièrement analysé dans le cadre du chap.III de la partie.II de notre thèse traitant de l'intégration assez relative des expériences de vies des femmes africaines à la lumière de la question des MGF dans le droit positif, pp.286 et s.

33 Le dynamisme inhérent à toute règle culturelle transparaît clairement dans la définition qu'en fait l'UNESCO : *«La culture prend des formes diverses à travers le temps et l'espace. Cette diversité s'incarne dans l'originalité et la pluralité des identités qui caractérisent les groupes et les sociétés composant l'humanité. Source d'échanges, d'innovation et de créativité, la diversité culturelle est, pour le genre humain, aussi nécessaire qu'est la biodiversité dans l'ordre du vivant. En ce sens, elle constitue le patrimoine commun de l'humanité et elle doit être reconnue et affirmée au bénéfice des générations présentes et des générations futures»*. Voir art.1, déclaration universelle de l'UNESCO sur la diversité culturelle, adoptée à l'unanimité lors de la 31 ème session

international des droits de l'homme relatif aux femmes. Autrement dit, l'intérêt de la problématique des MGF dans le contexte de l'Afrique contemporaine, serait alors de rechercher l'existence d'un lien entre la continuation de la pratique et sa relevance versus sa non continuation au regard des données économiques, sociales, politiques et juridiques des communautés voir des États concernés. A dire vrai, les aspects juridiques se verront accorder une place de choix dans le cadre de notre travail. Il conviendrait alors de s'interroger de manière approfondie sur le rôle que peut jouer le droit international des droits de la femme dans un tel processus.

L'avantage d'une telle approche est qu'elle peut contribuer non seulement à poser la question des MGF en des termes actuels dans les communautés qui la pratiquent de manière à identifier clairement au niveau local les problèmes que pose son interdiction[34], mais également et surtout nourrir l'interrogation aujourd'hui incontournable sur l'opportunité du régime international des droits de l'homme à apporter une solution aux problématiques qui auront été ainsi identifiées au niveau local. La première partie de notre travail sera consacrée à l'étude du cadre juridique que les traités relatifs aux droits de l'homme offre aux femmes africaines en l'espèce. L'accent sera mis sur les controverses posées par l'application du droit international en l'espèce. La seconde partie quant à elle aura à analyser son application concrète sur le continent africain, où les besoins des approches contextuelles se font cruellement sentir.

---

de la conférence générale du Fonds des Nations Unies pour l'éducation, la science et la culture (Unesco), paris, 2 novembre 2001.

34 Surtout que celle-ci ne semble souffrir d'aucun doute au regard du droit international de la femme. La déclaration de Vienne ne prévoit-elle pas dans le para. 18 de son titre I qu'il est impératif que *«Les violences qui s'exercent en fonction du sexe et toutes les formes de harcèlement et d'exploitation sexuels, y compris celles qui sont la conséquence de préjugés culturels et d'une traite internationale, sont incompatibles avec la dignité et la valeur de la personne humaine et doivent être éliminées. On peut y parvenir au moyen de mesures juridiques et grâce à une action nationale et à la coopération internationale dans divers domaines comme le développement économique et social, l'éducation, la protection de la maternité, les soins de santé et l'aide sociale».*

CHAPITRE PRÉLIMINAIRE : INFORMATIONS GÉNÉRALES SUR LA PRATIQUE DES MGF

Dans le cadre de ce chapitre préliminaire, il s'agira essentiellement de présenter un ensemble d'informations relatives à la pratique des mutilations génitales féminines (MGF), de manière à la rendre compréhensible. En effet, il nous a semblé évident, que sans une certaine analyse de la pratique des MGF, le sujet de notre thèse aurait été abordé de manière superficielle et resterait à bien des égards impénétrable pour le lecteur. La question des MGF est d'une complexité certaine et les difficultés débutent déjà en ce qui concerne leur terminologie. C'est la raison pour laquelle, nous ferons d'abord état des controverses relatives à la terminologie MGF, nom donné à la pratique sur le plan international avant de faire une présentation des éléments qui la caractérisent (I). Par la suite, nous aurons à présenter les arguments généralement avancés pour justifier ladite pratique ainsi que les thèses qui en découlent (II).

I. Controverses doctrinales quant au nom donné à la pratique sur le plan international et présentation de ses éléments caractéristiques

Il s'agira tout d'abord ici de tenter de définir la pratique des MGF tout en relevant les controverses doctrinales qui s'y attachent (A) avant d'en venir à ses éléments caractéristiques (B).

A. Controverses doctrinales quant au Nom donné à la pratique

S'il est vrai que le terme MGF, est le nom donné à la Pratique ayant reçu une consécration internationale (2), ladite appellation reste une question très controversée sur le plan doctrinal (1).

1. Les éléments de la controverse

La pratique, objet de notre réflexion, désigne diverses opérations effectuées sur les organes sexuels externes de la femme/fillette pour des raisons traditionnelles ou autres mais non thérapeutiques[35]. La véritable difficulté réside ici dans la désignation des dites opérations. Et, il s'agit là d'une question fortement débattue en doctrine, illustrant de ce fait la complexité de la problématique. En effet, sous l'impulsion de diverses campagnes internationales[36], la question des

---

35 B.Shell-Duncan/ Y. Hernlund, "*Female Circumcision in Africa: Dimensions of the Practice and Debates", in Female Circumcision in Africa*, p. 1 (3) ; N. Toubia / S.Izett, les Mutilations sexuelles féminines, OMS, Genève, 1998, pp.7 et 9.

36 A titre d'exemples: Conférences mondiales sur les femmes: copenhague en 1980, Nairobi en 1985, Beijing en 1995; Conférences mondiale sur les droits de l'homme à Vienne en 1993; Conférence internationale sur la population et le développement au

opérations accomplies sur les organes génitaux féminins externes pour des raisons traditionnelles, a cessé d'être uniquement un problème local[37]. Et, les difficultés inhérentes quant au nom à donner, à ces différentes opérations ne seraient pas sans liens avec leur internationalisation. Car, si l'internationalisation des problématiques relatives aux dites opérations dénote d'une certaine solidarité entre les peuples[38], et a dans une certaine mesure permis que le mur de silence entourant leur perpétration soit brisé[39], elle a malheureusement contribué à une forte décontextualisation des dites pratiques : *"Female circumcision in Africa has become a profitable issue for imperialists. It can be a sensational subject of discussion on CNN. Sex in Africa can be discussed as a cultural or multicultural issue. The imperialists are experts in separating sex from economics, politics and power relations"*[40]. C'est la raison pour laquelle, on constatera très souvent un grand décalage entre le discours local et celui international et l'on pourrait même à juste titre se poser la question de savoir si

---

Caire en 1994; le sommet mondial pour le développement social à Copenhague en 1995.

37 Voir B. Shell-Duncan/ Y. Hernlund, op. cit., pp.1-3.

38 «*Der Deutsche Bundestag fordert die Bundesregierung auf, im Rahmen der internationalen Zusammenarbeit: -sich gegen jedwede Gewalt an Frauen und Kindern zu engagieren; sich insbesondere im Rahmen der Entwicklungszusammenarbeit für die effektive Durchsetzung der Menschenrechte einzusetzen und konsequent auf Maßnahmen zur Bekämpfung geschlechtsbezogener und sexueller Gewalt an Frauen und Mädchen hinzuwirken - vorhandene Armut in Ländern, in denen FGM verbreitet ist, durch entsprechende Projekte und Hilfsangebote zu bekämpfen und einen besseren Sozialstandard die Lebenssituation der von Genitalverstümmelung betroffenen und bedrohten Kultur Kinder und Frauen zu verbessern, ...*»: Deutscher Bundestag-16. Wahlperiode, Weibliche Genitalverstümmelung verhindern- Menschenrechte durchsetzen, Drucksache 16/4152, 31.01.2007. Dans le même sens, Résolution du Parlement européen sur les mutilations génitales féminines (2001/2035(INI)), para.18 et s, 20 sepetembre 2001.

39 N. Toubia, Female Genital Mutilation: A Call for Global Action, New-york, Rainbo, 1995, pp.5-6; Y. Hernlund, *"Cutting Without Ritual and Ritual Without Cutting Female Circumcision and the Re-ritualization of Initiation in the Gambia", in female Circumcision in Africa*, pp.235 (237).

40 N. El Saadawi, *"Imperialism and Sex in Africa", in Female Circumcision and the politics of Knowledge*, Praeger, West point Connectitut 2005, p. 35 (41). Dans le même sens: E. Grande, *"Hegemonic Human Rights and African Resistance: Female Circumcision in a Broader Comparative Perspective"*, GJF, vol.4, Issue.2, 2005, p.9 et s; Amede Obiora, *"The Anti-Female Circumcision Campaign Deficit", in Female Circumcision and the politics of Knowledge*, Praeger, West point Connectitut 2005, p.314 (318 et s); A. Fuambai, *"Rites and Wrongs: an Insider/ Outsider Reflects on Power and Excision", in Female Circumcision in Africa*, Boulder /London, lynne rienner publishers, 2000, pp.283 (283-285).

c'est de la même question qu'il est débattu[41]. Au niveau local par exemple, les populations concernées parlent soit de circoncision féminine[42] soit alors d'excision[43] mais non de mutilations génitales féminines. Or, il s'agit là de terminologies qui ont été dénoncées car établissant faussement une certaine analogie avec la circoncision masculine[44] alors même qu'il est démontré médicalement que cette dernière contrairement aux opérations pratiquées sur le sexe féminin n'entraînerait pas une altération de l'organe sexuel masculin[45]. La circoncision masculine aurait au contraire des conséquences positives,[46] ce qui justifierait la non application du droit international en l'espèce[47]. Les préoccupations consistèrent dès lors à trouver une appellation qui serait révélatrice des conséquences négatives des dites opérations pour la santé des femmes/fillettes qui s'y soumettent [48] ainsi que leur caractère aliénant et

---

41 Sur les décalages entre les discours intertionaux et ceux nationaux en ce qui concerne la question des MGF, voir Obioma Naaemeka, "*The Challenges of Border- Crossing African Women and Transnational Feminisms", in Female Circumcision and the politics of Knowledge*, Praeger, West point Connectitut 2005, pp.2 (3); H. Sondra, "*Colonial Discourse and Ethnographic Residuals: The "female Circumcision" Debate and the Politics of Knowledge"*, in *Female Circumcision and the politics of Knowledge*, Praeger, West point Connectitut, 2005, p.(363) 373; A. Fuambai , op. cit., pp. 283 (283-284); Y. Hernlund, op. cit., p. 235 (241); B. Shell-Duncan, W. Obungo Obioro, L. Auko murulli, "*Women Without Choice: the Debate over Medicalization of female Genital cutting and its impact on a northern kenyan community", in Female Circumcision in Africa*, Boulder /London, lynne rienner publishers, 2000, p.109 (110).

42 N.Toubia , Female Genital Mutilation: A Call for Global Action, p.9; Y. Hernlund, op. cit., p.235 (238).

43 *«Les langues locales décrivent généralement la pratique par le terme moins catégorique d'excision»*, Unicef (centre de recherches Innocenti), changer une convention sociale néfaste: la pratique de l'Excision/Mutilation génitale féminine, 2005, p.10.

44 *«Male circumcision is the cutting off the foreskin from the tip of the penis without damaging the organ itself. The degree of cutting in Female circumcision is anatomically much more extensive. The mâle equivalent of clitoridectomy would be the amputation of most of the penis. The mâle equivalent of infibulation would be removal of all the penis, its roots of soft tissue, and part of the scrotal skin»*, N. Toubia, Female Genital Mutilation: A Call for Global Action, p. 9.

45 N.Toubia/ S.Izett, op. cit., p.3.

46 Voir dans le sens contraire Dr Gérard Zwang cité par A. Aldeeb Abu-Sahlieh sami, Raison et religion dans la circoncision masculine et féminine en pays musulmans, droit et cultures, 27, l'Harmattan, 1994, p.159 (180-181).

47 Sur les limites d'une telle approche, Voir: E. Grande, op. cit., p. 2 et s; A. Aldeeb abu-sahlieh sami, op. cit., p.159 (160).

48 Sur les conséquences négatives de cette pratique, voir N. Toubia/Izett, op. cit., 35, pp.24 et s.

dégradant[49]. En ce sens, le terme FGS (femâle genitale surgeries) proposé par l'américaine Gunning a été critiqué comme étant trop neutre et susceptible de légitimer la pratique[50]. Si par contre le terme FGC (*Femâle Genital Cutting*) se veut avoir une position médiane car ménageant d'une part les sensibilités des populations concernées et révélant d'autre part le caractère irrégulier des dites opérations[51], il ne bénéficie cependant pas d'une consécration légale.
Tout au long de notre thèse, nous utiliserons le terme mutilations génitales féminines (MGF) car c'est cette terminologie qui a reçu une consécration internationale quand bien même partageant en cela l'avis de certains, ladite terminologie peut s'avérer inadaptée dans le contexte des populations concernées[52] et par conséquent provoquer des attitudes de méfiance en leur sein et rendre hypothétique de ce fait tout dialogue sur la question[53].

2. La consécration internationale du terme MGF

Le passage du terme circoncision féminine/ excision à celui de mutilations génitales féminines n'est pas sans liens avec les différentes stratégies développées par les Nations Unies en vue d'attirer l'attention de tous par rapport à cette thématique[54]. C'est ainsi que la pratique, qui était jadis quelque chose de

---

49 Une telle perception de la pratique des MGF ressort clairement des propos du regretté Thomas Sankara, Ancien Président de la République du Burkina Faso d'après lesquels: "*.....Cela (l'accomplissement de la pratique) démontre aussi que l'on tente dinfériorser la femme en lui faisant porter sur elle cette marque qui la diminue, cette marque qui lui rappelle constamment qu'elle n'est que la femme, inférieure à l'homme, qui n'a pas le droit de profiter de son corps, de s'épanouir et d'épanouir tout son corps et son être»*. Les dits propos ont été repris dans le rapport du Symposium pour législateurs sur l'élaboration de la déclaration africaine sur la violence contre les femmes organisé par l'IAC du 10-12 Septembre 1997, Addis Abéba Ethiopie, p.61.

50 Voir H. Lewis, op. cit., pp.1(3-4).

51 B. Shell-Duncan/ Y. Hernlund, op. cit., p.1 (6).

52 *«Although Female Circumcision implies a less severe operation than that which is commonly performed in the area, this ter mis seen by many Gambians as less judgmental and provocative than Female genital mutilation»* Y. Hernlund, op. cit., p.235 (238). Dans le même sens K. Boulware-Miller, Female Circumcision: Challenges to the Practice as a Human Rights Violations, HWLJ, 8, 1985, pp.155 (170); Unicef (digest Innocenti), Changer une convention sociale néfaste: la pratique de l'Excision/Mutilation génitale féminine, 2005, p.10; UNICEF/ Berufsverband der Frauenärzte und Terre Des Femmes, Schnitte in Körper und Seele: eine Umfrage zur Situation beschnittener Mädchen und Frauen in Deutschland, p.13.

53 L'apport extérieur sans un climat de confiance peut s'avérer des plus hypothétiques. Voir Obioma Nnaemeka, "*Colonial Discourses, and Imperialist Interventions: Female Circumcision as Impetus", in Female Circumcision and the politics of Knowledge*, pp.44 (57-58).

54 En effet, si la question des MGF était au départ envisagé comme un problème de santé générale, elle fut par la suite analysé comme un acte constitutif de violences à la gent

licite sur le plan coutumier va devenir illicite par rapport au droit international et le terme MGF va se substituer aux termes excision / circoncision féminine. Les Nations Unies vont ainsi désormais faire siennes des positions antérieures du comité inter-africain[55] qualifiant les opérations accomplies sur le sexe féminin pour des raisons non thérapeutiques de mutilations, le terme excision ne reflétant pas les incidences négatives desdites opérations pour les femmes et leur caractère aliénant et discriminatoire à leur égard[56]. Il s'agit là d'une position qui a d'ailleurs trouvé un écho favorable chez certains auteurs[57]. Ainsi, la prise en compte des arguments sanitaires a été d'un apport indéniable dans la consécration internationale du terme MGF[58]. Il est toutefois important de relever que les arguments sanitaires n'ont pas seulement eu une influence dans la détermination du nom à donner à la pratique mais également comme nous allons le démontrer plus loin dans l'élaboration du contenu des politiques d'éradication des États africains en ce qui concerne cette thématique[59].

Il convient, toutefois de faire remarquer, que si une telle évolution dénote d'une volonté politique réelle de la communauté internationale d'éradiquer la pratique des MGF, elle peut toutefois dans une certaine mesure contribuer à fausser le dialogue autour de cette question au niveau des communautés concernées surtout celles dans lesquelles, les sensibilisations sont encore embryonnaires[60].

---

féminine et portant atteinte à leurs droits. Pour plus d'informations, voir infra, partie.I, chap.I, pp. 62 et s.

55 <Considérant que les termes «circoncision féminine» et «excision» peuvent prêter à confusion, le CI-AF a recommandé que ces termes soient remplacés par «Mutilations génitales féminines»>, Résolutions spécifiques de la Conférence régionale du CI-AF, Africa Hall, Addis-Abeba, Ethiopie, 19-24 nov. 1990.

56 Report of the United Nations Seminar on Traditionnal Practices affecting the Health of Women and Children (Burkina-Faso, 29 April-3 May 1991), E/CN.4/sub.2/1991/48, p.32, 12 june 1991.

57 F. Hosken, op. cit., p. 268; Efua Dorkenoo, Female Genital Practice: the practice and its prevention, p.4; N. Toubia, Female Genital Mutilation: A Call for Global Action, passim; M. Rosenke, die rechtlichen Probleme im Zusammenhang mit der weiblichen Genitalverstümmelung, Frankfurt am Main, Peter lang GmbH, pp.18-19.

58 En plus de ce que les opérations pratiquées sur les sexes féminins menaçaient leur santé, il a été relevé par ailleurs, qu'elles étaient constitutives dans le même temps de violences à l'égard des femmes et participatives en cela de leur statut inférieur. Le dernier rapport de Mme Halima Embarek Warzazi (ancienne rapporteuse spéciale sur la question des MGF montre clairement une telle évolution de la question des MGF au sein des Nations Unies, lire E/CN.4/Sub.2/2005/36, para.35, p.9, 11 juillet 2005.

59 Voir le dernier chapitre de notre seconde partie traitant des politiques internes des États africains relatives aux droits de la femme au regard de la pratique des MGF: le Cas du Cameroun et du Sénégal, pp.257 et s.

60 La nécessité d'un tel dialogue a été mise en exergue par certains auteurs tel que N. Toubia: *«Despite the imprecision of the term Female circumcision, it is used in this text as a recognition of the terms of reference of the communities where it occurs, and as a*

En effet comment affecter le qualificatif de mutilateurs aux parents des communautés pratiquantes tout en attendant d'eux une réception positive des politiques d'éradication en la matière ? Force, est cependant de constater, que dans l'élaboration des politiques juridiques internationales concernant cette question, les considérations relatives aux conditions de vie concrètes des femmes/fillettes concernées par la pratique des MGF ainsi que des modèles et valeurs sociales dont ladite pratique se veut garante ont une influence des plus moindres[61].

Cela étant, il conviendrait maintenant de dire un mot sur les éléments caractéristiques de la pratique des MGF.

B. Les Eléments caractéristiques de la pratique

Plusieurs aspects concernant la pratique des MGF seront ici abordés, à savoir : ses différentes formes (1), ses acteurs (2) et enfin son historicité et sa répartition géographique (3).

1. Les différentes formes de MGF

La pratique des MGF renvoie en réalité à divers types d'opérations, lesquelles varient en intensité et en extension, les unes étant aussi bien moins sévères et répandues que les autres. Nous nous contenterons dans le cadre de cette étude, à faire une simple présentation des variantes existantes, sans établir de liens si ce n'est de manière incidente avec leurs prévalences, leurs formes et autres caractéristiques dans les pays où elles sont effectivement pratiquées. S'il est vrai, qu'une telle démarche ne pouvait que s'avérer fructueuse dans la mesure où il est de plus en plus admis que les études contextuelles dans ce domaine sont

---

starting point from which to initiate the process of change» dans N. Toubia , Female Genital Mutilation: A Call for Global Action , p.9. L'IAC partage de manière fort curieuse une position contraire, laquelle a d'ailleurs été réaffirmée lors de sa dernière conférence régionale à Bamako : *«Female Genital Mutilation is not a judgmental term. It is instead, a mental term, which reflects what is done to the genitalia of girls and women. Mutilation, with regard to FGM is the removal of healthy tissue. The fact that the term makes some people uneasy is no justification for its abandonment »*, in Report, the 6th Regional Conference/General Assembly, Bamako, Mali, April 4-5.2005.

61 Or, il est inéluctable que toute politique d'éradication, exclusivement orientée sur les opérations mutilatrices sans une recherche et une définition de concepts viables susceptibles de provoquer une interrogation par rapport à la fonction sociale de ladite pratique des MGF au niveau des communautés concernées ne peut que s'avérer improductive. Voir en ce sens FNUAP (Fonds des Nations Unies pour la population), Table ronde internationale sur l'éradication des Mutilations génitales féminines : Maîtrise des contraintes par l'utilisation d'approches socio-culturelles, Yaoundé (Cameroun), 1998, pp.9-10.

à encourager[62], une telle orientation toutefois dépasserait largement le cadre limité de notre étude qui veut avant tout apporter une vue globale sur la question des MGF.

Ces quelques remarques ayant été faites, il convient de dire que la Clitoridectomie est la forme la moins grave[63] des opérations couvertes par le vocable MGF. Il s'agit, ici de couper uniquement le clitoris, les grosses et petites lèvres restant intactes. Cette forme de mutilation ne doit pas être confondue avec la Sunna ou circoncision féminine[64]. La Sunna, qui est assez similaire à la circoncision masculine car seul le prépuce du clitoris est enlevé, est en réalité assez rare et difficile à réaliser[65]. Avec l'excision en plus du clitoris, les petites lèvres sont également coupées[66]. La clitoridectomie avec l'excision sont les opérations les plus répandues en Afrique[67], exceptés la Somaliee, Djibouti, le Nord du soudan, le Sud de l'Egypte, la côte de la mer rouge de l'Ethiopie, le Nord du Kenya et du Nigéria où la pratique de l'infibulation est dominante[68]. L'infibulation est en réalité, la forme de mutilation génitale féminine la plus sévère. Ici en plus du clitoris et des petites lèvres, est également retranchée la surface intérieure des grandes lèvres, dont les bords sont par la suite recousus de manière à laisser une petite ouverture pour les urines et les menstrues[69]. Pour la

---

62 Confirme un tel point de vue, une étude menée par le Ministère de la condition féminine Camerounais. Cette étude montre en effet clairement des différences notables entre les populations pratiquantes du Sud-Ouest et celles de l'extrême Nord en ce qui concerne la pratique. Voir Ministère de la condition féminine de la république du Cameroun, les Mutilations génitales féminines au Cameroun : rapport du groupe multidisciplinaire de collaboration en mutilations génitales féminines, novembre 2002, p.20 et s.

63 P. Herzberger Fofana, les mutilations génitales féminines (MGF), juillet 2000, p.9 consulté le 29.11.2006 à l'adresse http://www.arts.uwa.edu.au/AFLIT/MGF1.html

64 Si ce type d'opération semble préconisé par la religion islamique, les sources y afférantes en droit musulman sont toutefois fortement controversées, A. Aldeeb abu-sahlieh sami, op. cit., pp.159 (159, 163-165).

65 N. Toubia / S.Izett, op. cit., pp. 3;5; Minority Rights Group Report No47, Female Circumcision, Excision and Infibulation: the Facts and Proposals for Change, 1985, p. 3.

66 N. Toubia/ S.Izett, op. cit., p.5; Efua Dorkenoo, op. cit., p.5; Female Circumcision, Excision and Infibulation: the Facts and Proposals for Change, the Minority Rights Group Report No47, 1985, p.3.

67 E. Grande, op. cit., p. 5; Dorkenoo Efua, op. cit., p.32.

68 Minority Rights Group Report No47, Female circumcision, excision and Infibulation: the facts and proposals for change, 1985, p. 6; Efua Dorkenoo, op. cit., p.32; M. Erlich, op. cit., p.151 (152).

69 N. Toubia, Female Genital Mutilation: A Call for Global Action, , p.10; N. Toubia / S.Izett, op. cit., p.8; Minority Rights group Report No47, Female Circumcision,

femme objet d'une infibulation, les rapports sexuels peuvent s'avérer très douloureux et nécessiter au préalable une nouvelle ouverture par le mari pendant les cérémonies nuptiales[70]. En outre, la femme objet d'une infibulation est appelée à subir plusieurs de- infibulation et re-infibulation à la suite de chaque accouchement de manière à laisser une ouverture assez étroite que celle qui existait au moment du mariage[71]. Il existe en outre, d'autres types d'opérations constituant des MGF mais ne pouvant rentrer dans l'une ou l'autre des catégories précédemment citées. Il s'agit entre autres du percement, de la ponction, de l'incision ou de l'atrophie du clitoris et/ ou des lèvres, la cautérisation par brûlure du clitoris et des tissus environnants. Pour plus d'informations concernant ce groupe de mutilation, voir le type 4 de la classification des MGF proposé par l'OMS, l'UNICEF et le FNUAP[72].
Une typologie des MGF ayant été ainsi présentée, il conviendrait maintenant de dire quelques mots sur les personnes qui sont impliquées dans leur réalisation matérielle.

2. Les Acteurs intervenant dans la réalisation concrète des opérations
S'il est vrai que la pratique des MGF existe parce que les communautés concernées l'approuvent et la soutiennent activement pour des raisons que nous allons développer plus loin[73], nous nous attèllerons ici à rechercher les personnes directement impliquées dans la réalisation matérielle des opérations. En d'autres termes, il s'agira de déterminer les acteurs aussi bien passifs qu'actifs de la pratique. Alors que la première catégorie vise la personne qui subie la pratique, l'excisée, la deuxième vise celle qui l'exécute, l'exciseur.

- L'excisée
Il peut s'agir soit d'un bébé, d'une fillette, soit encore d'une femme[74]. L'âge est donc un critère qui varie selon les communautés[75]. Mais il convient de noter que

---

Excision and Infibulation: the Facts and Proposals for Change, 1985, p. 3; Efua Dorkenoo, op. cit., p.5.

70 Efua Dorkenoo, op. cit., p.13.

71 N. Toubia, Female Genital Mutilation: A Call for Global Action, p.10; N. Toubia/ S.Izett, op. cit., p.9.

72 N. Toubia / S.Izett, op. cit., p.7.

73 Voir infra, la 2ème partie de ce chapitre relative aux justifications de la pratique, pp.42 et s.

74 Efua Dorkenoo, op. cit., pp.10-12.

75 J. Ombolo, les Mutilations sexuelles en afrique noire, essai de synthèse, étude anthropologique des opérations sexuelles observées dans le monde noir, Yaoundé 1981, pp. 59-60 (polycopié); P. Schnüll, *Weibliche Genitlverstümmelung in Afrika, in weibliche Genitalverstümmelung: eine fundamentale Menschenrechtsverletzung*, Terre des femmes, Frankfurt am Main, Mabuse-Verlag GmH, 2003, p.23 (29-30); M. Erlich, op. cit., p.151 (152); F. Hosken, op. cit., p.47.

l'âge auquel les mutilations se pratiquent recule de plus en plus[76]. Si une telle évolution de la pratique peut-être analysée comme étant un mécanisme d'auto-défense des groupes concernés afin de contourner les lois et de pérenniser la pratique[77], elle serait dans une certaine mesure également révélatrice du caractère de désuétude dont serait frappée la pratique en tant que rite d'initiation et de passage à l'âge adulte[78]. Ainsi la fidélité des communautés pratiquantes à l'heure actuelle à la pratique des MGF n'obéirait qu'à un simple automatisme, vidé de toute signification profonde[79]. Si certains auteurs tel que le regretté ethnologue Camerounais, Jean Pierre Ombolo ont eu à présager une telle évolution dans le contexte africain avec son pendant négatif, à savoir une crise d'identité profonde des communautés pratiquantes consécutive à un vide culturel[80], il est important à notre avis d'avoir à l'esprit que la pratique des MGF obéit à une certaine dynamique commandée par les profondes mutations qu'ont connues et que continuent de connaître les sociétés africaines. Cette considération est d'autant importante que le succès de toute politique en vue de l'abandon de la pratique dans les communautés concernées dépendra de la compréhension du rôle que ladite pratique est à même de jouer ou non en ce qui

76 C. Quiminal, les soninké en France et au Mali: les débats sur les mutilations sexuelles, droit et Cultures, 20, p.183-192 (187); P. Schnüll / terre des femmes, op. cit., p.49; S. Fainzang, excision et ordre social, droit et Cultures, 20, 1990, pp.177 (180-181); C. Kessler Bodiang/ G. Eppel et A. Salam Guèye, l'excision dans la région de Kolda au Sénégal, perceptions, attitudes et pratiques, p.20; F. Hosken, op. cit., pp.47, 52; UNICEF (centre de recherche innocenti), changer une convention sociale néfaste : la pratique de l'excision/ mutilation genitale féminine, 2005, p.16.

77 Efua Dorkenoo, op. cit., p.12; Y. Hernlund, op. cit., p.235 (243); M. Rosenke, op. cit., p.20.

78 Y. Hernlund, op. cit., p.235 (242-243); Efua Dorkenoo, op. cit., p.40; A. Fuambai, op. cit., p. 283 (302); Orubuloye, P. Caldwell et J. Caldwell, *"Female Circumcision among the Yoruba of Southwestern Nigeria: the Beginning of Change", in Female Circumcision in Africa*, pp.73 (75, 88-90); B. Shell- Duncan, W. Obungo Obioro, M. Leunita Auko, op. cit., pp.109 (119-122); C. Kessler Bodiang / G. Eppel et A. Salam Guèye, op. cit., pp.21-22.

79 C'est l'une des conclusions à laquelle le groupe de travail établi par la commission des droits de l'homme pour traiter de la question des MGF pour la toute première fois est arrivée.E/CN.4/1986/42, para.63, 65, 4 February 1986.

80 *«Mais ces pratiques (mutilations sexuelles) seront de plus en plus comme des squelettes sans signification et sans fonction, surtout à partir du moment où la connaissance scientifique, atteignant progressivement les Africains, les aura persuadés qu'elles ne jouent aucun rôle dans la procréation. Mais il ne fait aucun doute par ailleurs que la disparition de tous ces modèles laisse les Africains dans le désarroi, pour la raison que la sécurité surtout morale et sociale qu'ils leur procuraient autrefois ne leur est pas du tout assurée par les nouveaux modèles, que ce soit la religion chretienne, le savoir technique et scientifique ou les nouvelles formes de sociabililité et de regroupement»*: J. Ombolo, op. cit., pp.172-173.

concerne la réalisation des aspirations des populations concernées en particulier celles féminines dans l'Afrique contemporaine actuelle[81].
Cela dit, les différents changements qui touchent les sociétés africaines à l'heure actuelle n'ont pas seulement eu un impact sur la personne de l'excisée mais également sur celle de l'exciseur.

-L'exciseur
C'est très souvent une femme[82]. Il s'agit généralement d'accoucheuses traditionnelles[83]. Elles utilisent pour l'opération soit leurs ongles, s'il s'agit de bébés soit alors divers instruments tels que : un morceau de pierre ou de verre, un couteau, un rasoir etc....[84]. Les exciseuses qui sont supposées jouir d'un certain pouvoir occulte, bénéficient très souvent d'une certaine respectabilité au sein de la communauté dont elles sont membres dans la mesure où elles assument une fonction sociale clairement définie[85]. C'est d'ailleurs la raison pour laquelle la reconversion de la profession d'exciseur en une autre profession peut s'avérer difficile car il ne s'agit pas seulement d'une question d'argent mais d'honneur et de prestige[86]. Il est toutefois important de faire remarquer, qu'avec la modernisation de l'Afrique et particulièrement dans les zones urbaines, on est passé de l'exciseur traditionnel aux agents de santé moderne[87]. Si une telle évolution semble découler de l'approche traditionnelle, principalement axée sur les arguments sanitaires, développée en vue de l'éradication de la pratique des

81 D'où la nécessité d'une redéfinition de la problématique des MGF dans l'Afrique contemporaine, voir infra, pp.55 et s.
82 Mais, dans certaines Ethnies, ce sont les hommes qui accomplissent lesdites opérations. Voir, J. Ombolo, op. cit., pp.68-69; Efua Dorkenoo, op. cit., p.8.
83 N. Toubia, Female Genital Mutilation: A Call for Global Action, p. 29; C. Beck-karrer, Frauenbeschneidung in Afrika, Arbeitsblätter des Instituts für Ethnologie der Universität Bern, 1992, p.7.
84 D. Waris, Wüstenblumen, Wilhelm Heyne Verlag, 2002, p.271; Efua Dorkenoo, op. cit., p.51.
85 C. Gosselin, «Handing over the Knife: Numu Women and the Campaign against Excision in Mali», in Female Circumcision in Africa, Boulder /London, lynne rienner publishers, 2000, pp.193 (197- 199, 210); N. Toubia , Female Genital Mutilation: A Call for Global Action, p.29.
86 N. Toubia , Female Genital Mutilation: A Call for Global Action, p.29.
87 Efua Dorkenoo, op. cit., p.9; Orubuloye, P. Caldwell et J. Caldwell, op. cit., pp.73 (75, 88-90); C. Beck-karrer, op. cit., p.7; P. Schnüll Petra/ terre des femmes, op. cit., p.49; B. Shell- Duncan, W. Obungo Obioro, L murulli Auko, op. cit., pp.109 (119-122); A. Fuambai, op. cit., p.283 (302); E. Tsou, Pourquoi les Mutilations Sexuelles? Respect de la Tradition ou Pouvoir de Contrôle sur la Femme, yaoundé, SAAGRAPH, Février 2005, p.22; F. Hosken, op. cit., p.47.

MGF[88], telle n'est cependant pas la position du droit positif international applicable en la matière qui interdit toute médicalisation[89].

Les protagonistes intervenant directement dans la réalisation matérielle des opérations relatives aux MGF ayant été présentés, il conviendrait maintenant de dire un mot sur la répartition géographique et l'histoire des dites opérations.

3. La répartition géographique et l'historicité des MGF

L'Afrique est le continent où la pratique des MGF est le plus développée et ladite la pratique est connue dans environ 28 pays africains[90]. L'origine des MGF reste une question assez floue et très discutée dans le domaine scientifique et l'on ne s'accorde que d'une chose, à savoir son caractère fort ancien[91]. Pour d'aucuns, la pratique serait originaire de l'Egypte[92], pour d'autres de l'ancien Méroé qui correspondrait au Soudan actuel[93]. Pour d'autres par contre, elle aurait seulement été simplement diffusée en Afrique par d'autres cultures asiatiques et sémitiques plus puissantes[94]. Ce qui est certain, c'est que la Pratique s'est répandue à l'intérieur du continent africain par voie de conquête, les tribus et les civilisations les plus fortes influençant les autres. A titre illustratif, le cas du Soudan où les élites du Nord, les plus fortes ont imposé la pratique aux tribus du Sud[95]. Il convient néanmoins de noter, que si la pratique est étendue dans divers pays africains, des différences notables existent cepen-dant en ce qui concerne ses caractéristiques : Taux de prévalences, âge et formes de l'opération. S'agissant de l'infibulation par exemple, son taux de prévalence est le plus élevé dans les pays comme la Somalie, Djibouti et le Soudan[96]. La pratique des MGF n'est cependant pas inconnue à des civilisations autres que

---

88 Sur les limites de l'approche sanitaire dans le cadre de la Lútte contre les MGF, voir GTZ, La lutte contre les mutilations génitales féminines: défis et perspectives pour les programmes de santé, Eschborn, 2003, pp.13-14.

89 Voir infra, partie. I, chap.III. I. 2 se rapportant à l'applicabilité du droit à la Santé aux MGF, partie I, pp.134 et s.

90 S. Bessis, Dictionnaire des Mutilations Génitales Féminines. 2004, No peace Without Justice, consulté le 30 Janvier 2007 à l'adresse http://www.npwj.org/netrep/fgm/DictionnaireMGF.pdf

91 B. Shell-Duncan/ Y. Hernlund, op. cit., pp.13-14; J. Ombolo, op. cit., p.45.

92 M. Barrère, Excision, in Enquête Démographique et de la Santé, Cameroun 2004, Institut National de la Statistique, Ministère de la planification, de la programmation, du Développement et de l'Aménagement du Territoire, Yaounde (Cameroun), USA, Juin 2005, p.235(235); Marie Assad cité par Dorkenoo Efua, op. cit., p.33.

93 G. Mackie, "*Female Genital Cutting: The Beginning of the End", in Female Circumcision in Africa*, Boulder /London, lynne rienner publishers, 2000, p.253 (266).

94 James Demeo cité par Efua Dorkenoo, op. cit., p.33.

95 N. Toubia, Female Genital Mutilation: A Call for Global Action, p.21.

96 Efua Dorkenoo, op. cit., p.32.

celles africaines. C'est le cas de certains pays d'Amérique du Sud et d'Asie[97]. Par le phénomène de l'immigration, la pratique des MGF va se propager en Europe, aux États Unis et au Canada[98]. Mais il convient de relever cependant que les mutilations génitales féminines existaient déjà en Occident bien avant le phénomène d'immigration, elles y étaient alors entrevues comme un moyen de traitement de certaines déviances sexuelles[99].
Bien que la pratique des MGF ne soit pas exclusive aux communautés africaines, l'intitulé même de notre thèse commande de rechercher sa justification dans le cadre des sociétés africaines concernées par le phénomène.

II. Justifications traditionnelles de la pratique des MGF dans le contexte africain ainsi que les Thèses y afférentes

Notre étude se limitera essentiellement aux justifications purement traditionnelles de la pratique des MGF dans la mesure où il est communément admis que l'attachement à ladite pratique serait sans liens avec la religion[100]. En ce sens, un exposé des justifications traditionnelles de la pratique (A) ainsi que de leurs thèses explicatives sera fait (B). Par ailleurs, suite aux controverses provoquées par lesdites thèses explicatives, il nous a semblé primordial de tenter de redéfinir la problématique des MGF dans l'Afrique contemporaine (C).

A. Les justifications traditionnelles en faveur de la pratique des MGF

Les raisons généralement avancées à l'appui de la pratique sur le plan de la Tradition sont de nature diverses et reposent généralement sur des mythes dont l'objectif serait essentiellement de renforcer la croyance des individus de

97 B. Shell-Duncan / Y. Hernlund, op. cit., p.7; N. Toubia , Female Genital Mutilation: A Call for Global Action, p.26.

98 N. Toubia, Female Genital Mutilation: A Call for Global Action, p. 26; P. Schnüll , op. cit., p.23 (24).

99 P. Herzberger Fofana, op. cit., pp.5-7.

100 Il est en effet aujourd'hui admis, bien que la religion musulmane soit souvent invoquée par certains pour justifier leur adhérence à la pratique des MGF (voir en ce sens M. Johnson, « *Becoming a Muslim, Becoming a Person: Female "Circumcision, Religious Identity, and Personhood in Guinea- Bissau* », *in Female Circumcision in Africa*, passim), que celle-ci serait non seulement antérieure aux religions révélées mais également indifféremment pratiquée aussi bien par les chrétiens, les animistes que les musulmans. Voir en ce sens; S. Fainzang, op. cit., pp.177 (178-179); M. Erlich, op. cit., p.151(153); A. Aldeeb abu-sahlieh sami, op. cit., pp.159 (160-161; 165- 168); J. Ombolo, op. cit., p. 45; E. Tsou, op. cit., pp.10, 53-54; Symposium à l'intention des chefs religieux sur les pratiques traditionnelles néfastes en tant que formes de violence contre les femmes, Banjul (Gambie), 20-23 juillet 1998, pp. 79 et s; N. Toubia , Female Genital Mutilation: A Call for Global Action, pp.31-32; P. Herzberger Fofana, op. cit., pp. 4, 25-29.

manière à faire naître en eux une conviction profonde en ce qui concerne le respect de la tradition[101]. Toutefois pour des besoins de clarté et compte tenu de l'objet limité de notre étude, nous aurons à faire une analyse des explications généralement avancées pour justifier la pratique sans faire référence aux mythes qui les fondent[102]. C'est ainsi que les divers éléments à l'appui de la pratique des MGF seront rangés en deux grandes catégories, la pratique ayant des liens avec la sexualité féminine (1) et jouant parallèlement un rôle déterminant dans la socialisation de la femme et par voie de ricochet de son identité (2).

1. Les MGF et la sexualité féminine

La pratique des MGF jouerait un rôle fondamental non seulement dans la régulation des fonctions sexuelles chez la femme mais également serait participative de son hygiène sexuelle[103]. Concernant le premier aspect, le clitoris apparaît dans certaines communautés pratiquantes comme étant un organe dangereux empêchant aux femmes de mener une sexualité épanouie[104]. Il est par exemple avancé qu'une femme non excisée serait susceptible soit de porter atteinte à la virilité de son partenaire, voir même de mettre en péril sa vie ou alors celle de son bébé[105]. Dans le même ordre d'idée, il est soutenu que seule une amputation du clitoris permettrait à la femme de maîtriser ses pulsions sexuelles[106] et par conséquend de mener une vie de chasteté avant le mariage et de fidélité pendant le mariage[107]. Le clitoris serait donc la source de déviances sur le plan sexuel qui rendrait la femme incapable d'être une bonne épouse et mère[108]. D'après certains auteurs, ce serait plutôt l'effet inverse qui est produit dans la mesure où la pratique des mutilations génitales féminines n'altère en rien le désir sexuel de la femme excisée, ce qui l'amènerait en pratique à rechercher

101 J. Ombolo, op. cit., pp.108, 110.

102 Les études ethnologiques intègrent généralement cet aspect, pour plus d'informations, voir en ce sens J. Ombolo, op. cit., pp.104 et s; A. Fuambai, op. cit., pp.283 (294 et s).

103 L'on pourrait à cet égard, pour reprendre les termes de l'Ethnologue Camerounais Ombolo, parler de «croyances physiologiques» plutôt que d'explications *«physiologiques»*, dans la mesure où une telle assertion est en contradiction flagrante avec les données de la Biologie et de la Physiologie, voir J. Ombolo, op. cit., pp.113 et s.

104 E. Tsou, op. cit., p.23; J. Ombolo, op. cit., pp.107-108.

105 Orubuloye, P. Caldwell et J. Caldwell, op. cit., p.73 (74); J. Ombolo, op. cit., p.106; E. Tsou, op. cit., p. 23.

106 Efua Dorkenoo, op. cit., p.33; J. Ombolo, op. cit., p.107 ; C. Kessler Bodiang / G. Eppel et A. Salam Guèye, op. cit., p.27; R. Abusharaf, Revisiting Feminist Discourses on Infibulation: Responses from Sudanese Feminists, Female Cirumcision in Africa, Boulder /London, lynne rienner publishers, 2000, p.151(154).

107 Propos de Awa Thiam cité par P. Herzberger Fofana, op. cit., p.10.

108 B. Shell- Duncan, W. Obungo Obioro, L. Auko murulli, op. cit., p.109 (118); A. Aldeeb abu-sahlieh sami, op. cit., p.159 (174).

plusieurs partenaires[109]. Le rôle des MGF ne serait non plus à négliger, en ce qui concerne la procréation et la régulation des naissances[110].

S'agissant de la corrélation des MGF avec l'hygiène sexuelle féminine, il est avancé que les organes génitaux externes de la femme sont sales. Et que, ce n'est qu'à la suite d'une opération des MGF qu'ils retrouveraient un caractère propre et lisse[111].

A dire vrai, les quelques éléments énumérés plus haut à l'actif des MGF comme régulateur de la sexualité féminine ne sont pas sans impact sur la définition même de la femme dans les communautés concernées.

2. La fonction socialisante des MGF et l'identité féminine

L'une des explications, généralement avancée en faveur des MGF serait leur fonction socialisante se traduisant concrètement au travers de rites. La pratique des MGF serait dans certaines communautés telles que les Bambara au Mali, un acte sanctionnant le passage de l'enfance à l'âge adulte accompagné de festivités telles que les chants et les danses[112]. En pratique, les jeunes filles candidates aux MGF sont isolées du reste de la communauté après l'opération. Au cours de leur retraite, elles seront entre autres soignées mais également enseignées sur les vertus féminines[113], faisant de la jeune fille un être à part entière de sa communauté pouvant assumer les fonctions d'épouse et de mère[114]. Or, il s'agit là d'éléments rentrant dans la définition même de la femme dans les sociétés considérées[115].

Dans ce contexte, les MGF apparaissent donc comme une mesure garantissant la survie et l'harmonisation des rapports sociaux des sexes féminins et masculins dans les groupes considérés[116]. Dans une perspective plus large, les mutilations génitales sexuelles viseraient donc essentiellement à établir une différenciation entre les deux sexes de manière à leur conférer des rôles sociaux spécifiques clairement définis[117]. Le Clitoris représentant l'élément mâle dans le sexe féminin, se doit d'être enlevé pour éviter une Hermaphrodite. La réciproque est

---

109 Efua Dorkenoo, op. cit., p.35.

110 J. Ombolo, op. cit., p.105.

111 Efua Dorkenoo, op. cit., p.40; M. Erlich, op. cit., p.153; N. Toubia , Female Genital Mutilation: A Call for Global Action, p.37; J. Ombolo, op. cit., p.107.

112 J. Ombolo, op. cit., pp. 67-68; M. Rosenke, op. cit., p. 19.

113 J. Ombolo, op. cit., pp. 68-69.

114 G. Mackie, op. cit., p.253 (254); J. Ombolo, op. cit., pp.146-148; F. Hosken, op. cit., p.47.

115 P. Herzberger Fofana, op. cit., pp.10-11; B. Shell-Duncan, W. Obungu Obioro, L. Auko murulli, op. cit., pp.109 (116-118); Orubuloye, P. Caldwell et J. Caldwell, op. cit., p.73 (74-75); A. Aldeeb abu-sahlieh sami, op. cit., p.174.

116 S. Fainzang, op. cit., p.177 (177).

117 S. Fainzang, op. cit., p.177 (177); J. Ombolo, op. cit., pp.146-148; Efua Dorkenoo, op. cit., p.35; P. Schnüll / terre des femmes, op. cit., p.23 (40).

aussi vraie pour les hommes qui doivent être circoncis afin que le prépuce, l'élément féminin du sexe masculin soit enlevé. Le parallélisme des opérations de mutilations accomplies aussi bien sur le sexe masculin que celui féminin serait donc révélateur des configurations sociales des communautés concernées, lesquelles sont basées essentiellement sur la spécificité des rôles sociaux selon les genres[118]. On pourrait donc conclure que les mutilations sexuelles entre autres celles féminines ne seraient rien d'autre qu'un héritage culturel reflétant les considérations de genre qui imprègnent lesdites sociétés[119]. C'est ce qui justifierait, comme nous aurons à le démontrer dans les lignes qui suivent, la réticence de certains auteurs africains à contrario de l'opinion majoritaire en Occident à admettre l'existence d'un lien de causalité entre les MGF et le patriarcat ou tout au moins de manière exclusive.

B. Les thèses doctrinaires par rapport aux justifications traditionnelles données à la pratique

Nous allons distinguer selon qu'il s'agit de thèses occidentales (1) ou alors africaines (2). Il convient toutefois de remarquer, qu'il s'agit ici de grandes idées caractérisant l'une ou l'autre des positions. Une catégorisation s'avère en pratique assez difficile, les mêmes opinions se trouvant ça là et se complétant.

1. Les thèses occidentales et les justifications traditionnelles de la pratique des MGF.

L'internationalisation de la lutte contre la pratique des MGF ainsi que la grande prise de conscience qui en a découlé sont dû en grande partie à l'activisme occidental[120]. Après une politique de non immixtion[121], les années 70 et 80 se

118 E. Grande, op. cit., p.10. Il convient de remarquer que selon Ombolo jean pierre, la spécificité des rôles sociaux concernant les deux sexes serait vérifiée, quand bien même un seul groupe aurait à subir les mutilations génitales des femmes ou alors quand celles-ci seraient pratiquées sur des personnes plus jeunes. Dans cette dernière catégorie les opérations sexuelles seraient alors le symbole d'une réalité, qui s'accomplira plus tard, à savoir la possibilité de jouir de son statut social, une fois ayant atteint l'âge requis. Voir J. Ombolo, op. cit., pp.48-49.

119 Il s'agit là à dire vrai, d'une reprise de la position de Jomo Kenyatta, ancien Président du Kenya ayant écrit une thèse en Anthropologie (Facing Mount Kenya) sous la supervision de Malinowski dans laquelle il défendait la pratique, cité par E. Grande, op. cit., p.16.

120 En effet, bien qu'il soit établi aujourd'hui que quelques africains ont eu à prendre des positions assez ouvertes contre les MGF, parmi lesquels la sénégalaise Awa Thiam, N. Toubia, Nawal El Saadawi ; Koso Thomas, Efua Dorkenoo........., il est indéniable que sans l'implication de l'occident et la forte médiatisation qui en a découlé à partir des années 80, les MGF seraient restées à bien des égard une question Tabou. Voir en ce sens P. Herzberger Fofana, op. cit., p.18.

sont caractérisées par des prises de position de plus en plus ouvertes de l'Occident contre la pratique des MGF. Les raisons très souvent invoquées en faveur d'une telle immixtion sont d'ordre moral et humanitaire[122]. Par ailleurs, s'il est aujourd'hui admis que la coopération entre l'Occident et le Sud serait un aspect important de toute politique qui se veut efficace en la matière[123], les éléments d'une telle coopération restent toujours à définir[124]. Pour ce qui est des arguments généralement avancés par l'occident en défaveur de la pratique des MGF, ceux-ci visent essentiellement une remise en cause des valeurs attachées aux MGF (a) et à l'établissement d'un lien de causalité entre les MGF et la domination masculine (b).

a. La remise en cause des valeurs attachées à la pratique des MGF

La pratique des MGF en tant que règle règle coutumière à laquelle serait attachée un certain nombre de valeurs, a été dénoncée. C'est ainsi que certains auteurs ont eu à qualifier les MGF de pratique désuète et irrationnelle et dont l'attachement ne ferait que mettre en exergue la méconnaissance des populations concernées de l'anatomie du corps humain[125]. A l'appui de cette argumentation

---

121 F. Hosken, op. cit., pp. 5, 7, 22 , 258-259; Efua Dorkenoo, op. cit., pp.60-61. Exceptions faites du côté des réligieux anglais d'obédience protestante, M. Erlich, op. cit., pp.151 (152-153) ; E. Sussman, « *Contending With Culture: an Analysis of the Female Genital Mutilation Act of 1996,* CILJ, 31, 1998, pp.193(237 et s).

122 L'idée de solidarité et du devoir de l'Occident d'agir en l'espèce se fondant essentiellement sur des raisons humanitaires et d'éthiques a été également très bien présentée par différents auteurs: H. Lewis, op. cit., pp.1(5-6) ; B. Gillia, op. cit., p.579 (579) ; F. Hosken, op. cit., p.30; D. Vernier, *«Le traitement pénal de l'excision en France historique », droit et cultures,* 20, 1990, p.193(198). Par ailleurs, il est admis que les projets locaux se rapportant à la question des MGF sont fortement tributaires de l'aide extérieure. Voir B. Shell-Duncan/ Y. Hernlund, op. cit., p. 25; *Obioma Nnaemeka, "Colonial Discourses, and Imperialist Interventions: Female Circumcision as Impetus", in Female Circumcision and the politics of Knowledge*, pp. 44 (63).

123 *«Que des femmes aussi gardent le silence sur les fléaux dont elles souffrent peut paraître déroutant ou Suspect. Déroutant dans la mesure où cela dénoterait l'absence d'une prise de conscience de maux dont elles souffrent .Suspect en ce sens que loin de n'avoir pas pris conscience de la nécessité de réagir et d'agir face aux oppressions qu'elles vivent, elles s'y complaisent ou du moins en donnent l'impression et probablement parce que probablement cela les arrange..... En effet, la solution du problème des femmes sera collective et internationale. Le changement de leur statut sera à ce prix ou ne le sera pas»*, Propos de Awa Thiam, repris par E. Tsou, op. cit., pp.9-10.

124 Certains auteurs tels que Sondra Hale ont eu à insister sur la nécessité pour l'occident de se départir en l'espèce d'une attitude arrogante et de rechercher les voies et moyens afin d' être effectivement invitées à œuvrer en la matière avec les personnes directement concernées, H. Sondra, op. cit., p.363 (378).

125 P. Schnüll, op. cit., p.23 (47); F. Hosken, op. cit., pp.11, 14 et 15; 22, 29; I. Coello, op. cit., p.213 (215) ; H. Lewis, op. cit., p.1(9).

largement développée par Fran Hosken, l'une des premières à avoir dénoncé la pratique au sein de la doctrine occidentale, il est soutenu que les populations concernées abandonneraient facilement la pratique si elles étaient à même d'appréhender ses effets pervers pour la Santé des femmes et des fillettes qui s'y soumettent[126]. Les MGF seraient donc à abolir vu les nombreux problèmes de santé dont ils en sont la cause et une éducation doublée d'un engagement politique des États en ce sens aurait une fonction dissuasive déterminante pour ce qui est de la non continuation de la pratique[127]. Ces quelques considérations poussent très souvent les tenants de cette thèse à plaider contre toute médicalisation de la pratique aux motifs que celle-ci serait non seulement contraire à l'éthique médicale mais également rendrait difficile toute stratégie d'éradication[128], s'alliant ainsi sur la position de l'OMS[129]. Une telle prise de position est à notre avis, comme nous aurons à le démontrer plus loin assez réductionniste[130]. Ce qu'il importe ici de mentionner, c'est que les discours du féminisme occidental relatifs aux MGF, parce que imprégnés de leurs expériences particulières[131], apparaissent très souvent comme des éléments dissonants au regard des réalités africaines[132], ce qui dénoterait des difficultés à mettre sur pied une politique universelle de libération féminine[133]. Ce constat sera d'ailleurs confirmé, quand il s'agira de traiter des liens éventuels entre les MGF et la nature patriarcale desdites sociétés.

---

126 F. Hosken, op. cit., pp.14, 15. Dans le même sens K. Boulware-Miller, op. cit., pp.155 (172-173).

127 F. Hosken, op. cit., pp.21-22, 25.

128 F. Hosken, op. cit., pp. 38- 39; 266-267; M. Usman Mandara, Female Genital Cutting in Nigeria :Views of Nigerian Doctors on the Medicalization Debate, Female Circumcision in Africa, Boulder /London, lynne rienner publishers, 2000, pp.95 (105); GTZ, la lutte contre les mutilations génitales féminines : défis et perspectives pour les programmes de santé, Eschborn, 2003, p.15.

129 Female genital mutilation, A joint WHO/Unicef/UNFPA statement, Genève, 1997, p.8; Who-Female Genital Mutilation fact sheets No241, para.6-7, consulté le 10 juin 2004 à l'adresse http://www.google.de/search?hl=de&q=Who-female+Genital+ Mutilation+fact+sheets.&btnG=Suche&meta.

130 Voir infra, pp. 140 et s.

131 A. Fuambai, op. cit., pp.283 (284 et s) ; R. Aburashaf, op. cit., pp.151(163-164).

132 A titre illustratif, les arguments généralement avancés par les occidentaux selon lesquels les MGF opéreraient comme une castration en vue de limiter le plaisir sexuel des femmes ont une faible incidence au niveau des communautés pratiquantes. Voir Orubuloye, P. Caldwell et J. Caldwell, op. cit., p.73 (93); J. Ombolo, op. cit., pp. 156-159 ; K. Boulware-Miller, op. cit., pp.155 (170-171); M. Johnson, op. cit., p.215 (227 et s); R. Aburashaf, op. cit., p.151 (161) ; Sami Tchak cité par P. Herzberger Fofana, op. cit., p.10.

133 R. Aburashaf, op. cit., p.151 63-164); L. Amede Obiora, op. cit., pp.314 (317, 335).

b. L'indissociabilité entre les MGF et l'infériorité des femmes

Une grande partie de la doctrine occidentale soutient en effet, que loin de favoriser un épanouissement et une intégration des femmes au sein de leurs communautés respectives la pratique aurait pour but d'entretenir et de maintenir la domination masculine en contrôlant la Libido des femmes[134]. C'est d'ailleurs, cette dimension du problème qui aurait rendu nécessaire l'application des droits de l'homme en l'espèce[135]. Il est d'un fait constant que les communautés dans lesquelles les mutilations sont pratiquées, sont très souvent patriarcales[136]. En conséquence dans lesdites communautés, les femmes sont généralement sous représentées, privées de nombreux droits et ne peuvent trouver qu'une certaine respectabilité au travers de la gent mâle[137]. Ce pourrait être le mari ou le père. La pratique des MGF serait donc l'un des moyens établi par excellence pour perpétrer et entretenir un système d'inégalité à l'égard des femmes[138]. En conséquence, le rôle de la pratique dans la détermination des attributs masculins et féminins dans le sens d'une spécificité et d'une complémentarité entre les deux sexes serait donc absolument à écarter. A notre avis, sans pour autant entièrement partager le point de vue contraire de Elisabetta Grande[139], il convient toutefois de relativiser cette relation causale entre la nature patriarcale des sociétés connaissant de la pratique et son accomplissement. Force est cependant de constater que l'irréfutabilité d'un tel lien est fortement mis en exergue par le féminisme occidental : *« De nombreux Africains ainsi que des anthropologues occidentaux prétendent que ce sont les femmes qui perpétuent*

---

134 F. Hosken, op. cit., pp. 13, 17, 24, 243; Hope Lewis / R. Gunning, "*cleaning our own house: exotic and familiar human rights violations", in Buffalo human rights law review, 4, 1998*, pp.123 (126); H. Lewis, op. cit., p.1 (9-10); E. Grande, op. cit., 2005, p.14; I. Coello, op. cit., p.213 (215).

135 E. Grande, op. cit., p.8; M. Usman Mandara, op. cit., pp.95 (95); I. Coello, op. cit., pp.213 (213, 216-217,225).

136 Efua Dorkenoo, op. cit., pp.45-47.

137 *« En effet, le célibat d'une femme implique l'impossibilité pour elle d'accéder à une reconnaissance sociale, et parfois même l'impossibilité d'acquérir le statut de personne. Cette exclusion est à rattacher au fait que la femme est exclusivement définie comme reproductrice biologique, et que la reproduction est traditionnellement le seul domaine dans lequel elle est valorisée»*: S. Fainzang, op. cit., p.177 (177). Voir dans le même sens B. Shell-Duncan, W Obungu Obioro, L. Auko murulli, op. cit., p.109 (119).

138 *" La politique sexuelle des mutilations génitales est tout à fait explicite. La castration sexuelle asservit les femmes aux hommes . Le martyre de l'opération brise leur résistance psychologique et les prive de leur sexualité, la principale source de leur vitalité"*: F. Hosken, op. cit., p.243.

139 *«Patriarchy however is not responsible for the existence of Female cutting practices, only for making use of them : African systems would be patriarchal even if Female circumcision were not practiced and, however paradoxical, Female circumcision would still be practiced in many, perhaps all of its forms even if the African systems were matriarchal»*, dans E. Grande, op. cit., p.17.

les opérations. Dans le contexte de ces sociétés où les femmes ne décident jamais de rien, cette affirmation est ridicule. Les mutilations relevant à l'évidence de la politique sexuelle des hommes. Si les hommes cessaient d'exiger et de financer les opérations, elles disparaîtraient aussitôt »[140]. C'est ainsi que la lutte contre les MGF, le système d'inégalité perpétré au détriment des femmes n'étant pas seulement propre aux pays pratiquant les mutilations, a fini par connaître une grande médiatisation au sein des courants féministes devenant très vite le symbole de la libération féminine qu'elle soit européenne, américaine ou africaine[141]. Malheureusement, une telle médiatisation de la pratique des MGF a fait perdre de vue la nécessité de considérer les intérêts réels des femmes/fillettes directement concernées. Et, comme l'a fait remarquer Bronwyn Winter, la question des MGF est devenue le moyen par excellence permettant aux uns et aux autres d'affirmer leurs positions de manière à démontrer leur supériorité sans véritablement se soucier de leurs incidences au niveau des conditions de vies des femmes/fillettes concernées[142]. Il convient toutefois de remarquer qu'aujourd'hui, au sein de la doctrine occidentale, nombreux sont les auteurs qui s'accordent sur la nécessité de prendre en considération les éléments relevants pour le vécu des populations considérées dans les approches à développer, de manière à les leur rendre compréhensibles[143]. Ce souci d'intégrer les données locales de la question des MGF dans toute approche, est encore fortement perceptible au niveau des thèses africaines.

2. Les thèses africaines et les justifications traditionnelles de la pratique des MGF

Il convient de remarquer qu'ici la doctrine est divisée. D'un côté, nous avons ceux qui trouvent que les justifications traditionnelles méritent une certaine attention (a) et de l'autre ceux qui rejettent l'argumentation traditionnelle, s'inscrivant de ce fait même contre toute continuation de la pratique (b).

a. Les thèses africaines en faveur de la pratique

Avant de rentrer dans le vif du sujet, quelques remarques préliminaires sont nécessaires. Dans cette sous- partie, il s'agira de faire ressortir la position de certains auteurs qui sans être systématiquement contre toute politique

---

140 F. Hosken, op. cit., p.244.

141 " *female genital mutilation also commonly known as Female circumcision is an extreme example for of efforts common to societies around the world to manipulate women's sexuality, ensure their subjugation and control their reproductive functions"*: N. Toubia , Female Genital Mutilation: A Call for Global Action, p.5.

142 " *It is about the use of women as ammunition in a polemic of central concern to their lives, but where the issue at stake is not the women's own interests but, rather, the consolidation of the power of others to define those interests",* Bronwyn Winter Bronwyn cité par Obioma Nnaemeka, op. cit., p.2 (9).

143 B. Gillia, op. cit., pp.579 (587-588); E. Sussman, op. cit., pp.193 (208, 211-213, 242).

d'éradication, insistent sur la nécessité de donner la possibilité à ceux qui veulent vivre en conformité avec leur culture de pouvoir le faire[144]. S'il est donc admis, qu'une femme occidentale a la latitude de recourir à des procédures chirurgicales à but esthétique, la question logique qui en découle, est celle de savoir pourquoi une femme africaine ne bénéficierait-elle pas d'une telle possibilité en ce qui concerne les MGF? Et ce, d'autant plus que leurs motivations, à savoir se faire accepter et apprécier dans leurs environnements respectifs seraient dans ces deux cas identiques: *«African Women's consent to their cutting practices is motivated by the same desire to enhance their self-confidence, personal well-being and social worth that motivates Western women to have their breasts augmented. It is the feeling of belonging that any-one any-where derives from having met the beauty feminity (or masculinity) standards of their own society »*[145]. Dans le même sens, les réelles difficultés à expliquer objectivement le pourquoi du traitement différentiel sur le plan juridique des opérations accomplies au nom de la tradition respectivement sur les sexes masculins et fémins peuvent également appuyer une telle orientation[146]. Sans vouloir nous attarder ici sur les controverses qui se rapportent à une telle différence de traitement selon qu'il s'agit des opérations pratiquées sur les femmes ou les hommes[147], une bonne prise en compte des intérêts des femmes concernées selon les tenants de la position médiane commanderait que le recours

---

144 Jomo Kenyatta est l'un des premiers à avoir affirmé l'importance rituelle des MGF et de la nécessité d'accorder une option de Choix en l'espèce aux africains. Voir en ce sens, M. Erlich, op. cit., p.151 (157). D'autres auteurs tel que ahmadu Fuambai s'inspirant certainement de la pensée de Kenyatta, tout en soutenant l'idée d'une liberté de choix en l'espèce ont toutefois eu à insister sur une assistance médicale en l'espèce afin de préserver la santé des femmes. A. Fuambai, op. cit., pp.283(305, 309).

145 E. Grande, op. cit., 2005, p.16. Dans le même sens N. Toubia, Female Genital Mutilation: A Call for Global Action, p.35. Si cet argument semble mettre en évidence l'existence d'un consentement chez celles, qui adhèrent à la pratique, il n'en demeure pas moins vrai, que ce sont très souvent de personnes mineures qui sont impliquées ici. La question de l'existence ou non d'un consentement en l'espèce aura à être analysé en profondeur dans l'étude de l'applicabilité du droit à l'intégrité physique aux MGF. Voir infra, chap. III, pp.141 et s.

146 Certains auteurs, tels-que A. Aldeeb abu-sahlieh ont eu d'ailleurs à dénoncer une telle différentiation sur le plan du droit: *«La logique juridique rejette la distinction entre la circoncision masculine et la circoncision féminine, toutes deux étant des mutilations d'organes sains et, par conséquent, une atteinte à l'intégrité physique de l'enfant quelles que soient les motivations religieuses et les superstitions qui les sous-tendent»:* A. Aldeeb abu-sahlieh sami, op. cit., p.159 (160).

147 Pour une étude détaillée de cette question, voir l'article de Elisabetta Grande qui démontre le caractère biaisée de l'application des droits de l'homme au regard de diverses pratiques (les MGF, la ciconcision masculine, les opérations des seins), qui quoique portant toutes atteintes à l'intégrité phisique des individus, se voient cependant soumis à un traitement différentiel: E. Grande, op. cit., passim.

à la médicalisation en l'espèce ne soit à priori exclu[148]. Et ce, d'autant plus que ce sont les formes de mutilations génitales, les moins sévères, qui sont les plus pratiquées dans les communautés concernées par le phénomène[149]. Fuambai Ahmadou, ethnologue d'origine sierra léonaise, l'une des têtes de proue des partisans de cette thèse ayant eu elle même à respecter cette tradition soutient, que la médicalisation serait garante des principes tels que la liberté et le respect de l'autre[150]. En ce sens, une médicalisation de la pratique des MGF, contribuerait certainement à donner aux peuples concernés une plus grande latitude dans leur décision de rester attachés ou non à la tradition de leurs pères[151]. Ce dernier aspect est d'autant plus important que l'autre grief généralement avancé par les partisans d'une position médiane est le jugement au rabais par les abolitionnistes, du rôle de socialisation joué par la pratique des MGF: " *It may surprise outsiders that genital cutting is not simply imposed on women by men but also perpetuated by women themselves, despite their awareness of the pain and serious health risks involved. However, the motivation for this practice is best understood in terms of its social and economic ramifications for men and women and in terms of its wider cultural meaning. In this case, ritual circumcision entwines the issue of gender identity, cultural heritage, marriageability, and socially sanctioned childbearing*"[152]. S'il est vrai que les tenants de cette thèse, n'hésitent pas à dénoncer les moyens peu orthodoxes utilisés afin de respecter la tradition en l'espèce, ils insistent néanmoins sur la fonction

---

148 Pour ce qui est des partisans de la médicalisation, il convient de distinguer entre ceux pour qui la médicalisation serait garante de la santé des femmes concernées tout en leur garantissant une option de choix, voir dans ce sens : A. Fuambai, op. cit., p. 283(285; 308-309); de ceux également pour qui la médicalisation ou tout au moins une assistance médicale en l'espèce, ne serait qu'une mesure transitoire en attendant que la pratique soit complètement éradiquée, voir en ce sens : M. Usman Mandara, op. cit., pp.95 (104-105); B. Shell- Duncan, W. Obungo Obioro, L. Auko murulli, op. cit., pp.109 (110, 121, 123, 126, 127).

149 A cet égard, il est décrié la tendance dans la littérature et dans les campagnes d'éradications à mettre en exergue les conséquences les plus graves de la pratique attachées à l'Infibulation quoique en réalité peu répandue dans les communautés pratiquantes. Voir, B. Shell-Duncan, W. Obungo Obioro, L. Auko murulli, op. cit., pp.109 (110, 125); A. Fuambai, op. cit., p.283 (308); C. Gosselin, op. cit., p.193 (209).

150 A. Fuambai, op. cit., p.283 (309).

151 Ibid, pp.283 (302, 308-309).

152 Voir, B. Shell- Duncan, W. Obungo Obioro, L. Auko murulli, op. cit., pp.109 (126-127). Pour les tenants de cette thèse, la pratique serait absolument relevante dans la détermination des rôles sociaux des sexes masculins et féminins et serait par conséquent à dissocier du patriarcat. Voir dans le même sens, A. Fuambai, op. cit., pp.283 (285, 292, 299); J. Ombolo, op. cit., pp.156-159; L. Thomas, «*Ngaitana (I Will Circumcise Myself): Lessons from Colonial Campaigns to Ban Excision in Meru, Kenya*», *in Female Circumcision in Africa*, Boulder /London, lynne rienner publishers, 2000, pp.129 (131 ; 145-148).

socialisante de la pratique des MGF et le vide culturel auquel son éradication peut mener[153]. C'est la raison pour laquelle, d'aucuns soutiennent, qu'il serait nécessaire au moyen d'une éducation neutre de créer un espace qui laisserait la possibilité à chaque membre des communautés concernées de décider ou non de la continuation de la pratique[154]. A notre avis, la vérité d'une telle assertion est elle même tributaire de l'orientation plus ou moins libérale des sociétés concernées par le phénomène[155]. En effet, ce n'est que dans ce type de sociétés que les femmes, lesquelles sont directement concernées par la pratique peuvent à partir de critères clairement identifiés au niveau personnel choisir de se soumettre ou non à la pratique[156]. Or, la nature patriarcale des dites sociétés et leurs orientations fortement communautaires font sérieusement douter de la jouissance d'une telle liberté au niveau des femmes en ce qui concerne leur soumission à la pratique. Et, il s'agit d'ailleurs là d'un point fortement soutenu par les auteurs africains, qui s'opposent à toute continuation de la pratique.

---

153 J. Ombolo, op. cit., p.159.

154 A. Fuambai, op. cit., p.283(309).

155 La conception individualiste des droits de l'homme ne semble pas coincider avec la réalité sociale africaine, tout au moins celle ancestrale dans laquelle la personne humaine ne saurait être appréhendé que dans et par son groupe ethnique, celle-ci lui conférant un statut juridique de manière graduelle:*«la personne humaine n'est pas investie de la personnalité juridique une fois pour toutes; celle-ci s'acquiert au fur et à mesure que la personne humaine franchit les étapes de la vie: à l'occasion de la circoncision; à l'occasion du mariage; à l'occasion de la naissance des enfants, à l'occasion des diverses initiations. Inversement la personnalité juridique peut diminuer et s'étioler à l'occasion de la survenance de certains évènements (maladie, deuil, etc...)»*., I. Nguema, *«Universalité et spécificité des droits de l'homme en Afrique: la conception traditionnelle de la personne humaine», in droit et Cultures*, 19, 1990, p.215 (215). Voir dans le même sens F. Ouguergouz, op. cit., pp. 9-10; P. Pougoué, *« Lecture de la Charte Africaine des droits de l'homme et des Peuples », in droits de l'homme en Afrique centrale,* UCAC-Karthala, Colloque de Yaoundé, 9-11 Novembre 1994, pp. 37-38; J. Kamdem, *Existe-t-il une conception africaine des droits de la personne humaine?*, in Cahier africain des droits de l'homme, No4, presse de l'UCAC, juillet 2000, pp.51, 53.

156 Dans une étude menée par Cathérine Quiminal auprès des Soninké en France (communauté d'émigrés maliens), il a été démontré que la faculté pour les femmes de prendre des décisions et d'éclairer leurs choix est fortement annihilée: C. Quiminal, op. cit., p.183 (189). Une étude menée par le Ministère de la condition féminine du Cameroun est arrivée aux mêmes conclusions. Ministère de la condition féminine de la république du Cameroun, les Mutilations génitales féminines au Cameroun: rapport du groupe multidisciplinaire de collaboration en mutilations génitales féminines, novembre 2002, pp.30, 42-43.

b. Les thèses africaines contre la Pratique des MGF

Si les arguments généralement avancés par les auteurs africains s'opposant à la pratique s'inspirent dans leur idéologie de ceux développés par leurs homologues occidentaux, ils s'en distinguent toutefois pour ce qui est du contenu des approches à développer en vue d'éliminer la pratique des MGF comme a eu à le préciser Obioma Nnaemeka: *«the disagreement is not about the urgent need to put an end to a harmful practice, most people (both Africans and non-Africans) agree that the practice must end. The resistance from Africans is not necessarily against the termination of the practice; rather, it is against the strategies and methods using to bring about this goal»*[157]. C'est ce qui expliquerait le particularisme des conclusions auxquelles les penseurs africains, s'opposant à la pratique, aboutissent dans leurs analyses concernant la question des MGF. S'agissant des arguments sanitaires par exemple, on note une insistance de la part de certains auteurs à ne pas traiter la pratique comme un cas de pathologie ordinaire: *«FGM is not a disease per se but a complex social practice. To attack it at its roots we need to understand why people practise it despite its numerous health consequences, and we need also to develop skills to prevent it »*[158]. Pour ce qui est des liens éventuels de la pratique des MGF avec la nature patriarcale des dites sociétés, la doctrine africaine soutient dans sa grande majorité qu'une bonne compréhension de la pratique n'est pas possible si on ne garde pas à l'esprit la nature patriarcale des sociétés concernées[159]. Toutefois des points d'ombres demeurent, pour ce qui est de la quantification de l'intensité de la relation causale entre l'existence de ladite pratique et le patriarcat. C'est d'ailleurs à ce niveau que se trouvent les points de divergences entre les thèses aussi bien occidentales que celles africaines s'opposant à la continuation de la pratique. Alors que les premières postulent généralement pour un égalitarisme MGF et patriarcat[160], les secondes par contre n'y voient dans l'accomplissement des MGF, qu'une des facettes des sociétés patriarcales concernées[161]. La différence des approches développées par les auteurs

157 Obioma Nnaemeka, "*The Challenges of Border- Crossing African Women and Transnational Feminisms", in Female Circumcision and the politics of Knowledge*, pp.46-47.

158 Efua Dorkenoo, op. cit., p.3. Dans le même sens: L. Amede Obiora, op. cit., p. 314 (318).

159 N. Toubia, Female Genital Mutilation: A Call for Global Action, p.5; Efua Dorkenoo, op. cit., pp. 41, 45-46, 50; B. Shell- Duncan, W. Obungo Obioro, L. Auko murulli, op. cit., pp.109 (119); E. Tsou, op. cit., pp. 25-27; P. Herzberger Fofana, op. cit., p.14.

160 Voir supra de ce chapitre traitant des thèses occidentales et les justifications traditionnelles des MGF, pp.46 et s.

161 "L'Association des Femmes Africaines pour la Recherche et le développement (AFARD) a engagé les féministes à ne pas toujours considérer les sociétés africaines uniquement en termes d'oppression et à insister sur le fait que la solidarité ne peut exister qu'à partir d'une affirmation de sa propre identité et de son respect mutuel».

occidentaux et africains, en ce qui concerne la lutte contre les MGF, trouverait là une explication[162]. Alors que les premiers optent très souvent pour des mesures directes et radicales devant conduire à une éradication immédiate de la pratique[163], les seconds recommandent généralement qu'une lutte soit menée contre la panoplie de causes entre autres les MGF qui sont à la base de l'infériorisation de la femme dans leur globalité[164]. Il s'agirait principalement de prendre des mesures concrètes afin de favoriser un plus grand accès des femmes à l'éducation, aux soins de santé ou encore de leur permettre à disposer d'une certaine indépendance sur le plan économique[165]. La nécessité de développer en l'espèce des approches intégrant véritablement la dynamique des sociétés considérées serait des plus déterminants pour un abandon effectif de la pratique.

---

propos retransmis par P. Herzberger Fofana, op. cit., p. 19. Dans le même sens, R. Abusharaf, op. cit., p.151(158).

162 *"Even African women who oppose the practice often resent what they perceive as condescension from western feminists who seek to end all African women's problems by crusading against this one practice. Western feminists often fail to realize that although sexual and reproductive freedoms are central to their feminist struggles, health, food, education, and childcare may figure more centrally in the struggles of other women"*: B. Gillia, op. cit., p.579 (584).

163 *« In the rush to save the victims, western media and activities use racist imagery to demonize entire cultures»*: Hope Lewis/ R. Gunning, op. cit., p.123 (132). Voir dans le même sens Obioma Nnaemeka, "*Colonial Discourses, and Imperialist Interventions: Female Circumcision as Impetus", in Female Circumcision and the politics of Knowledge* , pp. 44 (49 et s) ; P. Herzberger Fofana, op. cit., pp.18-19, A. Barre-Dirie, *Betroffene Frauen verdienen unseren Respekt und unsere Unterstützung, in weibliche Genitalverstümmelung: eine fundamentale Menschenrechtsverletzung*, Terre des femmes, pp.101 (103-104). Par ailleurs on dénote chez certains auteurs occidentaux un fort appel à l'activisme juridique des États en l'espèce dans le sens d'une criminalistion. *« Individual countries must enforce criminal laws prohibiting Female genital mutilation and punishing those who practice it, thereby making an unequivocal statement that the practice will not be tolerated"* in J.aimee K. Wellerstein, In the Name of Tradition : Eradicating the Harmful Practice of Female Genital Mutilation, in Loyola of Los Angeles International & Comparative Law Review, 1999, p.99 (102). Dans le même sens F. Hosken, op. cit., pp. 268-271, S. Fainzang, op. cit., pp.177 (181-182) ; I. Coello, op. cit., pp. 213 (213-214 ; 225-226); L. Weil-Curiel, Weibliche Genitalverstümmelung aus Sicht einer französischen Rechtsanwältin und Aktivistion, in Weibliche Genitalverstümmelung: eine fundamentale Menschenrechtsverletzung, Terre des femmes, pp.195 (197-198).

164 R. Abusharaf, op. cit., p.151 (158); N. Toubia, Female Genital Mutilation: A Call for Global Action, p. 6; la position de AFARD (Association des Femmes Africaines pour la Recherche et le développement), cité par H. Lewis, op. cit., p.1 (14) et H. Lewis/ R. Gunning, op. cit., pp.123 (133-134); L. Amede Obiora, op. cit., p.314 (332-333); Efua Dorkenoo, op. cit., pp. 62-63.

165 La nécessité de renforcer les capacités féminines dans les sociétés concernées est une donnée incontournable que les politiques des États visant l'abandon de la pratique des MGF se doivent d'intégrer. Pour plus d'informations voir infra, pp. 287 et s.

A cet égard, une définition de la problématique des MGF dans le contexte de l'Afrique contemporaine serait donc d'une extrême urgence.

C. La nécessaire redéfinition de la problématique des MGF dans le contexte africain

Il conviendrait dans un premier temps de présenter les raisons qui accréditent la thèse d'une redéfinition de la problématique des MGF (1) avant de présenter les éléments qu'une telle définition se doit d'intégrer afin de rendre efficiente les approches à développer dans le contexte africain (2).

1. Les éléments qui accréditent la thèse d'une redéfinition de la problématique des MGF dans l'Afrique contemporaine

Les MGF sont à notre avis, un sujet très sensible, aussi bien pour les agents des communautés qui la pratiquent que pour ceux extérieurs. Pour les premiers, il s'agit de savoir dans quelle mesure on peut oui ou non abandonner la tradition des pères au profit des courants de pensée extérieurs sans pour autant entretenir des sentiments de trahison vis-à-vis des autres membres de la société: *«Thus, campaign workers, as well as individuals who are known in the community to be outspoken opponents of femâle circumcision admitted in interviews to being put in position to defend their cultural loyalty»*[166]. Et cet aspect, se doit d'être réellement considéré, quand on sait combien l'histoire du continent africain a été jonché de phénomènes assez traumatisants tels que:l'esclavage ou la colonisation[167]. En ce qui concerne les seconds, il s'agit essentiellement pour des

166 Y. Hernlund, op. cit., p. 235 (245). Ce conflit intérieur transparaît également dans le dialogue assez troublant de Fuambai avec sa mère (ethnologue d'origine sierra leonnaise) qui dû faire le voyage des États-Unis pour la Sierra Leone afin de se faire exciser, A. Fuambai, op. cit. , pp. 283 (293) ; voir également les paroles de l'auteur D. Waris dénué de tout jugements à l'égard de ses parents. *«Meine Eltern waren beide Opfer ihrer Erziehung, eingebunden in eine Kultur, die diese Praktiken seit Tausenden von Jahren unverändert fortführt»,* D. Waris, op. cit., p. 280; Dans le même sens le conflit personnel devant lequel se trouvent les agents de santé, membre des communautés pratiquantes: GTZ, La lutte contre les mutilations génitales féminines : défis et perspectives pour les programmes de santé, Eschborn 2003, p. 17. Ainsi le rejet aux MGF dans l'Esprit de beaucoup s'assimilerait avec le Refus de leurs origines, voir C. Kessler Bodiang / G. Eppel et A. Salam Guèye, op. cit., pp. 16, 46; N. Toubia , Female Genital Mutilation: A Call for Global Action, p. 37.

167 Sans vouloir nous attarder ici sur les controverses doctrinales se rapportant à l'impact positif/négatif de ces phénomènes sur l'évolution de l'Afrique, il est un fait certain que les phénomènes en question ont eu une incidence négative sur le développement de la personnalité de l'Africain: *«<....> le drame de l'homme-produit et victime de la colonisation est qu'il n'arrive presque jamais à coincider avec lui-même»*, Albert Memmi cité par Fatsah Ouguergouz, op. cit., p. 13. Dans le même sens J. Ombolo, op. cit., pp. 163 et s.

raisons d'éthiques et humanitaires de participer à une amélioration de la condition féminine et par ricochet à celle des hommes également dans les communautés considérées[168]. Or, l'on ne peut à notre avis, venir au secours d'un individu, que si ce dernier ayant identifié ses besoins œuvre effectivement en vue de les combler[169]. Malheureusement les discours internationaux basés essentiellement sur des éléments scientifiques et sur une vision très souvent biaisée desdites sociétés ne favorisent pas toujours une telle évolution au sein des communautés concernées[170]. Comme Nahid Toubia l'a clairement exprimé, il est nécessaire que toute politique d'éradication ait en arrière fond les valeurs protégées par la pratique, les éléments rationnels à eux seuls étant insuffisants : *« Dans une société où la chasteté est plus importante pour une femme que sa propre vie, les arguments concernant les risques des mutilations pour la santé n'ont aucun poids »*[171]. La question qui se pose dès lors, est celle de savoir, ce qu'il faut mettre en place pour faire bouger les choses au sein des communautés concernées dans le sens de l'abandon de la pratique.

2. Les éléments à prendre en considération pour toute approche efficiente visant l'abandon des MGF dans le contexte africain

Un changement effectif des positions des groupes considérés par rapport à la pratique des MGF nécessite à notre avis, que soient non seulement déterminées les fonctions sociales de la pratique des MGF mais également et surtout que celles-ci soient appréhendées sous le prisme des réalités politiques, économiques et sociales actuelles des communautés concernées voire de leurs États de manière à développer des solutions adaptées ne donnant pas lieu à un vide culturel. En effet, comme certains auteurs l'ont relevé, seule l'existence de solutions alternatives en vue de solutionner les problèmes auxquels les MGF ont essayé de faire face, empêcherait un vide culturel et serait susceptible d'accélérer les politiques d'éradication en la matière[172]. Encore faut-il que lesdites solutions alternatives, tiennent compte du dynamisme des sociétés concernées de manière à saisir la signification de la pratique des MGF dans le

168 H. Lewis, op. cit., pp.1 (5-6); B. Gillia, op. cit., p. 579 (579); F. Hosken, op. cit., p.30; D. Vernier, op. cit., p.193(198).

169 S'agissant des MGF, L. Amede Obiora a eu à démontrer qu'aucun changement n'était envisageable si les femmes impliquées n'avaient la possibilité d'identifier leurs besoins et de travailler à la réalisation de ceux-ci. Autrement dit une intervention participative des femmes concernées s'avère incontournable. Voir L. Amede Obiora, op. cit., p.314 (332).

170 En ce sens, les mesures assimilatives seraient en l'espèce à écarter, voir infra, pp.287-289.

171 N. Toubia et S. Izett, op. cit., p. 48-49.

172 M. Usman Mandara, note 128, pp.95 (107); B. Shell- Duncan, W. Obungo Obioro, Muruli L. Auko murulli, op. cit., pp.109 (119-127); L. Amede Obiora, op. cit., p.314 (332).

temps. Et une telle Orientation est d'autant plus impérative que ladite pratique connaît aujourd'hui de nombreuses mutations, à savoir son accomplissement par un personnel médical qualifié ou tout au moins avec son assistance auprès de l'exciseur traditionnel, sur des personnes de plus en plus jeunes[173]. Par ailleurs, elle s'accomplirait en dehors de toute opération mutilatoire dans certaines régions[174] et serait même simplement en recrudescence dans d'autres[175]. Or, l'un des grands écueils des politiques d'éradications a toujours été d'essayer de comprendre le pourquoi des MGF sous l'angle anthropologique[176] alors même qu'il peut s'avérer très difficile de se situer dans les contextes de vies des générations antérieures comme l'ont révélé la divergence des thèses explicatives présentées ci-dessus. C'est la raison pour laquelle, nous faisons nôtre la position de Gruenbaum, selon laquelle, l'intérêt de la problématique des MGF de nos jours, serait de rechercher les avantages que la coutume des MGF est supposée apporter présentement aux communautés pratiquantes : *"The persistence of a practice that has negative consequences must be explained in terms of the present circumstances that encourage ist continuation "* [177]? Autrement dit, l'intérêt de la problématique des MGF dans le contexte de l'Afrique contemporaine, serait alors de rechercher l'existence d'un lien entre la continuation de la pratique et sa relevance versus sa non continuation au regard des données économiques, sociales, politiques et juridiques des communautés voir des États concernés? A dire vrai, les aspects juridiques feront l'objet d'une étude des plus approfondies dans le cadre de notre travail. Et dans cette recherche, il conviendrait de s'interroger sur le rôle que peut jouer le droit international des femmes dans un tel processus.

173 P. Schnüll, op. cit., p. 49; Efua Dorkenoo Efua, op. cit., p.9; Orubuloye, P. Caldwell et J. Caldwell, op. cit..8, pp.73 (75, 88-90); B. Shell- Duncan, W. Obungo Obioro, L. Auko murulli, op. cit., pp.109 (119-122); A. Fuambai, op. cit., p.283 (302).

174 GTZ, La lutte contre les mutilations génitales féminines: défis et perspectives pour les programmes de santé, Eschborn 2003, pp. 21-22; Y. Hernlund, op. cit., p.235 (245-249).

175 Orubuloye, P. Caldwell et J. Caldwell, op. cit., pp.73 (85-86); Tostan, Eclosion au Sénégal: le processus qui a mis fin à l'excision dans 174 villages, USAID, janvier 1999, passim; UNICEF Senegal, Abandon de l'Excision au Sénégal, passim.

176 N. Toubia et S. Izett, op. cit., p.47.

177 Gruenbaum (ellen) citée par B. Shell-Duncan et Y. Hernlund, op. cit., p.1(13).

PARTIE I: CONTROVERSES SUR L'APPLICATION DU DROIT INTERNATIONAL DE LA FEMME FACE AUX MGF

Les controverses relatives à l'application du droit international de la femme aux MGF sont perceptibles aussi bien dans le cadre d'une étude théorique essentiellement centrée sur les concepts philosophiques et moraux qui fondent les droits de l'homme, que dans celle d'une analyse se rapportant au contenu du droit positif applicable en l'espèce. Alors que les considérations théoriques feront l'objet d'un chapitre second (chap. II. Les MGF : Une interrogation sur les postulats sous-tendant la théorie du droit international des droits de l'homme), les éléments relevants sous l'angle du droit positif seront analysés dans un troisième chapitre (chap. III. L'ambivalence du régime international des droits de l'homme relatifs aux femmes en ce qui concerne la sauvegarde des intérêts de la femme africaine au regard des MGF). Mais, avant pour des besoins de clarté, nous analyserons dans le cadre d'un chapitre introductif les facteurs ayant poussé la communauté internationale à décider de l'application du droit international des droits de l'homme en l'espèce, surtout quand on sait que la pratique des MGF est/fut une coutume fort prisée dans les communautés pratiquantes, à laquelle sont attachées certaines vertus (Chapitre. I : La classification des mutilations génitales féminines dans l'agenda international).

CHAPITRE I: LA CLASSIFICATION DES MUTILATIONS GÉNITALES FÉMININES DANS L'AGENDA INTERNATIONAL

Ce chapitre vise essentiellement à mettre en lumière les arguments ayant amené la communauté internationale à prendre position contre les MGF tout en précisant les moyens utilisés. Nous distinguerons à cet égard deux grandes étapes. Dans un premier temps, les MGF ont eu été analysé comme un problème de santé général (I).Ce n'est qu'à partir des années 90, que cette pratique a été considérée comme un cas de violence sur les femmes, établissant de ce fait même une nécessaire application du droit en l'espèce (II). Cette étude, resterait incomplète, sans une présentation des stratégies préconisées par les Nations-Unies en vue d'éliminer les MGF (III).

I. Les MGF : un problème de santé général

Il nous semble judicieux de démontrer dans un premier temps que la question de la santé féminine constitue une préoccupation des Nations Unies (A) avant d'en venir de manière précise aux activités menées en ce domaine en relation avec la question des MGF (B).

A. La question de la santé féminine au sein des Nations Unies.

Dans l'acte constitutif des Nations Unies la question de la santé a été abordée globalement (1). Ce n'est qu'à partir des années 70 caractérisées par l'émancipation féminine que s'est fait sentir la nécessite de traiter de façon particulière les questions relatives aux femmes parmi lesquelles celles relatives à leur santé (2).

1. La santé féminine: Un problème général de droits de l'homme

Les Nations Unies ont dans un premier temps traité de la question de la santé de manière générale. Dans son Acte constitutif[178], l'organisation des Nations Unies s'est engagée à mettre tout en oeuvre afin que sur le plan international les problèmes relatifs à la santé soient solutionnés. Cette place de choix accordée à la santé se justifie par le fait que celle-ci apparaît comme une condition importante aussi bien du développement que de la paix et de la sécurité dans le monde[179]. C'est dans ce sens que d'une part l'OMS[180] verra le jour lors de la

178 Art 55 de la Charte des Nations Unies.

179 Le préambule de la constitution de l'OMS.

180 Organisation mondiale de la Santé: agence spécialisée des Nations Unies traitant des questions de santé.

conférence internationale de la Santé de New-York en 1946 [181]et que d'autre part de nombreux instruments juridiques internationaux garantissant le droit à la santé seront élaborés[182]. Le droit à la Santé fait partie de la catégorie des droits économiques et sociaux reconnus sur le plan international et leur violation est donc susceptible de mettre en cause la responsabilité de l'État[183]. Il importe cependant de remarquer que les femmes confrontées à des problèmes de santé ne pouvaient bénéficier que très difficilement d'une protection juridique. D'une part les dispositions en matière de santé du fait de leur caractère vague sont difficilement invocables devant une juridiction et très souvent restent de ce fait des principes généraux de droit[184]. Et d'autre part sur un plan beaucoup plus général, nombreuses étaient les législations des États qui ne permettaient pas que les préjudices que subissaient les femmes sur le plan de leur équilibre aussi bien psychique que physique soient effectivement punis aux motifs qu'ils étaient perpétrés très souvent dans le cadre familial et sous le couvert de la tradition[185]. Et la situation des femmes était d'autant préjudiciable, que même sur le plan international leur cause ne pouvait être entendue, les atteintes émanant des personnes privées, la responsabilité de l'État ne pouvait de ce fait être engagée[186].

Il convient toutefois de remarquer que la décennie des Nations Unies au profit des femmes fut en réalité une période assez charnière aussi bien dans l'identification que dans la recherche des solutions des problèmes spécifiques aux femmes, parmi lesquels entre autres ceux relatifs à leur santé.

2. Une approche particulière des problèmes de la femme et ceux relatifs à sa santé

La Question de la femme a pris une ascension particulière au sein des Nations Unies dans les années 70. C'est ainsi que l'année 1975 fut déclarée année internationale de la femme[187]. Il s'agissait pour les Nations Unies de mettre sur pied un ensemble de mesures sur le plan international en faveur des femmes, lesquelles devraient influencer les politiques internes des États membres et permettre de ce fait une participation active des femmes au développement[188]. L'année 1975 est également l'année au cours de laquelle va se dérouler la

181 WHO, The First ten Years of the World Health Organization,1958, p.44

182 Art 25 DUDH; Art 12 PIDESC; Art 12 CEDAW; Art24 CRC.

183 B. Toebes, The Right to Health as a Human Right in International Law, School of Human Rights research, Intersentia, 1999, p.5.

184 Ibid, p.7

185 C. Romany, op. cit., pp.87 (100ff); E. Margareth, op. cit., pp.139 (145f); F. Hosken, op. cit., p.269.

186 Voir supra, introduction, p.23-24.

187 Assemblée générale, résolution 3010 (XXVII),18 decembre 1972.

188 Report of the Secretary-General on activities undertaken during the international women's year and evaluation of their impact, E/CN.6/593, pp.6 et s, 27 Août 1976.

première conférence mondiale des femmes à Mexico. Au cours de ladite conférence seront analysés les différents points empêchant aux femmes d'être acteurs du développement au même titre que les hommes[189]. L'Assemblée générale va d'ailleurs confirmer le plan d'action de Mexico et déclarer la période allant de 1976 à 1985 décennie féminine des Nations Unies:égalité, développement, et paix[190]. L'un des points analysés à Mexico concernait la santé féminine[191]. La problématique de la santé fut en réalité un sous thème de la question du développement. Il a été démontré l'interdépendance existant entre la santé et le développement [192] et que la précarité de la santé des femmes constitue un handicap sérieux pour leur participation effective comme leurs homologues masculins au développement. Or, pour une cohésion sociale effective et un développement durable il faut que la femme cesse d'être simplement tributaire du développement mais en soit également une initiatrice. Et pour ce faire, le particularisme des problèmes féminins se devait d'être considéré. C'est ainsi qu'il a été mis en évidence quelques années plus tard lors de la deuxième conférence mondiale des femmes à Copenhague, qu'en matière de santé divers problèmes sont relatifs uniquement aux femmes, tout au moins de manière directe[193]. Il s'agit entre autres des questions post-prénatales[194], de l'assujettissement des femmes à diverses pratiques culturelles néfastes pour leur santé[195]. C'est ainsi qu'il fut demandé aux gouvernements de créer des services de santé aptes à répondre aux problèmes de santé auxquels sont confrontées les femmes[196]. Il convient toutefois de relever que la réglementation en matière de santé, pour être efficace se doit de tenir compte des réalités locales. Un Centre de santé qui n'intègre pas les spécificités locales peut se voir dans la pratique très peu fréquenté. Pour résoudre ce problème, il a été recommandé que des programmes éducatifs mettant en garde contre les éléments négatifs de certaines cultures, qui de fait nuisent le plus à la santé de la femme, soient menés[197]. Il a

189 Report of the world conference of the international women,s year (Mexico city,19-june-2 july), E/Conf.66/34, chap.II.sect.A.

190 Assemblée generale, resolution 3520, para.2, 15 decembre 1975.

191 Report of the world conference of the international women,s year (Mexico city,19-june-2 july), E/Conf.66/34, chap.II.sect.A, para.108-123.

192 Report of the world conference of the international women,s year (Mexico city,19-june-2 july), E/Conf.66/34, chap.II.sect.A, para.110.

193 World Conference of the United Nations Decade for women:equality, development and peace (14-30 july 1980), Review and Evaluation of Progress achieved in the implementation of the World Plan of Action: Health, A/Conf.94/9 para.11.

194 Ibid, para.39-42.

195 Ibid,para.43-45.

196 Report of the World Conference of The International Women's year (Mexico city,19-june-2 july), E/Conf.66/34, chap.II.sect.A ,para.113.

197 Report of the World Conference of the International Women's year (Mexico city,19-june-2 july), E/Conf.66/34, , chap.II. sect.A, para 114.

par ailleurs été avancé, l'idée d'intégrer dans les services médicaux officiels des pays africains un système de médecine dualiste se composant à la fois d'un système de soins de santé moderne et un autre de type traditionnel[198]. Pour ce qui est du Cameroun par exemple, bien qu'il y'ait eu quelques tentatives dans ce sens[199], elles n'ont malheureusement pas été développées. C'est la raison pour laquelle en pratique, ils sont nombreux les problèmes de santé pour lesquels, la population féminine africaine se tourne vers le tradipraticien quand bien même très souvent les méthodes auxquelles il a recours sont assez obscures et sont restées embryonnaires[200]. Toujours dans le but de préserver les intérêts de femmes, c'est également au cours de la décennie féminine que fut préparée la CEDAW[201] dont l'entrée en vigueur en 1979 va donner une impulsion certaine à la protection de la femme.
La dénonciation de la pratique des MGF ne serait donc pas sans liens avec cette politique libérale des Nations Unies des années 70 en faveur des femmes. C'est ainsi que les Nations Unies qui avaient adopté jusqu'ici une position des plus mitigées autour de cette question[202], va décider de sortir de sa réserve. A cet égard les arguments sanitaires ont joué un rôle prépondérant.

B. Les MGF: une pratique aux conséquences néfastes pour la santé de la femme

Les Nations Unies ont eu dans un premier temps à dénoncer la pratique des MGF en s'appuyant sur les arguments sanitaires. L'approche sanitaire comme fondement de la lutte contre les MGF, a été développée aussi bien au sein de ses institutions spécialisées (1) que de ses organes (2).

1. Aux travers de ses agences spécialisées
Il convient de séparer les activités de l'OMS en la matière menées isolément (a) ou en collaboration avec d'autres organismes (b).

---

198 World Conference of the United Nations Decade for women:equality, development and peace (14-30 july 1980), Review and Evaluation of Progress achieved in the implementation of the World Plan of Action: Health, A/Conf.94/9, para.70.

199 The Promotion and Development of Traditional Medicine, World Health Organisation Technical Report Series No.622 (Geneva,1978).

200 World Conference of the United Nations Decade for women:equality, development and peace (14-30 july 1980), Review and Evaluation of Progress achieved in the implementation of the World Plan of Action: Health, A/Conf.94/9, para.71.

201 Report of the secretary general, The programme for the decade of women and related questions, E/CN.6/594, para.15, 18 august 1976.

202 F. Hosken, op. cit., pp. 245 et s.

a. Le rôle de proue joué par l'OMS

Les Nations Unies par le truchement de l'Assemblée nationale ont été confronté dès les années 50, à la question des pratiques et coutumes portant atteinte à la dignité des femmes[203]. C'est en effet au cours de cette période, que l'Assemblée générale, à deux reprises, sur invitation du Conseil économique avait attiré l'attention de l'OMS sur le danger que présentait la pratique des MGF pour la santé des femmes et fillettes[204]. Ces tentatives se sont avérées sans succès, l'OMS ayant décliné sa compétence en l'espèce invoquant le caractère culturel de ladite pratique[205]. A dire vrai, il s'agit là d'une attitude, qui comme Fran Hosken l'a démontré cache mal les raisons politiques qui la motivent[206]. Ce ne sera donc, qu'à partir des années 70-80, période au cours de laquelle l'opinion internationale est de plus en plus convaincue, de la nécessité d'intégrer les perspectives féminines dans la définition des politiques, que les Nations Unies sous l'égide de l'OMS vont se déclarer ouvertement contre la pratique. A cet effet, un séminaire sur les pratiques traditionnelles nuisibles à la santé de la femme et de l'enfant fut pour la toute première organisé à Khartoum[207]. Les MGF ont été ainsi dénoncées comme étant une pratique négative, affectant aussi bien le physique que le psychique de la femme ou de la fillette qui s'y soumet[208]. En ce sens, elles comportent des conséquences négatives pour la santé de ces dernières pouvant aller de simples hémorragies à la mort[209]. L'OMS a effectué sur la question beaucoup de travaux, susceptibles de constituer, une source importante pour les travaux qui se font sur la pratique[210]. Si l'OMS postule pour une éradication des MGF de par leurs conséquences négatives, elle encourage toutefois la continuation de coutumes positives[211]. L'OMS va par ailleurs s'opposer à toute médicalisation de la pratique, le but de la médecine étant de

203 Assemblée générale, resolution 843 (IX) du 17 décembre 1954.

204 Efua Dorkenoo, op. cit., pp. 60-61; M. Erlich, op. cit..1, p.151(157).

205 Idem

206 F. Hosken, op. cit., p. 242 et s.

207 Fact Sheet No.23, harmful traditional Practices Affecting the Health of women and children, p.16, consulté le 3 Mai 2004 à l'adresse http://www.unhchr.ch/html/menu6/2/fs23.htm.

208 Report of the working group on traditional practices affecting the health of women and children, E/CN.4/1986/42, para.81, 4 February 1986.

209 Fact Sheet No.23, harmful traditional Practices Affecting the Health of women and children, pp. 5-6, consulté le 3 Mai 2004 à l'adresse http://www.unhchr.ch/html/menu6/2/fs23.htm.

210 Who-female Genital Mutilation fact sheets (No241), para.8, consulté le 10 juin 2004 à l'adresse http://www.google.de/search?hl=de&q=Who-female+Genital+Mutilation+fact+sheets.&btnG=Suche&meta.

211 Seminar on traditional practices affecting the health of women and children, report prepared by the World Health Organization, A/Conf.94/Bp/9, p.23, 12 june 1980.

protéger la vie et non de la mettre en péril[212]. Prise de position qui sera d'ailleurs confirmée par le plan d'action de lutte contre les pratiques traditionnelles négatives pour la santé de 1994[213].

L'OMS a également recommandé aux États dans lesquels la pratique n'est pas inconnue de légiférer en la matière et de créer des structures nationales, lesquelles pourraient élaborées des solutions adaptées en ce qui concerne la question des MGF au niveau des communautés concernées[214]. C'est dans cette optique, qu'elle a toujours soutenu financièrement les ONGs locales travaillant sur les MGF consciente du fait qu'une éradication en l'espèce serait impossible sans un travail d'éducation et d'information à la base[215]

b. La collaboration avec d'autres agences

La problématique des MGF fait interfèrer en réalité plusieurs domaines[216]. En plus du problème de santé, se posent simultanément des problèmes sociologiques, démographiques et juridiques, lesquels sont d'ailleurs très interdépendants. C'est ainsi que les agences spécialisées des nations unies ont très souvent agi conjointement en vue d'apporter un soutien effectif aux gouvernements nationaux et aux ONGs directement concernées par les mutilations. L'OMS a intégré les MGF dans ses programmes de santé pour la mère et l'enfant[217]. Ces mesures seraient restées d'une faible portée sans un travail d'éducation et d'information[218]. S'agissant de la publicité et de la vulgarisation de l'information, l'UNICEF et le Fnuap ont joué un rôle considérable. Les programmes éducatifs et d'informations de l'UNICEf ont essentiellement pour but de rendre la population réceptive aux dangers de la pratique. Ce serait vraisemblablement l'une des raisons pour lesquelles, le taux de la population en milieu urbain connaissant de la pratique, celle-ci étant généralement plus éduquée et ouverte à l'information, s'avère faible en

---

212 A joint WHO/Unicef/UNFPA statement, Female genital mutilation, 1997, p.8; Who-Female Genital Mutilation fact sheets, para.5, p.8, consulté le 10 juin 2004 à l'adresse http://www.google.de/search?hl=de&q=Who-female+Genital+Mutilation+fact+sheets.&btnG=Suche&meta.

213 Report of the second United Nations Regional Seminar on Traditional Practices Affecting the Health of Women and Children (Colombo, 4-8 july 1994), E/CN.4/sub.2/1994/10/Add.1,para.6(74).

214 Report of the working group on traditional practices affecting the health of women and children, E/CN.4/1986/42, para.102.

215 Pratiques traditionnelles ou coutumières affectant la santé des femmes et des fillettes, A/53/354, para.34, 10 Septembre 1998.

216 Report of the working group on traditional practices affecting the health of women and children, E/CN.4/1986/42, para.51.

217 Report of the working group on traditional practices affecting the health of women and children, E/CN.4/1986/42, para.81.

218 A joint WHO/UNICEF/UNFPA statement, Female genital mutilation, 1997, pp.18-19.

comparaison de celui dans les milieux ruraux[219]. Les attitudes de la femme par rapport à sa sexualité ont profondément changé grâce aux programmes de planification familiale et d'hygiène sexuelle du FNUAP[220]. Et cet aspect est d'une importance capitale surtout dans les sociétés africaines ou la sexualité reste un sujet tabou. L'UNESCO quant à elle a proposé l'intégration des MGF dans les enseignements de biologie afin de démystifier la pratique[221]. Ces quelques exemples illustrent la complémentarité existant entre les agences des nations unies dans l'exécution de programmes visant l'éradication des MGF. L'OMS, le FNUP, l'UNICEF ont eu d'ailleurs à établir une déclaration commune en vue de l'abolition des MGF[222]. L'idée centrale était alors d'apporter leur soutien aux efforts nationaux[223] afin d'amener les gouvernements concernés à adopter des mesures législatives contre les mutilations en application de leurs engagements internationaux[224].
A dire vrai, les activités menées en la matière par les agences spécialisées ne sont pas isolées de celles accomplies par les organes mêmes des Nations Unies.

2. La commission des droits de l'homme et la sous-commission de la promotion et de la protection des droits de l'homme

La sous-commission de la promotion et de la protection des droits de l'homme (jadis sous-commission de prévention de discrimination et de protection des droits de l'homme) a étudié le problème des MGF sous le contrôle étroit de la commission des droits de l'homme[225]. C'est ainsi qu'elle va procéder d'une part à l'établissement d'un groupe de travail sur les pratiques traditionnelles affectant la santé de la femme et de l'enfant, parmi lesquelles les MGF (a) et d'autre part à la nomination d'un rapporteur spécial chargé d'étudier de près l'évolution de la question (b).

---

219 Report of the working group on traditional practices affecting the health of women and children, E/CN.4/1986/42, para.68-69.

220 Pratiques traditionnelles ou coutumières affectant la santé des femmes et des fillettes, A/53/354, para.31-32, 10 Septembre 1998.

221 Pratiques traditionnelles ou coutumières affectant la santé des femmes et des fillettes, A/53/354, para.36, 10 Septembre 1998.

222 A joint WHO/UNICEF/UNFPA statement, Female genital mutilation, 1997, p.17.

223 Ibid, pp.2, 20.

224 Ibid, p.13.

225 En application de la résolution 60/251 de l'Assemblée générale du 15 mars 2006, intitulée « Conseil des droits de l'homme », le Conseil des droits de l'homme assume depuis le 19 juin 2006 tous les mandats, mécanismes, fonctions et attributions de la Commission des droits de l'homme, y compris la Sous-Commission. En conséquence, l'indicatif de série E/CN.4/- sera remplacée par A/HRC/4-.

a. Le groupe de travail

Les MGF ont fait leur apparition dans l'agenda de la sous-commission de la promotion et de la protection des droits de l'homme, dès les débuts des années 80[226]. C'est également au cours de cette période, que le conseil économique et social[227] sur initiative de la sous-commission [228] par le truchement de la commission des droits de l'homme[229] a décidé de la création d'un groupe de travail devant étudier les pratiques traditionnelles ainsi que leurs conséquences négatives pour la santé des femmes et des fillettes, qui s'y soumettent. Le groupe de travail était constitué d'experts désignés respectivement par la sous-commission de prévention de discrimination et de protection des minorités, l'OMS, l'UNESCO et l'UNICEF[230]. Par la suite, vont s'y joindre les experts de nombreuses organisations non gouvernementales[231]. Il s'est basé dans l'exécution de sa tâche sur l'élaboration de divers travaux antérieurs de l'OMS relatifs aux MGF[232]. Les MGF furent avec d'autres pratiques[233] dénoncées comme étant nuisibles à la santé, affectant aussi bien l'équilibre physique que mentale des femmes et fillettes qui s'y soumettent. Le groupe de travail a fait remarquer que l'intensité des maux physiques découlant des MGF varie avec le type d'opération[234]. Ainsi l'infibulation qui est la forme la plus sévère de mutilation provoquerait en pratique des complications beaucoup plus graves que les autres types[235]. En outre il a été avancé que certains maux physiques se manifestent directement après l'opération alors que d'autres n'apparaissent que bien plus tard[236]. Dans la première catégorie, on peut citer: Les hémorragies, les douleurs violentes et dans la seconde on peut citer les infections chroniques, les complications obstétricales et autres. Il a par ailleurs été admis-que cette pratique marquerait à vie la personne qui s'y soumet et s'accompagnerait d'une série de problèmes sur le plan social et psychologique. C'est ainsi que la fillette excisée pourrait devenir par la suite dépressive et anxieuse[237]. Et que cet état

---

226 Report of the working group on traditional practices affecting the health of women and children, E/CN.4/1986/42, para.1, 2, 4 February 1986.

227 E/1984/34

228 E/CN.4/sub.2/1983/1

229 Report of the working group on traditional practices affecting the health of women and children, E/CN.4/1984/48, 4 February 1986.

230 Ibid, para.5.

231 Ibid, para.9-11.

232 Ibid, pp.6-7, 4 February 1986.

233 Traditional birth practices, preferential treatment for male children

234 Report of the working group on traditional practices affecting the health of women and children, E/CN.4/1986/42, para.42, 4 February 1986.

235 N. Toubia /S.Izett, op. cit., p.26.

236 Report of the working group on traditional practices affecting the health of women and children, E/CN.4/1986/42, para.42, 4 February 1986.

237 Ibid, para.43-45.

pouvait dans certains cas entraîner un dysfonctionnement de sa vie sexuelle et de sa capacité de procréation[238]. S'agissant particulièrement des conséquences négatives des MGF sur la sexualité féminine, certains auteurs soutiennent que compte tenu du peu de recherches sur la question, il serait nécessaire de rester circonspect quant à l'existence d'un lien de causalité entre les mutilations et l'épanouissement sexuel, celui-ci dépendant de plusieurs autres facteurs[239].
Le groupe de travail a par ailleurs relevé que les raisons évoquées [240]en faveur de la pratique sont inopposables car elles montrent l'ignorance et la naïveté des populations qui s'y soumettent[241]. Dans le même sens, il a été allégué, que l'usage de la pratique des MGF serait désuet dans la mesure où son accomplissement aujourd'hui s'écarterait des valeurs qu'elle est supposée protéger[242]. Comment par exemple soutenir que l'excision est un rite d'initiation quand aujourd'hui, elle s'applique sur des enfants de plus en plus jeune en dehors de tout système d'initiation[243]. Il a par ailleurs été relevé, un certain automatisme aveugle dans l'adhésion à la pratique[244]. Fort de ces constats, le Groupe de travail a préconisé que l'éducation et l'information des populations, étaient les moyens les plus efficaces à même de mettre fin à la continuation de la pratique[245] et que toute médicalisation de la pratique était à proscrire, obligeant les États à légiférer en la matière conformément à leurs obligations internationales[246]. Les conclusions du Groupe de travail nous semblent dans une certaine mesure assez limitées dans leur portée dans la mesure où tout en refusant de reconnaître une importance culturelle quelquonque à la pratique, elle a eu exclusivement à mettre en exergue ses conséquences négatives pour la santé physique des personnes qui s'y soumettent. On peut donc douter de la pertinence des mesures éducatives en l'espèce dans la mesure où elles viseraient à notre avis avant tout à faire naître chez les populations concernées, des sentiments rébarbatifs à l'égard d'une pratique jusqu'ici valorisée sans véritablement se soucier du pourquoi de cette valorisation et de la gestion de la vie communautaire dans l'hypothèse d'une suppression. C'est alors que la loi, que les mesures éducatives ainsi préconisées se doivent d'accompagner, peut apparaître comme une mesure de trop, ne contribuant qu'à rendre plus difficiles les changements souhaités dans les communautés concernées. Bien que la

238 Ibid, para.50.
239 N. Toubia/S.Izett, op. cit., p.38.
240 voir supra, partie II du chap. préliminaire, traitant des justifications traditionnelles de la pratique des MGF dans le contexte africain ainsi que les thèses y afférentes, pp.40 et s.
241 Report of the working group on traditional practices affecting the health of women and children, E/CN.4/1986/42, para.75, 4 February 1986.
242 ibid, para. 54.
243 ibid, para.55.
244 ibid, para.63, 65.
245 ibid, para.127-138.
246 ibid, para.118-119.

nécessité de coupler mesures éducatives et légales ait été ici clairement affirmée, position d'ailleurs clairement confirmée par la CEDAW au travers de son approche intégrée[247], le contenu des mesures éducatives réputées appropriées en l'espèce reste toutefois à définir[248]. Ceci étant, la sous commission de la promotion et de la protection des droits de l'homme nomma un rapporteur spécial sur la question des pratiques traditionnelles néfastes, entre autres, les MGF.

b. Le rapporteur spécial

Afin de donner une suite à la requête de la commission des droits de l'homme[249], à savoir la poursuite d'une étude approfondie sur la question des pratiques traditionnelles néfastes, entre autres des MGF, la sous-commission de promotion et de protection des droits de l'homme nomma un de ses experts Mme Halima Embarek[250]. Celle-ci fut chargée de faire un état des mesures applicables sur la question à partir des réponses données par les gouvernements, les agences spécialisées et les ONGs[251]. Dans son premier rapport préliminaire sur la question, la rapporteuse spéciale a noté le faible écho qu'avaient eu les conclusions du Groupe de travail, qui avait travaillé sur les pratiques traditionnelles en 1986 et que par ailleurs très peu de gouvernements avaient établi des rapports sur la question[252]. Pour remédier à cet état de chose, elle a proposé entre autres que des descentes soient faites sur le terrain, de manière à préparer la tenue de séminaires spécialement orientés sur la question des pratiques traditionnelles néfastes pour la santé[253]. C'est ainsi- que deux séminaires furent organisés à Ouagadou[254] et Sri-Lanka[255], lesquels ont eu à mettre en évidence les liens étroits existant entre les MGF et les droits de l'homme[256]. Les MGF cessaient donc d'être entrevues uniquement sur le plan

---

247 Voir infra, partie.I, chap. III, pp.129.

248 Les mesures éducatives en tant qu'élément de toute politique d'éradication est une question d'une. grande importance, laquelle fera l'objet de développements des plus approfondis dans le cadre de la 2ème partie de notre thèse au niveau du chap.III, pp.292 et s.

249 E/CN.4/1988/57

250 E/CN.4/sub.2/1988/34,para.I

251 E/CN.4/sub.2/1988/34

252 E/CN.4/sub.2/1989/42/Add.1,para.V(1)

253 E/CN.4/sub.2/1989/42/Add.1,para.V(2 b).

254 Report of the United Nations Seminar on Traditional Practices affecting the Health of women and children (29 April-3 May 1991), E/CN.4/sub.2/1991/48, 12 june 1991.

255 Report of the second United Nations Regional Seminar on Traditional Practices Affecting the Health of Women and Children (Colombo, 4-8 july 1994), E/CN.4/Sub.2/1994/10, 28 july 1994.

256 Plan d'action visant à l'élimination des pratiques traditionnelles préjudiciables affectant la santé des femmes et des enfants, E/CN.4/Sub.2/1994/10/Add.1.para.1, 22 juillet 1994; Report of the United Nations Seminar on Traditional Practices affecting the

sanitaire[257]. Cet aspect sera d'ailleurs analysé en profondeur, quand nous aurons à considérer l'approche qui définit la pratique des MGF comme un cas de violences spécifiques aux femmes.
Ce qu'il importe ici de retenir, c'est que le rôle du rapporteur spécial, fut crucial dans le suivi du plan d'action résultant desdits séminaires[258], lequel renvoie en un ensemble de mesures interpelant aussi bien les forces nationales qu'internationales dont la réalisation aboutirait à l'éradication des MGF[259]. En effet, la rapporteuse spéciale était chargée d'évaluer les mesures prises par les gouvernements, les ONGs et les agences spécialisées et d'en établir des rapports[260], lesquels servaient de documents de base de travail à la sous-commission[261]. Il est à noter par ailleurs, que la nommination d'un rapporteur spécial sur la question des pratiques traditionnelles en général dont les MGF, démontre l'enjeu de la question dans le cadre de la politique des Nations- Unies. En ce sens, l'extinction de son mandat[262] n'obéirait qu'au souci d'octroyer aux femmes concernées une meilleure protection[263]. Ceci dit, dans le cadre de

---

Health of women and children (29 April-3 May 1991), E/CN.4/sub.2/1991/48,para.2, 12 june 1991.

257 Cette conclusion ressort clairement du dernier rapport de Mme Embarek . En effet, elle a eu à démontré que si la Commission des droits avaient été évité dès ses premières inititiatives d'établir clairement une corrélation entre les MGF et la violation des droits de l'homme, elle est sortie de sa réserve dans les années 90. E/CN.4/Sub.2/2005/36, para.22, 24, p.7, Neuvième et rapport final sur l'évolution de la situation concernant l'élimination des pratiques traditionnelle affectant la santé des femmes et des fillettes établi par le Rapporteur spécial Mme Halima Embarek Warzazi.

258 Pratiques traditionnelles affectant la santé des femmes et des enfants E/CN.4/Sub.2/1996/6; para:1-2, 29 août 1996.

259 voir infra, III de ce chapitre, pp.83 et s.

260 En effet son mandat a été renouvellé pour la dernière fois en Août 2003, voir en ce sens, résolution 2003/28, para.14.

261 Pratiques traditionnelles ou coutumières affectant la santé des femmes et des fillettes, A/53/354, 10 Septembre 1998.

262 En effet, le poste de la rapporteuse spéciale des pratiques traditionnelles négatives a été dissout en 2005 et son mandant transmis à la rapporteuse spéciale des violences contre les femmes (E/CN.4/Sub.2/2005, para.5)

263 En effet, alors que le rapporteur spécial sur les pratiques traditionnelles faisait essentiellement une analyse de la question des MGF en considération du statut de la femme dans la société (voir en ce sens E/CN.4/Sub.2/2005/36, para.82, p.20, 11 juillet 2005), le rapporteur spécial sur les violences quant à lui, traite de la problématique des MGF, en la situant dans une approche globale de la violence féminine débouchant sur la nécessaire prise en considération des droits des femmes en l'espèce (Voir en ce sens Preliminary report submited by the special rapporteur on violence against women, its causes and consequences, E/CN.4/1995/42, 22 November 1994. Nous aurons toutefois à démontrer dans le cadre de l'analyse des politiques des États africains (chap.III de la deuxième partie de cette thèse) qu'une amélioration des situations des conditions de

l'éxécution de son mandat, Mme Embarek a décrié la réticence de États, en particulier ceux connaissant de la pratique à lui adresser des rapports faisant état des mesures effectivement prises dans leur communauté pour éliminer ladite pratique[264]. Dans le cadre de ses derniers rapports, elle a toutefois relevé, que l'intérêt pour la question des mutilations génitales aussi bien au niveau national qu'international n'était plus à nier[265], mais qu'il était toutefois impératif que la communauté internationale continue à soutenir et à contrôler les efforts nationaux et régionaux des communautés directement concernées par la question[266]. A cet égard, elle a souligné qu'une telle collaboration se devait, pour une rentabilité effective de respecter les sensibilités des populations concernées[267] et que le rôle de l'IAC demeurait à cet égard déterminant[268]. Il importe de mentionner que la rapporteuse spéciale fut fortement épaulée dans l'exécution de sa mission par le Secrétaire général[269]. Ce dernier a également élaboré un ensemble de rapports complémentaires sur la question des pratiques traditionnelles en général et des MGF en particulier[270].
Il convient de relever, que si la catégorisation des MGF dans les pratiques traditionnelles affectant la santé des femmes peut rendre discutable l'application du droit en l'espèce, tout équivoque est levée si on considère la pratique comme étant constitutive de violences dont les femmes souffriraient en considération de leur genre.

II. Les MGF: une forme de violences à l'égard des femmes

La qualification des MGF comme étant un cas de violences féminines s'inscrit dans la suite logique de la politique libérale des Nations Unies initiée dans les années 70 en faveur des femmes, laquelle a connu une ascension particulière

---

vies des femmes concernées par les MGF, qui méconnaîtrait leur statut ne peut qu'aboutir à de maigres résultats, voire même contradictoires.

264 E/CN.4/Sub.2/1996/6, para:146, 29 août 1996; E/CN.4/Sub.2/1997/10, para:7, 25 june 1997; E/CN.4/Sub.2/1998/11, para:112, 26 juin 1998.

265 E/CN.4/Sub.2/2005/36, para.44-64, pp.12-16, 11 juillet 2005; E/CN.4/Sub.2/2003/30, Para.2-3, 28 juillet 2003.

266 E/CN.4/Sub.2/1997/10, para.123-124, 130, 25 june 1997; E/CN.4/Sub.2/1998/11, para.116, 26 juin 1998; E/CN.4/Sub.2/2003/30,para:10, 28 juillet 2003; E/CN.4/Sub.2/2005/36, para.88, p.21, 11 juillet 2005.

267 E/CN.4/Sub.2/1999/14, para.76-79, 9 july 1999; E/CN.4/Sub.2/2000/17, para.29, 27 juin 2000; E/CN.4/Sub.2/2001/27, para.29, 4 juillet 2001; E/CN.4/Sub.2/2003/30, para.55, 28 juillet 2003.

268 Il s'agit là à dire vrai des dernières recommandations recommandations de Mme Embarek, lors de son dernier rapport adressé à la commission des droits de l'homme. Voir E/CN.4/Sub.2/2005/36, para.59-64, 94, pp.15-16,21, 11 juillet 2005

269 E/CN.4/Sub.2/2003/30, para.4, 28 juillet 2003.

270 A/53/354, 10 Septembre 1998; A/54/341, 13 september 1999; A/56/316/, October 2001; A/57/169, October 2002.

dans les années 90. C'est ainsi que les Nations Unies au cours de cette période, auront eu non seulement à analyser le phénomène de la violence féminine (A) mais également à œuvrer à une prise de conscience de la question par la tenue de diverses conférences internationales (B). En outre, vu l'importance de la question, la Commission des droits de l'homme va décider de la nomination d'un Rapporteur spécial en l'espèce (C).

A. Le phénomène de la violence féminine tel que appréhendé dans la Résolution 48/104.

Si la résolution 104, considère de manière expresse les MGF comme un cas de violences à l'égard des femmes (2) susceptible d'engager la responsabilité de l'État (c), il conviendrait avant tout pour des besoins de clarté de faire une genèse de ladite résolution (1).

1. Genèse de la Résolution 48/104

L'inexécution des stratégies de Nairobie a fait prendre conscience de la nécessite d'élaborer un document spécial traitant des violences à l'égard des femmes. A cet égard, le conseil économique et social a joué un rôle déterminant. La Conférence de Nairobie fut la troisième conférence mondiale des femmes[271]. Lors de ladite Conférence, il fut dénoncé le fait que, les femmes étaient très souvent l'objet d'actes de violences de nature diverses, lesquels contribuaient à provoquer des sentiments d'insécurité au niveau des femmes, les empêchant de ce fait même de participer au même titre que les hommes au développement[272]. Par le biais desdites violences, les femmes seraient donc rendues incapables de jouir de leurs droits tels que consacrés par de nombreux instruments juridiques internationaux[273]. A ce titre, les actes de violences seraient l'un des moyens au travers desquels une inégalité de fait entre le sexe masculin et féminin serait entretenue au détriment de ce dernier. C'est dans cette optique qu'il a été demandé aux États partis à la conférence de Nairobi de mettre tout en oeuvre pour combattre le phénomène de la violence aussi bien au sein des familles que dans la société et qu'un ensemble de mesures devraient être prises pour assister

271 L'idée d'organiser des conférences mondiales sur les femmes est née pendant la décennie féminine des nations Unies, le but étant de refléchir à l'échelle mondiale sur les stratégies qui permettraient de faire des femmes au même titre que les hommes, les acteurs du développement. Voir en ce sens l'étude approfondie menée par les Nations Unies, sous le patronat du Secrétaire général, sur toutes les formes de violence à l'égard des femmes, A/61/122/Add.1, 6. juillet 2006, pp. 14-16.

272 Report of the World Conference to Review and Appraise the Achievements of the United Nations Decade for women: Equality, Development and peace,Nairobi, 15-26 july 1985(United Nations publications,Sales No.E:85.IV.10), para.258.

273 Idem

les victimes[274]. Les stratégies de Nairobi désignaient donc un ensemble de mesures ayant pour objet de permettre aux femmes de jouir effectivement de leurs droits et par ce fait même de contribuer aux processus de paix et de développement[275]. Malheureusement lesdites recommandations n'ont pas atteint les effets escomptés. A cet égard, le secrétaire général des Nations Unies eût à décrier le fait que très peu d'États aient fait cas de la question des violences à l'égard des femmes dans leurs rapports d'évaluation [276]. Il fut en outre relevé, que le phénomène de la violence à l'égard des femmes, demeure répandu quels que soient le revenu, la classe sociale et la culture[277]. L'une des raisons de cet état de choses est que nombreuses sont les dispositions juridiques qui, quoique conforme au principe de l'égalité des deux sexes, gardent un caractère théorique[278]. Afin donc que le droit suive les faits, le conseil économique et social demanda dans le cadre des premières évaluations des stratégies de Nairobi aux gouvernements d'adopter des sanctions appropriées dans le cas de violences exercées sur les femmes dans la famille, sur le lieu de travail et dans le cadre de la société en général[279]. Renforçant sa position, le conseil économique et social sur recommandation de la commission de la condition de la femme[280], va non seulement demander une fois de plus aux gouvernements de respecter leurs obligations internationales concernant la question de la violence féminine[281] mais également proposer la mise sur pied d'un instrument international traitant exclusivement de la question des violences féminines. C'est ainsi que le Secrétaire général des nations unies sur initiative du conseil économique et social va convenir de la réunion d'un groupe d'experts devant traiter de la question et discuter de la structure, du fondement et du but qu'un tel instrument international devrait posséder[282]. En d'autres termes, l'activité du groupe d'experts avait consisté à analyser et voir dans quelle mesure pourrait être

274 Idem

275 Report of the World Conference to Review and Appraise the Achievements of the United Nations Decade for women: Equality, Development and peace,Nairobi, 15-26 july 1985(United Nations publications,Sales No.E:85.IV.10), para.11

276 Report of the Secretary-General, monitoring the implementation of the Nairobi Forward-looking strategies for the advancement of women, E/CN.6/1992/4,para.12, 6 december 1991.

277 La généralité du phénomène de la violence fut donc ainsi affirmée. Lire Recommendations and Conclusions arising from the first review and appraisal of the implementation of the Nairobi Forward-looking Strategies for the Advancement of Women to the year 2000, E/1990/15,para.23, 13th plenary meeting 24 May 1990.

278 Ibid, para.3.

279 Ibid, para.23, recommandation XXII.

280 E/CN.4/1995/42, para.26, 22 November 1994.

281 Violence against women in all its forms, E/1991/18, para.1-4, 12th plenary meeting 30 May 1991.

282 Ibid, para.6.

comblé le vide juridique sur le plan international concernant la question des violences subies par les femmes. Lors de leurs travaux, le groupe d'experts a par exemple noté que l'absence d'une définition précise de ce qu'il fallait entendre par: *«violences á l'égard des femmes»*, rendait difficile de savoir les hypothèses où les droits de l'homme auraient été violés dans le cas d'espèce[283]. Concernant cette question, le groupe d'experts a opté pour une définition assez large, faisant ressortir le fait qu'il s'agissait d'actes assez répandus mais qui demeuraient méconnus[284]. Il convient de remarquer que ce projet de déclaration sur la violence à l'égard des femmes confère une place centrale à l'État dans la protection des femmes et la garantie de leurs droits.[285]. Cette caractéristique sera d'ailleurs maintenue par la Commission de la Condition de la femme. En effet, c'est cette dernière qui fut chargée de finaliser ledit projet en vue de son adoption par l'Assemblée générale[286]. L'acte final, tel que voté par l'assemblée générale prévoit de manière expresse, que les MGF sont un cas de violences spécifiques aux femmes de nature à engager la responsabilité de l'État sur le plan international.

2. La consécration expresse des MGF comme un cas de violences à l'égard des femmes

Les actes de violence dont il est ici question, sont ceux exclusivement dirigés contre le sexe féminin[287] et qui trouvent leur origine dans les structures même de la société[288]. Ils seraient donc la manifestation d'une inégalité historique de répartition de pouvoir entre les hommes et les femmes et viseraient à entretenir et à maintenir une inégalité de rapports entre eux au détriment des femmes[289]. Les violences que subissent les femmes ne seraient donc pas un acquis de la nature mais bien un élément contingent à la société[290]. Autrement dit, les violences à l'égard des femmes seraient un mécanisme parmi tant d'autres mécanismes sociaux visant à permettre que la classe dominante reste mâle. A notre avis, il convient de distinguer d'une part entre la nécessite d'une autorité qu'elle soit mâle ou féminine, pré-requis incontournable pour le bon fonctionnement de toute structure et d'autre part les abus auxquels l'usage dudit pouvoir peut aboutir. A notre sens, les tensions existantes entre les deux sexes

283 Report of the Secretary-General, monitoring the implementation of the Nairobi Forward-looking strategies for the advancement of women, E/CN.6/1992/4, para.9, 6 December 1991.

284 Ibid, para. 20.

285 Ibid, para.15.

286 Report of the commission on the status of women on its thirty-seventh session, E/CN.6/1993/18, pp.7-16, 28 may 1993.

287 A/Res/48/104, art1, 23 février 1994.

288 A/Res/48/104, préambule.

289 Ibid.

290 E/CN.4/1995/42, para.49-57, 22 November 1994.

trouveraient leur origine beaucoup moins dans le principe d'une supériorité masculine que dans la surévaluation des tâches traditionnellement accomplies par les hommes[291]. En effet, alors que les tâches habituellement attribuées à la femme (éducation des enfants, tenue du ménage se sont vus sous-évaluées)[292], celles revenant traditionnellement aux hommes (participation active à la gestion des affaires de la cité, travail salarié) ont connu un regain d'intérêt toujours beaucoup plus croissant. Une revalorisation des secteurs d'activités traditionnellement réservés aux femmes pourrait à notre avis desserrer l'étreinte des conflits entre les sexes masculins et féminins[293]. S'agissant de la nature de l'acte constitutif de violence même, il peut être soit un acte positif soit alors une simple menace[294]. Il n'est donc pas nécessaire que l'auteur de la violence ait porté atteinte directement au travers de coups par exemple à l'intégrité corporelle physique de sa victime. Tout acte quelconque de l'auteur de la violence ayant affecté l'équilibre physique, psychique de la victime ou causer une souffrance ou un préjudice quelconque à la victime est constitutif de violences. Cette conception extensive de la nature de l'acte de violence dénote un souci d'assurer aux femmes un maximum de protection. Ce souci va d'ailleurs se manifester dans l'esprit et le corps de la résolution tout entier. En ce qui concerne par exemple le type d'actes violences, la résolution n'en fait qu'une énumération indicative[295]. C'est dire qu'elle n'exclue pas l'existence de types violences autres que celles citées. Cependant les MGF ont été expressément citées comme faisant partie des violences s'exerçant à l'égard des femmes dans le cadre familial qui ne sauraient être tolérées [296] et constituant de ce fait une entrave au libre exercice de leurs droits sur le triple plan social, politique et culturel[297] tels que consacrés par

291 C'est la raison pour laquelle nous doutons sérieusement de ce que la substitution d'une autorité parentale conjointe à celui de l'homme chef de famille puisse véritablement permettre de participer aux rapports plus harmonieux dans les couples comme cela semble soutenu par d'aucuns. Voir en ce sens M. Njandeu, La discrimination à l'égard de la femme:une atteinte à l'égalité des sexes, in Verfassung und Recht in Übersee. Law and Politics in Africa, Asia and Latin America.35 Jahrgang-1.Quartal, 2002, p.54 (61).

292 *« Partout dans le monde, ce sont aussi les femmes qui sont responsables au premier chef de la garde des enfants et des tâches ménagères. Ce travail non rémunéré reste économiquement invisible, mais il sert de fondement à toutes les autres activités économiques, politiques et sociales»*: Lutte contre la pauvreté et droit à la participation:le rôle des femmes, A/HRC/Sub.1/58/SF/2, para.22, p.5, 24 Juillet 2006.

293 L'art 5al b de la CEDAW serait en ce sens des plus illustratifs dans la mesure où elle précise que la maternité est une fonction sociale dans l'accomplissement de laquelle l'homme et la femme auraient une fonction commune.

294 A/Res/48/104, art1, 23 Février 1994.

295 A/Res/48/104, art2, 23 Février 1994.

296 A/Res/48/104, art2(a), 23 Février 1994.

297 A/Res/48/104, art3, 23 Février 1994.

de nombreux instruments internationaux[298]. Une telle prise de position revêt un double intérêt. D'une part, toutes controverses doctrinales sur la question de savoir si les MGF constituent oui ou non une atteinte aux droits de la femme, semblent désormais écartées. D'autre part, une certaine ligne de conduite est ainsi imposée aussi bien aux législateurs nationaux qu'aux praticiens du droit en général. Certes, ladite déclaration comme toutes les déclarations n'ont pas une force obligatoire, mais sur le plan de la coutume du droit international, elles ont une portée morale non négligeable. Il convient en outre de relever, que le fait que les MGF sont accomplies généralement dans un cadre privé est indifférent car aux termes de l'article 1 de la résolution, il ressort que l'acte de violence peut-être accompli aussi bien dans un cadre privé que public. Ainsi les femmes violentées dans la sphère privée peuvent se voir accorder une protection sur le plan international. Cet aspect du problème est étroitement lié avec celui de l'extension de la responsabilité de l'État sur le plan international.

3. Le domaine de la responsabilité de l'État

L'État, qui conformément à ses engagements internationaux, ne voulant pas voir sa responsabilité engagée sur le plan international doit prendre des mesures aussi bien préventives que répressives pour éviter que les actes de violences ne se produisent pas aussi bien dans la sphère publique que celle privée[299]. L'État a ainsi vu sa responsabilité étendue sur le plan international, par rapport aux règles traditionnelles du droit international[300]. Traditionnellement, l'État ne pouvait voir sa responsabilité engagée que par le truchement de l'un de ses organes[301]. Par conséquent, en ce qui concerne les violences féminines, l'État restait impuni sur le plan international car les innombrables cas de violences subies par les femmes émanaient de personnes privées bien que trouvant leur origine dans l'inaction des États[302]. Les dispositions légales n'existant pas en la matière, les femmes violentées se trouvaient pratiquement sans protection aussi bien sur le plan interne et de nombreux cas de violences demeuraient non dénoncées[303]. Et quand bien même c'était le cas, les poursuites ne donnaient lieu à aucun résultat car les autorités judiciaires et administratives chargées d'aider les femmes violentées n'étaient eux-mêmes pas préparées à cerner les contours du problème[304]. S'agissant des MGF par exemple, malgré ses effets nuisibles pour la santé et la vie des femmes, les États africains dans lesquels, elles se pratiquent ont attendu dans leur grande majorité les années 90 avant de légiférer en la

298 A/Res/48/104, préambule, 23 Février 1994.
299 A/Res/48/104,art4(c), 23 Février 1994.
300 A/Res/48/104,art2(c), 23 Février 1994.
301 E/CN.4/1995/42,para.70, 20 December 1993.
302 C. Romany, op. cit., pp.87 (101ff).
303 E. Margareth, op. cit., pp.139 (145f).
304 E/CN.4/1995/42, para.72, 20 December 1993.

matière[305]. L'extension de la responsabilité de l'État aux actes commis par les personnes privées concourt donc d'une certaine manière à une meilleure protection des femmes. Encore faut-il, que les États oeuvrent effectivement au respect de la réglementation internationale applicable en l'espèce, surtout qu'il est admis que l'effectivité du système international est fortement tributaire de celui des États[306]. Il est très souvent arrivé que la ratification des conventions soit accompagnée de certaines réserves qui contredisent l'esprit et le but des conventions ainsi ratifiées[307]. La bonne foi des États est donc un facteur déterminant pour l'effectivité des mesures prises sur le plan international. Cette vérité s'applique également aux violences subies par les femmes en général et par ricochet aux MGF. Ce serait d'ailleurs l'une des raisons, qui justifierait la politique de vulgarisation menée par les Nations Unies au travers de la tenue de diverses conférences internationales autour de cette question.

B. L'apport des Conférences internationales dans la problématique des MGF

Les années 90 ont été très fructueuses pour la promotion des droits des femmes. C'est au cours de cette période que diverses conférences internationales ont identifié les obstacles entretenant une inégalité dans les faits entre les sexes masculin et féminin au détriment de celui féminin. Les préoccupations visaient donc essentiellement à faire coïncider la réalité juridique avec le vécu féminin. S'agissant particulièrement de la question des MGF, diverses conférences ont eu à établir que ladite pratique empêche aux femmes de jouir de leurs droits (a). Par ailleurs, lesdites conférences ont constitué des Forums d'échanges en vue de favoriser l'activisme des États sur la question des MGF (b).

1. L'établissement d'un lien entre les MGF et les droits des femmes

La pratique des MGF a été dénoncée à maintes reprises comme étant un cas de violences spécifiques aux femmes et fillettes, préjudiciable à leur santé et violant

305 Voir en ce sens, R. Kalthegener, Rechtliche Regelungen gegen Genitalverstümmelung in Africa, weibliche Genitalverstümmelung: eine fundamentale Menschenrechtsverletzung, Terre des femmes, Frankfurt am Main, Mabuse-Verlag GmH, 2003, passim.

306 E/CN.4/1995/42, para.52; Fiche d'information No19, institutions nationales pour la promotion et la protection des droits de l'homme, p.1, consulté à l'adresse http://ohchr.org/french/about/publications/docs/fs19_fr.htm , le 13 mai 2004

307 R.Cook, "*State Responsibility For Violations of Women's Human Rights*", HHRJ, 7, 1994, p.125(173) ; L. Ritz kerri, Soft Enforcement: Inadequacies of Optional Protocol as a Remedy for the Convention on the Elimination of all Forms of Discrimination against Women, STLR, 25, 2001, pp. 191(206-207).

leurs droits aussi bien à la Conférence de Vienne[308], de Cairo[309], de Copenhagen[310] et de Beijing[311]. La conférence de Vienne va plus loin en affirmant que les droits de femmes font partie des droits de l'homme. En conséquence ceux-ci s'appliqueraient quand bien même, il y'aurait contradiction avec la culture, dès lors qu'il est démontré qu'une règle culturelle porte atteinte aux principes de dignité et de valeur humaine[312]. Les mutilations génitales féminines cessaient donc d'être entrevues uniquement sur le plan sanitaire. Il s'agit là à dire vrai d'une confirmation de la position antérieure de l'Assemblée générale sur la question[313]. Ce constat semble bien indiqué, que la tenue de plusieurs conférences sur la problématique des violences à l'égard des femmes et entre autres des MGF dénoterait bel et bien du souci de la communauté internationale de vulgariser la politique des Nations Unies sur le sujet[314]. Et une telle vulgarisation aurait eu essentiellement pour but de provoquer une certaine prise de conscience chez les participants afin de les pousser à agir de manière concertée pour une efficacité certaine des normes internationales[315]. De telles initiatives auraient donc en arrière fond l'idée de solidarité entre les États, laquelle serait d'ailleurs devenue depuis la déclaration de Vienne un fondement important du droit international à côté des fondements traditionnels, que sont l'égalité et la liberté[316]. Il s'agit d'ailleurs là d'une caractéristique qui transparaît très clairement, dans l'analyse de l'activisme des États concernant la question des MGF.

2. L'appel à l'activisme des États sur la question des MGF

Les déclarations et les plans d'actions des Conférences sus-mentionés recommandent aux États aussi bien du Nord qu'à ceux du Sud d'adopter des

308 Déclaration et programme d'action de Vienne (14-25 juin 1993), A/Conf.157/23, ChapI, para.18, 12 Juillet 1993.

309 Rapport de la Conférence internationale sur la population et le developpement (5-13 September 1994), A/conf.171/13, Resolution I, annexe, chap.IV, para:5.5; para:7.35, 18 Octobre 1994.

310 A/conf.166/9, Rapport du sommet mondial pour le développement social (6-12 March 1995), engagement 5 et engagement 6, A/conf.171/13, 19 April 1995.

311 Rapport de la 4ème Conférence mondiale sur les femmes (4-15 Septembre 1995), A/ Conf.177/20, Chap.I, Résolution I, annexe II, Para.113, 17 Octobre 1995.

312 Déclaration et programme d'action de Vienne (14-25 Juin 1993), A/Conf.157/23, ChapII, Para.38, 12 Juillet 1993.

313 Voir supra, partie de ce chapitre sur l'analyse de la resolution 48/104 de l'Assemblée générale des Nations Unies, II, A, pp.73 et s.

314 S. Chater, L'ONU et la condition de la femme, in Etudes internationales 1, 58, 1996, pp. 67 (74-75).

315 Art.56 de la Charte des Nations Unies, Déclaration et programme d'action de Vienne, A/CONF.157/23,I Chap.I para.I, IV, 12 Juillet 1993.

316 Kéba Mbaye, « *Les droits de l'homme (définition, fondements, finalités et caractères) », in liber amicorum in memoriam of judge josé Maria Ruda*, p.553 (558).

mesures législatives et éducatives visant à l'éradication des MGF[317]. Il s'agit là en fait d'une approche intégrée, laquelle n'est pas particulière aux mutilations génitales mais à tous les autres cas spécifiques de violences à l'égard des femmes. Cet aspect de la question fut particulièrement mis en exergue à la Conférence de Beijing[318]. Il fut constaté que les lois à elles seules, seraient insuffisantes à combattre les MGF, car celles-ci comme tous les autres types de violences aux femmes trouvent leurs origines dans les comportements sociaux bien préétablis. La Déclaration de Beijing demande donc aux États d'adopter parallèlement aux lois des mesures éducatives visant à abolir les modèles stéorotypés des rôles des femmes et des hommes. De telles mesures devraient donc contribuer à une nouvelle définition des rapports entre les deux sexes sur une base plus égalitaire[319]. Il semblerait donc qu'au travers de telles mesures non seulement les cas de discrimination au détriment de l'un ou de l'autre sexe seront remis en cause mais également dans le même temps, se doivent d'être élaborés de nouveaux critères permettant d'établir des rapports égalitaires et harmonieux entre les deux sexes. Si une marge de manœuvre certaine est donnée aux gouvernements dans l'élaboration des messages éducatifs, leur efficacité est toutefois conditionnée par leurs pertinences à rencontrer les préoccupations des communautés concernées. A cet égard, il convient toutefois de remarquer, que si l'approche présentée ci-dessus, semble postuler à priori une interaction positive entre la loi et l'éducation, une analyse des politiques des États se rapportant à la question des MGF, fait état de la complexité des problèmes posés en ce qui concerne le rôle à jouer respectivement par ces deux éléments. En pratique, il n'est pas toujours évident de déterminer du temps opportun pour décider de la promulgation d'une loi en l'espèce[320]. Par ailleurs le rôle affecté aux mesures éducatives n'est pas toujours facile à élucider. Se doivent-elles avant tout de préparer des lois où alors d'en assurer simplement leur acceptation au sein des communautés pratiquantes une fois promulguées? Alors que dans la première

---

317 Déclaration et programme d'action de Vienne, A/Conf.157/23, chapII, para.49, 12 Juillet 1993 ; Rapport de la Conférence internationale sur la population et le developpement, A/conf.171/13, Resolution I, annexe, chap.IV, para.4.22, 18 October 1993; Rapport du sommet mondial pour le développement social, A/conf.166/9, engagement 5 et engagement 6, 19 April 1995; Rapport de la 4ème Conférence mondiale sur les femmes, A/ Conf.177/20, Chap.I, Résolution I, annexe II, Para:107a-124, 232, 257, 276, 17 Octobre 1995.

318 Rapport de la 4ème Conférence mondiale sur les femmes, A/ Conf.177/20, Chap.I, Résolution I, annexe II, 17 Octobre 1995.

319 Préparatifs de la quatrième conférence mondiale sur les femmes:lutte pour l'égalité, le développement et la paix, E/CN.6/1995/L.17/Add.7, para.95, 3 Avril 1995.

320 Voir en ce sens, les résistances qui ont souvent accompagné les législations interdisant les MGF. P. Herzberger Fofana, op. cit., p.35. Dans le même sens, de nombreuses résistances ont eu à accompagner la promulgation des lois anti MGF à l'époque coloniale. Voir E. Sussman, op. cit., pp.193 (237 et s).

variante, les mesures éducatives seraient l'instrument permettant le dialogue qui donnerait naissance à la loi, dans la seconde variante elle n'est rien d'autre que le moyen utilisé pour lui donner force et autorité[321]. Ces quelques réflexions illustrent bien de la complexité des rapports loi et éducation dans le contexte des MGF[322]. C'est ce qui expliquerait l'attitude quelque peu nuancée des pays du Sud par rapport à l'obligation internationale d'œuvrer à l'éradication des MGF[323] contrairement à celle plus ou moins dynamique des États du Nord, lesquels bien que n'étant pas directement concernés par la question vont répondre positivement à cet appel[324]. Sur le plan juridique, la pratique des MGF est aujourd'hui incriminée dans bon nombre de pays occidentaux soit par des dispositions pénales générales soit au travers de textes spéciaux[325]. Toujours dans le cadre juridique, les mutilations génitales peuvent dans certains de ces États donner droit à l'octroi du statut de réfugié[326]. En ce qui concerne l'éducation et l'information, un bon nombre d'associations à caractère aussi bien

---

321 Cette remarque est d'autant plus en prendre en considération que comme a eu à relever Chater :*«La discrimination n'est pas un phénomène isolé. Dans la plupart des cas, elle représente un mode de vie accepté, que ce soit sur le sexe ou sur d'autres considérations ....»*: S. Chater, op. cit., pp. (75-76).

322 Les remarques qui ont été faites concernant les conclusions du groupe de travail nommé par la commission des droits de l'homme, chargé d'étudier les pratiques traditionnelle négatives pour la santé sont ici également valables, voir supra de ce chap, pp. 67-68.

323 *«Il est vrai que les États africains eux-mêmes, sous la pression des organismes internationaux et des fraternants « droits de l'homme», interdisent parfois l'excision ou exigent son accomplissement en milieu hospitalier. Mais ils n'ont pas les moyens de leur politique et sont obligés, la plupart du temps, de fermer les yeux sur ces pratiques»*: J. Maertens, *« les mutilations rituelles en corps et toujours», in droit et Cultures,* 20, 1990, pp.163 (175).

324 L'exemple de la France serait à cet égard des plus illustratifs dans la mesure où les instances judiciares ont eu à octroyer des sanctions judiciaires en l'espèce. Voir en ce sens, D. Vernier, op. cit., passim; I Gillette-Faye, la judiciarisation de l'excision :historique, G.A.M.S (groupe femmes pour l'abolition des mutilations sexuelles et autres pratiques traditionnelles affectant la santé des femmes et des enfants : section française du comité inter africain), Paris, janvier 2002, passim; C Ebehard, le droit et l'excision : Évaluation critique de la fonction de justice et de la production du droit en France, projet de recherche du groupe de travail DHDI (droits de l'homme et dialogue interculturel), consulté le 12.02. 1999 à l'adresse http://www.msh-paris.fr/red%26%20s/dhi/textes/eber1.htm.

325 Septième rapport sur l'évolution de la situation concernant l'élimination des pratiques traditionnelles affectant la santé des femmes et des fillettes, E/CN.4/sub.2/2003/30, para. 8-11, 28 juillet 2003.

326 P. Armstrong, *"Female Genital Mutilation: The Move toward the Recognition of Violence against Women as a Basis for Asylum in the United States"*, 21 MJILT, 95, 1997, pp.95 (117s); I. Coello, op. cit., pp.213 (223 et s) ; B. Gillia, op. cit., pp.579. (588 et s); B. Passade Cisse, op. cit., 35, 1997, passim.

national qu'international oeuvre activement dans le domaine des mutilations génitales féminines dans ces pays, concourant de ce fait à une prise de conscience au sein des populations[327].
En considération de l'importance thématique du phénomène de la violence dans le cadre de la politique générale des Nations Unies, la commission des droits de l'homme nomma un rapporteur spécial sur la question.

C. Le Rapporteur spécial des violences à l'égard des femmes

Nous allons analyser les activités du rapporteur spécial (1) ainsi que mettre en exergue l'importance de sa mission en ce qui concerne la problématique des MGF (2).

1. Son rôle

Les activités du rapporteur spécial ici s'analysent essentiellement en la recherche et en la collecte d'informations sur le phénomène de la violence féminine auprès des organes des Nations Unies, des comités mis en place par les traités, des gouvernements, des ONGs et des organisations féminines[328]. Le poste de rapporteur spécial a été crée en 1994 sur une décision de la commission des droits de l'homme[329]. Le maintien d'un rapporteur spécial sur la question des violences fondées sur le genre jusqu'ici plusieurs fois renouvellé atteste de l'importance de la question au niveau des Nations Unies. Cela étant, la rapporteuse spéciale bénéficie dans l'exécution de sa mission du soutien du secrétaire général. En effet, celui–ci pourvoit aussi bien aux ressources humaines que matérieles nécessaires à l'exécution de sa mission[330]. Son champ d'activité est assez vaste et il se doit de travailler en partenariat avec divers autres organes des Nations Unies[331] ainsi que les États et les ONG. Les relations avec les États sont d'une importance certaine, dans la mesure où leurs rapports contiennent des informations relatives aux femmes aussi bien dans les faits que dans le droit[332], lesquels sont d'ailleurs complétés par les rapports des ONGs et des organisations féminines celles-ci bénéficiant d'une liberté certaine par

327 Terre des femmes en Allemangne, Gams (groupe femmes pour l'abolition des mutilations sexuelles et autres pratiques traditionnelles affectant la santé des femmes et des enfants: section française du comité inter africain) en France, Forward en Angleterre et en Allemagne.

328 Question de l'intégration des droits des femmes dans les mécanismes de l'Organisation des Nations Unies s'occupant des droits de l'homme et de l'élimination des violences à l'encontre des femmes, Commission des droits de l'homme, Res/1994/45, art7 (a), 56ème séance 4 mars 1994.

329 Ibid, art6.

330 Ibid,art10.

331 Ibid,art7(c).

332 Ibid,art16.

rapport aux États. La recherche et la collecte des informations sont importantes pour la réussite de la mission de la rapporteuse spéciale dans l'exécution de son mandat car elles permettent que les obstacles soient identifiés de manière à permettre que des mesures adaptées concourant à une élimination effective des violences à l'égard de la femme soient élaborées[333]. C'est l'une des raisons pour lesquelles, le secrétaire général doit s'assurer de ce que les documents rédigés par le rapporteur spécial soient portés à l'attention de la CSW[334].
Une présentation du cadre général de la mission du rapporteur spécial concernant les violences à l'égard des femmes ayant été ainsi faite, il conviendrait maintenir d'établir de manière spécifique l'impact de la mission ainsi menée en ce qui concerne spécifiquement la question des MGF.

2. L'impact de la mission du spécial rapporteur sur les MGF
La rapporteuse spéciale sur la question des violences à l'égard des femmes a établi un lien indiscutable entre celles-ci et la pratique traditionnelle des MGF en se fondant sur les travaux antérieurs faits sur la question[335]. S'agissant de la nature de l'intervention qui serait propre à éliminer les mutilations féminines, elle a précisé qu'il serait nécessaire de cesser de traiter les MGF en se limitant à l'aspect exclusivement médical[336]. Conformément à cette idée, il serait urgent d'interdire la pratique aux travers de lois, celle-ci constituant une atteinte aux droits de la femme[337]. En outre, les lois ainsi édictées se doivent d'être accompagnées de programmes éducatifs afin d'informer la population quant aux effets pervers de la pratique[338]. Si au moment de l'élaboration de son premier rapport, seuls quelques pays industrialisés avaient criminalisé la pratique[339], on notera une évolution notable au niveau des pays africains à la fin des années 90. En ce sens, certains de ces États ont adopté des lois spéciales incriminant la pratique des MGF[340]. D'autres États par contre n'ont pas vu la nécessité d'établir de lois spéciales en la matière, les dispositions générales de droit pénal applicables aux coups et blessures ayant été jugées suffisantes[341]. Toujours est-il que dans l'une comme dans l'autre hypothèse, les dispositions législatives ainsi consacrées gardent très souvent un caractère théorique, le continent africain

333 Ibid, art7(b).
334 Ibid, art11.
335 Preliminary report submited by the special rapporteur on violence against women, its causes and consequences, E/CN.4/1995/42, para.144, 22 November 1994.
336 Ibid, para.152-153.
337 Ibid,, para.153.
338 Idem..
339 Ibid, para.152.
340 Integration of the human rights of women and the gender perspective (Report of the special rapporteur on violence against women, its causes and consequences), E/CN.4/2003/75/Add1, para.95; 173; 201; 275, 27 February 2003.
341 Ibid, para.116;146;231;237;263;289.

quoique grandement touché n'en fait pourtant pas exception[342]. Il se pose ici donc concrètement de manière générale un problème de réceptivité concernant les lois traitant du phénomène de la violence féminine y compris les MGF[343]. A ce propos, l'intervention des autorités judiciaires reste très souvent timide[344]. En se situant dans la perspective de la jeune fille, victime potentielle des MGF, l'on peut sérieusement douter du courage dont elle doit faire preuve afin de dénoncer ses parents quand on sait combien les liens familiaux sont sacrés en Afrique[345]. Toujours dans le même ordre d'idées, on peut aisément deviner, que les chances sont assez minimes pour qu'un tiers se décide à dénoncer les parents voulant faire exciser leur fillette alors qu'il est convaincu qu'il s'agit là de leur tradition et qu'il n'a pas à s'immiscer. Il s'agit là de quelques cas de figures qui attestent de la complexité de la problématique des MGF dans le contexte africain et de la nécessité de continuer d'étudier cette question. Ces quelques remarques expliqueraient alors dans une certaine mesure l'embarras devant lequel se trouvent ici très souvent confrontés les États africains dans l'exécution de leurs obligations internationales surtout que leur engagement en l'espèce ne saurait être dissocié de considérations politiques[346]. Ce qu'il importe de retenir, c'est que la lutte contre les MGF reste une question d'actualité au niveau des Nations Unies. Et à cet égard, le rôle de la rapporteuse spéciale reste cruciale dans la recherche des voies et moyens à même de rendre en la matière, l'apport juridique réellement bénéfique[347]. En ce sens, la rapporteuse spéciale sur la thématique des violences à l'égard des femmes a précisé dans l'un de ses derniers rapports, qu'il importe désormais de développer des stratégies

342 United nations high commissioner for human rights, resolution /2003/45, para.2, 59 th meeting 23 April 2003.

343 R. Kalthegener, op. cit., p. 203 (214); I. Baumgarten/ E. Finke, Ansätze zur Überwindung weiblicher Genitalvestümmelung, in weibliche Genitalverstümmelung: eine fundamentale Menschenrechtsverletzung, Terre des femmes, Frankfurt am Main, Mabuse-Verlag GmH, 2003, p.125 (126).

344 Voir infra, partie. II, chap.III, pp.277 et s.

345 Une telle évolution est toutefois perceptible au niveau des communautés émigrées, mais nul doute que ceci ne soit pas une suite logique des interférences culturelles du à la cohabitation avec d'autres civilisations, la nouvelle génération étant encore beaucoup plus influencable : *« Die neue Generation von Mädchen, in Frankreich geboren, lehnt es ab, im Namen der Tradition der Eltern verstümmelt und ihre Rechte beraubt zu werden. Sie nennen es barbarisch und sind froh, dass FGM in Frankreich illegal ist. Sie geben ihrer Hoffnung Ausdruck, dass ihren jüngeren Schwestern der Eingriff erspart bleibt, dank der Gerichtsverfahren oder sagen wir es so:dank der Angst vor Bestrafung»*: L. Weil-Curiel, op. cit., p. 195 (200).

346 L'extrême complexité de la problématique des droits de l'homme dans le contexte africain, dont la question des MGF n'en fait pas une exception a été présentée dans le cadre de la partie. II, chap.II, pp. 252 et s.

347 Voir en ce sens Rapport du Secrétaire général, étude approfondie de toutes les formes de violence à l'égard des femmes, A/61/122/Add.1, pp. 18-19, 6. juillet 2006.

permettant d'intervenir en l'espèce beaucoup plus en aval c'est-à-dire préventivement qu'en amont[348].

Les approches développées par les Nations Unies en vue de justifier la lutte contre la pratique des MGF ainsi que ses étapes ayant été présentées, il conviendrait maintenant de préciser les stratégies que les Nations Unies préconisent afin d'éliminer ladite pratique.

III. Mesures concrètes visant l'éradication des MGF

Il ne s'agit pas ici d'étudier le régime international des droits de l'homme applicable aux MGF, mais plutôt de recenser les stratégies mises en place par le système des nations unies afin d'éliminer la pratique des MGF[349]. Les stratégies développées par les Nations Unies autour de la question des MGF, telles qu'elles ressortent des grandes lignes de sa politique, reposent sur trois axes d'interventions. Il s'agit entre autres : de l'obligation pour les États à considérer la question des MGF dans l'élaboration de leurs politiques internes (A), de la soumission des États aux mécanismes de contrôle internationaux (B) et enfin de la nécessaire collaboration des Nations Unies avec l'IAC (C).

---

348 Mme Yakin Ertürck a eu à soutenir, que l'obligation de diligence se devait d'être appliquée ici dans toute sa portée, de manière à ce que le phénomène de la violence à l'égard des femmes soit combattu à partir de ses racines profondes, les efforts jusqu'ici développés visant à l'éradiquer à partir de ses manifestations s'étant revélés peu fructueux. Voir en ce sens le rapport de la rapporteuse spéciale, (Yakin Ertück), intégration des droits fondamentaux des femmes et de l'approche sexospécifique:violence contre les femmes, le critère de la diligence due en tant que moyen de metre un terme à la violence contre les femmes, E/CN.4/2006/61, 20 janvier 2006, passim.

349 A cet égard, les séminaires de Ouagadougou et de Sri-lanka organisés par les Nations Unies ont été d'unE. Grande importance dans la mesure où elles ont abouti à l'élaboration d'un plan, adopté par la sous commission des droits de l'homme (E/CN.4/Sub.2/2005/36, para.30, p.8, Neuvième et rapport final sur l'évolution de la situation concernant l'élimination des pratiques traditionnelle affectant la santé des femmes et des fillettes établi par le Rapporteur spécial Mme Halima Embarek Warzazi). Ce plan présente une vue globale des stratégies des Nations Unies sur la question (Plan d'action visant à l'élimination des pratiques traditionnelles préjudiciables affectant la santé des femmes et des enfants, E/CN.4/Sub.2/1994/10/Add.1, 22 juillet 1994.

A. Obligation des États à considérer la question des MGF dans l'élaboration de leurs politiques internes

L'un des grands obstacles à l'élimination de la pratique des MGF résidant dans la passivité des gouvernements concernés[350], il est très souvent commandé aux États de développer des politiques concrètes, en vue de l'élimination de ladite pratique[351]. C'est ainsi que sur le plan juridique, il est demandé aux États de respecter l'ordonnancement international en se déclarant ouvertement contre les MGF de par leurs conséquences négatives pour la santé[352] et de ce qu'elles sont dans le même temps constitutives de violences[353]. C'est ainsi, qu'il est recommandé aux États n'ayant pas ratifié la convention sur les droits de la femme et celle sur les droits de l'enfant de le faire vivement[354]. Aux autres États, il leur est demandé, d'harmoniser leurs législations internes à l'ordonnancement international. En ce sens, les États se doivent d'établir des lois interdisant les MGF[355], lesquelles ne devraient aucunement être pratiquées dans un centre hospitalier[356]. Par ailleurs, il leur ait demandé d'assurer la publicité des lois ainsi élaborées, aidés en cela par les ONGs[357]. Ces dernières sont donc fortement encouragées à intégrer dans leurs activités la problématique des MGF[358] et doivent bénéficier à cet égard du soutien financier aussi bien des États que des organismes internationaux[359]. En outre, il est demandé aux États d'une part de créer des structures nationales spéciales, qui devraient se charger de veiller à ce que les lois interdisant les MGF soient effectivement appliquées[360] et d'autre part celles devant soutenir de manière concrète les femmes victimes des dites pratiques[361]. Il est également recommandé qu'au sein de telles structures, les femmes puissent occuper des postes élevés[362]. Une certaine doctrine soutient d'ailleurs que la représentativité des femmes dans les structures dominantes ne

350 Voir en ce sens, Rapport du Secrétaire général, étude approfondie de toutes les formes de violence à l'égard des femmes, A/61/122/Add.1, 6.juillet 2006, p.38.

351 Ibid, p.26.

352 Plan d'action visant à l'élimination des pratiques traditionnelles préjudiciables affectant la santé des femmes et des enfants E/CN.4/Sub.2/1994/10/Add.1, para.44, 22 juillet 1994.

353 A/Res/48/104, art.4(b), ; E/CN.4/Sub.2/1994/10/Add.1, para.43, 22 juillet 1994.

354 E/CN.4/Sub.2/1994/10/Add.1, para.61, 22 juillet 1994.

355 E/CN.4/Sub.2/1994/10/Add.1, para.3 et 8, 22 juillet 1994; A/Res/48/104, art4(d), 23 Février 1994.

356 E/CN.4/Sub.2/1994/10/Add.1, para.78, 22 juillet 1994.

357 E/CN.4/Sub.2/1994/10/Add.1, para.73, 22 juillet 1994; A/Res/48/104, art4(e).

358 E/CN.4/Sub.2/1994/10/Add.1, para.69, 71 et 73, 22 juillet 1994; A/Res/48/104, art4(q).

359 E/CN.4/Sub.2/1994/10/Add.1, para.70, 22 juillet 1994; A/Res/48/104, art4(h).

360 E/CN.4/Sub.2/1994/10/Add.1, para.4; 46; 60, 22 juillet 1994.

361 Ibid, para.6.

362 Ibid, para.53

peut que contribuer à une participation effective des femmes dans les processus de prise de décision[363]. L'idée ici est donc de créer un cadre permettant aux femmes de jouir effectivement de leurs droits et de faciliter les cas de dénonciation de violences contre les MGF. En ce sens, il est demandé aux États de simplifier la saisine des autorités en ce qui concerne les dommages résultant des violences faites aux femmes. C'est ainsi que les violences de cette nature, peuvent être en réalité aussi bien dénoncées à l'initiative de la famille, du personnel médical que de toute autre personne[364]. Afin de leur donner leur plein effet, les mesures juridiques ci-dessus présentées se doivent d'être accompagnées d'un ensemble de mesures éducatives et sociales[365]. Nous n'aurons pas à analyser ici les dificultés inhérentes à l'interaction de ces éléments dans la mise sur pied de toute politique visant l'éradication des MGF dans le contexte africain[366]. Ce qu'il importe de retenir c'est que les Nations Unies confèrent une place de choix aux mesures éducatives dans la définition de leurs politiques sur le sujet. A cet égard, les écoles et les médias vont être identifiés comme des axes importants. S'agissant des écoles, il est préconisé que la question des MGF soit incluse dans les programmes scolaires, de manière à permettre aux élèves de se familiariser très tôt avec la thématique[367]. Cette idée peut s'avérer d'autant porteuse que les rites initiatiques, ciment de la vie communautaire sont entrain de s'effriter dans le contexte africain[368]. Pour ce qui est des médias[369], ils doivent éviter d'être une simple redondance des discours internationaux. C'est donc à juste titre, que le plan d'action du séminaire de Ouagadougou, les appréhende avant tout comme des instruments d'échanges pour tous les intervenants sociaux, à savoir : les autorités publiques, traditionnelles, religieuses, les populations[370] ainsi que les ONG[371]. L'objectif poursuivi par les médias, serait donc de susciter un dialogue sur la question de manière à intégrer aussi bien les dynamiques internes des sociétés considérées que celles

363 E. Margareth, op. cit., p. 139(168).

364 E/CN.4/Sub.2/1994/10/Add.1, para.52, 22 juillet 1994.

365 Ibid, para.57

366 Ce qu'il importe de retenir, c'est qu'une lecture contextuelle des droits de l'homme s'impose dans la mise en œuvre des stratégies, qui se veulent efficaces en ce qui concerne les MGF, voir infra, pp.350-353.

367 E/CN.4/Sub.2/1994/10/Add.1, para.7, 22 juillet 1994.

368 *« Dans la mesure où les initiations étaient le couronnement de l'éducation coutumière, et constituaient une sorte d'école fondamentale, il est évident qu'elles ne pouvaient soutenir aucune lutte contre l'école moderne occidentale »* : J. Ombolo, op. cit., pp.167.

369 E/CN.4/Sub.2/1994/10/Add.1, para.11, 22 juillet 1994.

370 Ibid, para.12.

371 S'agissant des ONGs, les mouvements féministes ont un rôle des plus importants à jouer, voir dans ce sens A/Res/48/104, art4 (p), 23 Février 1994.

externes[372]. Toutefois, le fait que les médias de communication ne sont pas toujours existants dans les milieux ruraux pourtant à forte prédominance constitue un obstacle sérieux dans la réalisation de cet objectif[373]. Le rôle des ONGs se doit à cet égard d'être sérieusement considéré surtout que leur contribution dans la formation d'une société civile forte c'est-à-dire consciente de ses droits et devoirs est à notre avis un élément à ne pas négliger dans l'élaboration de stratégies visant l'éradication de la pratique des MGF[374].
S'agissant des mesures sociales, il est demandé aux États, d'améliorer leur système de santé et social de manière à intégrer la question des MGF dans les programmes de santé[375]. Sans toutefois nous appesantir ici sur les rapports assez controversés entre la pratique des MGF et le droit à la santé[376], la question des soins à apporter à une femme déjà victime des MGF[377] et celle de sa réhabilitation reste des plus importantes[378]. Pour ce qui est du contenu desdites mesures de réhabilitation, le plan d'action ne donne pas davantage de précisions. Mais on peut supposer que ce manque de précisions, a pour but de laisser aux gouvernements concernés une grande marge de manœuvre. Bien que les mesures ainsi envisagées par les Nations Unies ne soient pas véritablement coercitives pour les États, celles-ci revêtent une autorité morale que l'on ne saurait négliger. L'autorité morale des mesures ainsi présentées est d'autant plus renforcée, que ces dernières constituent généralement l'objet de conventions internationales en matière des droits de l'homme, dont le respect ne saurait être violé par les États contractants.

---

372 On peut donc comprendre, pourquoi le plan d'action de Ouagadougou recommande expressément que les campagnes d'éradications se déroulent également dans les campagnes, voir E/CN.4/Sub.2/1994/10/Add.1, para.10, 22 Juillet 1994.

373 En ce sens, le succès de l'ONG sénégalaise Tostan en ce qui concerne l'abandon des MGF ne serait pas sans liens avec l'émission de messages radiophoniques hebdomadaires en langues locales. Les dites émissions sont largement prisées par les communautés locales surtout qui y sont abordées des sujets découlant de leur environnement quotidien, donc familier. Ce point de vu est clairement ressorti des interviews menées auprès des divers représentants de cette ONG lors de mon séjour en terre sénégalaise pour des besoins de recherche de novembre 2005 à début janvier 2006.

374 Sur le rôle des ONG, voir en ce sens les concusions finales de notre thèse, pp. 302-03

375 E/CN.4/Sub.2/1994/10/Add.1, para.9, 22 Juillet 1994.

376 Sur les controverses relatives à l'applicabilité du droit à la santé aux MGF, infra,pp.150ets.

377 E/CN.4/Sub.2/1994/10/Add.1, para.8, 22 Juillet 1994; A/Res/48/104, art4(g), 23 Février 1994.

378 E/CN.4/Sub.2/1994/10/Add.1, para.56, 22 Juillet 1994.

B. La Soumission des États aux mécanismes de garanties internationaux

Les Conventions internationales, celles se rapportant aux droits de l'homme n'en étant pas exclues sont très souvent accompagnées de mécanismes qui ont pour but d'assurer la garantie de leurs dispositions. L'État qui a ratifié une convention internationale se verra non seulement astreint à prendre des mesures aussi bien positives que négatives pour en assurer l'exécution[379] mais également obligé de se soumettre aux mécanismes de contrôle garantis par lesdites conventions[380]. Il se verra concrètement obligé par exemple d'adresser des rapports à un comité désigné à cet effet par la convention pour des besoins de contrôle. Les rapports consisteront en une ébauche des mesures prises en vue d'assurer l'application de la convention. Ces mécanismes internationaux [381] ainsi que le CSW[382] ont vu leur agenda étendu aux MGF, leur caractère illicite n'étant plus contesté en droit international. Pratiquement donc, un État ayant ratifié une convention internationale donnée se verra désormais obligé de faire part dans ses rapports, des mesures prises en ce qui concerne la question des MGF au comité correspondant.
Il convient par ailleurs de relever que les Nations Unies sont également préoccupées de ce que les stratégies par elles préconisées concernant la question des MGF aient également des incidences au niveau local comme l'atteste sa collaboration avec l'IAC.

C. La nécessaire Collaboration des Nations Unies avec l'IAC

La collaboration des Nations Unies ainsi que celle de ses agences spécialisées avec l'IAC est également poursuivie et encouragée[383], les premiers apportant aux seconds les supports financiers et techniques nécessaire à leur action[384]. L'IAC fut crée en février 1984 au séminaire de Dakar sur les pratiques traditionnelles affectant la santé de la femme et de l'enfant afin de mettre en application les recommandations dudit Séminaire[385]. L'organisation de ce

---

379 Sur une analyse des obligations des États découlant de la ratification des traités internationaux relatifs aux droits de l'homme, voir infra, partie.II, chap.I, pp. 193 et s.

380 Sur l'intervention des organes d'applications des traités relatifs aux droits de l'homme, infra, partie. I, chap.III, pp. 145 et s.

381 E/CN.4/Sub.2/1994/10/Add.1, para.66, 22 Juillet 1994.

382 Ibid, para.65.

383 Ibid, para.68.

384 Who-female Genital Mutilation fact sheets (No241), pp.14-15, consulté à l'adresse http://www.google.de/search?hl=de&q=Who-female+Genital+Mutilation+fact+sheets.&btnG=Suche&meta=, le 10 juin 2004.

385 B. Ras-Work, Null-Toleranz gegenüber weiblicher Genitalverstümmelung, in weibliche Genitalverstümmelung: eine fundamentale Menschenrechtsverletzung, Terre des femmes, Frankfurt am Main, Mabuse-Verlag GmH, 2003, p.118 (119).

séminaire fut possible grâce aux efforts simultanés du gouvernement sénégalais, du Working Group et des agences spécialisées des nations unies[386]. Ce comité est un instrument de choix dans le combat contre les pratiques traditionnelles préjudiciables à la santé en général et les MGF en particulier car il dispose de plusieurs comités en Afrique[387]. Il a jusqu'ici organisé diverses conférences régionales et effectué de nombreux programmes de formation et d'information[388]. La représentativité de l'IAC dans divers États africains lui permet d'adopter des méthodes assez appropriées dans le combat contre les mutilations[389]. Et une telle approche est à considérer à sa juste valeur dans la mesure où la pratique des MGF n'étant pas uniforme en Afrique ne saurait être traitée de manière globalisante[390].

De l'analyse des stratégies des Nations Unies visant l'éradication des MGF, le rôle à jouer par les États est des plus prépondérants. Et les Nations Unies ont généralement recours à la technique conventionnelle afin de donner un caractère obligatoire pour les États aux conclusions auxquelles, elles parViennent en traitant de telles ou telles thématiques données. En effet, les positions des Nations Unies par rapport à une question donnée sans la technique conventionnelle resteront des déclarations politiques dépourvues de tout élément coercitif, que seule la règle de droit peut donner[391]. Notre étude du régime international applicable aux MGF sera donc essentiellement basée sur les conventions internationales relevantes pour ladite problématique en matière des droits de l'homme. Mais avant d'étudier, le régime international applicable en l'espèce, il nous a semblé important pour des besoins de compréhension, d'aborder les problèmes posés par ladite application sur le plan de la théorie des droits de l'homme.

386 Report of the working group on traditional practices affecting the health of women and children, E/CN.4/1986/42, para.88, 4 February 1986.

387 Pratiques traditionnelles ou coutumières affectant la santé des femmes et des fillettes, A/53/354, para.48, 10 Septembre 1998.

388 Idem

389 B. Ras-Work, op. cit., pp.118 (120 et s).

390 N. Toubia/ S.Izett, op. cit., pp.48.

391 Sur l'intérêt de la technique conventionnelle comme participative à une uniformisation de la reglémentation internationale applicable aux droits de l'homme, voir M. Kamto, op. cit., pp.456-485 (469 et s).

CHAPITRE II: LES MGF: UNE INTERROGATION SUR LES POSTULATS SOUS-TENDANT LA THÉORIE DU DROIT INTERNATIONAL DES DROITS DE L'HOMME

Il sera question tout au long de ce chapitre d'analyser les problèmes posés sur un plan théorique par l'applicabilité du régime international des droits de l'homme à la pratique des MGF. A cet égard, il convient de faire remarquer que les mutilations génitales féminines ont une position quelque peu ambivalente à l'égard de la théorie des droits de l'homme. L'ambivalence réside de ce que tout en mettant en exergue les lacunes de ladite théorie (I) l'applicabilité des MGF aux droits de l'homme participerait en même temps à sa cohérence (II).

I. Une interrogation dans le sens des limites

Il faudra distinguer ici selon qu'il s'agit des fondements de la théorie des droits de l'homme (I) ou alors de ses finalités (II).

A. Par rapport au fondement de la théorie des droits de l'homme

Les droits de l'homme trouvant leur origine dans les principes de dignité et d'égalité de la personne humaine[392], se veulent avant tout être un ensemble de règles consacrant des valeurs universelles et se faisant applicables à tous. C'est donc cette vocation à l'universalité qui expliquerait la faible portée donnée à la notion de culture dans le texte de la déclaration des droits de l'homme (1). Or, l'Homme dans les communautés pratiquant les MGF se veut être celui qui vit en harmonie avec les règles sociales du groupe dont il est membre[393]. A cet égard, les normes internationales lui seraient indifférentes ou tout au moins de moindre importance d'où leur caractère relatif (2).

392 T. Buergenthal, die Bedeutung der allgemeine Erklärung der Menschenrechten für den internationalen Menschenrechtschützt in Studien zu Grund- und Menschenrechten, Heft 2, Postdam, März 1999, p. 24; C. Powelll, «*Symposium in Celebration of the Fiftieth Anniversary of the Universal Declaration of Human Rights: Introduction: Locationg Culture, Identity, and Human Rights*», CHRLR, 30, 1999, p.201(202)

393 Sur les limites de la conception indiviualiste des droits de l'homme, voir Raymond Verdier qui met en garde contre un pseudo universalisme totalitaire et impérialiste qui méconnaîtrait tout droit à la difference. R. Verdier, Chercher remède à l'excision :une nécessaire concertation, droit et Culture, 20, 1990, pp.147 (149).

1. Une Conception étroite de la notion de Culture

Il convient de remarquer que tout au long de notre étude, nous nous référerons surtout au texte de la déclaration des droits de l'homme. En effet, les principes directeurs dégagés dans ce texte ont inspiré et continuent d'inspirer les textes aussi bien nationaux qu'internationaux traitant de la question des droits de l'homme[394]. Le texte de la déclaration de 1948 donne une portée assez réduite à la culture. En effet, si elle consacre la notion de culture bénéfice (a) elle restreint considérablement le terme culture comme élément d'identification de la personne humaine (b).

a. La Consécration de la culture bénéfice

La déclaration donne une grande importance à la notion de culture bénéfice. Celle-ci peut être définie comme *« l'ensemble des moyens qui permettent à l'Homme d'accéder à la connaissance, à la science et à la technologie pour son épanouissement personnel »*[395]. En d'autres termes, la culture serait le moyen par excellence qui permettrait à l'Homme de prendre conscience de ses potentialités, de s'ouvrir à l'autre et à son environnement. C'est dans ce sens que la déclaration garantie aux individus un droit d'accès à la culture aux travers du droit à l'éducation[396] et d'un droit de jouissance aux arts et de participation aux progrès scientifiques[397]. L'idée ici est de doter la personne humaine de capacités lui permettant de prendre ses responsabilités non seulement en faisant des choix efficients au niveau personnel mais également en participant pleinement dans les orientations de la vie politique, économique et sociale des États[398].

Il convient toutefois de noter qu'il s'agit là d'une conception assez restrictive de la notion de culture. En effet, la culture ne serait pas seulement un acquis mais constitue l'essence même de la personnalité humaine c'est-à-dire de son identité. En ce sens, la culture serait un élément qui se fond dans la personnalité intime de l'individu. Il s'agirait alors dans cette hypothèse de *« l'ensemble des traits distinctifs, spirituels et matériels, intellectuels et affectifs qui caractérisent une société ou un groupe social »*[399]. Il convient de relever, que c'est cette autre assertion de l'élément culturel, qui n'apparaît pas dans le texte de la déclaration et des textes qui lui sont subséquents ou du moins très timidement.

---

394 T. Buergenthal, op. cit., pp.27-30.

395 Voir M. Boris, les droits culturels comme mode d'interprétation et de mise en œuvre des droits de l'homme : étude à partir du Conflit opposant l'excision à l'ordre public français, p.112.

396 Art 26, DUDH.

397 Art 27al1, DUDH.

398 M. Boris, op. cit., pp.120-121.

399 Préambule de la déclaration universelle de l'UNESCO sur la diversité culturelle, adoptée à l'unanimité lors de la 31ème session de la conférence générale du Fonds des Nations Unies pour l'éducation, la science et la culture (UNESCO), paris, 2 Novembre 2001.

b. Le caractère restrictif de la notion de culture identité

La prise en compte de la culture comme élément d'identification de la personne humaine aurait vraisemblement imposé que les particularismes des diverses communautés de par le monde soient considérés dans le texte de la déclaration de 1948. Or, l'homme dans ledit texte est défini de manière abstraite[400]. Il est appréhendé essentiellement comme étant un sujet libre doué de raison[401] et appelé de ce fait même à s'élever au-delà de toutes autres considérations, fussent celles-ci d'ordre culturelles[402]. C'est la raison pour laquelle quand bien même le droit international reconnaît à la personne humaine le droit de pratiquer sa culture, sa religion ou sa langue au sein de sa communauté[403], il omet la dimension collectiviste dudit droit : *« ...cultural rights are held by the members of a particular group, but such rights are held by individuals and as members of protected social groups. They are no rights of groups, in particular, they are not rights that the group can hold and exercise against the indiviual»*[404]. Le droit à la culture est donc très souvent dans les faits réduit à une prétention individuelle dont l'individu peut décider d'en faire usage ou non[405]. La déclaration pose donc le principe de l'humanité une, à savoir l'égalité et la dignité de tous les êtres humains devant la loi[406]. Et c'est donc en vertu de ce principe que les individus se voient attribués des droits inaliénables leur permettant de faire face à toutes formes d'oppressions, fussent-elles d'ordre culturelles[407]. En ce sens les États sont chargés d'en assurer leurs formulations et leurs garanties effectives[408]. Dans un tel système, introduire l'élément culturel avec la prise en compte des traitements différentiels, qui en découlent, aurait, semble t-il porté atteinte au

400 *«Le principe de l'égalité exigeait qu'abstraction soit faite de toutes les différences que le droit ancien avait substantialisées, exigence qui se traduisait par la nécessité de donner des droits à chaque citoyen ou n'en donner à personne»*: E. Mbonda, penser l'ethnicité pour définir la citoyenneté, cahier africain des droits de l'homme, No 6-7, presses de l'UCAC, mars 2002, pp. 20-21.

401 J. Morange, La Déclaration des droits de l'homme et du Citoyen, P.U.F, collection Que sais-je?, 1988, pp.54-55.

402 C. Powelll, op. cit., p.201(202).

403 Art 27, PIDCP.

404 J. Donnely, Universal Human Rights in Theory and Practice, Ithaca (New-york) /London (England), Cornell University press, 1.publication, 1989, pp.114-115, p. 20.

405 voir en ce sens General Comment No.28 :Equality of rights between men and women (art.3), in Official Records of the General Assembly, Fifty-fifth Session, Supplement No.40 (A/55/40), annex VI, sect.B, para.32; Rapport de la Rapporteuse spéciale sur la violence contre les femmes, ses causes et ses conséquences, Yakin Ertürk, A/HRC/4/34, para.36-37, p.13, 17 janvier 2007. Sur le plan doctrinaire, voir Oluyemisi Bamgbose, "*Legal and Cultural Approaches to Sexual Matters in Africa: The cry of the Adolescent Girl*", UMICLR, 10, *2001-2002*, pp.127(143-44).

406 Art1et 2, DUDH.

407 C. Powell, op. cit., p.201(202); Oluyemisi Bamgbose, op. cit., pp.127(143-44).

408 C. Powell, op. cit., pp.201(202-203).

principe unitaire des droits de l'homme et rendu incohérent l'édifice ainsi établi[409]. Or, il importe de remarquer que la jouissance effective des droits ainsi accordés à l'individu est assez tributaire de l'environnement dans lequel il vit. Et, il n'est pas toujours facile, d'hierarchiser l'ordre des valeurs dans un milieu social donné. En effet, l'individu a besoin de structures sociale telles que : la famille, les communautés, les associations pour s'exprimer, la jouissance des droits ne pouvant se faire indépendamment de celles-ci[410]. Il existerait à notre avis entre ces deux entités une relation existentielle, la vie de l'une dépendant de l'autre. En effet si les structures sociales vivent du dynamisme des individus, il n'en demeure pas moins que ce sont celles-ci qui donnent à l'individu les moyens de s'exprimer et de s'épanouir[411]. Il est donc primordial que toute législation qui se veuille efficace dans son application puisse tenir compte de la dynamique de ce lien existentiel de manière à pouvoir le transformer sans toutefois le briser. Et, cela passe par une certaine compréhension des valeurs sociales où le droit à vocation à s'appliquer. Il apparaît donc primordial que les droits ainsi accordés à l'individu trouvent une certaine légitimité culturelle au niveau des diverses communautés[412]. La problématique concernant les MGF est assez illustrative à ce sujet. On sent bien qu'il s'agit au-delà de la femme ou de la fillette sujette à l'opération, d'une question qui touche toute une communauté[413]. Dans lesdites communautés, les femmes considérées sont celles qui adhèrent à la pratique[414]. A cet égard, l'approche essentiellement individualiste des droits de l'homme, du moins dans ses gestations premières[415], laquelle commande aux femmes et fillettes membres de faire face à leurs

---

409 M. Boris, op. cit., pp.100-101.

410 H. De Deker, droit de l'homme et droit au developpement: concurrence ou complémentarité?, in Droits de l'homme en Afrique centrale: colloque de yaoundé, UCAC-Karthala, 9-11 novembre 1994, p.203 (205). Dans le même sens, B Martin, op. cit., pp.104-105.

411 *« La représentation de soi comme sujet indépendant et indépendant n'est qu'une grosse illusion. Les valeurs partagées par ma communauté ne sont pas seulement des choses extérieures à moi, que je possède, que j'ai, et dont je peux me départir comme bon me semble»*, voir positions du philosophe Michael Sandel présentées par E. Mbonda, op. cit., p.22. Encore faut-il que lesdites structures communautaristes ne soient pas elles-mêmes les éléments alliénants pour les individus. Il est aujourd'hui largement soutenu que les femmes et les enfants sont maltraitées dans le cadre de ces structures sociales Voir C. Romany, op. cit., p.87(99); T. Li-Ann, op. cit., pp.278(288-289).

412 B. Ibhawoh, "*Between Culture and Constitution: Evaluating the Cultural Legitimacy of Human Rights in the African state*", HRQ, 22, 2000, p.838(855).

413 GTZ, La Lutte contre les mutilations génitales féminines, Eschborn 2003, pp.17,25; C. Kessler Bodiang, G. Eppel, A. Salam Guèye, op. cit., pp.46-47,23-28; Congo, U.N.Doc.CRC/C/3/Add.57, p.209.

414 C. Kessler Bodiang, Gerd Eppel, Abdou Salam Guèye, op. cit., pp.22-25.

415 Kéba Mbaye, Les droits de l'homme en Afrique, 2 ème édition, pédone, 2002, p.54.

communautés en usant de leurs droits, ne peut que s'avérer des plus problématiques[416]. Un recours au droit dans le cas d'espèce, entraînerait la mort sociale des femmes considérées dans la mesure où ayant renoncées à s'identifier à leur culture, elles auraient du même coup signé leur exclusion du groupe. Or, comme l'a précisé Norbert Rouland, il ne s'agit pas de : *« substituer l'aliénation de l'individu par le groupe à son isolement dans une société comprise comme la somme d'individualités : dans les deux cas, la personne se trouve niée »*[417]. Dès lors, la véritable question concernant les droits de l'homme est de savoir comment introduire la différence inhérente à la culture identité dans la relation juridique ?

Et, la réponse à cette question est d'autant plus cruciale, que le nombre important des États aussi bien du Nord que ceux du Sud, se déclarant en faveur des droits de l'homme ont des difficultés énormes à traduire cette volonté politique dans les faits[418]. En conséquence, il apparaît important si l'on veut que le régime des droits de l'homme soit effectivement reconnu et appliqué par tous, qu'il soit ouvert aux différentes cultures de par le monde, de manière à en permettre leur expression[419]. Par ailleurs comme ont eu à l'avancer certains auteurs une bonne compréhension du principe de l'égalité et de la dignité de la personne humaine commanderait que les considérations culturelles puissent justement participer à l'élaboration de règles applicables à tous[420]. La culture, bien qu'étant une notion assez controversée du droit international, apparaît aujourd'hui comme un élément déterminant pour une universalité effective dudit

416 C'est la raison pour laquelle en dépit des avantages que pourraient procurer le système des communications individuelles aux femmes victimes/ ou menacées des MGF en l'espèce (voir infra, partie.I, chap.III, pp.184-186), les mesures ici envisagées se doivent d'être appréciées à leur juste valeur et être appliquées avec doigté dans la mesure où elles peuvent entraîner une rupture des liens sociaux dans lesdites communautés. Voir Oluyemisi Bamgbose, op. cit., pp.127(143-44).

417 Norbert Rouland cité par M. Boris, op. cit., p.107.

418 A. Bartholomew, *"Humam Rights and Post-imperialism:Arguing for a deliberative Legitimation of Human Rights"*, BHRLR, 9, *2003*, pp. 25(29-30); C. Powelll, op. cit., pp.201(206-208); A. Pollis, *Cultural Relativism Revisited: Through a State Prism*, HRQ, 18, 1996, p.316(321).

419 E. Le Roy, L'accès à l'universalisme par le dialogue interculturel, Revue générale de droit, 1995, pp.5-26.

420 *« On peut, à ce libéralisme inhospitalier, substituer une autre forme dans laquelle la notion même de dignité égale ne se comprend pas autrement que comme le respect des différences et des identités collectives qui constituent un État. Selon cette seconde forme, la reconnaissance ne renvoie plus à ce par quoi tous les individus se ressemblent (identité de dignité égale et universelle), mais au fait non moins universel d'avoir chacun une identité propre et d'être situé dans une culture particulière. Ici, l'idéal de non discrimination est interprétée comme requérant la prise en compte de distinctions ou des différences entre individus comme entre groupes » :* E. Mbonda, op. cit., p. 28.Dans le même sens, M. Boris, op. cit., p.101

régime en lui permettant de véritablement intégrer les différences et non pas simplement de les ignorer[421], surtout qu'il est aujourd'hui largement admis que le régime actuel des droits de l'homme est lui même largement tributaire des civilisations occidentales[422]. D'ailleurs la dénonciation du caractère inappropriée du régime classique des droits de l'homme en ce qui concerne la situation des femmes, n'aurait pas à notre avis possible si les droits de l'homme n'avaient pas été eux même perçus comme la projection d'une certaine culture[423], celle patriarcale, caractéristique de toutes les sociétés du monde[424].

2. La relativité des droits de l'homme

A l'appui de cette thèse, il a été avancé des arguments aussi bien juridiques (a) que politiques (b).

a. Arguments juridiques

Les relativistes soutiennent que: *« chaque société développe sa propre vision du monde et de l'homme et à chaque culture correspond un système de valeur, une*

---

421 Voir infra de ce chap., II, B, pp.113 ets.

422 Kéba Mbaye, Les droits de l'homme en Afrique, 2 ème édition, pp.50-53; E. Le Roy, op. cit., p.8; M. Boris op. cit., pp.127- 130 ; Makau Mutua, Savages, Victims and Saviors: The Methaphor of Human Rights, HJIL, 42, 2001, p.201 (201); J.Oloka-Oyango, "*Human Rights and Sustainable Developmemt in Contempory Africa:A New Dawn, or Retreating Horizons ?*", BHRLR, 6, 2000, p.39(51).

423 L'idée des droits de l'homme comme un phénomène culturel uniquement, ne se rapporttant pas uniquement à un système de valeurs morales, justifierait la nécessité de l'interroger. Une telle conclusion ressort clairement du dernier rapport de Mme Yakin Ertürk, rapporteuse spéciale sur la violence contre les femmes: *« Les cultures y compris la culture universelle des droits de l'homme, sont objet de contestation. Historiquement, les femmes, individuellement et collectivement, au Nord comme au Sud, ont toujours résisté aux pratiques culturelles oppressives. L'interconnexion des mouvements locaux de résiatance a évolué vers l'émergence d'un mouvement international de femmes qui a réussi à transformer le droit international des droits de l'homme pour lutter contre les violations spécifiques des droits des femmes. Cela a débouché sur l'élaboration d'un vaste programme reconnaissant la violence à l'égard des femmes comme une violation des droits de l'homme qui doit être condamnée même lorsqu'elles s'inscrit dans le cadre de pratiques traditionnelles, religieuses ou culturelles»*, voir Rapport de la Rapporteuse spéciale sur la violence contre les femmes, ses causes et ses conséquences, Yakin Ertürk, A/HRC/4/34, para.67, p.21, 17 janvier 2007.

424 «Les normes culturelles, les structures institutionnelles et les comportements interpersonnels qui renforcent la domination masculine sont fondés sur un principe social connu sous le nom de patriarcat», voir A/HRC/Sub.1/58/SF/2, para.14, p.4, 24 juillet 2006 (Résolution du Conseil des droits de l'homme sur la lutte contre la pauvreté et le droit à la participation : le rôle des femmes).

conception de l'homme, de ses droits et obligations dans la société »[425]. Conformément aux thèses relativistes, il serait donc logique de limiter l'application des droits ainsi définis aux sociétés dont ils en sont la résultante[426]. La prétention à la généralité du régime actuel des droits de l'homme serait donc à contester[427] dans la mesure où elles sont plus ou moins imprégnées des idées libérales des déclarations françaises et américaines, de la tradition chrétienne de l'occident et des courants philosophiques du siècle des lumières[428]. Par conséquent, les autres civilisations seraient libres sur un plan théorique tout au moins de se fixer des règles juridiques propres, conformes à leur valeurs culturelles[429] quand bien même celles-ci contreviendraient aux droits de l'homme tels que définis par la déclaration de 1948 et les documents qui lui sont subséquents[430]. Si une telle prise de position serait conforme au principe de

425 Raymond Verdier, cité par Kéba Mbaye, Les droits de l'homme en Afrique, 2 ème édition, p.29.

426 D. Prasad, "*Universality and Cultural Practice with Respect to Female Genital Mutilation*", IJIL, 41, 2001, pp.495 (495-496, 498); E. Sussman, op. cit., pp.193(205-206); H. Lewis, op. cit., pp.1(7-8);), G. Binder, "*Cultural Relativism and Cultural imperialism in Human Rights Law*", BHRLR, 5, 1999, pp.211(213-214).

427 *«Depuis leur reconnaissance, l'universalité des droits de l'homme et leur validité quel que soit le contexte local sont continuellement remises en cause par des discours relativistes qui font de ces droits des principes imposés de l'extérieur (généralement par l'Occident) et incompatibles avec la culture locale. De tels arguments ont permis à des systèmes judiciaires d'excuser des actes de violence commis contre des femmes ou ont contribué à créer des systèmes de justice parallèles qui infligent des peines sévères à des femmes censées avoir transgressé les normes sociales »*, voir Rapport de la Rapporteuse spéciale sur la violence contre les femmes, ses causes et ses conséquences, Yakin Ertürk, A/HRC/4/34, para.42, p.14, 17 janvier 2007

428 J. Morange, op. cit., pp. 8; 53-62; K. Sonnewald, Deklaration der Menschenrechte der Vereinten Nationen vom 10.12.1948, Forschungsstelle für Völkerrecht und ausländisches öffentliches Recht der Universität Hamburg, Alfred Metzner Verlag, Frankfurt am Main. Berlin, 1955, p.5-10; I. Szabo, Fondements historiques et développements des droits de l'homme, in les dimensions internationales des droits de l'homme, paris, UNESCO 1978, pp.11 (14-15).

429 *«According to this perspective, FGM is not mutilation at all, but rather must be defended from outside imperialist judgments»*: D. Prasad, op. cit., p.495(498).

430 Le principe de la souveraineté nationale ne semble pas à priori s'opposer à une telle orientation conférant aux États en l'espèce une compétence exclusive en ce qui concerne la définition de leurs politiques juridiques, économiques et sociales internes, surtout qu'il est avancé que l'organisation des Nations Unies n'incarnerait rien d'autre pour reprendre les termes de imre Szabo que «l'unité de systèmes sociaux contradictoires»: I. Szabo, op. cit., pp.11 (27-28). Il convient toutefois de relever qu'une telle interprétation a été formellement exclue dans le cadre de la Convention sur la protection et la promotion de la diversité des expressions culturelles en son art. 2:*«La diversité culturelle ne peut être protégée et promue que si les droits de l'homme et les libertés fondamentale sont garantis. Nul ne peut invoquer les dispositions de la présente Convention pour porter atteinte aux droits de l'homme et aux libertés*

démocratie représentative qui fonde la légitimité de toute loi de ce qu'elle émane de la volonté du peuple auquel elle s'applique[431], les incohérences auxquelles le relativisme pur peut aboutir sont nombreuses. En effet, la règle de droit n'obéit pas seulement à des raisons de technicité mais également à un impératif de justice et de solidarité[432]. Or le relativisme pur conduit inexorablement à l'aliénation de l'individu à qui il est dénié la faculté de se remettre en cause et de rechercher le bien dans ses relations avec l'autre[433] mais également à un isolement des communautés voir des États sous le couvert des différences culturelles[434]. C'est ainsi que concernant les MGF, à partir du moment où il est attribué à la pratique des fonctions bien précises dans les sociétés considérées, les conclusions relativistes contribueraient à soutenir l'idée selon laquelle, lesdites pratiques ne devraient souffrir d'aucunes critiques ou jugements extérieurs : *« What direction individual women take should be left to them and their immediate family members. Just as much as diehard traditionalists must relinquish their insistence that uncircumcised women to reject the practice and to stigmatize those who uphold their ancestral traditions as illiterate backward and against women's rights and progress are unacceptable »*[435]. Ces quelques réflexions montrent qu'il faille éviter de passer d'un extrême à l'autre. C'est à dire de passer du principe d'une humanité une à celui d'une humanité tellement diversifiée rendant toute communication impossible. A dire vrai le principe de l'humanité une tel que consacré par la déclaration de 1948 ne se décrète pas

fondamentales tels que consacrés par la Déclaration universelle des droits de l'homme ou garantis par le droit international ou pour en limiter la portée».

431 S'agissant particulièrement des lois anti-MGF, celles-ci porteraient inéluctablement atteinte à la souveraineté populaire des États concernés si elles apparaissent simplement comme le résultat d'un alignement aux valeurs de la culture dominante. Pour éviter une telle évolution, la sensibilisation reste primordiale comme a eu à le relever Elizabeth Heger Boyle et Sharon E.preves : *« Since the dominant values of the international culture require not only an eradication of Female genital cutting consistent with the ideal of human rights but also a respect for sovereign autonomy, both neo-institutional theorists and status politics theorist would expect the international community to adopt a largely assimilative approach to reform»*: Heger Boyle/ E.preves, "*National Politics as International Process: The Case of Anti-Female Genital Cutting Laws*", LSR, 34, 2000, p.703(712).

432 A. An-Na'im, A. Madigan et G. Minkley, "*Cultural transformations and Human Rights in Africa: a Preliminary Report*", EILR, 11, 1997, p. 287(297-298).

433 *"Indeed, if cultural relativists really believe that all culures must be tolerated as equally valuable, then they are compelled to tolerate even militant colonialists who regard non-western peoples as savages unworthy of self-rule"*: G. Binder, op. cit., p.211(215).

434 J. Donnely, op. cit., pp.114-115; B. Ibhawoh, *Cultural relativism and human rights: reconsidering the Africanist discourse,* NQHR, *19,* 2001, pp.43 (46-47).

435 A. Fuambai, op. cit., p.283 (309).

mais se construit à partir de la diversité[436]. Et si l'on doit reconnaître à l'occident d'avoir fourni à l'humanité des concepts qui permettent de débattre sur les questions relatives à la dignité humaine[437], il apparaît aujourd'hui primordial que les autres civilisations puissent y apporter leurs empreintes : *« Si nous pouvons utiliser le concept, c'est parce que, et seulement dans la mesure où il est susceptible de plusieurs interprétations et que dans d'autres cultures il reçoit d'autres significations »*[438]. On ne peut en effet reconnaître à l'autre la qualité d'être humain en ce qu'il doive adhérer à un ensemble de principes sans toutefois lui donner la possibilité d'apporter ce qu'il a et ce qui fait sa spécificité[439]. A cet égard, les considérations relativistes sont d'une importance capitale dans la mesure où l'on ne peut entrer en relation avec l'autre, échanger avec autrui si l'on n'est pas conscient de ce qui fait ses spécificités et par conséquent de ce qui me différencie de lui[440]. La prise de conscience de ce qui me distingue d'autrui est donc le pré-requis nécessaire d'un échange fructueux avec lui. C'est pourquoi, les conclusions auxquelles aboutissent les partisans du relativisme culturel sont assez curieuses dans la mesure où ayant démontré la relativité de tout droit, ils devraient travailler activement à l'élaboration de normes effectivement universelles au lieu de justifier tout immobilisme en invoquant la culture comme si la culture était une donnée immuable[441]. Ceci reviendrait par exemple en ce qui concerne les MGF, que les États s'attellent

436 E. Le Roy, op. cit., pp.5-26.

437 B. Ibhawoh, "*Cultural relativism and human rights: reconsidering the Africanist discourse*", NQHR, *19*, pp. 43(44-45, 51-52).

438 R. Verdier, Problématique des droits de l'homme dans les droits traditionnels de l'Afrique noire, in droit et cultures, 5,1983, p.97(98). Dans le même sens B. Ibhawoh, *«Cultural relativism and human rights: reconsidering the Africanist discourse »*, NQHR, *19* , pp.127-128.

439 E. Le Roy, op. cit., p.8

440 La divesité culturelle bien comprise doit aboutir à *«..l'unité dans la diversité, afin que les êtres hummains ne soient pas prisoniers de leur culture respective, mais puissent jouir des trésors d'une culture universelle autant autant que variée »* : in Organisation des Nations Unies pour l'éducation, la science et la culture (UNESCO), 10 clés pour la Convention sur la protection de la promotion de la diversité des expressions culturelles, p. 2, consulté le 18 juillet 2007, à l'adresse http://www.aidh.org/diverscult/Images/149502F.pdf.

441 Si donc le caractère immuable de la culture ne peut être valablement soutenue (voir partie II.B de ce chapitre, pp. 125 et s), un certain universalisme dans la diversité s'imposerait donc avec acuité dans la définition et la mise en œuvre du concept des droits de l'homme: *« ....l'universalisme n'empêche pas la diversité et si l'on observe la société contemporaine d'aujourd'hui, on se rend compte qu'elle est soumise à des influences diverses qui sont les résultantes de plusieurs dimensions, géographique, philosophique, politique, économique et qu'à toutes ces dimensions correspondent des conceptions différentes des droits de l'homme» :* Kéba Mbaye, Les droits de l'homme en Afrique, 2 ème édition, *p.53.*

compte tenu des diverses mutations qui ont traversé et qui continuent de traverser l'Afrique[442] à élaborer des règles permettant de faire face aux problèmes clairement identifiés aux niveaux locaux en relation avec la pratique. Malheureusement tel n'est pas toujours le cas, ce qui a fait dire à une certaine doctrine que les considérations relativistes ne seraient rien d'autres qu'un fallacieux prétexte invoqué très souvent par l'élite dominante des États africains au détriment des populations afin de maintenir leurs privilèges tout en se soustrayant à leurs obligations internationales concernant la garantie des droits de l'homme[443]. A dire vrai l'on ne saurait balayer aussi facilement l'argument culturel. En effet comme le montre l'analyse des arguments politiques en relation avec la problématique des MGF, les relations internationales sont un phénomène complexe et l'adhésion des États aux traités relatifs aux droits de l'homme n'en échappe pas.

b. Arguments politiques

Les arguments politiques démontrant les limites de l'universalité des droits de l'homme quant à leur fondement sont une suite logique de l'argumentation juridique. Il est une constance, que dans le contexte des MGF, les droits de l'homme ne sont pas sans provoquer une certaine défiance de la part de ceux-là mêmes qui sont supposés en bénéficier[444]. L'une des explications généralement avancée pour expliquer ce phénomène serait que les droits de l'homme incarneraient des valeurs qui échappent aux populations concernées par la pratique[445]. C'est la raison pour laquelle les États africains bien que généralement d'accord sur le principe d'une abolition de la pratique[446] répugnent

---

442 A. An-Na'im & A. Madigan; G. Minkley, op. cit., pp.287(310-317).

443 A. Pollis, op. cit., pp.316(320-24, 328-29, 335-36); J. Donnely, op. cit., pp.109(118-21); J.Oloka-Oyango, op. cit., p.39(52); B. Ibhawoh, "*Cultural relativism and human rights: reconsidering the Africanist discourse*", NQHR, p.43(56); B. Ibhawoh, "*Between Culture and Constitution: Evaluating the Cultural Legitimacy of Human Rights in the African state*", HRQ, 22, pp.838(849-50).

444 E. Sussman, op. cit., pp.193(237-242); S. Harris-short, International Human Rights Law: Imperialist, Inept, and Ineffective?, HRQ, 25, 2003, pp.130(142-43); C. Kessler Bodiang, G. Eppel, A. Salam Guèye, op. cit., pp.50-51; GTZ, la lutte contre les Mutilations génitales féminines, pp.11-13.

445 Bonny Ibhawoh fait cependant remarquer qu'il conviendrait de distinguer à ce sujet selon qu'il s'agit de l'élite masculine dominante ou des voies des groupes locaux, les premiers étant enclin à invoquer les valeurs traditionnelles africaines pour justifier tout refus de changement voir Bonny Ibhawoh, "*Between Culture and Constitution: Evaluating the Cultural Legitimacy of Human Rights in the African state*", HRQ, 22,, p.838(850); S. Harris-short, op. cit., pp.130(140-46).

446 Les États africains dans leur majorité interdisent la pratique des MGF au moyen de dispositions soit spécifques alors générales, consulté le 19 juillet 2007 à l'adresse http://www.npwj.org/npwj_topics/stop_fgm/2006/03/15/fgm_legislation_for_25_african_countries.

en pratique à adopter une politique ouverte au niveau interne[447]. Ce constat nous amène à faire nôtre, la position de certains auteurs selon laquelle le débat universalisme/ relativité des droits de l'homme ne ferait que occulter la question du caractère impérialiste de ses règles dans le contexte africain[448]. En ce sens, le laxisme que semblent manifester les États africains concernés à appliquer les normes internationales trouverait leurs explications dans la crainte d'adopter des règles importées susceptibles d'exacerber les contrariétés entre le droit moderne et les pratiques traditionnelles[449]. Une analyse des stratégies des États africains en vue de l'éradication de la pratique dénote une certaine incertitude pour ce qui est de l'application du droit international dans le cadre de leurs politiques internes[450]. Le facteur temps[451], que ces États avancent généralement pour expliquer ici leur inaction, en ce qu'ils auraient besoin de temps afin de permettre aux populations au moyen de l'éducation de comprendre la nécessité d'abandonner la pratique et de jouir effectivement de leurs droits, serait à notre avis un faux-fuyant. En effet, il est communément admis que si les facteurs sociaux participent à la naissance d'une règle de droit, l'inverse est difficilement soutenable dans la mesure où les changements sociaux ne sauraient être dictés[452]. On peut donc avancer sans risque de nous tromper, que l'hardiesse des États à souscrire aux conventions internationales interdisant la pratique des MGF ne serait pas sans liens avec la crainte de se voir indexer par les autres États et par conséquent de voir ainsi compromettre leur notoriété sur la scène internationale[453].On peut donc relever, relativement au contexte africain, que si

447 R. Kalthegener, op. cit., p. 203 (214) ; I Baumgarten/ E Finke, op. cit., p.125 (126).

448 Outre le fait que les règles constitutives de droits de l'homme apparaissent comme des règles imposées dans les communautés pratiquant les MGF, il convient également de relever que les moyens par excellences utilisés par le droit internationnal pour faire asseoir ses normes, à savoir les États, apparaitraient eux-mêmes très souvent comme des instruments de dominations, simple vestiges de la colonisation pour les communautés africaines. Voir en ce sens G. Binder, op. cit., pp.211(220 et s).

449 U.N. Doc. CRC/C/SR. 409,para.55(1997); U.N. Doc. CRC/C/SR.711, para. 44 (2001).

450 Congo, U.N. Committee on the Rights of the Child, U.N. Doc. CRC/C/3/Add.57, para.209; Mali, U.N. Committee on the Rights of the Child, U.N. Doc. CRC/C/SR.571, para.26 (1999); Soudan, U.N. Committee on the Rights of the Child, CRC/C/SR.89, p.18 (1994); Benin, U.N. Doc. CRC/C/SR.544, para. 24(1997); Djibouti, U.N. Doc. CRC/C/SR.637, p.25 (2000).

451 Cote d'Ivoire, U.N. Doc. CRC/C/SR.711, para.37(2001); Egypte, U.N. Doc. CRC/C/SR.680, para.48(2001); Djibouti, U.N. Doc. CRC/C/SR.637, para.25.

452 S. Harris-short, op. cit., pp.130(173-74); B. Ibhawoh, "*Between Culture and Constitution: Evaluating the Cultural Legitimacy of Human Rights in the African state*", HRQ, 22, p.833(855); E. Sussman, op. cit.,, p.193(237; C. Nyamu, "*How should Human Rights and Development Respond to Cultural Legitimization of gender Hierarchy in Developing Countries?*", HILJ, 41, 2001, p.381(393).

453 Et une telle indexation est d'autant préjudiciable à ces États que ceux-ci sont fortement tributaires de l'aide extérieure. Or, ladite aide est elle-même conditionnée par le respect

dans la sphère publique (sur le plan civil et politique), on peut valablement soutenir que dans certains États africains, l'élite dominante n'hésite pas à invoquer les particularismes culturels de manière abusive afin de préserver leurs intérêts[454], une telle assertion est assez discutable dans le domaine privé (sur le plan social et culturel) dans la mesure où l'existence d'une culture des droits de l'homme y manque[455]. Et, les États africains dans leur grande majorité se sont vus plus ou moins obligés de légiférer contre les MGF dès les années 90, influencés en cela par des facteurs beaucoup plus externes qu'internes[456], lesquelles même en l'absence d'oppositions sont demeurées très souvent théoriques[457]. Une telle orientation est à notre avis d'autant plus critiquable, que les droits de l'homme, qui sont nés de la nécessité de préserver l'homme contre tout absolutisme, semblent être aujourd'hui devenus un instrument d'oppression. Dans le cadre de la lutte contre les MGF, l'être humain ne se voit-il pas assujetti à un ensemble de règles résultant de la coalition de son État avec d'autres États contre lui[458] ? La question de l'appropriation des droits de l'homme dans le cadre de la lutte contre les MGF demeure donc une question fondamentale, et ce d'autant plus que les objectifs de paix et de justice semblent être en l'espèce des plus douteuses.

B. Par rapport aux finalités de la théorie des droits de l'homme

Les droits de l'homme ont été développés pour des raisons de paix et de justice. L'idée est d'octroyer à la personne humaine un ensemble de droits qui vont la prévenir d'avoir recours à la force en réaction aux régimes totalitaires[459]. La question concrète qui se pose en l'espèce serait celle de savoir en quoi les MGF constituent une menace pour les femmes concernées ? A cet égard, il convient donc de rechercher, les caractéristiques de l'oppression dans le contexte des

---

des droits de l'homme. Pour plus d'informations à ce sujet, voir infra, partie.II, chap.II, II, A, pp.239-240.

454 A. Pollis, op. cit., pp. 316 (320-24, 328-29, 335-36); J. Donnely, op. cit., pp.109(118-21); B. Ibhawoh, *Cultural relativism and human rights: reconsidering the Africanist discourse,*NQHR, 2001,, p.43(56); B. Ibhawoh, "*Between Culture and Constitution: Evaluating the Cultural Legitimacy of Human Rights in the African state*", HRQ, 22, p. 838(849-50); J. Oloka-Oyango, op. cit., p.39(52).

455 S. Harris-short, op. cit., pp. 130(133-34; 158-59; 163).

456 E Heger Boyle et Sharon E.preves, op. cit., passim.

457 B. Ibhawoh, "*Between Culture and Constitution: Evaluating the Cultural Legitimacy of Human Rights in the African state*", HRQ, 22, p. 838(857); GTZ, la lutte contre les Mutilations genitales, p.12; Communiqué de Presse DH/G/202 du 09/04/03, la Commission des droits de l'homme entame son Débat sur l'intégration des droits Fondamentaux des Femmes, p.6.

458 S. Harris-short, op. cit., pp.130 (178-180).

459 Préambule de la déclaration des droits de l'homme; I. Szabo, op. cit., p. 11(22); Kéba Mbaye, Les droits de l'homme en Afrique, 2 ème édition, p.54.

communautés connaissant de la pratique (1) car sans ceux-ci les missions de paix et de justice traditionnellement assignées aux droits de l'homme ne peuvent qu'être fortement compromises (2).

1. Les caractéristiques de l'oppression dans les communautés connaissant de la pratique

L'existence d'une oppression, laquelle ne serait pas sans liens avec les MGF, dans les communautés concernées suppose qu'aussi bien l'agent oppresseur (a) que celui oppressé soient déterminés (b).

a. L'agent oppresseur

La mise en jeu des règles du droit international suppose que soit établi le fait de L'État. Il faut donc que l'État ait posé soit un acte positif soit un acte négatif ayant porté atteintes aux droits et libertés accordés à l'individu par le droit international[460]. Dans le cadre des MGF, le fait de L'État semble à priori exclu dans la mesure où les atteintes portées aux femmes et fillettes sont le fait d'autres individus. Cependant grâce à l'ardeur des mouvements féministes, cette distinction traditionnelle sphère privée/publique a été dénoncée car empêchant d'assurer une protection internationale aux femmes[461]. Et aujourd'hui, il existe de nombreuses dispositions internationales recommandant expressément aux États d'adopter des mesures propres à empêcher la perpétration d'actes portant atteintes aussi bien à l'intégrité physique que morale des femmes, indifféremment que lesdits actes aient été accomplis dans la sphère privée ou publique[462]. Ainsi, s'agissant des MGF, l'État peut désormais voir sa responsabilité engagée du fait qu'il n'a pas pris de mesures positives pour prévenir de tels actes[463]. Cette évolution du droit international en faveur d'une protection effective en faveur des femmes est à apprécier dans la mesure où les graves atteintes portées aux femmes échappaient très souvent au droit interne car perpétrés au nom de la tradition[464]. Dans le cas d'espèce, la nécessité de protéger la dignité humaine aurait donc commandé cette immixtion du droit international dans les domaines traditionnellement réservés à la compétence exclusive de l'État[465]. En ce sens, la passivité des États face à la perpétration de divers actes

460 R. Cook, op. cit., p.125(151).

461 Voir supra, introduction de la these, pp.23-24.

462 Committee on the Elimination of Discrimination against Women, General Recommendation No 19 (11ème Session, 1992), para.6 & 9; Déclaration et Programme d'Action de Vienne 1993, A/CONF.157/23, Titre I Para.18 et Titre II Para.18, 12 juillet 1993; A/Res/48/104, Art 4, 23 Février 1994; Protocole à la Charte Africaine des droits de l'homme et des Peuples relatif aux droits des femmes (adopté par la 2ème Session ordinaire de la Conférence de l'Union africaine, Maputo, 11 Juillet 2003), Art 4 & 5.

463 R. Cook, op. cit., p.125 (151).

464 C. Romany, op. cit., pp.87(94;100); E. Margareth, op. cit., p.139(145).

465 Art2 al 7 de la Charte des Nations Unies du 26 juin 1945.

préjudiciables aux femmes et fillettes parmi lesquels les MGF justifierait cette atteinte à la souveraineté de l'État[466]. Le droit international interviendrait donc pour contrôler de près les activités des États concernant la situation des femmes. Mais que répondre au droit international si cette passivité des États est elle-même commandée par l'attitude assez ambiguë des femmes et fillettes comme cela semble être le cas en ce qui concerne la pratique des MGF.

b. L'agent oppressé

Une analyse des attitudes des femmes et fillettes face à la pratique des MGF dans les communautés considérées montre qu'il est assez difficile de les disculper totalement dans la réalisation des MGF. La question du consentement demeure donc une question très controversée en doctrine.

Certains auteurs font état de l'existence d'un consentement dans la mesure où la femme et respectivement les parents de la fillette participent activement à la réalisation de l'opération rendant de ce fait difficilement soutenable la thèse d'une situation d'oppression[467]. Il est par ailleurs affirmé que la pratique des MGF serait une affaire essentiellement féminine[468]. En effet ce sont les femmes qui non seulement décident de son accomplissement mais encore qui participent à la réalisation matérielle et financière de l'opération[469]. A dire vrai, elles ont le soutien des hommes et la dimension collective de l'acte ne doit pas être négligée[470]. L'analyse de la pratique des MGF est d'ailleurs très révélatrice de la nature des rapports inter individuels dans les communautés africaines, lesquels sont essentiellement orientés vers la complémentarité et l'interdépendance[471]. On peut donc comprendre pourquoi la charte africaine des droits de l'homme tout en reconnaissant aux femmes la possibilité de jouir de leurs droits[472], leur a imposé toutefois parallèlement un certain nombre d'obligations envers leurs familles respectivement leurs communautés[473]. Ainsi les femmes qui consentent à la pratique semblent accomplir une tâche louable, préserver l'harmonie, la

---

466 L. Thio, op. cit., p.278(281).

467 H Lewis, op. cit..., p.1(6); A. Barret Breitung, «*Interprétation and Eradication: National and International Responses to Female Circumcision*», EILR, 10, *1996*, P.657(682); C. Kessler Bodiang, G. Eppel, A. Salam Guèye, op. cit., p.17.

468 L. Thomas, op. cit., p.129(131); A. Fuambai, op. cit.,, pp.283(299-300; 306-307); Y. Hernlund, op. cit., p.235(239).

469 C. Kessler Bodiang, G. Eppel, A. Salam Guèye, op. cit., pp.17-19.

470 GTZ, la lutte contre les Mutilations genitales féminines, pp.17,25; C. Kessler Bodiang, G. Eppel, A. Salam Guèye, op. cit., pp.46-47.

471 E. Le Roy, op. cit..9, pp. 19-20; R. Verdier, note 438; A. Fuambai, op. cit., pp.283(287-288).

472 Art 18 al3, Charte africaine des droits de l'homme et des Peuples, dans Recueil juridique des droits de l'homme en Afrique 1996-2000, p.226.

473 Art 27 al1 et Art 29 al7, Charte africaine des droits de l'homme et des Peuples, dans Recueil juridique des droits de l'homme en Afrique 1996-2000, p.228.

solidarité et la cohésion sociale au sein de leurs communautés de vie respectives[474]. Dès lors les frustrations et douleurs, les maladies, les peurs qu'elles doivent endurer semblent être des éléments mineurs[475]. Ne peut-on pas alors conclure sans risques de se tromper que les femmes seraient elles même les artisans de leurs souffrances ou tout au moins les complices? Une certaine doctrine soutient à l'opposé, que l'on ne saurait en l'espèce parler de consentement dans la mesure où les femmes concernées vivent dans un monde patriarcal où elles sont dominées[476]. Dans un tel contexte, il revient aux hommes de définir la norme, les femmes n'ayant pas d'autres alternatives que d'y adhérer. Dès lors, la soumission des femmes à la pratique des MGF ne serait aucunément la résultante d'une quelconque conviction mais plutôt celle d'une socialisation négative[477]. En conséquence, un consentement donné dans de telles conditions n'étant pas libre ne saurait être considéré comme valable. Il convient toutefois de relever que si cette prise de position a l'avantage de démontrer le déséquilibre des forces existant entre les deux sexes dans les communautés concernées par la pratique[478], elle pèche par sa trop grande abstraction. Elle essaye de simplifier un problème qui est à notre avis d'une grande complexité. Il importe de remarquer, que le rôle des femmes est primordial dans la préservation de la culture dans le contexte africain[479]. C'est ainsi que les peurs, les frustrations et les risques qu'elles encourent pour leur santé en ne se soumettant pas à la pratique peuvent être entrevus comme étant le prix normal à payer afin que cohésion et harmonie sociales soient réalisées «...*Women in many societies believe that their dignity is intricately linked to the identity of the group. They see any attack on that identity as an assault on their own dignity. Although there are exceptional women who have moved away from strong*

474 Dans ce cas de figure le droit à l'intégrité physique des femmes concernées se trouverait donc en conflit avec leur devoir de préserver la Tradition et de facon encore plus général avec le droit des peuples à préserver leurs identités. Ces aspects seront analysés, quand nous aurons à étudier les droits de l'homme dans le contexte africain conformément à la CADHP, infra pp.298-299.

475 N.Toubia, Female Genital Mutilation: A Call for Global Action, p.37

476 F. Hosken, op. cit., p.37.

477 *"Women have been socialized to believe that they are the custodians of the very laws, rituals and practices that discriminate against them":*R. Coomaraswamy, Identity within:cultural relativism, minority rights and the empowerment of Women, 483 GWILR, 34, 2002-2003, pp. 483-513.

478 Oluyemisi Bamgbose, op. cit.,5, 2001-2002, pp.127(129-130); Efua Dorkenoo, op. cit., pp.45-46; B. Shell-Duncan, W Obungu Obiero & L Auko Muruli, op. cit., p.109(119). Voir cependant avis contraire Fuambai Ahmadu qui insiste sur la différenciation et la complémentarité des rôles entre les sexes. Voir A. Fuambai, op. cit., pp. 283(287-288).

479 *«Reconnaissant le rôle crucial des femmes dans la préservation des valeurs africaines........»*: Préambule du Protocole à la Charte Africaine des droits de l'homme et des Peuples relatif aux droits des femmes adopté par la 2ème session ordinaire de la conférence de l'Union africaine, Maputo, 11 juillet 2003.

cultural ties to the community of their birth, the vast majority feel a deep connection to group identity»[480]. Ces quelques considérations montrent qu'une distanciation des femmes par rapport à la pratique ne serait possible que si elles arrivent à comprendre que l'objectif qu'elles poursuivent est certes louable mais que les moyens utilisés à cet effet sont inadéquats, voire oeuvrent dans le sens contraire du résultat recherché[481]. Il est en effet difficile de soutenir qu'une pratique, rendant les femmes et fillettes malades et affaiblies, ne leur permettant pas de développer pleinement leurs potentialités et réduisant leur espérance de vie, serait une bonne stratégie en vue d'un équilibre social et harmonieux[482]. Au contraire, c'est l'attachement à cette tradition manifestement négative qui constituerait dans le cas d'espèce une entrave à la réalisation dudit équilibre. Un changement dans la perception de la pratique chez les femmes concernées s'avère donc nécéssaire et les droits de l'homme peuvent à cet égard jouer un rôle des plus considérables. Encore faut-il, que le but ne soit pas de transmettre aux sociétés africaines des valeurs occidentales, les leur ayant fait faillite, mais plutôt de permettre une confrontation nécessaire des valeurs africaines à d'autres systèmes de valeurs[483]. Sans cette prise en considération, les missions de paix et justice généralement assignées aux droits de l'homme ne peuvent qu'être fortement compromises.

2. La compromission possible des missions de paix et justice assignées aux droits de l'homme

Nous allons dans un premier temps recenser les arguments en faveur d'une telle thèse (a) et ensuite en énoncer les limites (b)

480 R. Coomaraswamy, op. cit., p.483 (488).

481 L'approche tendant à voir les femmes en de simple victimes du patriarcat se doit donc à notre avis d'être relativisée. Nous faisons à cet égard notre des conclusions de Monique Njandeu dans son étude sur les discriminations à l'égard des femmes. Dans le cadre de ladite étude, elle a eu à démontrer se fondant sur quelques expériences concrètes de la femme camerounaise, que les femmes seraient dans une certaine mesure complices de leurs propres subjugations dans la mesure où elles refusent dans leur grande majorité de confronter les situations leur causant des préjudices. Voir M. Njandeu, op. cit., pp. 54 (70 et s).

482 Déclaration et Programme d'Action de Vienne, A/CONF.157/23, Partie I, para.6, 12 juillet 1993 ; Préambule du Protocole à la Charte africaine des droits de l'homme et des Peuples relatifs aux droits des Femmes; Rapport de la Rapporteuse spéciale sur la violence contre les femmes, ses causes et ses conséquences, Yakin Ertürk, A/HRC/4/34, para.56, p.18, 17 janvier 2007.

483 En ce sens, la rapporteuse spéciale a à juste raison mis en garde contre tout essentialisme culturel visant entre autres à considérer:*«.....les cultures du Sud comme intrinsèquement préjudiciables aux femmes .....» et à laisser supposer «.....qu'en mettant un terme à ces pratiques on libèrera les femmes victimes de ces cultures»*, voir Rapport de la Rapporteuse spéciale sur la violence contre les femmes, ses causes et ses conséquences, Yakin Ertürk, A/HRC/4/34, para.21, p.8, 17 janvier 2007.

a. Thèse

La paix est un objectif, que se sont fixée les Nations Unies dès l'aube même de sa création[484]. La naissance, l'existence et le contrôle des droits de l'homme s'inscrivent dans une logique de paix et de justice[485]. Il est communément admis que la vie des États aussi bien dans leur unité que leur globalité n'est possible que si les droits et les libertés des individus sont garantis[486]. L'homme apparaît donc comme l'élément central de la théorie des droits de l'homme[487]. Les droits de l'homme sont nés à cause de lui et pour lui. Une grande partie des activités des États aussi bien au niveau national qu'international ne viserait qu'alors à rechercher et à assurer son bien-être. Cette logique ne semble pourtant pas s'appliquer aux individus pratiquant les MGF. Ils sont originaires des États, qui se sont associés à d'autres États pour leur imposer des règles, qui loin de participer à leur épanouissement les conduisent à une crise voire à une impasse[488]. C'est ce qui expliquerait les réactions d'hostilité ayant accompagné quelquefois les activités de sensibilisation contre les MGF[489]. Et, l'on peut se demander à juste titre si les droits de l'homme dans le cas d'espèce ne seraient pas plutôt qu'un droit de paix et de liberté, un droit de discorde et d'oppression. Ces quelques réflexions montrent que les droits de l'homme se trouvent dans une situation de crise. Toute règle de droit qui se veut porteuse de fruits ne doit pas seulement s'appliquer en raison de sa seule force mais obéir également à un impératif de justice[490]. A cet égard, la règle de droit doit être née pour faire face à une injustice particulière clairement identifiée de manière à ce que ses bénéficiaires puissent en percevoir son bien fondé. Or, cette souhaitable association du droit et de la justice ne se trouve pas toujours réalisée dans le cadre du droit international des droits de l'homme, celui-ci essayant principalement de faire face à une injustice abstraite à laquelle l'Homme serait confronté dans sa généralité[491]. La règle de droit née dans de telles conditions parce que définissant une vérité abstraite peut s'avérer inapte à atteindre l'homme concret[492]. En ce qui concerne les MGF, si les femmes et fillettes n'arrivent pas à percevoir le bien fondé de la réglementation internationale pour leurs vies particulières, celle-ci va s'appliquer en raison de sa seule force

484 Art55 de la charte des Nations Unies du 26 juin 1945.

485 Préambule de la déclaration de Vienne, A/CONF.157/23, 12 juillet 1993.

486 Préambule de la déclaration des droits de l'homme.

487 J. Donnely, op. cit., pp.19-20, 143 et s.

488 S. Harris-short, op. cit., pp.130(180-181).

489 E. Sussman, op. cit., pp.193 (242 et s); P. Herzberger Fofana, op. cit., p.35; S. Harris-short, op. cit., pp.130(142-43); C. Kessler Bodiang, G. Eppel, A. Salam Guèye, op. cit., pp.50-51; GTZ, la lutte contre les Mutilations génitales féminines, pp.11-13.

490 A. An-Na'im &A. Madigan, G. Minkley, op. cit., pp. 287 (331-332); Oluyemisi Bamgbose, op. cit.,5, p.127(128).

491 A. An-Na'im &Amy Madigan; G. Minkley, op. cit., p.287(297).

492 Ibid.

coercitive faisant alors emprunter au droit et à la justice deux chemins parallèles. Dans un tel contexte les oppositions aux droits de l'homme sont, à défaut d'être légitimes, tout au moins compréhensibles car exprimant le désarroi et les peurs des populations concernées. A dire vrai, on peut entrevoir lesdites oppositions sous un autre angle. En ce sens, elles ne seraient que le processus normal de la marche vers la justice, la paix et la liberté.

b. Limites

Il s'agit ici de démontrer que les droits de l'homme ont effectivement leur rôle à jouer dans la lutte contre les MGF. En ce sens, les résistances qui accompagnent les initiatives légales contre la pratique s'inscrivent dans le dynamisme même, de la matière que sont les droits de l'homme et des éléments qui le fondent[493]. Les droits de l'homme sont empreints du caractère révolutionnaire qui non seulement ont prévalu à leur naissance mais également et surtout perpétuera leur continuation: *« Human rights claims thus are essentially extralegal ; their principal aim is to challenge or change existing institutions, practices, or norms, especially legal institutions »*[494]. Dans le contexte des communautés africaines connaissant de la pratique, les oppositions aux droits de l'homme dont les normes internationales n'en seraient qu'une émanation, peuvent dans une certaine mesure être entrevues positivement dans la mesure où elles auraient pour finalité de rendre tous les protagonistes capables, non seulement d'identifier les obstacles aux idéaux de paix et de justice mais également et surtout de rechercher les voies et moyens à leur réalisation. S'agissant des individus concernés par la pratique des MGF, les droits de l'homme devraient en principe les amener à s'interroger sur le système de valeurs qui est le leur en le confrontant aux valeurs, que les droits de l'homme véhiculeraient[495]. Et, une telle possibilité ne peut être qu'avantageuse dans la mesure où toute culture est appelée à connaître des mutations de manière à répondre de façon toujours plus optimâle aux aspirations des individus[496]. Pour ce qui est des États concernés par la pratique, les difficultés qu'ils ont à appliquer la norme internationale vont les amener à rechercher effectivement les éléments à considérer sur le plan interne, susceptible d'œuvrer à une bonne application des conventions ratifiées surtout qu'il est démontré que dans le contexte africain, la question sur les droits de

493 B. Ibhawoh, "*Cultural relativism and human rights: reconsidering the Africanist discourse*", NQHR, p.43(61); Oluyemisi Bamgbose, op. cit., p.127(128).

494 J. Donnely, op. cit., p.14.

495 Et, une telle possibilité ne saurait aucunément réservée aux membres des communautés pratiquantes compte tenu des principes moraux soustentendant l'universalité des droits de l'homme. Voir en ce sens J. Donnely, op. cit., p.116.

496 D. Prasad, op. cit., pp.495(498-99;501); G. Binder, op. cit., pp.211(214-215); B. Ibhawoh, "*Between Culture and Constitution: Evaluating the Cultural Legitimacy of Human Rights in the African state*", HRQ, 22, pp. 838(849-50,853).

l'homme influencent encore très timidement le vécu des populations[497]. Pour ce qui est de la communauté internationale, celle-ci sera amené à prendre conscience du danger qu'il y'a à voir disparaître l'individu face à une communauté internationale de plus en plus forte[498].
L'applicabilité des droits de l'homme aux MGF demande donc urgemment qu'une reflexion soit engagée sur les principes moraux et philosophiques sous tendant les droits de l'homme de manière à en permettre un mouvement du bas vers le haut, condition de leur universalité effective. En effet, des analyses sus-développées, qu'il s'agisse aussi bien des fondements que des finalités des droits de l'homme, il ressort que si leur concept permet que l'homme soit traité dans sa globalité, sa mise en relation avec l'individu concret reste toujours des plus hypothétiques. Il convient par conséquend de réfléchir sur les éléments susceptibles de permettre à ces droits de coincider avec l'homme vivant dans un contexte donné.

II. Une interrogation dans le sens des possibilités

A cet égard la concrétisation des droits de l'homme s'avère des plus importantes, surtout dans le contexte des communautés pratiquantes. Il s'agira dans un premier temps de déterminer la norme juridique objet de concrétisation (A) avant de démontrer le rôle déterminant que la culture pourrait jouer dans un tel processus (B).

A. La norme juridique, objet de la concrétisation

Il faut distinguer selon que rentrent en jeu les considérations théoriques (1) ou pratiques (2).

1. Les considérations théoriques

Nous aurons essentiellement ici à présenter la théorie de l'intangibilité des droits fondamentaux dont il conviendrait d'analyser le contenu (a) et les limites (b).

a. Le contenu de la théorie de l'intangibilité des droits fondamentaux

Les droits de l'homme en tant que concept général permettant à tout homme de sauvegarder sa dignité[499], sont appelés à passer du droit naturel[500] au droit positif pour être d'une quelconque importance pour l'individu, membre d'une société

497 Sur la faible incidence des droits de l'homme dans le contexte africain, voir infra, partie. II, chap.II, pp.229 et s.

498 S. Harris-short, op. cit., p.130 (180).

499 Wachsmann, les droits de l'homme, paris, Dalloz, 4e édition, 2002, pp.44 et s.

500 Sur les corrélations entre droits de l'homme et droits naturels, lire C.Van Boven, les critères de distinction des droits de l'homme, in les dimensions internationales des droits de l'homme, paris, UNESCO 1978, p.45 (52).

donnée[501]. Si donc la nécessité de faire rentrer les droits de l'homme dans le domaine du droit positif apparaît comme étant une donnée incontournable de son effectivité et de son importance, le contenu concret à donner à ce droit positif reste une question épineuse[502]. C'est ainsi que l'idée d'un noyau dur des droits de l'homme opposable à tous a été avancée[503]. Une telle idée peut apparaître à bien des égards critiquables dans la mesure où tous les droits ayant pour but de garantir la dignité humaine dans leur indivisibilité[504], un certain égalitarisme dans le sens des valeurs protégées par les droits de l'homme se doit donc d'être observé[505]. Certains auteurs, tels que Patrice Meyer-Bisch ont eu toutefois à démontrer, qu'une telle orientation loin de remettre en cause une telle indivisibilité, viserait avant tout à permettre aux différents droits de produire leurs pleins effets, dans la mesure où les droits fondamentaux ne seraient rien d'autres que ceux-là dont la violation rend impossible, le respect des autres droits[506]. Les droits fondamentaux loin d'opérer une cassure avec les autres

501 *«.....dans la mesure où la réalité juridique est synonyme de droit positif, il importe de rechercher les lignes directrices du régime juridique des droits de l'homme qui permettrait à l'individu d'être le véritable titulaire de ses droits de l'homme et d'en jouir dans la réalité quotidienne»*: K. Vasak, la réalité juridique des droits de l'homme, in les Dimensions internationales des droits de l'homme, paris, UNESCO 1978, p.1 (2).

502 En effet, l'écart existant entre les faits et le droit rend les reflexions urgentes en la matière, Wachsmann, op. cit., pp. 39 et s.

503 Une telle approche viserait essentiellement à trouver un compromis entre les thèses universalistes et relativistes dans le débat général concernant les droits de l'homme: *"......l'idée que le catalogue des droits de l'homme est ambitieux et qu'il convient dans un premier temps pour les pays qui, jusqu' alors, ont largement ignoré les droits de l'homme, d'assurer la garantie du minimun indispensable, sorte de standard en dessous duquel on ne saurait parler de droits de l'homme »* : F. Sudre, Quel noyau intangible des droits de l'homme, in droits de l'homme en Afrique centrale : colloque de yaoundé, UCAC-Karthala, 9-11 novembre 1994, pp. 267 (267). Dans le même sens, J. Donnely, op. cit., pp. 3, 110 et s; L. Ngongo, les principes généraux et fondamentaux des droits de l'homme, in Cahier africain des droits de l'homme, No4, presse de l'UCAC, juillet 2000, pp.27(28-31).

504 *«By distinguishing a core group of basic rights that are alleged to be more important than other rights, one almost unavoidably devalues the remaining human rights""*, in J. Donnely, op. cit., p.40. Dans le même sens C.Van Boven, op. cit., pp.45 (45 et s).

505 J Marie a eu toutefois à préciser que quand bien même les tous les droits garantissant la dignité humaine seraient d'égale importance, il existerait certaines « conditions ou des circonstances qui conduisent dans la pratique à opérer une certaine sélectivité » : J Marie, La quête du noyau intangible, in Le noyau intangible des droits de l'homme, VIIe colloque interdisciplinaire sur les droits de l'homme à l'université de Fribourg, vol.20, 23-25 novembre 1989, p.11 (12).

506 P. Meyer-Bisch, Le problème des délimitations du noyau intangible des droits de l'homme et d'un droit de l'homme, in Le noyau intangible des droits de l'homme, VIIe colloque interdisciplinaire sur les droits de l'homme à l'université de Fribourg, vol.20, 23-25 novembre 1989, p.97 (105).

droits, seraient donc ceux là, desquels dérrivent l'effectivité des autres droits d'où leur caractère absolu. En ce sens, les États, qui se seraient astreints à garantir les droits réputés fondamentaux auraient par ricochet créer des conditions permettant de faire profiter aux individus de tous les droits préservant la dignité humaine. Il convient de relever, que quand bien même le bien fondé d'une telle démarche aurait été quelque peu précisé dans son principe, un consensus demeure difficile à atteindre en ce qui concerne la délimitation des droits de l'homme qualifiés d'intangibles[507]. Ce qu'il importe toutefois de relever, c'est que le particularisme de tels droits résiderait dans leur objet. Ce sont des droits qui visent à sauvegarder la dignité et la vie humaine[508]. Les efforts consisteraient dès lors à œuvrer à l'application effective des dispositions internationales protégeant la vie et la dignité humaine dans tous les contextes, si variés soient-ils[509]. Ces dispositions seraient selon une certaine doctrine à classifier dans la catégorie des droits réputés non dérogeables[510]. Ainsi, la non dérogeabilité serait un critère permettant de classifier un droit donné dans la catégorie des droits intangibles[511]. En ce qui concerne les MGF, le caractère non

---

507 *«En effet, la nature fondamentale de certains droits dépend de l'appréciation et de l'évolution qu'on en fait et qui varient selon les époques, les civilisations et les régions»*: C.Van Boven, note 500, p.45 (45). Dans le même sens J. Donnely, op. cit., p. 40.

508 *«Derrière la notion juridique de droits intangibles se profile le principe du respect de la dignité....»:* F. Sudre, Quel noyau intangible des droits de l'homme, in droits de l'homme en Afrique centrale : colloque de yaoundé, p. 267(274). Dans le même sens B. Ibhawoh, *"Cultural relativism and human rights: reconsidering the Africanist discourse"*, NQHR, p. 43(49).

509 S'il est vrai que le concept de la dignité, de part sa fluidité permet une diversité dans l'application des disposition relatives aux droits de l'homme, il est toutefois regrettable que son application concrète par les instances judiciaires (la jurisprudence de la cour européenne serait des plus illustratives) donne très souvent lieu à des solutions qui violent toute éthique,. La raison en serait que le droit international ayant eu à retenir *« une conception laique, tolérante, de la dignité humaine, une conception qui ne rattache pas explicitement cette dignité à un quelconque Dieu créateur »*, A. Olinga, La notion de dignité en droit international des droits de l'homme principe d'unification ou prétexte à manipulation, in Dignité humaine en Afrique hommage à Henry Decker, cahier de l'UCAC,1, 1996, p.233(240).

510 A. Kesia-Mbe Mindua, Normes péremptoires du droit international et État de droit en Afrique, RADIC, 10, 1998, pp. 216 (228-229); A. Macheret, le noyau intangible des droits de l'homme: sources nationales et internationales, in Le noyau intangible des droits de l'homme, VIIe colloque interdisciplinaire sur les droits de l'homme à l'université de Fribourg, vol.20, 23-25 novembre 1989, p. 31(42).

511 F. Sudre, Quel noyau intangible des droits de l'homme, in droits de l'homme en Afrique centrale : colloque de yaoundé, pp. 267(272 et s); A. Macheret, op. cit., p.31(38). En réalité, le recoupement ne se fait pas toujours de manière aussi tranchée dans la mesure ou la non dérogeabilité d'un droit ne serait pas lié à son caractère fondamental ou non mais plutôt à l'indivisibilité de son objet. Par ailleurs le catalogue

dérogeable de nombreuses dispositions protégeant la vie ainsi que l'intégrité physique commandent que les États s'opposent expressément à leur continuation[512]. Dès lors les éléments culturels généralement avancés pour justifier la pratique semblent n'être pas à même d'invalider l'application du droit international en l'espèce.

b. Les limites de la théorie de l'intangibilité des droits fondamentaux

Il convient ici de relever que la définition des concepts sur lesquels reposent la théorie de l'intangibilité des droits de l'homme n'ont pas jusqu'ici abouti à un certain consensus, d'où l'impossibilité à établir une liste de droits fondamentaux appartenant au noyau intangible[513]. Les principes tels que le besoin de préserver la vie de l'être humain ou de sa dignité ne peuvent avoir partout ni la même signification ni la même importance[514]. Dans les communautés pratiquant les mutilations, la femme respectée est celle qui accepte de se soumettre à la pratique[515]. Celle par contre qui ne le fait pas apporte le discrédit non seulement sur elle-même mais également sur sa famille[516]. Ces quelques remarques montrent bien que le débat sur l'universalisme et le relativisme des droits de l'homme auquel la thèse de l'intangibilité des droits fondamentaux a voulu mettre fin reste ouvert. A cet égard, nous faisons nôtre des conclusions de Barret Breitung selon lesquelles, une position médiane en tenant compte des considérations théoriques sur la question des MGF aboutissant à l'éradication de

---

de droits non dérogeables est variable dans son objet. Selon les conventions considérées et parfois même inexistants. Voir en ce sens: J Marie, op. cit., pp.11(13 et s); P. Meyer-Bisch, op. cit., pp. 100 et s.

512 Divya Prasad, op. cit., p.495 (502); Oluyemisi Bamgbose, op. cit., p.127(144).

513 *«....les droits de l'homme peuvent être regroupés, liés, mis en œuvre en des familles de droits différentes selon les instruments et selon les cultures...et aucune liste de droits n'est de ce fait définitive»*: P. Meyer-Bisch, op. cit., p.105; A. Le Guyader, la question philosophique d'un noyau dur des droits de l'homme, in droits de l'homme en Afrique centrale : Colloque de yaoundé, UCAC-Karthala, 9-11 novembre 1994, p.249 (253).

514 R. Ragab, Ethische Betrachtungen zur Genitalverstümmelung, in weibliche Genitalverstümmelung: eine fundamentale Menschenrechtsverletzung, Terre des femmes, p.113 (113); Makau Mutua, op. cit., p.201(206); A. Olinga, La notion de dignité en droit international des droits de l'homme principe d'unification ou prétexte à manipulation, in Dignité humaine en Afrique hommage à Henry Decker, p.233 (234-235).

515 *"....eine Frau, die nicht beschnitten wurde, gilt als schmutzig und mannstoll und kann daher nicht verheiratet werden. In einer Nomadenkultur wie der, in der ich groß wurde, ist jedoch kein Platz für eine unverheiratete Frau. Deshalb betrachten es die Mütter als ihre Pflicht, ihren Töchtern möglichst gute Startchancen zu verschaffen, ähnlich wie Mütter in den Industrienationen es für nötig erachten, dass ihre Töchter eine gute Schule besuchen„*: D. Waris, op. cit., p.273; C. Kessler Bodiang, G. Eppel, A. Salam Guèye, op. cit., pp. 24-25.

516 C. Kessler Bodiang, G. Eppel, A. Salam Guèye, op. cit., p.26.

la pratique ne peut être que biaisée, car, soit on soutient les vues universalistes et on s'oppose aux MGF, soit par contre on adhère aux positions relativistes et on soutient les MGF[517]. La sortie de ce cercle vicieux n'est possible à notre avis que si on tient compte de certaines considérations d'ordre pratiques.

2. Les Considérations pratiques

La démarche développée ici va dans le sens contraire de celle décrite plus haut. Il s'agit beaucoup moins de chercher un corpus de règles in abstract, lesquelles seraient déterminantes pour la sauvergarde de la dignité de tout individu indépendamment de son milieu de vie mais plutôt de permettre au concept des droits de l'homme dans sa généralité de remédier à certaines injustices localement identifiées[518]. En d'autres termes, il faut que l'homme, victime de préjudices dans un milieu donné puisse effectivement obtenir réparation, les États devant s'atteler au respect des conventions ratifiées en matière des droits de l'homme en tenant compte de leurs dynamismes propres [519]. En d'autres termes, les différentes querelles sur le plan théorique concernant l'applicabilité des droits de l'homme à partir d'un standard minimun ne doivent pas faire perdre de vue l'obligation qu'ont les États d'assurer aux individus un certain bien-être[520]. Malheureusement les questions relatives à l'applicabilité des droits de l'homme restent très souvent cantonnées au niveau interétatique au détriment des intérêts des individus. Nous avons d`un côté les États du Nord, dans leur grande majorité, beaucoup plus soucieux de leur hégémonie au moyen d'une extension de l'influence de la réglementation internationale en matière des droits de l'homme et ceux du Sud, qui en s'opposant à une telle extension se fondant la plupart du temps sur des arguments culturels, tiennent très souvent en réalité à préserver leur domaine d'influence sur le plan interne[521]. Les enjeux politiques

517 A. Barret Breitung, op. cit., pp.657(660-661, 692-693).

518 Certains auteurs soutiennent en effet l'aptitude des textes juridiques existants en matière des droits de l'homme à sauvegarder la dignité humaine dans la mesure où les textes en question permettraient de saisir une pluralité de cas de figures commandées par les spécificités de chaque contexte. En ce sens, l'élaboration d'un corpus de règles spéciales et fixes à appliquer uniformément et invariablement partout en vertu de leur importance peut s'avérer improductive. Voir en ce sens, K. Samson, Le noyau intangible des droits de l'homme-notion utile ou illusion simpliste?, in Le noyau intangible des droits de l'homme, VIIe colloque interdisciplinaire sur les droits de l'homme à l'université de Fribourg, vol.20, 23-25 novembre 1989, p.45 (45).

519 En ce sens le rôle des organes de surveillance des traités reste primordial dans la mesure où il s'agira principalement pour eux de s'assurer que les solutions envisagées ne portent pas atteintes aux conventions ratifiées. Voir Ibid, p.45(51).

520 Une telle considération nécessite que des solutions adapées soient privilégiées par rapport à des solutions générales pour résoudre des problèmes localement identifiés. Voir en ce sens Ibid, pp. 45 (46 et s).

521 Voir en ce sens D. Otto,"*Rethinking the Universality of Human Rights Law*", CHRLR, 29, 1997, pp.1(13-15).

déteindraient donc négativement sur les intérêts individuels. Il apparaît donc aujourd'hui important que le débat sur les droits de l'homme mette l'homme situé au centre de ses préoccupations de manière à lui permettre de s'identifier à son système de protection et de s'approprier effectivement les droits consacrés. Dès lors, la question qui se pose selon nous, est beaucoup moins celle de définir in abstracto un corpus de règles absolues à même d'appréhender les situations de déséquilibre et d'injustice de par le monde mais surtout celle de savoir quelles sont les situations qui, in concreto entretiendraient de telles injustices dans des contextes précis[522]. En ce sens, les dispositions relatives aux droits de l'homme restent d'un intérêt certain dans leur généralité. L'avantage d'une telle orientation est qu'elle permettrait qu'une attention réelle soit accordée à l'homme, à ses conditions de vie, de manière à ce que les situations susceptibles de porter atteinte à son équilibre psychique ou physique soient déterminées et les solutions possibles envisagées[523]. Ainsi donc c'est l'existence d'une situation de manque qui justifierait l'application ou la non application d'une norme des droits de l'homme. Il convient toutefois de relever que dans la plupart des États concernés par la pratique des MGF, le langage juridique n'est pas le seul langage qui puisse permettre à l'homme de faire face à ses manques[524]. La culture jouerait un rôle similaire dans le cadre de divers pays africains[525]. La nécéssaire prise en compte des intérêts de la victime dans de tels contextes impliquerait qu'un parallélisme soit établi entre ces deux procédés[526], l'objectif étant de développer des stratégies qui permettront aux individus de reconnaître, d'identifier et de combler leurs situations de manque. Et ce cela ne peut-être possible sans une mise en relation entre les droits de l'homme au sein desquels l'apport déterminant des cultures occidentales ne saurait être nié et les cultures

522 A. An-Na'im, A. Madigan , G. Minkley, op. cit., p.287(298).

523 Ibid, p.287 (298).

524 A. An-Na'im, A. Madigan, G. Minkley, op. cit., p.287(299); C. Nyamu, op. cit., pp.381(393-394).

525 *« La Déclaration universelle des droits de l'homme ayant été approuvée par 45 nations dont trois seulement venaient de l'Afrique, à savoir le Libéria, l'Ethiopie et l'Afrique du Sud, elle est considérée dans le continent comme une production étrangère. Aussi peu d'efforts y sont-ils déployés pour la mise en œuvre de ses principes. Voulant sauvegarder ce qui paraît leur appartient en propre dans les modes d'organisation de la société, les Africains sont amenés à bafouer quotidiennement et sans sourciller, les droits de l'homme tels qu'ils sont exprimés dans la déclaration. Dans ce cas, la rencontre entre ce paradigme universel et les représentations africaines ne produit aucun choc, puisque celles-ci ignorent simplement celui-là»*: P. Titi Nwel, l'idée de «droit de l'homme» en Afrique noire, in droits de l'homme en Afrique centrale : colloque de yaoundé, UCAC-Karthala, 9-11 novembre 1994, p.49 (55).

526 C. Nyamu, op. cit., pp.381(409-410); A. An-Na'im, A. Madigan, G. Minkley, op. cit., p.287(291); B. Ibhawoh, "*Between Culture and Constitution: Evaluating the Cultural Legitimacy of Human Rights in the African state*", HRQ, 22, pp. 838 (855-856).

d'autres civilisations. La question de l'applicabilité des droits de l'homme aux MGF rend à notre sens urgent la réflexion sur le rôle du déterminant culturel dans l'éffectivité de la règle juridique, garante de la dignité des individus.

B. La culture: Facteur permettant la concrétisation des droits de l'homme dans les États africains concernés

Une telle orientation suppose que l'on ait admis que les droits de l'homme sont avant tout un concept de l'universel dont la matérialisation au travers de règles propres, doit faire l'objet de recherches dynamiques, condition de son universalité véritable. Une telle universalité ne pourra entre autres être effective, que si ledit concept permet l'élaboration et l'applicabilité de normes rencontrant le besoin de l'individu et donc de sa culture (1). Et, ce n'est d'ailleurs qu'à partir d'une telle rencontre que peut naître une norme adaptée et universalisable (2).

1. Recherche des points de connexion entre les cultures locales et les droits de l'homme

Cela suppose une nécéssaire prise en compte des attributions de la culture locale (a) tout en mettant en relief le dynamisme qui la sous-tend (b).

a. La nécessaire prise en compte des attributions de la culture locale

La culture identité comme nous l'avons relevé plus haut renvoie à un ensemble de caractéristiques sur le plan spirituel, matériel, intellectuel et affectif, propres à une société ou un groupe social[527]. Cette définition fait ressortir l'idée selon laquelle, la culture serait le moyen par excellence de socialisation de l'individu. L'homme acquérirait donc un ensemble d'habitudes et de modes de pensée du seul fait de son appartenance à une famille, à un groupe ou à une communauté[528] et son attachement aux droits de l'homme ne seraient à ce titre que tributaire de la place accordée à la dignité humaine dans sa culture[529]. Ceci étant, il convient de relever que le respect par l'africain des règles du clan ne serait d'autre que le signe de son appartenance et de son identification à celui-ci[530]. A cet égard, tout

527 Sur la culture identité, voir supra, partie.I, A de ce chap, pp.91-94.

528 M. Nguele Abada, le cycle identitaire dans le droit: réflexion sur le fondement de l'expression des droits de l'homme dans les États africains au Sud du Sahara, cahier africain des droits de l'homme, No 6-7, mars 2002, p. 73 (98).

529 En ce sens Titi Nwell a eu à démontrer que les violations aux atteintes des droits ne l'homme ne seraient pas sans liens avec *« l'image que nos différentes cultures nous donnent de l'être humain »* : P. Titi Nwell, droits de l'homme et conceptions culturelles de l'homme, in Cahiers de la quinzaine de yaoundé, 5, yaoundé, 1997, passim.

530 La conception individualiste des droits de l'homme est en ce sens battue en brèche, l'homme se définissant essentiellement comme un membre du groupe, lequel lui attribue un certain statut où les notions de droits et devoirs se complètent. I. Nguema, op. cit., p. 215 (215).

autre système de valeurs obéissant à des critères différents doit être écarté car constituant une menace pour l'équilibre du groupe et par conséquent de celui de l'individu. On peut donc comprendre pourquoi l'individu, membre des communautés pratiquantes, préfère très souvent rester fidèle à son système de valeurs, quand bien bien même les droits lui offrent la possibilité de résister le cas échéant aux prétentions du groupe[531]. Il s'agit d'ailleurs là d'une caractéristique des communautés africaines, lesquelles sont essentiellement communautaristes[532]. Une application des droits de l'homme ignorant cette relation existentielle entre l'individu et le groupe dans de tels contextes ne peut être que vouée à l'échec[533]. Il est donc important, s'agissant de l'application de la réglementation internationale des droits de l'homme, que les lois, la concrétisant, tout en ne faisant pas fi des valeurs fondamentales la sous-tendant, puissent également tenir compte des valeurs, dont les cultures locales en seraient l'expression[534]. A cet égard comme l'a souligné Ibhawoh, les points de divergences doivent être identifiés et les possibilités d'harmonisations recherchées au travers d'un consensus national[535]. Une telle approche est généralement écartée au regard de la pratique des États africains en la matière dans la mesure où bon d'entre eux consacrent la priorité des normes internationales relatives aux droits de l'homme, lesquelles sont d'ailleurs généralement garanties constitutionnellement, en cas de contradiction avec les

531 Certains auteurs sont d'avis qu'un tel rapport se doit d'être quelque peu relativisé compte tenu de l'affaiblissement des structures traditionnelles dans l'Afrique contemporaine, *« The modern State, the modern economy, and associated «modern» values tend to create communities of relatively autonomous individuals who lack the place and protections provided by traditional society »* : J. Donnely, op. cit., p.122.

532 Il s'agit là d'une caractéristique des sociétés africaines, celles connaissant des MGF n'étant pas exclues. Voir Kéba Mbaye, Les droits de l'homme en Afrique, 2 ème édition, pp. 55-56 ; Kéba Mbaye, Les droits de l'homme en Afrique, in les dimensions internationales des droits de l'homme, paris, UNESCO 1978, pp. 645 (651) ; P. Pougoué, op. cit., pp. 32-45 ; R. Verdier, problématique des droits de l'homme dans les droits traditionnels de l'Afrique noire, in droit et cultures , p. 97(100) ; B. Moleur, le combat pour les droits de l'homme en Afrique: Symposium international sur la charte africaine des droits de l'homme et des peoples Dakar 25-28 Octobre 1982, in droit et culture, 5, 1983, p.107 (110) ; J. Kamdem, *Existe-t-il une conception africaine des droits de la personne humaine ?*, in Cahier africain des droits de l'homme, No4, pp.41 (49-50).

533 La charte africaine des droits de l'homme peut être en ce sens analysée comme *« la recherche d'un compromis entre l'individualisme et le commutarisme »* : P. Pougoué, *Lecture de la Charte Africaine des droits de l'homme et des Peuples, in droits de l'homme en Afrique centrale,* pp. 31 (36-39).

534 A. Le Guyader, op. cit., pp.249 (262 et s).

535 B. Ibhawoh, "*Between Culture and Constitution: Evaluating the Cultural Legitimacy of Human Rights in the African state*", HRQ, 22, pp.838 (855-857).

cultures locales[536]. Les inconvénients d'une telle approche sont multiples. Tout d'abord, une telle approche entretiendrait faussement l'idée selon laquelle les droits de l'homme dans leur conception occidentale seraient communément acceptés dans le contexte africain[537] alors même que la pratique des États montrent que nombreuses sont les dispositions internes dans le domaine des droits de l'homme concernant la question des MGF qui ont gardé un caractère théorique[538]. Par ailleurs cette approche contribuerait fortement à donner une connotation négative aux cultures locales sans que cela soit forcément le résultat d'une interrogation et d'une remise en question interne[539]. En effet, le seul fait que la culture locale véhiculerait des valeurs différentes que celle soutenues par le droit international ne donne pas lieu de déduire qu'elle serait forcément inopérante dans les sociétés considérées et détachées de toutes considérations morales[540]. C'est pourquoi, il apparaît important de l'appréhender à partir de certains éléments concrets. Il serait par exemple important de savoir qui l'invoque et avec quels arguments, quels sont ceux qui l'appliquent et sous quelles formes. Ces quelques remarques attestent du caractère dynamique de la notion de culture. Et il s'agit là d'une caractéristique importante dans la mesure où, sans elle, une mise en relation avec les droits de l'homme peut s'avérer quasiment impossible.

b. Le caractère dynamique de la notion de culture et son importance

La culture ne saurait être définie sans tenir compte de son caractère dynamique[541]. Si la notion de culture renvoie avant tout à un système de pensée et de modèles de comportements qui sont propres à un groupe donné, ceux-ci dans leur application sont nécessairement soumises à certaines modifications et adaptions[542]. En effet, la culture comme toute idéologie doit tenir compte pour sa survie de divers facteurs aussi bien sociaux, politiques, qu'économiques[543].

---

536 Ceci est particulièrement vrai pour les États francophones à l'opposé de ceux anglophones, voir infra, pp.228-229.

537 Ces aspects ont été largement abordés dans le cadre du Chap.II de la partie.II de notre thèse, pp. 217 et s.

538 Gtz, La Lutte contre les Mutilations genitals féminines, Eschborn 2003, p.12; B. Ibhawoh, "*Between Culture and Constitution: Evaluating the Cultural Legitimacy of Human Rights in the African state*", HRQ, 22, p.838(857).

539 C. Nyamu, op. cit., pp.381(393; 404-405).

540 Ibid, pp.381 (415-416).

541 Sur les éléments attestant du caractère dynamique de la culture, voir Rapport de la Rapporteuse spéciale sur la violence contre les femmes, ses causes et ses conséquences (Yakin Ertürk), A/HRC/4/34, para.58, p.18, 17 janvier 2007.

542 A. An-Na'im, A. Madigan, G. Minkley, op. cit., p.287(291); B. Ibhawoh, "*Between Culture and Constitution: Evaluating the Cultural Legitimacy of Human Rights in the African state*", HRQ, 22, pp.838(841-842).

543 C. Nyamu, op. cit., pp.38(405-406).

La détermination, la définition et le contenu d'une règle culturelle ne serait donc en principe jamais neutre mais plutôt contingent à divers éléments· Une analyse du paysage politique des pays africains fait état de cette constance dans la mesure où les discours sur la culture sont assez diversifiés, voire contradictoires selon la qualité des personnes en cause et les intérêts qu'ils recherchent[544]. A cet égard, Bonny Ibhawoh a noté qu'il existerait un certain écart entre les discours de l'élite dominante et ceux des ONGs et des Associations féminines travaillant dans le domaine des droits de l'homme. Alors que la première catégorie se complaît à évoquer à l'actif de la culture des valeurs communautaires, le caractère définitif et immuable des rôles entre les deux sexes[545], la seconde insiste sur la corrélation entre les droits et les devoirs et le refus des inégalités fondées sur le sexe[546]. Ces deux conceptions de la culture correspondent en réalité à une configuration des rapports de force dans les sociétés considérées. Nous avons d'un côté, la classe dominante qui tient absolument à se raccrocher à des idéaux anciens et mal adaptés aux réalités de l'Afrique contemporaine afin de maintenir ses privilèges et d'un autre côté, nous avons les ONG et les Associations représentatives des intérêts de la classe dominée qui participent activement à la vulgarisation des idées libérales. Toutes ces remarques sont la preuve que la société contemporaine africaine est en pleine mutation et il s'avère pratiquement impossible de séparer le domaine de la tradition et celui de la modernité[547]. S'agissant par exemple de la pratique des MGF, si la continuation de la pratique semble être une preuve de l'attachement des populations concernées à ladite tradition, le fait qu'elle est aujourd'hui pratiquée dans des hôpitaux[548] et sur des enfants de plus en plus jeunes remettrait plutôt en cause son caractère rituel[549]. Il apparaît alors assez difficile de nos jours de classifier la pratique des MGF soit dans le monde traditionnel soit alors dans celui moderne. En d'autres termes, s'agit-il d'une tradition modernisée ou alors tout simplement d'une moderne tradition ? Le débat reste en tout cas ouvert. Ces quelques remarques montrent que dans l'Afrique contemporaine, la sphère traditionnelle s'imbrique sur celle moderne et vice versa[550] attestant de ce fait même l'apport

---

544 A. An-Na'im, A. Madigan, G. Minkley, op. cit., pp.287(299-300).

545 B. Ibhawoh, "*Between Culture and Constitution: Evaluating the Cultural Legitimacy of Human Rights in the African state*", HRQ, 22, pp. 838(849-850).

546 Ibid, p.838 (850).

547 A. An-Na'im, A. Madigan, G. Minkley, op. cit., pp.287(314-315).

548 Orubuloye, P Cadwell & J Cadwell, op. cit..8, pp.73(88-90); B. Shell-Duncan, W Obungu Obiero, L Auko Muruli, op. cit., p.109(123)

549 Report of the working group on traditional practices affecting the health of women and children, E/CN.4/1986/42/para.55, 4 february 1986.

550 Orubuloye, P. Cadwell & J. Cadwell, op. cit., pp. 73(90-93); B. Shell-Duncan, W Obungu Obiero & L Auko Muruli, op. cit., p.109(123).

que peuvent avoir les droits de l'homme dans la dynamique desdites sociétés[551]. C'est la raison pour laquelle, les diverses formulations et élaborations des droits de l'homme consécutives à leur mise en oeuvre se doivent d'intégrer les modes de pensée et perception locales pour être efficaces. Et les normes juridiques ainsi élaborées contribueraient certainement à une universalité effective des droits de l'homme.

2. La naissance d'une nouvelle norme marquée culturellement et universalisable

La question des considérations culturelles dans l'élaboration de la norme juridique garantissant les droits de l'homme dans le contexte des États africains connaissant de la pratique sera ici abordée de manière concrète (a) ainsi que leur aptitude à œuvrer à l'universalité effective des droits de l'homme (b).

a. Spécificités culurelles dans l'élaboration des règles locales

Du mariage entre les valeurs des cultures locales et celles émanant du régime des droits de l'homme découleront des règles adaptées intégrant les expériences de vie des sujets auxquels elles sont appelées à s'appliquer[552]. La caractéristique de telles normes juridiques est qu'elles seraient imprégnées de la culture du milieu où elles ont vocation à s'appliquer de manière à exprimer leur dynamique[553]. Une telle orientation est d'autant plus nécessaire qu'une ignorance du déterminant culturel étant quasiment impossible dans la perception de la dignité humaine[554], il revient aussi bien aux théoriciens qu'aux praticiens

---

551 Surtout qu'il est admis que les droits de l'homme seraient elles même une notion assez dynamique, *«un concept dépassant largement le cadre des sociétés occidentales qui lui ont donné naissance pour immerger et valoriser d'autres cultures»*: A. Le Guyader, op. cit., p. 249. (264).

552 Si donc la positivité de la règle juridique commande qu'elle soit respectée en fonction de sa seule force, il ne faut pas oublier que l'État en exercant sa souveraineté en l'espèce « agit sous la pression de nécessités économiques et politiques déterminées et dans un cadre social donné». Voir Nguyen Quoc Dinh, P. Daillier, A. Pellet, droit International Public, L.G.D.J (Librairie Générale de droit et de Jurisprudence), 7e édition, Paris, 2002, p. 103.

553 En ce sens Alain Le Guyader a eu à soutenir que pour une universalité effective, il fallait que le concept des droits de l'homme puisse être *«objectivés en des formes culturelles différentes»*. A. Le Guyader, op. cit., p.249 (264).

554 En ce sens vouloir participer à une véritable efficacité des droits de l'homme en ignorant les cultures des sujets où le droit veut primer ne peut qu'être des plus illusoires: *«...nous ne voyons pas comment, en soi, l'avènement de ces instruments (juridiques) est de nature à mettre fin aux violations des droits de l'homme dans nos foyers, nos administrations, dans nos villages et nos rapports inter ethniques en ville. Car il nous semble que ce qui est à la base de ces violations, c'est l'image que nos différentes cultures nous donnent de l'être humain.......Suivant qu'il est reconnu plus ou moins homme, on lui accordera plus ou moins de droits »* : Voir en ce sens P. Titi

du droit de l'utiliser comme une allié plutôt qu'une ennemie dans la définition de toute politique relative aux droits de l'homme dans le contexte africain. Ainsi l'homme concret vivant dans un contexte donné n'aurait pas de difficultés à s'identifier et à obéir aux normes ainsi élaborées dans la mesure où elles auraient été développées en vue de remédier à des problèmes qui auraient été localement identifiés et débattus[555]. La norme juridique ainsi née bénéficierait ainsi d'une légitimité culturelle, légitimité sans laquelle, il serait toujours difficile pour les populations africaines de s'approprier véritablement les dispositions nationales en matière des droits de l'homme dans leurs rapports inter personnels[556]. En d'autres termes, le croisement entre la norme locale et celle internationale devrait aboutir à la naissance de normes particulières aptes à faire face aux problèmes localement identifiés[557]. C'est dans cette perspective qu'il a été développé un ensemble de mesures instituant des modèles de rites alternatifs aux MGF, qui tout en supprimant l'acte de mutilation lui-même, préservent les valeurs sociales que le rite est supposé transmettre[558]. Dans le cadre de ces nouvelles procédures, les femmes sont informées de problèmes inhérents à leur sexualité et à leur santé ainsi que des orientations nouvelles de la nature de leurs rapports avec le sexe masculin et lesdites procédures s'achèvent généralement par la délivrance de certificats médicaux[559]. Allant dans le même ordre d'idées, l'approche essentiellement individualiste des droits de l'homme se doit d'être quelque peu relativisée dans le contexte africain compte tenu de leurs orientations essentiellement communautaires[560]. Il n'est donc pas surprenant que les interventions ayant eu du succès dans le cadre de la lutte contre les MGF, sont celles qui ont intégré les approches communautaires[561]. La lutte pour les

---

Nwel, droits de l'homme et conceptions culturelles de l'homme, in Cahiers de la quinzaine de yaoundé, p.1 (2).

555 M. Nguele Abada, op. cit., p. 73 (106).

556 Il faut donc éviter comme a eu à le relever Kéba Mbaye, que l'«..universalisme masque totalement certaines spécificités dues à l'histoire, à la culture et aux choix politiques dans la mesure où ceux-ci sont le fait libre du peuple mais non la volonté imposée par un dictateur», Kéba Mbaye, Les droits de l'homme en Afrique, 2 ème édition, p.53.

557 Le faible impact des politiques des États en ce qui concerne la lutte contre les MGF est d'ailleurs assez illustrative à ce sujet, voir infra le Chap.III de la deuxième partie de notre travail.

558 GTZ, la lutte contre les mutilations génitales féminines, Eschborn, 2003, pp. 21-23 ; Y Hernlund, op. cit., pp.235 (244-250).

559 B. Ibhawoh, "*Between Culture and Constitution: Evaluating the Cultural Legitimacy of Human Rights in the African state*", HRQ, 22, pp. 838(858-859); I Baumgarten/E Finke, op. cit., p.225(131).

560 F. Ouguergouz, op. cit., pp. 8-10, p.36; Kéba Mbaye, Les droits de l'homme en Afrique, 2 ème édition, pp. 55-56.

561 Tostan, une ONG sénégalaise ayant fait ses preuves dans la lutte contre les MGF *«.....compare une communauté qui est sur le point d'abandonner la pratique à un public qui a pris l'habitude de rester debout tout au long d'un concert. Certaines*

libertés dans le cadre de L'Afrique se doit donc d'intégrer le principe de complémentarité et de la solidarité entre les membres du groupe[562]. Une telle orientation est d'ailleurs à considérer dans la mesure où il est avancé que la conception assez extrêmiste du droit à ne pas être discriminé, corollaire des fondements classiques des droits de l'homme que sont la liberté et l'égalité, ne serait pas sans liens avec les comportements assez libertaires allant parfois jusqu'à vider même la notion de droit de son contenu[563]. Une vue équilibrée des notions de droits et devoirs se doit d'être en ce sens sérieusement envisagée, les différentes atteintes portées aux droits de l'homme et l'inefficacité de son régime[564] montrant que l'humanité a de plus en plus besoin d'hommes qui ont le désir de se remettre en question parce que conscients de leurs obligations et de leur interdépendance vis-à-vis des autres. Le précepte biblique ne dit-il pas : *« avant d'enlever la paille qu'il y'a dans l'œil de ton voisin enlève la pourpre qu'il y'a dans ton œil »*. Il conviendrait alors de s'interroger si le couplage des notions droits et devoirs dans la théorie des droits de l'homme ne participerait pas davantage à une préservation de la dignité humaine[565].
Ce qu'il importe de retenir, c'est qu'intégrer l'élément culturel dans l'élaboration de règles mettant en œuvre les divers textes internationaux relevants pour les droits de l'homme permettrait à notre sens aux règles ainsi élaborées d'œuvrer à l'universalité effective des droits de l'homme.

b. La contribution à l'universalité de la nouvelle norme
La règle qui naît de la rencontre entre la culture locale et la norme internationale, a la caractéristique d'être universalisable. L'universalité de ladite règle peut se faire dans deux directions. Tout d'abord la règle ainsi née pourra être appliqué dans d'autres pays selon l'adage communément admis : « les

---

personnes peuvent comprendre l'avantage de s'asseoir pendant le spectacle. Mais, tant que le monde ne s'est pas assis, les changements individuels n'auront pas l'effet souhaité; ils ne font qu'occasionner des problèmes aux personnes qui ont changé, dans la mesure où elles ne pourront plus rien voir.................Ainsi le changement au niveau de l'ensemble de la société ne peut subvenir que suite à un processus qui implique la communauté dans un processus d'apprentissage et de prise de décisions basées sur le consensus » : Voir GTZ, la lutte contre les mutilations génitales féminines, pp.25-26.

562 E. Le Roy, op. cit., pp.19-20 ; R. Verdier, problématique des droits de l'homme dans les droits traditionnels de l'Afrique noire, in droit et cultures, pp.97 (100-101).

563 G. Filibeck, Les droits de l'homme entre éthique et politique dans la vie de la communauté internationale, in Boutros Boutros-Ghali Amicorum discipulorum que liber (paix, developpement, democracy), vol.II, p. 1053 (1058).

564 A. Bartholomew, op. cit., pp.25(29-30); C. Powelll, op. cit., p.201(206-208); A. Pollis, op. cit., p.316(321).

565 Cette approche a d'ailleurs été consacrée dans la Charte africaine des droits de l'homme, qui reconnaît aux individus un ensemble de droits et devoirs. Il s'agirait alors de l'apport des cultures aficaines dans l'élaboration d'une théorie universelle des droits de l'homme, voir infra, partie.II, chap.II, II, B, pp.244 et s.

mêmes causes produisent les mêmes effets ». En effet si les conditions ayant suscitées la règle dans un pays X se retrouvent aussi réalisées dans un Pays Y, alors celle-ci peut s'appliquer dans le pays Y. Par ailleurs sous un plan beaucoup plus large, la règle ainsi née pourrait contribuer réellement à la construction d'une universalité effective des droits de l'homme en donnant une interprétation plurale aux normes internationales existantes. En effet, la diversité des spécificités des États membres de la communauté internationale commanderait une certaine élasticité dans leur application des règles fondant le régime international des droits de l'homme. En admettant, une interprétation plurale des principes le sous-tendant, le régime international des droits de l'homme serait alors universel, devenant ainsi la somme des expériences de vie des individus de par le monde refutant en celà tout occidentalocentrisme[566]. La réalité de l'universalité des droits de l'homme dépend à dire vrai de l'ardeur que mettront les États à favoriser le brassage entre les cultures locales et les normes internationales actuelles de manière à ce que les lois nationales ainsi nées puissent permettre la définition de principes effectivement acceptés si ce n'est par tous du moins par la majorité[567] car en dernière analyse l'universalité des droits de l'homme est avant tout un projet en devenir[568]. Les différentes incohérences du régime international des droits de l'homme concernant son applicabilité à la question des MGF ne feront que dans une certaine mesure confirmer ce point de vue.

566 E. Le Roy, op. cit., pp.22 et s.

567 En ce sens Etienne Le Roy a eu à remarquer: qu'à« côté de l'ordre imposé par l'État, toujours nécessaire mais à adapter, il faudra rechercher les conditions d'un ordre accepté», ibid, p. 5 (22).

568 E. Le Roy, op. cit., pp. 5 (12-14) ; R. Verdier, problématique des droits de l'homme dans les droits traditionnels de l'Afrique noire, in droit et cultures, p.97 (97).

CHAPITRE III: L'AMBIVALENCE DU RÉGIME INTERNATIONAL DES DROITS DE L'HOMME ET LA SAUVEGARDE DES INTÉRÊTS DE LA FEMME AFRICAINE AU REGARD DES MGF

L'ambivalence provient essentiellement de ce que tout en mettant en exergue le caractère répréhensible de la pratique des MGF au regard de certaines valeurs fondamentales garantes de la dignité humaine, le droit positif international[569] opère dans le même temps une coupure radicale de l'acte avec son environnement sociétal provoquant ainsi un effacement des femmes africaines concernées dont il veut pourtant en assurer la dignité. C'est ce qui expliquerait dans une large mesure le caractère limité dans leur portée des droits applicables en l'espèce au regard des intérêts des femmes africaines concernées (I). Cette étude demeurera incomplète sans une analyse des mécanismes internationaux de garantie des droits ici applicables, conséquence de l'internationalisation de la problématique des MGF (II).

I. Le caractère limité dans leur portée des droits applicables aux MGF au regard des intérêts de la femme africaine

Il s'agira pour nous ici de démontrer, que les différents droits applicables aux MGF sur le plan international, sont d'un apport des plus relatifs dans la mesure où ils n'arrivent pas véritablement à appréhender les intérêts des femmes africaines concernées par la pratique des MGF. Cette remarque est vraie pour tous les droits relevants pour la question des MGF, qu'il s'agisse du droit à la non discrimination à l'égard des femmes (A), du droit à la santé (B), et enfin du droit à l'intégrité physique (C).

A. Le droit à la non-discrimination à l'égard des femmes

Nous commencerons notre étude par ce droit car c'est lui qui fonde la prohibition juridique de la pratique des MGF, celle-ci étant constitutive de violences féminines[570]. Il s'agira essentiellement d'analyser les implications

569 Le droit positif de référence dans le cadre de notre étude sera essentiellement de nature conventionnelle et se baserait sur les traités applicables aux MGF.

570 *« La violence fondée sur le sexe, qui compromet ou rend nulle la jouissance des droits individuels et des libertés fondamentales par les femmes en vertu des principes généraux du droit international ou des conventions particulières relatives aux droits de l'homme, constitue une discrimination, au sens de l'art premier de la convention (CEDEF). ......»*: Recommandation générale No 19, CEDEF (onzième session, 1992), para.7.

pratiques de ce droit au regard des MGF (2). Mais au préalable, il convient de préciser la notion même de discrimination à l'égard de la femme (1).

1. La notion de discrimination à l'égard de la femme

La pratique internationale a donné une définition assez extensive du terme discrimination à l'égard des femmes (b) par opposition à celle restrictive consacrée à l'origine par la CEDAW (a).

a. La conception restrictive de la discrimination à l'égard de la femme dans la CEDAW

De manière générale, la notion de discrimination découle de celle d'égalité entre les hommes. Alors que la notion d'égalité se borne à proclamer que tous les hommes sont égaux en droit[571], celle de discrimination définit les critères susceptibles de porter atteinte aux rapports égalitaires qui doivent présider aux relations humaines[572]. A titre d'exemples, on peut citer la race, la couleur, la religion, le sexe, la naissance, la fortune. Dans le cadre de notre étude, nous nous attellerons à la discrimination fondée sur le sexe. Celle-ci est définie aux termes de l'art1 de la convention sur l'élimination de toutes les formes de discriminations à l'égard des femmes comme étant:*«toute distinction, exclusion ou restriction fondée sur le sexe qui empêche la reconnaissance, la jouissance ou l'exercice par la femme, sur la base de l'égalité de l'homme et de la femme, de droits dans divers domaines»*. Le caractère discriminatif de l'acte à l'égard de la femme ne résiderait donc pas uniquement de ce qu'il est distinctif, exclusif ou restrictif par rapport au traitement accordé aux hommes mais encore et surtout de ce qu'il empêche que les femmes puissent jouir des mêmes droits que ces derniers[573]. La convention ne semble donc pas s'opposer à ce que les femmes puissent bénéficier d'un traitement spécifique. Ceci pourrait être le cas soit en considération de leurs situations biologiques[574] soit pour mettre fin à une discrimination de fait qui empêcherait aux femmes de bénéficier des mêmes droits que ceux des hommes[575]. Il s'agit là à dire vrai d'hypothèses strictement réglementées car la position de principe de la CEDAW est celui de l'égalité de traitement pour les deux sexes. En effet ladite convention conformément aux valeurs libérales consacre un traitement similaire aux hommes et aux femmes

---

571 Voir en ce sens la déclaration universelle des droits de l'homme et les instruments juridiques internationaux qui lui sont subséquents : art 1, DUDH ; art 3, PIDCP ; art 3, PIDESC.

572 J. Partch, les principes de base des droits de l'homme: l'autodétermination - l'égalité et la non discrimination, in les dimensions internationales des droits de l'homme, paris, UNESCO 1978, p.64 (74).

573 J. Southard, "*Protection of Women's Human Rights under the Convention on the Elimination of all Forms of Discrimination against Women*", 8, PILR, 1, 1996, p.1(29).

574 Art4 alinéa2, CEDAW.

575 Art4 alinéa 1, CEDAW.

entre autres dans les domaines politique, économique et socioculturel[576]. Si une telle démarche est compréhensive dans la mesure où les droits de la femme ont été développés en réaction contre un monde patriarcal, il n'en demeure pas moins que l'homme et la femme sont des êtres humains présentant des caractéristiques spécifiques. Pour reprendre une expression célèbre, le parlement peut tout sauf transformer une femme en homme. En conséquence, on ne peut parler de discrimination entre deux personnes que, quand celles-ci bien-que partageant des situations identiques, se voient cependant octroyer des traitements différents[577] ou à l'inverse pour des personnes expérimentant des situations différentes mais qui se voient toutefois soumises à des traitements identiques[578]. Il apparaît donc quelque peu illogique de définir les droits de la femme par identification à ceux des hommes alors même qu'il est démontré que non seulement les situations qui sont préjudiciables aux femmes sont assez particulières de celles ayant une incidence négative sur les hommes[579] mais encore il existe des particularismes au sein même du groupe féminin[580]. Comment en effet, vouloir améliorer la situation des femmes au travers de droits qui reflètent de manière imparfaite leurs besoins *«The problem with CEDAW'S view of equality, or any view of equality, is the standard used to mesure such equality. Because men have been the Standard for many years, women's must attempt to fit an androcentrically constructed modd»*[581]. C'est ainsi qu'il a été reproché à la CEDAW d'avoir évité de traiter des problèmes typiquement féminins tels que la violence à l'égard des femmes[582], les travaux domestiques ménagers[583] mais également et surtout de n'avoir pas mis l'accent sur le rôle prépondérant que doivent jouer les femmes dans le processus décisionnel[584]. Une analyse de nombreux textes juridiques postérieurs montrent cependant que ces griefs ont trouvé un écho favorable au sein de la communauté internationale, aboutissant de ce fait même à une conception extensive de la discrimination à l'égard des femmes.

---

576 Art3, CEDAW.

577 F. Sudre, droit européen et international des droits de l'homme, paris, 6e édition refondue, P.U.F, 2003, pp.255-256.

578 Ibid.

579 E. Margareth, op. cit., pp.139. (145 et s); R. Cook, op. cit., pp.125. (130 et s).

580 *«Feminist analysis of the international legal system requires, then, a more nuanced perspective than always necessary in a purely domestic context. It can not present one true story of women's domination worlwide ; il must acknowledge the range of cultural, national, religious, economic, and social concerns and interests to which it responds »*, H. Charlesworth , op. cit., p. 1 (4). Dans le même sens voir L. Amede Obiora, op. cit., pp. 314 (334-335); A. Fuambai, op. cit., pp. 283(284 et s).

581 J. Southard, op. cit., p.1(10).

582 E. Margareth , op. cit., p.139(145-148).

583 J. Southard, op. cit., p.1(27).

584 Ibid, p.1(29).

b. La conception extensive de la discrimination à l'égard des femmes
Celle ci résulte de la nécessité de mettre sur pied une législation adéquate, à même de faire face aux différentes inégalités auxquelles sont confrontées les femmes du fait de leur sexe. Il est en effet aujourd'hui communément admis que les structures, normes et pratiques sociales sont des causes principales de distinctions, exclusions et de restrictions dont sont victimes aussi bien les femmes que les hommes en vue de les cantonner dans des domaines précis[585]. Les données socio-culturelles seraient donc à l'origine de stéorotypes faussant une vision égalitaire des rapports entre les deux sexes et ce généralement au détriment des femmes[586]. Pour donc élargir les perspectives des femmes, il apparaissait nécéssaire d'élaborer des normes juridiques à même de démasquer les éléments qui dans le fonctionnement même des sociétés participeraient aux inégalités entre les deux sexes. Une telle évolution a été clairement exprimée à la conférence de Vienne, les droits de la femme cessaient alors d'être calqués sur le modèle masculin et étaient alors reconnus comme une catégorie autonome[587]. Cela laisse supposer, que, quand bien même des normes générales doivent être appliquées aux femmes, que celles-ci doivent être interprétées de manière à pouvoir intégrer leurs expériences de vie. C'est ainsi que de nouvelles dispositions internationales ont vu le jour[588] et des textes existents ont connu des interprétations nouvelles en intégrant le phénomène de la violence à l'égard des femmes dans la sphère privée comme étant un élément empêchant aux femmes de jouir de leurs droits[589]. Il convient toutefois de remarquer que si une telle évolution peut contribuer à une protection réelle des femmes, elle ne va pas sans

585 United Nations Research institute for social Development, Gender Equality srtiving for justice in an unequal World, France, 2005, pp. xx , 11.

586 "*These stereotypes and homogenous characterizations create obstacles for the realization of equality. They are also the substance of discrimination and often the basis for power and the substance of discrimination and often the basis for power and the substance of discrimination and often the basis for power and privilege. Our subjective sense of identity is greatly determined by attention on certain cultural practices that discriminated against women*": R. Coomaraswamy, op. cit., pp. 483 (483-84). Dans le même sens H. Schöpp-Schilling, "*Das Frauenrechtsübereinkommen-wirksames Instrument für die welweite Gleichstellung von Frauen?, in Menschenrechtsschutz in der Praxis der Vereinten Nationen*, 1.Auflage, Baden-Baden, Nomos-Verlag-Gesellschaft,1998, p.155 (155).

587 Déclaration et Programme d'action de Vienne, A/Conf.157/23, titre I, para.18, 12 juillet 1993.

588 Voir en ce sens le Protocole de la CADHP relatif aux droits des femmes adopté par la 2ème Session ordinaire de la Conférence de l'Union Africaine Maputo 11 juillet 2003, lequel interdit expressément toute continuation de la pratique des MGF en son art.5.

589 L'un des derniers rapport du Secrétaire général sur l'application de la résolution 2005/42 relative à la prise en compte des droits fondamentaux des femmes dans tous les organismes des Nations Unies est en ce sens des plus informatifs, A/HRC/4/104, 15 février 2007, passim.

une redéfinition des droits applicables aux hommes surtout que ces derniers sont également eux-mêmes victimes de la stéréotypisation des rôles les enfermant dans des domaines précis[590]. Les considérations fondées sur le genre commanderaient donc la recherche perpétuelle d'un équilibre des rapports entre les deux sexes dans les définitions des politiques juridiques si l'on ne veut pas aboutir à une situation de crise. En effet, si la garantie des droits des femmes ne s'accompagne pas de perspectives nouvelles pour les hommes, le risque est grand d'aboutir à l'existence de deux mondes parallèles, qui bien que confrontés à des problèmes communs s'affrontent et se neutralisent. La consécration des droits de la femme ne doit pas avoir pour but de créer un monde féminin à côté d'un monde masculin mais plutôt un monde humain où la complémentarité et l'interdépendance des deux sexes serait mise en exergue. C'est la raison pour laquelle, le principe d'égalité entre les sexes qui fonde la réglementation internationale en matière de droits de l'homme ne devrait pas faire l'objet d'une application abstraite c'est-à-dire être appliquée telle qu'elle mais se doit d'être ouverte à des orientations nouvelles de manière à intégrer les situations de vie concrètes à la fois des hommes et des femmes auxquels il a vocation à s'appliquer[591]. En d'autres termes, l'application de la règle internationale devrait se faire de façon variée de manière à faire disparaître une discrimination clairement identifiée dans un contexte déterminé[592]. Il convient toutefois de remarquer qu'une trop grande abstraction du concept d'égalité peut conduire à créer des normes inaptes à démasquer des discriminations réelles. Ce serait le cas par exemple d'une loi qui garantirait le même droit au travail à l'homme et à la femme sans régler les problèmes que créent inévitablement l'exercice par la femme d'un travail rémunéré dans un contexte social donné où jusqu'ici les fonctions de la femme se limitaient au sein du foyer. Il serait par conséquent primordial d'accompagner une telle loi de clauses parallèles concernant : une maternité éventuelle de la femme en prévoyant un congé de maternité aussi bien à la femme enceinte où à son conjoint, la nécessaire création de crèches, une certaine flexibilité dans le temps de travail au profit des parents ayant des enfants à bas âges. Toutes ces remarques montrent que reconnaître aux femmes d'exercer une activité lucrative commanderait qu'une redistribution des tâches accomplies traditionnellement par la femme soit accomplie et cela passe par une restructuration fondamentale de l'organisation sociétale au regard des valeurs[593].

590 United Nations Research insitute for social Development, Gender Equality striving for justice in an equal World, France, 2005, pp.12-13.

591 En ce sens, la méthode de la transcription du contenu des traités relatifs aux droits de l'homme dans leur substance au niveau interne des États parties au travers de lois spécifiques peut s'avérer d'un intérêt certain, infra, partie.I, chap.I. II.B, pp.211-213.

592 J. Southard, op. cit., pp.1(11-12).

593 *«Faire en sorte que l'éducation familiale contribue à bien faire comprendre que la maternité est une fonction sociale et à faire reconnaître la responsabilité commune de*

Dans le sens inverse, une forte propension à la concrétisation des normes internationales peut cacher des discriminations tangibles et par ce fait pérenniser des situations d'injustice[594]. Ce serait par exemple le cas si on admet que compte tenu des conditions de vie de femmes assez précaires dans un pays A, seule une garantie de droits sociaux et politiques y est envisageable. Un certain équilibre est donc à rechercher entre la formulation générale du droit international des droits de l'homme relatif aux femmes et les éventuelles adaptations dont il se doit d'être l'objet dans son application concrète. Il conviendrait maintenant d'étudier les incidences de cette conception extensive du droit à la non discrimination au regard de la pratique des MGF.

2. Les implications du droit à la non discrimination dans le cadre des MGF

La CEDAW ayant dénoncé son caractère discriminatoire, les États parties à cette convention se trouvent donc tenus de respecter cette orientation. Mais, avant de préciser les obligations auxquelles, ils sont tenus en vue de l'éradication de la pratique des MGF (b), il convient dans un premier temps de recenser les éléments qui accréditent le caractère discriminatoire de ladite pratique (a).

a. Le caractère discriminatoire de la pratique des MGF

Le principe de la protection de la femme sur une base strictement égalitaire avec l'homme est insuffisant à cerner l'impact négatif qu'à la pratique des MGF sur les femmes au regard de la jouissance de leurs droits. Les hommes par rapport à la thématique des mutilations sexuelles ne semblent pas avoir nécessairement besoin de protection, dans la mesure où la pratique des mutilations en ce qui les concerne n'entraînerait pas des conséquences aussi préjudiciables pour leur santé comme c'est le cas pour les femmes[595]. En conséquence, ce serait contraire au principe d'équité, que d'adopter une solution similaire pour ces dernières[596]. Il apparaît donc important d'analyser la pratique des MGF à la lumière des situations de vie concrète des femmes concernées dans le contexte général de leurs sociétés. Une telle analyse montre que les femmes concernées par les MGF

---

l'homme et de la femme dans le soin d'élever leurs enfants et d'assurer leur développement......... », art.5 alinéa b CEDAW.

594 C. Sciotti-Liam, op. cit., pp.138-150.

595 Voir supra, chap.préliminaire, I.A.1, p.31.

596 En effet, la circoncision masculine n'est pas considérée comme une atteinte à l'intégrité physique au regard du droit positif quoique certains auteurs trouvent une telle distinction fallacieuse : *« La logique juridique rejette la distinction entre la circoncision masculine et la circoncision féminine, toutes deux étant des mutilations d'organes sains et, par conséquent, une atteinte à l'intégrité physique de l'enfant quelles que soient les motivations religieuses et les superstitions qui les sous-tendent »* :A. Aldeeb abu-sahlieh sami, op. cit., p.159 (160). Nous aurons à analyser cette question de manière plus approfonfie dans l'analyse des MGF comme une atteinte à l'intégrité physique. Voir infra, pp. (141 et s)

vivent très souvent dans des sociétés à dominance masculine où la femme est exclue de la sphère publique et politique[597]. Et la pratique elle même ne serait que le moyen par lequel les exclues du pouvoir ont l'opportunité de jouir du pouvoir au détriment d'autres exclues. C'est ce qui a fait dire à certains auteurs que cette pratique bien que accomplie pour des raisons culturelles ne serait qu'un acte constitutif de violences visant à pérenniser la dominance masculine[598]. Cette prise de position fut d'ailleurs consacrée par le Comité chargé de l'application de la CEDAW, lequel énonce dans sa recommandation 19, que les violences fondées sur le sexe parmi lesquelles les MGF sont discriminatives à l'égard des femmes. En effet, elles entretiennent la subordination de ces dernières à la gent masculine et porte atteinte à leurs droits[599]. Les justifications culturelles généralement avancées pour justifier la continuation de la pratique sont donc non avenues sur le plan du droit international[600]. Les pays signataires de la CEDAW se doivent d'élaborer des stratégies en vue d'éradiquer la pratique. Il convient toutefois de remarquer que si le droit international interdit expressément les mutilations génitales féminines en se fondant sur son caractère dégradant pour la dignité de la femme, elle ne dit rien sur la nécessité de protéger les valeurs sociales dont la pratique des MGF n'en serait que le vecteur dans le contexte africain[601]. A notre avis, une

---

597 N. Toubia, op. cit., p. 35; Oluyemisi Bamgbose, op. cit., pp. 127(129-130).

598 "*FGM is intended to reduce women's sexual desire, thus promoting women's virginity and protecting marital fidelity, in the interest of mâle sexuality*": A. Rahman/ N.Toubia cités par E. Grande, op. cit., p.8. Dans le même sens: K. Wellerstein, op. cit., pp.99 (115-116); M. Njandeu, op. cit., p. 54 (67); I. Coello, op. cit., pp. 213 (213, 215-216); H. Lewis, op. cit., pp.1(9-10); R. Coomaraswamy, op. cit., pp.483 (489-490).

599 Recommendation générale 19 de la CEDAW, para.11 (onzième session, 1992)

600 Déclaration et Programme d'action de Vienne, A/Conf.157/23,Titre II, Para.38, 12 juillet 1993 ; Déclaration sur l'élimination de la violence à l'égard des femmes A/Res/48/104, art4, 23 février 1994 ; Résolution du Parlement européen sur les mutilations génitales féminines (2001/2035(INI)), para.F, E,R, 20 sepetembre 2001; art 2 et 5, Protocole CADHP relatif aux droits des Femmes adopté par la 2ème Session ordinaire de la Conférence de l'Union Africaine Maputo 11 juillet 2003.

601 Voir à cet égard les conféssions d'une ethnologue africaine (ahmadu Fuambai), ayant elle-même eu à subir la pratique : " *Societal coercion and pressure to conform, however, do not explain the eargerness and excitement felt by vast numbers of participants (residents in Kono as well outside) in initiation ceremonies, including mothers of initiates, even if these same mothers also experience anxiety over the safety of their daughters. It is difficulty for me considering the number of these ceremonies I have observed, including my own to accept that what appears to be expressions of joy and ecstatic celebrations of womanhood in actuality disguise hidden esperiences of coercion and subjugations*", A. Fuambai, op. cit., p.283 (301) . Dans le même sens:F. Lionnet , "*Women's Rights, Bodies, and Identities.The Limits of Universality and the Legal Debate around Excision in France*", *in Female Circumcision and the politics of Knowledge*, p.159(172), R. Coomaraswamy, op. cit., pp.483 (489-490).

interdiction de la pratique sans des mesures concrètes permettant de gérer l'héritage culturel des populations concernées ne peut aboutir qu'à une impasse[602]. En effet, la fonction régulatrice de la règle de droit ne peut être remplie que, si celle-ci exprime et protège un besoin clairement identifié des sujets de droits auxquels elle s'applique[603]. La règle de droit n'a pas pour but d'isoler l'être humain de son milieu de vie mais plutôt de lui permettre de mener des rapports harmonieux avec ses pairs: *« to apply abstract Enlightenment values in a rigidly intolerant legal way is to undermine the system's own claim to universality since it condems practices that form part of a network of social values which are the scaffolding upon which rests the global equilibrium of a different culture »*[604]. Le refus de considérer l'impact social des MGF dans les communautés pratiquantes expliquerait alors les rapports assez ambigus des femmes africaines avec les dispositions internationales en l'espèce[605] et ce en dépit de l'approche assez intégrée préconisée par la CEDAW en l'espèce.

b. Les stratégies de la CEDAW en vue de l'éradication de la pratique des MGF

La CEDAW en vue de l'éradication de la pratique des MGF opte pour une approche socio juridique. C'est ainsi qu'il est commandé aux États partis d'abolir les MGF en consacrant le principe d'égalité dans leurs constitutions respectives[606], en élaborant les lois interdisant toutes discriminations à l'égard des femmes[607], et enfin en abrogeant les lois, coutumes ou pratiques discriminatoires à l'égard des femmes[608]. En outre, il leur est également demandé, afin que les dispositions ainsi consacrées ne restent pas lettre morte, d'adopter des mesures éducatives appropriées qui contribueraient à l'abolition des rôles stéréotypés préjudiciables aux deux sexes dans la perspective d'une

602 Une interrogation des cultures locales dans le but de déterminer leurs éléments aussi bien négatifs que positifs conformément à leurs dynamiques propres s'avère en ce sens nécessaire. Voir en sens le Rapport de la Rapporteuse spéciale sur la violence contre les femmes, ses causes et ses conséquences, Yakin Ertürk, A/HRC/4/34, para.53, p.17, 17 janvier 2007

603 Il convient toutefois de relever que la réglementation internationale obéirait à une logique inverse, il s'agirait donc en l'espèce de faire prendre conscience aux individus de l'importance d'une catégorie de besoins. Voir en ce sens M. Njandeu, op. cit., p.54 (71).

604 F. Lionnet, op. cit., pp. 159 (174-175).

605 Voir en ce sens N. Toubia , la législation en tant qu'instrument pour un changement social et de comportement (version francaise), in The Afro-Arab Expert Consultation on Legal Tools For The Prevention of Female Genital Mutilation, cairo, 21-23 June 2003, pp. 5-7, consulté le 30 Janvier 2007 à l'adresse http://www.npwj.org/2007/02/08/FGMbrochure032004fr.pdf.

606 Art2a, CEDAW.

607 Art2b, CEDAW.

608 Art2f, CEDAW.

d'une harmonisation effective de leurs rapports[609]. Les mesures éducatives apparaissent donc comme un élément déterminant dans le système de protection, mis en place par la CEDAW dans la mesure où elles contribueraient à une vulgarisation, et à une intégration au niveau local des droits et des principes ainsi proclamés au niveau international[610]. Cette approche concernant les MGF, n'est pas toutefois sans soulever de nombreuses interrogations. En effet, dans le cadre de la lutte contre les MGF, les mesures éducatives élaborées très souvent à partir d'arguments scientifiques, visent essentiellement à décourager les populations concernées de continuer à pratiquer les mutilations, et de les amener à faire effectivement usage des droits les protégeant contre la pratique[611]. Les mesures éducatives viseraient donc principalement à expliquer, à partir d'arguments rationnels, pourquoi un alignement aux principes définis sur le plan international est nécessaire[612]. Il s'agit très souvent d'arguments scientifiques dont la finalité seraient de convaincre les populations concernées, d'abandonner la pratique sans pour autant que soient traitées les implications sociales d'une telle orientation[613]. A notre avis, les préoccupations en l'espèce ne consistent pas seulement à interdire la pratique des MGF, mais également et surtout à créer un cadre susceptible de permettre, qu'une telle interdiction soit une suite normale et logique des mutations sociales dans les sociétés considérées[614]. Les méthodes éducatives en l'espèce devraient avoir pour finalité, celle de faire parvenir les populations directement concernées à rechercher et trouver des solutions leur permettant de faire face aux questions nouvelles découlant de la prohibition de la pratique[615]. Ainsi affirmer le caractère discriminatoire de la pratique, tout en ignorant sa fonction sociale dans la définition de l'identité sociale du groupe considéré, ne peut que faire sérieusement douter de l'aptitude de ce droit a avoir un impact sur les communautés concernées[616]. Toujours dans le même sens, une

609 Art5a α b; Art10c, CEDAW.

610 A. Barret Breitung, op. cit., p.657 (684); H. Lewis, op. cit., p.20.

611 Alors même que les arguments scientifiques pèseraient peu au regard de certaines données locales. Voir en ce sens, N. Toubia & S.Izett, op. cit., pp. 48-49.

612 B. Shell-Duncan & Y. Hernlund, op. cit., pp.1(14-15); Y. Hernlund, op. cit., pp.235 (240-241); GTZ, La lutte contre les Mutilations genitals féminines, pp. 13-14.

613 I Baumgarten/ E Finke, op. cit., pp.125 (128-129); L. Thomas, op. cit., pp.129 (147-148).

614 En ce sens, le facteur temps ne saurait être négligé « pour chasser une ancienne coutume qu'une nouvelle prenne sa place, qu'une nouvelle culture se forme et non ne se voit imposer » : G. Giudicelli-Delage, *« Excision et droit pénal », droit et Cultures,* 20, 1990, p. 201(210).

615 Sur l'importance des mesures participatives comme stratégies efficaces permettant une éradication de la pratique, voir infra, partie.II, chap.III, pp.287 et s.

616 En traitant des difficultés de la réceptivité des dispositions internationales interdisant les discriminations à l'égard de la femme, Monique Njandeu a eu à relever que : *« Pour ce qui est de la réception intellectuelle de la loi (interdisant la discrimination), l'on*

telle orientation ne peut que que rendre difficile les points de discussion susceptibles de permettre un échange véritable au sein des communautés pratiquantes[617]. La portée du droit à la non discrimination, telle qu'ici entrevue, est dans une certaine mesure à relativiser[618], quand bien même il mettrait en exergue la nécessité de renforcer l'autonomie des femmes dans le contexte des pays connaissant de la pratique[619]. Cette remarque se vérifie, à quelques différences près, au niveau des autres droits applicables aux MGF pour lesquels le droit à la non discrimination n'a d'ailleurs fait que poser le fondement de l'application du droit en l'espèce.

B. Le droit à la Santé

Il conviendrait tout d'abord de définir le droit à la santé (1) avant d'analyser dans quelles mesures les MGF porteraient atteinte à ce droit (2).

1. Essai de définition du droit à la santé

Le droit à la santé peut dans une certaine mesure être défini par son objet (a). Mais, compte tenu du caractère subjectif de la matière que le droit tente ici de réglementer, il s'est avéré plus pratique de l'analyser par rapport à ses attributs (b).

a. La définition du droit à la Santé fondée sur son objet

Il ressort du préambule de l'acte constitutif de l'OMS que la santé est *«un état de complet bien-être physique, mental et social, et ne consiste pas seulement en une absence de maladie ou d'infirmité »*[620]. A partir de cette définition, le droit à

---

constate que le droit est parfois en avance sur l'état social et économique d'un pays. Il modifie les institutions coutumières existantes et établit un ordre nouveau. Il s'en suit que la réception intellectuelle de la loi comporte d'importantes difficultés car tant que la population ne perçoit pas les avantages réels tirés des nouvelles dispositions, elle répugnera au changement» : M. Njandeu, op. cit., p.54 (71).

617 D'où la nécessité de refuser les mesures éducatives assimilatives dans toutes stratégies se voulant efficientes dans l'abandon de la pratique des MGF, pp.290-291.

618 Une telle prise de position à notre avis cache difficilement un jugement au rabais des valeurs des communautés pratiquantes opérant de ce fait même une séparation radicale entre les opérations mutilatrices et la signification qu'en donne leurs adhérents. C'est à juste titre que certains auteurs pensent qu'une appropriation de la règle juridique peut s'avérer des plus difficiles, les nombreuses réserves se fondant sur les arguments culturels accompagnant les ratifications de la CEDAW par les États seraient en ce sens des plus significatives. L.Ritz kerri, op. cit., pp. 191 (206-208); A. Barret Breitung, op. cit., pp.657 (683-684).

619 Sur la nécessité de renforcer l'autonomie des femmes en la matière, infra, pp.290 et s.

620 Observation générale No 14 du Comité des droits économiques, sociaux et culturels, E/C.12/2000/4, para.4, 11 Août 2000.

la santé mettrait à la charge de l'État[621] une obligation assez large dans la mesure où ils se doivent de tout mettre en œuvre pour que les individus vivants sur leurs territoires puissent toujours jouir de la santé. L'obligation pour les États de garantir le droit à la santé imposerait, que ceux-ci s'astreingnent à recenser tous les facteurs susceptibles de perturber l'équilibre aussi bien physique, mental que social des individus. Mais que faut-il entendre par bien-être physique et mental quand on sait que celui-ci repose sur des éléments, qui non seulement ne sont pas toujours prévisibles mais également varient en fonction de nombreux éléments aussi bien internes qu'externes aux individus[622]. En effet, les facteurs susceptibles d'influer sur la santé ne sont pas toujours connus, et même quand ils le sont, varient aussi bien d'une société que d'un individu à l'autre. La matière que le droit essaye de réglementer étant assez difficile à définir rend toute garantie problématique[623]. Il a par ailleurs été reproché à cette définition du droit à la santé fondé sur son objet de mettre à la charge des États l'exécution d'un ensemble de mesures dépassant le cadre purement sanitaire : *« ...because the concept of a right to health is too vague and broad in character, in that it allows for the inclusion of areas beyond the scope of health care, related to social well-being »*[624], ce qui laisse supposer que les États se doivent d'affecter à la santé un budget important et être dans le même temps doté d'un système de sécurité social assez développé. Or il s'agit là de conditions qui sont difficilement réalisables dans les pays en voie de développement, ce qui à faire dire à d'aucuns, que le droit à la santé ne saurait être garanti que dans les pays riches[625]. A vrai dire, compte tenu du caractère progressif de ce droit, les États parties aux conventions se doivent impérativement d'exécuter un certain nombre d'obligations de base y relatives, les autres pouvant être réalisées graduellement en tenant compte de leurs budgets[626]. Toutes ces critiques montrent qu'il est assez difficile de donner un

---

621 *"Constitutions of international organisations, and therefore also the Constitution of WHO, are multilateral treaties according to public Law. The Constitution of the WHO is therefore binding upon States that are a party to the WHO"*: B. Toebes, op. cit., p.33.

622 Lire en ce sens, Observation générale No 14 du Comité des droits économiques, sociaux et culturels, E/C.12/2000/4, para.9, 11 Août 2000.

623 *«La bonne santé ne peut être garantie par un État et les États ne peuvent davantage assurer une protection contre toutes les causes possibles de mauvaises santé de l'être humain. Ainsi les facteurs génétiques, la propension individuelle á la maladie et l'adoption de modes de vie malsains ou à risque peuvent jouer un rôle important dans l'état de santé d'un individu»*, Observation générale No 14 du Comité des droits économiques, sociaux et culturels, E/C.12/2000/4, para.9, 11 Août 2000.

624 B. Toebes, op. cit., p.17.

625 A. Boudahraim cité par B. Toebes, op. cit., p. 17.

626 Observation générale No 14 du Comité des droits économiques, sociaux et culturels, E/C.12/2000/4, para:43, 11 Août 2000.

contenu précis au droit de la santé. Il s'agit là de griefs s'appliquant à vrai dire à la catégorie de droits sociaux et économiques, ce qui rendrait difficile leur justiciabilité[627]. Afin de pallier quelque peu à cette inefficacité, le droit à la santé est plus appréhendé dans la pratique conventionnelle par rapport à ses attributs.

b. La définition du droit à la Santé fondée sur ses attributs

La définition du droit à la santé fondée sur ses attributs a d'abord conduit à réduire considérablement la portée de ce droit. Il s'agit ici essentiellement de rechercher les éléments concrets du droit à la santé permettant de manière pratique d'assurer l'équilibre physique et mental d'un individu dans un contexte donné. L'idée ici serait alors, de définir les voies et moyens concrets permettant aux individus de bénéficier d'une santé optimale. En ce sens, le droit à la santé commanderait non seulement que des soins de santé soient octroyés pour préserver l'équilibre physique des individus, mais également et surtout que soient considérés les facteurs constituant une menace pour ledit équilibre.

S'agissant du premier aspect, le Comité des droits économiques, sociaux et culturels dans son observation générale No14 en se basant sur l'article 12 du Pacte relatif aux droits économiques et sociaux a reconnu que la jouissance d'une diversité d'installations, de biens et de services sont des éléments constitutifs du droit à la santé[628]. Les États signataires dudit Pacte sont donc tenus de garantir à leur population de manière égalitaire et au-delà des soins de santé proprement dits diverses informations concernant les attitudes à la fois positives ou négatives pour la santé. D'autres conventions postérieures au pacte vont aborder aussi la question de la santé mais de manière spécifique. Il s'agit principalement de la Convention sur l'élimination de toutes les formes de discrimination à l'égard des femmes qui traite des problèmes de santé spécifiques aux femmes[629] ainsi que de la Convention relative aux droits de l'enfant qui analyse les problèmes de santé relatifs aux enfants[630]. Les deux conventions vont insister sur l'adéquation des installations, des biens, des services ainsi que des programmes en matière de santé publique aux conditions particulières des femmes et des enfants.

Pour ce qui est du second problème, il s'agit de déterminer les facteurs qui influent sur la santé optimale des individus. La prise en compte de ces facteurs

---

627 Il est toutefois de plus en plus admis, qu'il existe des éléments du droit à la santé qui mettent à la charge des États des obligations à caractère immédiat : *«...immediate obligations include a duty on the State to respect an individual's freedom to control his or her health and body. For exmaple, there is an immediate obligation on a State not to engage in forced sterilization and not to engage in discriminatory practices»*: E/CN.4/2004/49, para.27, 16 February 2004.

628 Observation générale No 14 du Comité des droits économiques, sociaux et culturels, E/C.12/2000/4, para:8-9, 11 Août 2000.

629 H. Schöpp-Schilling, op. cit., p.155 (164).

630 Art.24, CRC.

est déterminante pour une garantie effective du droit à la Santé. A titre d'exemple, on peut citer : l'accès à l'eau potable, l'accès à une quantité d'aliments sains, l'accès à l'éducation, le logement[631]. Ces quelques exemples montrent que le droit à la santé est assez tributaire d'autres droits[632].
Ces quelques précisions ayant été faites, il conviendrait d'analyser ce droit au regard de la pratique des MGF:

2. Le droit à la Santé et les MGF

L'intérêt du droit à la santé est surtout à analyser sous l'angle préventif (a), bien que l'hypothèse d'une réglementation de la pratique postulant une intervention clinique ne semble pas à priori à exclure (b).

a. Un abandon de la pratique par le truchement de l'information sur la santé reproductive

Le droit à la santé commande que les États mettent au profit des individus des installations, biens et services qui doivent être à même de répondre efficacement aux problèmes aussi bien physiques que mentaux de leurs populations[633]. Forts de ce que l'impact négatif des MGF pour la santé aussi bien physique que mentale des fillettes et des femmes qui s'y soumettent est aujourd'hui une donnée assez indiscutable[634] et toucheraient un nombre important de la gent féminine[635], les prestations des biens et services inhérentes au droit à la santé s'appliqueraient ici de manière inéluctable[636]. Il convient toutefois de relever que la compétence des professionnels est à cet égard des plus importantes en ce qui concerne la prévention de la pratique. Ils se doivent non seulement d'éduquer les populations sur les effets négatifs des MGF pour la santé afin de

631 Observation générale No 14 du Comité des droits économiques, sociaux et culturels, E/C.12/2000/4, para:11, 11 Août 2000; E/CN.4/2003/58, para.23, 13 février 2003.

632 E/CN.4/2003/58; para.23, 13 février 2003.

633 Observation générale No 14 du Comité des droits économiques, sociaux et culturels, E/C.12/2000/4, para:8-9, 11 Août 2000.

634 *«Sous quelque forme que ce soit, l'E/MGF cause dE. Grandes douleurs et peut entraîner des saignements continus, des infections, la siérilité et même la mort. De nombreuses filles et femmes souffrent en silence. Du fait de la nature privée de l'opération, il est impossible d'estimer le nombre de décès qui en découlent »* : Communiqué de presse de l'unicef, Avec l'aide de tous, la pratique peut être abandonnée au cours d'une seule génération, 24 Novembre 2005, consulté à l'adresse http://www.aidh.org/DE/Images/Unicef%20MG%202005.pdf , le 30 décembre 2006.

635 *«...... quelque 130 millions de filles et de femmes ont été victimes de cette pratique. Auparavant, les estimations indiquaient que 2 millions de filles étaient soumises chaque année à l'intervention ; la nouvelle estimation de 3 millions ne reflète pas une augmentation, mais une amélioration du recueil des données»*, idem.

636 *« female genital mutilation/cutting (FGM/C) (...) represent serious breaches of sexual and reproductive freedoms, an dis fundamentally and inherently inconsistent with the right to health »*, E/CN.4/2004/49, para.25

décourager leur continuité mais également de démontrer l'inutilité de ce type de procédures en octroyant à la gent féminine des informations relatives à leur fonction reproductive[637]. L'approche sanitaire s'avérerait en ce sens des plus pertinentes dans la mesure où elle permet aux femmes africaines concernées de comprendre l'importance de la réglementation internationale en l'espèce. En effet, sa pertinence réside de ce que, elle permet aux femmes africaines concernées de se reconnaître dans les souffrances mises à l'actif des MGF[638]. L'expérience de vies de femmes coincidant avec la règle juridique internationale ayant vocation à s'appliquer en l'espèce ne peut que faciliter sa compréhension, son acceptation au niveau des populations et faciliter ainsi l'activisme gouvernemental[639]. Il convient toutefois de relever, que, si l'approche sanitaire, en refusant de porter un jugement de valeur quelquonque sur les fonctions de ces opérations (MGF), facilite de ce fait sa mise en œuvre dans les communautés pratiquantes[640]. Elle a malheureusement favorisé une assimilation de la pratique des MGF en un cas de pathologie médicale. Assimilation qui rend assez difficile la justification du refus de sa médicalisation[641] surtout quand on sait que les complications néfastes pour la santé de la femme ayant subie les mutilations résulteraient non seulement des conditions assez précaires et insalubres dans

637 GTZ, La lutte contre les Mutilations génitales féminines, Eschborn, 2003, pp. 17-20 ; I Baumgarten/ E Finke, op. cit., p.125 (129).

638 Position qui est plusieurs fois ressortie dans les différentes interviews menées auprès de différents moniteurs et superviseurs de l'ONG Tostan, lesquels sont en pratique chargés de mettre sur pied son projet éducatif au sein des communautés pratiquantes. Les dites interviews ont été menées pendant mes recherches pratiques au Sénégal pendant la période de Novembre à Décembre 2005 dans quatre communautés villageoises de la région de Kolda (Saré Woudou, Kerewane Mbassi, Saré Yéroyel, Médina Samba).

639 K. Boulware-Miller, op. cit., pp.155 (172-173).

640 En effet, l'approche sanitaire se fonde essentiellement sur des arguments dont l'objectivité scientifique peut être difficilement remis en cause exception faite de la question plus ou moins controversée du plaisir sexuel. Kay Boulware-Miller, op. cit., p.155 (173) ; A. Barret Breitung, op. cit., p.657 (680).

641 *"In most rural communities where Female genital mutilation (FGM) is the accepted norm, operations are usually performed by traditional birth attendants or traditional practitioners. However, with increasing awarenee of the adverse health consequences, health workers have become involved in performing FGM which has led to the "medicalization" of the procedure in a number of countries. Some individuals and local organizations have promoted the performance of the procedure in clinical conditions in order to reduce the health risks",* Who-female Genital Mutilation fact sheets, para.5. Dans le même sens, I Baumgarten/ E Finke, op. cit., p.125 (127); H. Lewis, op. cit., p. 1 (8), K. Boulware-Miller, op. cit., p.155 (174) ; A. Barret Breitung, op. cit., p. 657 (681); GTZ, la lutte contre les mutilations génitales féminines : défis et perspectives pour les programmes de santé, Eschborn 2003, pp. 14 ; A. Fuambai, op. cit., pp.283 (303-304); B. Shell- Duncan, W. Obungo Obioro, L. Auko murulli, op. cit., pp.109 (109-110).

lesquelles se déroulent la pratique, mais également et surtout de ce qu'elles sont pratiquées très souvent par un personnel non qualifié[642]. Ce constat, ne revélerait-il pas, que, si les MGF étaient accomplies dans un service sanitaire et par des professionnels de santé, les complications sanitaires inhérentes à la pratique seraient ainsi évitées[643] ? Une telle hypothèse a été exclue formellement par l'OMS, la médecine ayant avant tout pour but de soutenir et de promouvoir la vie[644]. En conséquence, il ne saurait être question sans raisons médicales de mettre en danger les organes vitaux des individus[645], le consentement de la victime fut-elle majeure semble n'être d'aucune relevance en l'espèce[646]. S'agissant d'une fillette qui serait menacée d'être mutilée, l'intérêt supérieur de l'enfant commanderait que des mesures soient prises afin de protéger la fillette d'une autorité parentale n'étant plus à même de la protéger[647]. Ainsi analysées, les mesures sanitaires s'inscrivent dans une politique d'éradication de la pratique des MGF. Or l'approche sanitaire bien que fondée sur des données médicales n'aboutit pas forcément à une remise en cause des systèmes de valeurs dans les sociétés considérées[648]. Une mère par exemple ne voulant plus soumettre sa fille aux mutilations demeure toutefois confrontée à la question de l'avenir sociale de sa fille et à celui de son intégration au sein de leurs communautés respectives[649].

---

642 J. Tochukwu Okwubanego, *"Female Circumcision and the Girld Child in Africa and the middle East: the Eyes of the World are blind to the conquered"*, IL, 33, 1999, p.159 (170); B. Shell-Duncan, W. Obungu Obiero & L. Auko Murulli, op. cit., pp.109 (122-125).

643 B. Shell-Duncan, W. Obungu Obiero & L. Auko Murulli, op. cit., pp.109(126-127); A. Fuambai, op. cit., pp. 283(303-304).

644 Female genital mutilation: A joint WHO/UNICEF/UNFPA statement, Genève, 1997, pp. 8-9.

645 Sur l'éthique médicale se devant d'être sauvegardée en l'espèce, voir Nahid Toupie/ S. Izett, op. cit., pp. 61-62.

646 En effet, très peu de législations comme a eu à le relever Laura Katzive intègrent cet élément. Voir en ce sens L. Katzive, l'utilisation de la loi pour promouvoir les droits des femmes, (version française), in The Afro-Arab Expert Consultation on Legal Tools For The Prevention of Female Genital Mutilation, cairo, 21-23 June 2003, pp. 11-12, consulté le 30 Janvier 2007 à l'adresse http://www.npwj.org/2007/02/08/FGM brochure032004fr.pdf.

647 La nécessité de considérer *« l'intérêt supérieur de l'enfant »* dans les décisons à prendre à son égard par les parents, ou le cas échéant, les tuteurs légaux est commandé par la CRC en ses articles, 3 al.1 et 18 al1. Lire également en ce sens, C. Gonzalez, circoncision et excision des mineurs: de la politique criminelle à la prévention sociale, Thèse, Doctorat d'État en droit, Nice-sophia-Antipolis, faculté de droit et des sciences économiques et de gestion, 26-juin-1998, pp.189-190 ; UNICEF (centre de recherche innocenti), changer une convention sociale néfaste : la pratique de l'excision/ mutilation genitale féminine, 2005, pp. 23-24.

648 Efua Dorkenoo, op. cit., p. 3; L. Amede Obiora, op. cit., p. 314 (318).

649 La question de l'intérêt de l'enfant n'est pas à dire vrai facile à élucider quand on tient compte du contexte social dans lequel se déroule la pratique. Voir en ce sens K.

Et ce sont de telles considérations qui expliqueraient l'indécision des agents de santé travaillant dans les communautés concernées à prendre position contre la pratique[650]. Indécision d'autant plus justifiée que le comité des droits économiques et sociaux a admis que les programmes de soins de santé qui se veulent efficaces se doivent d'intégrer les réalités culturelles des populations où ils ont vocation à s'appliquer[651]. Et, une telle intégration ne commanderait-elle pas une reglémentation pure et simple de la pratique ? Une telle interrogation est d'autant plus justifiée, que l'identification des MGF à un cas de pathologie médicale, telle que postulée par l'approche sanitaire n'est pas à exclure.

b. La réglementation de la pratique des MGF

La logique d'une telle approche est de permettre que les structures et programmes sanitaires établis par l'État puissent effectivement profiter aux communautés pratiquant les mutilations[652] et éviter de ce fait une exécution clandestine de ladite pratique[653]. Cela supposerait donc que les communautés concernées voient la concrétisation de leurs aspirations au travers des différentes prestations qu'offrent les services de santé[654]. Conformément à cette approche, le droit à la santé serait celui qui garantirait des soins médicaux aux fillettes et femmes sujettes aux MGF de manière à pallier aux conséquences négatives de la pratique tout en leur permettant de préserver leur identité culturelle[655]. Autrement dit, les considérations culturelles devraient justifier la légalité de la soumission de la pratique aux MGF. Certains États tels que l'Egypte, la Somalie

Boulware-Miller, op. cit., pp.155 (166-167) GTZ; A. Fuambai, op. cit., p.283 (301); Orubuloye, P. Caldwell & J. Caldwell, op. cit., p.73(90).

650 GTZ, la Lutte contre les mutilations génitales féminines, Eschborn, 2003, p.17

651 Observation générale No 14 du Comité des droits économiques, sociaux et culturels, E/C.12/2000/4, para:12 c, 11 Août 2000.

652 B. Shell-Duncan, W. Obungu Obiero & L. Auko Murulli, op. cit., pp.109 (109-111,123)

653 Surtout que dans une telle hypothèse, la situation des femmes respectivement des fillettes ne peut être que gravement compromise. Le débat sur la médicalisation ne serait donc pas sans lien avec une certaine éthique soucieuse des intérêts de la femme africaine au regard de sa santé, qui ne veut aucunément se distancer de la pratique. Voir dans ce sens E. Grande, op. cit.„ p.7; Y. Hernlund, op. cit., pp.235 (242-243); A. Fuambai, op. cit.„ p. 283(285; 308-309); M. Usman Mandara, note 128, pp.95 (104-105); B. Shell- Duncan, W. Obungo Obioro, L. Auko murulli, op. cit., pp.109 (110, 121, 123, 126, 127).

654 Une telle possibilité serait d'autant plus à considérer que des opérations esthéthiques sont réalisées cliniquement sans pourtant être illégales alors même qu'elles ne seraient pas sans danger pour la santé des femmes qui s'y soumettent. Voir en ce sens H. Lewis, op. cit., p.1 (8); E. Grande, op. cit., pp. 4 et s.

655 A. Fuambai, op. cit., pp.283 (304-305, 308-309); B. Shell-Duncan, W. Obungu Obiero & L Auko Muruli, op. cit., pp.109(126-127).

[656]et le Soudan[657] ont tenté de solutionner les problèmes posés par la pratique en autorisant les professionnels de la santé à pratiquer les formes souples de mutilations à l'exclusion de l'infibulation˙ Toutefois de telles tentatives ont été décevantes car les MGF même accomplies dans un centre de santé ne sont pas sans danger pour la santé de la femme ou de la fillette qui s'y soumet[658]. En outre, il a été relevé que certaines fillettes ayant déjà subies l'opération dans un centre hospitalier devaient se voir une nouvelle fois mutilées sur instigation de l'aïeul qui estimait très souvent que l'opération n'avait pas été bien faite[659]. Outre le fait que le caractère rituel des mutilations du fait de leur médicalisation se doit d'être remise en cause[660], il convient de remarquer que celle-ci contribuerait non seulement à pérenniser une pratique mettant gravement en danger la vie des femmes mais également participerait à une stagnation des mentalités dans les sociétés considérées. Mais l'argument majeur en défaveur de la médicalisation à notre avis, est qu'elle participerait de manière négative à simplifier la problématique des MGF[661]. En effet, toute politique en vue de l'éradication de la pratique n'obéit pas uniquement à des considérations sanitaires, il s'agit parallèlement de faire bénéficier aux femmes vivant dans les communautés concernées de conditions de vie dignes leur permettant de prendre conscience de leurs potentialités et de les mettre au service de leurs familles, de leurs communautés et de leurs États[662]. Or, la pratique des MGF porte atteinte à diverses valeurs telles que: la vie, l'intégrité physique; la nécessité de vivre dans des conditions matérielles et décentes, l'éducation, lesquelles sont d'ailleurs protégées par diverses dispositions du droit international. En traitant la question

656 GTZ, la Lutte contre les mutilations génitales féminines, Eschborn, 2003, p.13; N. Toubia & S.Izett, op. cit., p.60.

657 Efua Dorkenoo, op. cit., pp. 84-87; J. Tochukwu Okwubanego, op. cit., p. 159. (183).

658 GTZ, la Lutte contre les mutilations génitales féminines, Eschborn, 2003, p.15 ; N. Toubia et S. Izett, op. cit., p.60.

659 Efua Dorkenoo, op. cit., p.9.

660 Une certaine doctrine soutient que le caractère rituel ne serait aucunément remis en cause si les praticiens traditionnels demeuraient ceux là ayant la maîtrise des dites opérations : *« I continue to support, however, the goal of medicalizing and modernizing initiation and circumcision not necessarily in a full sense of institutionalizing Female circumcision or transferring the practice from the bussh to hospitals, as in mâle circumcisions today, because this would reduce the power and the authority of Female ritual leaders and Female elders but rather by making available basic, modern hygienic equipment and medications to traditional officials to use during rituals »*: A. Fuambai, op. cit., p.283 (308).

661 Il s'agit là, à dire vrai, d'une position qui a été bien mise en exergue par la GTZ. Voir GTZ, la Lutte contre les mutilations génitales féminines, Eschborn, 2003, p.14.

662 En effet, de l'analyse de l'applicabilité des MGF au droit à la non discrimination dans le contexte des MGF, il est clairement ressorti que le statut inférieur conféré aux femmes dans les sociétés considérés ne serait pas sans lien avec leur soumission à la pratique, voir supra, le droit à la non discrmination et les MGF, p.127.

des MGF en se limitant à l'aspect sanitaire uniquement, outre le fait qu'il serait difficile de justifier le refus de toute médicalisation en l'espèce[663], les femmes concernées resteraient privées de leurs potentialités à bien des égards. Dans le contexte des MGF, la garantie du droit à la santé ne saurait donc se faire isolément. A cet égard, le droit à l'intégrité physique occuperait une place des plus centrales.

C. Le droit à l'intégrité physique

Il convient dans un premier temps de préciser les éléments de ce droit (1) avant d'étudier leur applicabilité aux MGF (2).

1. Les éléments du droit à l'intégrité physique

Le droit à l'intégrité physique fait partie des normes impératives du droit international et se caractérise essentiellement par son intangibilité[664]. Ce droit interdit non seulement tout acte susceptible de porter atteinte à la vie humaine dans son unité (a) mais également les peines ou traitements cruels inhumains et dégradants, la torture n'en étant simplement qu'une forme aggravée (b).

a. La vie

S'agissant de la première catégorie visée, il n'existe pas de textes qui définissent la vie[665]. De nombreux instruments juridiques garantissent le droit à la vie sans en donner de définition· Le Comité des droits de l'homme le qualifie de: *« droit*

---

663 La justification d'un tel refus s'avère d'autant plus difficile, que le régime international des droits de l'homme n'échappe pas à dire vrai à certaines considérations culturelles dans sa mise en œuvre. Son application serait donc biaisée et revélatrice des rapports de force des civilisations membres de la communauté internationale : *«.....F.C. (Female Circumcision) With the sure exception of infibulation, if performed in the same non-septic, safe and hygienic setting of a good hospital, would not entail greater health risks in terms of short-term and long-term complications than M.C. (Male Circumcision) or B.A. (Breast Augmentation) ....The big cleavage therefore, insofar as health risks are concerned, is not between F.C.on one side and M.C. and B.A. on the other, but between the South and the North of the World....... »:* E. Grande, op. cit., pp.5-6.

664 Bien que la catégorie des droits réputées intangibles demeurent une question assez controversée sur le plan doctrinaire (voir supra, partie.I, chap.II, II, pp.118-119), il importe toutefois de retenir que les droits réputés intangibles mettent à la charge des États une obligation de nature absolue:*«Les normes qui les énoncent sont obligatoires dans leurs éléments et interdisent aux États une application incomplète....»*, F. Sudre, droit européen et international des droits de l'homme, paris, 6e édition refondue, p.200.

665 Un tel silence ne serait pas sans liens avec l'extrême complexité de la matière en l'espèce interpellant se faisant plusieurs disciplines. Il est en effet difficile de dire quand commence la vie et quand elle s'achève surtout à une époque où les progrès médicaux atteignent de plus en plus les limites de l'impensable.

suprême de l'être humain »[666]. L'importance de ce droit est matérialisée de ce que, les atteintes illégales à la vie sont réprouvées par la loi pénale, les États ayant en l'espèce une obligation au contour assez large[667]. S'agissant des atteintes légales, telle que la peine de mort, celles-ci se doivent d'être strictement réglementées[668]. Le principe est donc la préservation de la vie que ce soit dans les rapports de l'État avec l'individu[669] que ceux des individus entre eux[670]. L'État doit non seulement s'abstenir de provoquer la mort de manière volontaire et irrégulière mais aussi de prendre des mesures nécessaires à la protection de la vie[671], lesquelles devraient s'appliquer à divers domaines. La garantie du droit à la vie imposerait aux États de prendre des mesures dans des domaines particuliers tels que celui de la santé et de l'environnement[672]. Le droit à la vie apparaît donc comme étant celui par excellence duquel découlent d'autres droits. Et garantir ces droits générés reviendrait donc par ricochet à garantir la vie. C'est d'ailleurs la prise en considération de ce fait qui nous a conduit tout au long de notre étude à nous intéresser aux rapports qui existent entre les MGF et ces droits générés et en particulier celui de la santé et de l'intégrité physique, les atteintes à la vie dans le contexte des MGF demeurant l'exception[673].

b. L'interdiction de torture et des traitements inhumains et dégradants

Pour ce qui est de la deuxième catégorie d'actes visés par le droit à l'intégrité physique, il importe de préciser les notions de torture et de traitements inhumains et dégradants. Il s'agit en fait de notions sœurs, qui à l'origine avaient un domaine de définition assez réduit car ne s'appliquant qu'aux types de mauvais traitements ne devant aucunément être infligés à une personne

---

666 Baboeram c/Surinam, 4 avril 1985, A/40/40, §.697.

667 La garantie du droit à la vie met à la charge des États, une responsabilité aussi bien négative que positive. Voir en ce sens Frédéric Sudre, op. cit., p.261.

668 Art 6, para.2, PIDCP adoptée par l'Assemblée générale dans sa résolution 2200 A(XXI) du 16 décembre 1966 et entrée en vigueur le 23 Mars 1976.

669 L'État partie à une convention internationale devrait non seulement s'abstenir de porter atteinte à la vie mais également de refuser à toute passivité mais également à adopter des mesures raisonnables et adéquates pour protéger les droits que l'individu tient de la convention. Voir F. Sudre, droit européen et international des droits de l'homme, paris, 6e édition refondue, pp. 229 et s.

670 Ibid, pp. 234-238.

671 Le chapitre I. de la partie II de cette étude donne d'ailleurs quelques précisions sur les obligations qu'emporte la ratification des traités relatifs aux droits de l'homme pour les États signataires.

672 F. Sudre, droit européen et international des droits de l'homme, paris, 6e édition refondue, p.264.

673 Bien que la perpétration des MGF puisse entraîner dans certaines circonstances la mort des victimes, les complications phyisiques et psychologiques demeurent les plus usuelles. Voir en ce sens J. Tochukwu Okwubanego, op. cit., pp.159 (169-172).

incarcérée[674]. L'idée ici était de préserver la dignité de la personne privée de liberté tels que garantis par divers textes internationaux[675]. La torture qui apparaît comme la forme aggravée de ces mauvais traitements a été explicitement définie par la Cour européenne des droits de l'homme comme : *« une marque d'une spéciale infamie des traitements inhumains délibérés provoquant de forts graves et cruelles souffrances »*[676]. Les atteintes à l'intégrité physique sont donc assez variées, la gravité des souffrances permettant de distinguer les différentes catégories les unes des autres[677]. Toujours est il que la qualification d'atteintes à l'intégrité corporelle se trouve constituée par la réalisation des éléments suivants : intensité des souffrances, intention délibérée d'infliger les souffrances, motivations de l'acte d'ordre politiques, sociales ou discriminatoires. Il importe cependant de relever que les textes internationaux interdisant les mauvais traitements ont vu par la pratique judiciaire étendre leur champ d'application dans un souci d'accorder aux individus une protection plus effective des droits et libertés politiques garantis[678]. Les remarques qui ont été faites ultérieurement en étudiant le droit à la vie concernant une approche assez extensive de la responsabilité de l'État sont ici également vérifiées. C'est ainsi que les États parties à la convention interdisant les mauvais traitements et tortures sous peine de voir leur responsabilité engagée sur le plan international doivent s'abstenir d'infliger des mauvais traitements aussi bien aux nationaux qu'aux étrangers vivant dans leurs limites territoriales[679]. L'obligation internationale va même plus loin en exigeant des États signataires de ne pas expatrier une personne à destination d'un pays où elle risque d'être soumise à la

674 Ibid, pp. 268-269.

675 Art.5, DUDH adoptée et proclamée par l'Assemblée générale des Nations Unies dans sa Résolution 217 A (III) du 10 décembre 1948 ; art.1, Convention contre la torture et autres peines ou traitements cruels, inhumains ou dégradants adoptée par l'Assemblée générale dans sa Résolution 39/46 du 10 décembre 1984; art.7, PIDCP adoptée par l'Assemblée générale dans sa résolution 2200 A(XXI) du 16 décembre 1966 et entrée en vigueur le 23 Mars 1976; art.3, CEDH ouverte à la signature à Rome le 4 Novembre 1950 et entrée en vigueur le 3 Septembre 1950.

676 Selmouni c/ France, 28 juillet 1999, §.96, in F. Sudre, JP Marguénaud, J Andriantsimbazovina, A Gouttenoire, M Levinet, Les grands arrêts de la cour européenne des droits de l'homme, 2ème édition, paris, P.U.F, coll. Thémis droit, 2004, p.105.

677 F. Sudre, JP Marguénaud, J Andriantsimbazovina, A Gouttenoire, Michel Levinet, Les grands arrêts de la cour européenne des droits de l'homme, 2ème édition, p.111.

678 L'activité de la cour européenne des droits de l'homme faisant une interprétation évolutive des droits garantis dans la convention en est une illustration type. F. Sudre, JP Marguénaud, J Andriantsimbazovina, A Gouttenoire, M Levinet, Les grands arrêts de la cour européenne des droits de l'homme, 2ème édition, pp.111 et s.

679 F. Sudre, droit européen et international des droits de l'homme, paris, 6e édition refondue, p.270.

torture et ce quand bien même ledit risque ne serait pas le fait direct de l'État[680]. Cette disposition en ce qui concerne les MGF a subi certaines applications dans quelques États[681]. Cette pratique des États semble bien indiquer que les mutilations génitales féminines bien que accomplies pour des raisons culturelles n'en demeurent pas moins une atteinte à l'intégrité physique des personnes qui s'y soumettent.

2. Les MGF et l'interdiction des traitements inhumains et dégradants, respectivement la torture

La gravité des conséquences des MGF pour l'équilibre aussi bien physique que mentale des femmes respectivement des fillettes qui s'y soumettent sont des preuves difficilement réfutables que la pratique constitue bel et bien des atteintes à l'intégrité aussi bien physique que mentale des femmes, respectivement des fillettes qui s'y soumettent. Le caractère gravissime des atteintes et leur caractère discriminatoire à l'égard des femmes ont fait soutenir à plus d'un, qu'il s'agirait en l'espèce d'un cas de torture[682]. A dire vrai, qu'il s'agisse de l'une ou l'autre variante, la qualification des MGF comme étant une atteinte à l'intégrité corporelle ne va pas sans poser de difficultés. En effet, si l'intensité de souffrances[683] et les motivations assez discriminatoires à l'égard des femmes[684] inhérentes à l'accomplissement des MGF sont des éléments constitutifs de la violation du droit à l'intégrité physique en l'espèce, il faut également démontrer que les MGF résultent d'une volonté délibérée d'infliger des souffrances aiguës (a) à une victime non consentante (b).

a. L'existence de l'élément intentionnel

La question à analyser ici est celle de savoir si la pratique des MGF et les atteintes aussi bien physiques que psychiques, que subissent les victimes en l'espèce, sont la conséquence d'une volonté délibérée. Les MGF qui sont en principe accomplies par un exciseur traditionnel s'accompagnent de douleurs et de souffrances extrêmes pour les femmes et fillettes qui s'y soumettent[685]. La

680 Sur une analyse de la jurisprudence de la cour européenne des droits de l'homme sur l'applicabilité de l'art.3, CEDH en matière d'extradition, lire F. Sudre, JP Marguénaud, J Andriantsimbazovina, A Gouttenoire, M Levinet, Les grands arrêts de la cour européenne des droits de l'homme, 2ème édition, pp.123 et s.

681 Supra, référence 7.

682 J. Tochukwu Okwubanego, op. cit., p.159 (186) ; H. Lewis, op. cit., pp.1(8 et s); K. Wellerstein, op. cit., pp. 99 (101-102); I. Coello, op. cit., pp. 213 (216 ; 225-226); C. Gonzalez, op. cit., pp.65 ets.

683 Sur les souffrances physiques et psychiques dont les femmes souffriraient en l'espèce, voir supra, partie.I, chap.I, pp. 66-67.

684 Sur le caractère discriminatoire de la pratique des MGF à l'égard des femmes, voir supra de ce chap, pp.126-127.

685 Efua Dorkenoo, op. cit., pp.1-3, 8; J. Tochukwu Okwubanego, op. cit..., p.159 (165).

littérature fait état de cris et de réactions assez virulentes de la victime en vue d'échapper à la pratique[686]. C'est d'ailleurs la raison pour laquelle, il est très souvent nécessaire que d'autres personnes puissent l'immobiliser[687]. En outre, il convient de noter, que le fait que les mutilations soient accomplies pour des raisons culturelles est assez indifférent[688]. En effet, les mobiles c'est à dire les motivations de l'auteur de l'acte ne peuvent altérer l'élément intentionnel[689], qui existerait dès lors qu'il y'a eu matérialisation de l'acte[690]. A cet égard, les douleurs et les souffrances physiques de la victime se doivent d'être analysées ici comme la preuve de cette volonté de faire mal à autrui[691]. Il convient toutefois de relever que la douleur a une fonction éducative dans les sociétés considérées. En effet la capacité de résistance de la personne face à la douleur ainsi infligée illustrerait son aptitude à faire face aux problèmes de la vie d'adulte et donc la valoriserait au sein de sa communauté[692]. Ainsi dans les communautés pratiquant les MGF, la soumission à la pratique ne serait rien d'autre qu'un test auquel la femme ou la fillette se soumettrait volontairement afin d'être respectée[693]. Si une telle argumentation ne saurait tenir le flanc à l'argumentation fortement majoritaire de ce que la perpétration de la pratique porterait atteinte à une valeur fondamentale de droits de l'homme, à savoir l'intégrité physique, il apparaît toutefois assez difficile d'expliquer pourquoi certaines pratiques ayant également un impact négatif aussi bien sur l'équilibre physique que psychique des personnes qui s'y soumettent ne sont pourtant pas qualifiées de pratiques illégales : *« Yet despite this common core of civilized nations (efforts in eliminating Femâle Circumcision) the questions remains : Why is F.C treated differently than other cutting practices ? What makes only F.C a human rights violation? On what Grounds (other than cultural bias) can we justify the singling-out of F.C. among the different sexual organ modifying procedures practiced in the World?"*[694]. Le caractère prétendument objectif du

686 J. Tochukwu Okwubanego, op. cit., p.159 (165); C. Gonzalez, op. cit., p.68.

687 Ibid, p. 159 (165).

688 Voir en ce sens la note 600 pour les textes internationaux consacrant une telle position. Dans la littérature, on peut citer la liste n'étant pas exhaustive, H. Lewis, op. cit., p.1(8 ets); J. Tochukwu Okwubanego, op. cit., p.159 (172); Oluyemisi Bamgbose, op. cit.,5, p. 127 (144); S. Fainzang, op. cit., p.177(181); K. Wellerstein, op. cit., p. 99 (102); I. Coello, op. cit., pp. 213 (213-214 ; 225-226).

689 C. Gonzalez, op. cit., pp.182-183.

690 Ibid, p.68. Dans le sens contraire, voir toutefois G. Giudicelli-Delage, op. cit., pp. 201 (204-206).

691 *« L'opérateur est conscient qu'il s'agit là d'une épreuve douloureuse, même s'il croit qu'elle est obligatoire ou nécessaire »*, ibid, p.85.

692 A. Fuambai, op. cit., p.283(300)

693 Voir supra, les thèses africaines en faveur des MGF présentées au chap.préliminaire, pp. 47-51.

694 E. Grande, op. cit.,, p. 4.

droit à l'intégrité physique se trouve donc ici battu ici en brèche[695], du fait de la variabilité dans son application[696]. Il apparaît donc que les considérations culturelles ne sont donc pas sans influences dans l'interprétation des règles internationales, la culture des civilisations plus fortes finissant par définir ce qui se doit d'être la norme pour tous[697]. Ainsi le rapport de force au profit des hommes qui justifierait l'accomplissement des MGF, se trouverait alors transposée au profit de civilisations plus fortes en ce qui concerne son éradication dans les communautés pratiquantes. C'est cette considération qui expliquerait à notre avis pourquoi la question du consentement de la femme africaine en dépit de son importance est très souvent survolée pour ne pas dire simplement ignorée.

b. La victime non consentante

Les mutilations génitales féminines ne peuvent constituer qu'une atteinte à l'intégrité physique que si leur caractère coercitif est démontré. Peut-on vraissemblablement soutenir en l'espèce que les souffrances dont sont victimes les femmes ici, leur sont réellement infligées c'est-à-dire octroyées contre leur volonté ou leur conscience[698]. En d'autres termes peut-on soutenir que la personne sujette aux mutilations est une victime au sens propre du terme quand on sait que c'est sur son initiative qu'elles sont perpétrées[699]. Il convient cependant de distinguer selon qu'il s'agit d'une fillette ou d'une femme. Pour ce

695 On peut donc comprendre pourquoi certains auteurs trouvent fallacieuse une telle distinction : *« La logique juridique rejette la distinction entre la circoncision masculine et la circoncision féminine, toutes deux étant des mutilations d'organes sains et, par conséquent, une atteinte à l'intégrité physique de l'enfant quelles que soient les motivations religieuses et les superstitions qui les sous-tendent »*. A. Aldeeb abu-sahlieh sami, op. cit., p.159 (160).

696 C'est ainsi que le droit à l'intégrité physique malgré son caractère intangible connaît en pratique certaines exceptions : *« Tout en condamnant expressément toute atteinte délibérée à l'intégrité physique comme un défi sacrilège à la création, toutes les cultures la tolèrent voire la prescrivent et en fixent les modalités religieuses, médicales et judiciaires »*, M. Erlich, op. cit., p.151 (161).

697 *" ....to condemn excision as a violation of human rights is to arbitrarily presume that such a practice is the only culturally sanctioned form of violence that deserves to be denounced, whereas we know that many other forms of violence are not repressed by law in the Western context, and that some of our own practices are objectionable and shocking to Africans",F. Lionnet*, op. cit., p.159 (168).

698 En effet, la Cour européenne a eu à définir dans une espèce, le traitement dégradant comme celui qui «.....pousse à agir contre sa volonté, contre sa conscience » : Tyrer c/ Royaume-Uni, 25 avril.1978, in F. Sudre, JP Marguénaud, J Andriantsimbazovina, A Gouttenoire, M Levinet, Les grands arrêts de la cour européenne des droits de l'homme, p. 111.

699 Sur l'extrême difficulté de disculper totalement les femmes concernées dans la réalisation de la pratique des MGF, voir supra partie II, chap II, p. 102-104.

qui est de la fillette, le consentement donné par les parents est considéré comme étant non valable car ne tenant pas compte du véritable intérêt de l'enfant, lequel serait la préservation de son équilibre aussi bien physique que psychique dans le cas d'espèce[700]. A dire vrai, cette argumentation ouvre le flanc à de nombreuses critiques si les spécificités sociales et culturelles des communautés concernées sont prises en compte. En effet, dans lesdites communautés la mutilation de la femme ou de la fillette apparaît comme le moyen incontournable de leur intégration et de leur reconnaissance[701]. Bien que d'aucuns soutiennent que la situation de dépendances dans lesquelles se trouvent les femmes rendraient ici illusoires tout exercice quelquonque de liberté[702], une telle prise de considération omet de considérer que derrière la thématique du consentement se pose en réalité la problématique de la nécessité de protéger les fillettes et les femmes sans les isoler de leur milieu de vie:*«the question of choice thus remains problematic when one focuses not just on individual rights, but on the way such rights might be in conflict with the broader social, religious, or communitarian values to which an individual woman has to subscribe if she is to remain a respected member of her community, as opposed to being a free agent in our increasingly atomized capitalist culture»*[703]. Or, le droit à l'intégrité physique de part sa connotation essentiellement individualiste protège les femmes et fillettes des conséquences négatives de la pratique des MGF en les coupant de leur milieu de vie. Cela peut donc expliquer le faible écho de cette disposition internationale dans les ordres juridiques internes des États pratiquant les mutilations[704]. Dès lors, la question à résoudre est celle de savoir comment protéger la femme, respectivement la fillette sans toutefois les isoler de leur communauté ? Et, cette question est d'autant plus difficile à résoudre, que l'on sait que la loi à elle seule ne peut réformer les comportements humains, particulièrement quand ceux-ci sont fortement ancrés dans les mœurs comme les MGF[705]. Il apparaît donc urgent de rechercher les voies et moyens qui permettraient aux populations locales de s'approprier les dispositions légales. Et cela nécessite, qu'au-delà d'une interdiction formelle de la pratique comme le commande la législation internationale, que soient également identifiés les

700 C. Gonzalez, op. cit., pp.189-190.

701 K. Boulware-Miller, op. cit., pp. 155 (166-167).

702 Voir en ce sens les thèses occidentales rejettant les arguments traditionnels généralement avancés pour justifier la pratique, supra, chap. préliminaire, pp.34-36.

703 F. Lionnet, op. cit., p.159 (170).

704 GTZ, la Lutte contre les mutilations génitales féminines, Eschborn, 2003, p.12; B. Ibhawoh, "*Between Culture and Constitution: Evaluating the Cultural Legitimacy of Human Rights in the African state*", HRQ, 22, p.838 (857).

705 S. Harris-short, op. cit., pp.130 (140-146).

problèmes que pose une telle interdiction au niveau local[706]. Malheureusement, les États se bornent très souvent à interdire les MGF aux travers de lois, les accompagnant de mesures éducatives visant à rendre lesdites lois compréhensives sans aborder les problèmes qu'une telle réglementation provoqueraient au plan local[707]. Ce refus d'intégrer les dimensions locales de la question des MGF ou en d'autres termes de reconnaître que les questions de genre se doivent d'être situées dans un contexte culturel, spécifique et géographique donné expliquerait dans une certaine mesure les incertitudes et les interrogations liées à la nécessité d'intégrer l'approche juridique dans les politiques visant l'éradication des MGF dans les communautés africaines concernées[708]. Il importe toutefois de relever, que les éléments contextuels devraient à notre avis informer les gouvernements sur la justesse de donner la priorité à tel autre droit dans la définition de leurs politiques concrètes, afin d'éviter d'aboutir à des résultats contra productifs[709]. Ceci étant, il convient d'étudier les mécanismes internationaux de garantie des droits sus visés, attestant ainsi de l'importance de la question des MGF sur le plan international.

II. Les mécanismes suppra étatiques de garantie de droits applicables à la pratique des MGF: conséquence de son internationalisation

L'internationalisation de la pratique des MGF ne se manifeste pas seulement par ce que certains droits internationaux lui sont applicables, mais également et surtout par ce que les États parties dans la mise en oeuvre des politiques visant la garantie desdits droits, se doivent de se soumettre à des organes de contrôle internationaux (A). Par ailleurs, l'élevation des individus en l'espèce au rang de sujets de droit de la société internationale, ayant la capacité juridique le cas échéant de se prévaloir des droits ainsi consacrés devant ces organes de contrôle, ne serait pas également sans liens avec une telle internationnalisation (B). Il convient toutefois de relativiser les avantages de la compétence des organes supra étatiques en l'espèce au regard des intérêts des femmes africaines concernées (C).

706 L'approche juridique pénale est assez réductionniste, surtout que son application peut finir par occulter les situations concrètes de vie des femmes, respectivement des fillettes concernées par la pratique, lire infra, partie.II, chap.III, II, A, pp.284-290.

707 L'analyse critique d'une telle méthode a été faite au niveau des stratégies préconisées par la CEDAW, pp. 144-146.

708 N. Toubia , la législation en tant qu'instrument pour un changement social et de comportement (version francaise), in The Afro-Arab Expert Consultation on Legal Tools For The Prevention of Female Genital Mutilation, cairo, 21-23 June 2003, pp. 3-5.

709 La nécessité des approches contextuelles concernant la question des MGF se pose donc avec acuité dans le contexte africain, voir infra Partie.II de la thèse.

A. La Soumission des États à des Organes de contrôle internationaux

Il conviendrait de présenter dans un premier temps les organes d'application des traités applicables aux MGF (1) avant d'analyser les techniques de contrôle se rattachant aux États auxquels lesdits organes ont recours pour cadrer les activités étatiques en la matière (2).

1. Une présentation des modes de créations et des principes directeurs de fonctionnement des organes de surveillance des traités applicables aux MGF

Nous essayerons dans un premier temps de dire quelles sont les règles qui président à la création des organes de surveillance des conventions internationales tout en précisant les nécéssités de coordination s'imposant en l'espèce de manière particulière (a). Par la suite, il s'agira de dégager quelques principes généraux de fonctionnement (b).

a. Les Modes de création des organes de surveillance relevants pour les MGF et l'impératif de coopération

Les organes de surveillance des traités sont en général mis en place par les traités dont ils doivent en assurer l'application (1). Or plusieurs conventions ayant à régir la matière objet de notre étude, il se pose la nécessité d'une certaine coordination de leurs activités (2).

(1). La mise en place des organes de surveillance des traités applicables aux MGF

Il est une constance, qu'un organe de surveillance est généralement mis en place par la convention dont il se doit d'en assurer l'application des dispositions[710]. Ainsi à chaque convention internationale, correspond un organe de contrôle propre. Chaque organe serait par conséquent compétent pour veiller à la bonne application du traité qui l'a crée. Le principe serait donc en la matière l'autonomie des organes de surveillance, les uns par rapport aux autres, chacun ayant un domaine de travail défini par l'acte conventionnel et des méthodes de travail spécifiques[711]. Les organes de surveillance ainsi créés exercent leurs activités de manière principielle vis-à-vis des États parties, ceux-ci s'étant obligés de par la ratification à veiller à l'application effective du traité ainsi ratifié[712]. Il s'agit là, d'une distinction fondamentale entre les mécanismes de garantie des droits de

710 Exception faite du CDESC, voir Fiche d'information No16 (Rev.1), le comité des droits économiques, sociaux et culturels, para.6, consulté à l'adresse http://www.ohchr.org/french/ about/ publications/docs/fs16_fr.htm, le 13 mai 2004.

711 Fact sheet 30, An introduction to the core human rights treaties and the treaty bodies, pp. 25, 42, consulté à l'adresse http://www.ohchr.org/english/about/publications/docs/fs30.pdf, le 10 juin 2004.

712 Fact sheet 30, An introduction to the core human rights treaties and the treaty bodies, pp. 23-24.

l'homme mis en place par les conventions internationales de ceux institués par les organes constitutifs de la Charte[713]. Il convient toutefois de noter, qu'une souscription expresse à des clauses particulières ou à des protocoles additionnels élargit de manière sensible les pouvoirs des organes de contrôle mis en place par les traités[714]. Ceux-ci pouvant aller de l'examination des rapports des États concernant la mise en œuvre des dispositions conventionnelles au niveau de leurs ordonnancements juridiques internes, à la garantie de recours individuels et inter-étatiques[715].

Si donc l'exposé qui vient d'être fait met l'accent sur l'autonomie de chaque organe de contrôle du fait de sa dépendance à la convention lui ayant donné naissance, la question des MGF faisant intervenir une panoplie de droits pose de toute évidence la problématique de la nécessité d'une coopération entre les différents organes de surveillance des traités susceptibles d'intervenir en l'espèce.

(2). L'impératif de coopération

La question des MGF met en relief la nécessité d'une coopération entre les divers organes conventionnels intervenant pour une meilleure application du droit international en la matière. En effet, l'analyse de la pratique des MGF sous l'angle juridique fait intervenir une panoplie de droits tels que le droit à la vie, à l'intégrité physique, à la santé, à la non discrimination, lesquels sont garantis dans diverses conventions internationales[716]. Il apparaît donc que divers organes sont compétents en la matière[717]. Leurs activités concernant la question des MGF recouvrent le cadre de leurs compétences classiques, à savoir la détermination des dispositions conventionnelles que ladite pratique violerait en passant par l'identification des obstacles auxquels les États seraient confrontés dans l'exécution de leurs obligations internationales sans oublier la garantie de

---

713 Fiche d'information No7 (Rev.1), Procédures d'Examen des Requêtes, p.2 , consulté à l'adresse http://www.ohchr.org/french/about/publications/docs/fs7_f.pdf , le 15 juin 2004; A. Dormenval, Procédures onusiennes de mise en œuvre des droits de l'homme : limites ou défauts, paris, P.U.F, 1991, p.53.

714 Fiche d'information No7 (Rev.1), Procédures d'Examen des Requêtes, p.4, consulté à l'adresse http://www.ohchr.org/french/about/publications/docs/fs7_f.pdf , le 15 juin 2004; Fact sheet 30, An introduction to the core human rights treaties and the treaty bodies, pp. 25; 34-35, consulté à l'adresse http://www.ohchr.org/english/about/publications/docs/fs30.pdf, le 10 juin 2004.

715 Fact sheet 30, An introduction to the core human rights treaties and the treaty bodies, pp. 24-25, consulté à l'adresse http://www.ohchr.org/english/about/publications/docs/fs30.pdf, le 10 juin 2004.

716 Voir Supra, partie I de ce chapitre traitant des divers droits applicables aux MGF tels que consacrés dans divers textes conventionels, pp.121 et s.

717 CDH, CEDEF, CDESC, CDE, CCT.

recours efficaces aux individus. Une collaboration entre les différents organes compétents en la matière ne peut être que des plus souhaitables, les uns pouvant bénéficier des expériences des autres et vice versa. Ainsi, la probabilité pour les différents comités en ce qui concerne les MGF d'aboutir à des solutions contradictoires serait alors également réduite[718]. Il convient d'ailleurs de relever qu'une certaine évolution en ce sens est déjà perceptible au niveau des Nations Unies. C'est ainsi, qu'il existe aussi bien une réunion annuelle des présidents des comités d'application des traités ainsi que celle des comités eux-mêmes. L'objectif de telles rencontres, serait principalement d'harmoniser les méthodes de travail des comités afin d'éviter des doubles emplois[719]. Dans le même sens, il est admis que la plupart des comités exception faite du CDH[720] ne peuvent connaître d'un litige qui a déjà fait l'objet d'une étude par un autre organe de contrôle[721]. L'idée serait alors d'éviter des soulutions contradictoires dans la résolution des conflits et également qu'un organe ce contrôle n'apparaisse comme étant supérieure à une autre[722].

Il conviendrait maintenant de préciser les principes de fonctionnement desdites structures.

b. Les principes directeurs de fonctionnement des organes de surveillance des traités relevants pour les MGF

Ce sont des experts indépendants qui sont chargés de mener les activités desdits organes (1). Il conviendrait par ailleurs de préciser les sources de financement desdites activités (2).

---

718 Une telle orientation est d'ailleurs commandée par la cohérence inhérente à la technique juridique : *« co-ordination may mean the measures taken in order to avoid the conflict of jurisdiction, the duplication of procedures and the conflictive interprÉtation of corresponding provisions of co-existing international instruments by the supervisory organs»*: A Cancade Trinade, *"The Future of the International Protection of Human Rights"*, in Boutros Boutros-Ghali Amicorum discipulorum que liber (paix, developpement, democracy), vol. II, Bruxelles, Bruyant, 1998, pp. 961 (983-984).

719 Fact sheet 30, An introduction to the core human rights treaties and the treaty bodies, pp.38-39, consulté à l'adresse http://www.ohchr.org/english/about/publications /docs/fs30.pdf, le 10 juin 2004

720 Fiche d'information No7 (Rev.1), Procédures d'Examen des Requêtes, p.16, consulté à l'adresse http://www.ohchr.org/french/about/publications/docs/fs7_f.pdf, le 15 juin 2004.

721 A. Golze, *"Die Individualbeschwerde nach dem Übereinkommen zur Beseitigung jeder Form von Diskriminierung der Frau", in Menschenrechte :Bilanz und Perspektiven*, , 1.Auflage 2002 Baden-Baden, p. 511 (521); Fiche d'information No7 (Rev.1), Procédures d'Examen des Requêtes, pp.10; 19; 26, consulté à l'adresse http://www.ohchr.org/french/about/publications/docs/fs7_f.pdf , le 15 juin 2004.

722 F. Sudre, droit européen et international des droits de l'homme, paris, 6e édition refondue, p.543.

(1). Le rôle des experts indépendants

Les différents comités compétents pour la question des MGF sont généralement constitués d'experts[723], élus pour une période bien déterminée[724] bien que l'hypothèse d'une réélection ne soit pas exclue[725]. Ce sont généralement, des personnes de haute moralité, ressortissants des États partis à la convention et ayant une compétence certaine dans le domaine des droits de l'homme[726]. Ceux-ci bénéficient également de certains privilèges et immunités reconnus aux experts en mission par l'organisation des Nations Unies[727]. L'idée ici serait de doter les organes de surveillance de traité d'un personnel hautement qualifié à même de mener de manière autonome les activités qui sont les leurs. C'est la raison pour laquelle quand bien même les experts sont proposés par les États partis à la convention, ils n'en sont aucunement leurs représentants[728]. Il existe également afin que l'indépendance et l'impartialité des experts soient garanties, quelques principes bien établis. A titre illustratif, un expert ne peut être impliqué dans une procédure mettant en cause l'État dont il est ressortissant[729]. A dire vrai comme l'a souligné Agnès Dormenval, cette indépendance n'est pas toujours vérifiée dans la mesure où nombreux sont les experts qui exercent en même temps des hautes fonctions dans le cadre de leurs États d'origine[730]. Pour une bonne organisation de leur travail, le Secrétaire général de l'Organisation des Nations Unies met à la disposition des divers organes de surveillance de traités, le personnel et les installations qui leur sont nécessaires[731]. Les membres de chaque organe de surveillance se réunissent en sessions d'une fréquence et d'une durée assez variable en fonction de l'organigramme de l'organe en question[732]. Au cours de ces périodes, il s'agit d'examiner à titre principal les rapports des États et les requêtes individuelles. Il importe de relever que les

---

723 18 membres au niveau des comités suivant : CDH et CDESC, 23 membres pour le CEDEF et 10 membres pour le CDE et le CCT. Voir Art 28al1, PIDCP; Art 17al1, CEDAW; Art 17al1, CAT; Art 43 al2, CRC ; Fact sheet 30, An introduction to the core human rights treaties and the treaty bodies, p.24.

724 Art32al1, PIDCP; Art 17 §5 α 6, CEDAW; Art 43 al6, CRC; Art17§.5, CAT.

725 Art29al3 α Art32al1, PIDCP; Art43 §6, CRC; Art17 §5, CAT.

726 Art28al2, PIDCP; Art17al1, CEDAW; Art17al1, CAT; Art 43al2, CRC.

727 Art 43, PIDCP.

728 Art 28al3, PIDCP; Art 17al1, CEDAW; Art17al1, CAT; Art 43al2, CRC.

729 Art 60, §.1 alinéa c, Annex I of the Report of the Committee on the Elimination of Discrimination against Women (A/56/38); art 71, §.4 α art 90 §.1 alinéa a, Rules of Procedure of the Human Rights Committee: CCPR/C/3/Rev.8, 22 September 2005.

730 L'impartialité dans les décisions ainsi à prendre n'est pas toujours garantie. A. Dormenval, op. cit., p.138.

731 Art 17 §9 CEDAW; Art.36 PIDCP; Art43 al11 CRC.

732 Rule 2, Rules of Procedure of the Human Rights Committee: CCPR/C/3/Rev.8, 22 September 2005 ; Art 1-3, Annex I of the Report of the Committee on the Elimination of Discrimination against Women (A/56/38); Rule 1-3, Provisional rules of procedure: CRC/C/4 14/11/91.

comités se doivent d'établir un rapport annuel de leurs activités à l'Assemblée générale et la publicité qui s'y attache n'est pas à négliger au regard d'une promotion effective des droits de l'homme[733]. L'importance des activités ainsi menées par les organes d'application des traités est à vrai dire, largement tributaire de leurs capacités financières.

(2). Les sources de financement

Notre travail resterait ici incomplet si la question du financement des organes de surveillances des traités n'était pas abordée. Les fonds permettant aux comités d'accomplir leurs missions proviennent soit du budget des Nations Unies[734] soit alors des États partis à la convention[735]. Et dans certains cas des deux à la fois[736]. Sans vouloir revenir sur les débats relatifs au taux assez faible du budget des Nations Unies concernant la question des droits de l'homme[737], il convient de faire remarquer que les sommes allouées par les Nations Unies à cet effet concernent : les voyages et émoluments des experts, l'assistance d'un secrétariat annuel, l'organisation des sessions annuelles et la publication de documents de travail. Or la crise financière que connaît l'Organisation des Nations Unies n'a pas toujours été sans incidence sur les activités des comités en ce qui concerne les droits de l'homme[738]. C'est ainsi que certaines sessions ont été si ce n'est simplement annulées, du moins sensiblement réduites ainsi que les contenus des rapports annuels d'activités y subséquents. S'agissant des financements émanant des États, la situation n'est pas meilleure[739].

Ces quelques remarques ayant été faites sur les modes de créations et de fonctionnement des organes de surveillance des traités, il conviendrait de dire quels sont les procédés de contrôle se rattachant aux États auxquels ils ont

---

733 Art21§.1 CEDAW ; Art45 PIDCP; Art 24 CAT.

734 Art 35 PIDCP ; Art17 §.8 CEDAW; Art 43 §.12 CRC; §. e Résolution Ecosoc 1985/17 du 28 Mai 1985 concernant les membres du Comité des droits économiques, sociaux ou culturels.

735 Art 17,§.7 α 18,§.5 CAT. Il convient de faire remarquer que certains auteurs critiquent cette source de financement dans la mesure où elle contribuerait à affaiblir sensiblement le système des Nations Unies en les rendant encore plus dépendants des États, voir dans ce sens A. Dormenval, op. cit..14, pp. 25 α 165-166.

736 S'agissant du CDH, il peut arriver que son financement soit pour une part assuré par les États parties. C'est dans l'hypothèse où une Commission ad hoc est désignée (voir Art. 42 §.1a) pour aider à régler une question soumise au Comité dans le cadre de l'art 41(plainte inter-étatique). Dans une telle hypothèse, toutes les dépenses des membres de la Commission sont réparties également entre les États parties intéressés (Art.42 § 9).

737 A. Dormenval, op. cit., pp.158-159.

738 Ibid, pp.159-167.

739 Ibid, pp.162-164.

recours afin d'assurer le respect effectif des droits internationalement garantis relatifs à la pratique des MGF.

2. Les techniques de contrôle se rattachant aux États

Les États parties aux conventions internationales se voient très souvent astreints à certaines mesures afin que les droits qui y sont consacrés soient effectivement garantis. Parmi ces mesures quelque peu contraignantes pour les États, l'obligation qu'ils ont de présenter aux comités des rapports sur les mesures prises en vue de donner effet aux droits reconnus dans les conventions internationales contractées, occupe une place centrale (a), les autres mesures n'intervenant que de manière additionnelle dans la mesure où les États parties doivent y consentir de manière expresse (b).

a. L'obligation des États parties de présenter aux organes conventionnels des rapports sur les mesures prises en vue de donner effet aux droits reconnus dans les conventions internationales

Il conviendrait donc aussi bien de préciser le contenu, l'intérêt (1) et les limites de cette obligation (2) avant de l'analyser à la lumière de la pratique des MGF (3).

(1). Contenu et intérêt de l'obligation de rapport

Toutes les conventions applicables aux MGF prévoient de manière expresse l'obligation de rapport pour les États parties auprès des organes de surveillance créés à cet effet[740]. Il s'agit essentiellement pour les États parties, de faire part aux comités respectifs des mesures législatives, judiciaires, administratives et autres qu'ils ont prises sur le plan interne afin de donner effets aux conventions, dont ils sont chargés d'en assurer l'application. S'agissant du pacte relatif aux droits civils et politiques, alors qu'il est imposé un délai d'un an après ratification aux États parties dans l'élaboration du premier rapport à lui adresser[741] ; en ce qui concerne les rapports subséquents la convention laisse le soin à l'organe de surveillance de décider du moment où les États parties à ladite convention peuvent les lui adresser[742]. La liberté ainsi accordée aux comités à notre avis aurait l'avantage de leur permettre tout au moins sur un plan théorique de mieux organiser leurs tâches. C'est ainsi que le CDH a non seulement la charge d'examiner dans des délais raisonnables les rapports des États parties à lui transmis mais également de décider discrétionnairement à partir des réalités sociales et politiques du moment, lesquels desdits rapports se doivent d'être examinés. Une analyse de l'activité du CDH montre cependant que ce dernier

740 Art 40 §.1 PIDCP ; art 18 §.1 CEDAW; art 17 §. 1 PIDESC; art 44 §.1 CRC; art 19 §.1 CAT.

741 Art 40 §.1alinéa a PIDCP.

742 Art 40 §.1alinéa b PIDCP.

accuse très souvent d'un retard dans l'examination des rapports des États[743]. Par ailleurs l'existence d'un pouvoir discrétionnaire en la matière au profit de l'organe de contrôle peut en pratique causer de nombreux abus et porter par conséquent gravement atteinte au principe d'égalité des États parties. En effet, la communauté internationale étant constituée d'États souverains égaux, l'élaboration de dispositions fixes, applicables à tous, doit rester la règle[744]. Telle est d'ailleurs l'approche adoptée par les autres comités également compétents pour examiner la situation des États en relation avec la question des MGF. En effet les autres comités imposent tous des délais fixes aux États parties en ce qui concerne la soumission aussi bien des rapports initiaux que périodiques aux organes de contrôle[745]. A dire vrai, la position de certains d'entre eux est assez nuancée dans la mesure où certaines conventions prévoient que les organes de surveillance ont la possibilité de demander d'autres rapports aux États parties en dehors des délais fixés[746]. Ceci étant, il convient de relever que les rapports périodiques sont généralement élaborés en tenant compte des observations finales du rapport initial faites par les organes d'application des traités. En effet, la finalité de l'obligation de rapport est essentiellement de permettre aux comités d'assister de manière progressive les États parties dans la mise en œuvre des dispositions internationales au niveau national[747]. C'est la raison pour laquelle, les rapports des États ne doivent pas avoir un caractère simplement descriptif mais doivent être empreints d'un certain dynamisme de manière à refléter les mentalités et les comportements d'une société donnée[748]. L'implication de la société civile dans la préparation des rapports des États est donc vivement souhaitée[749]. L'idée ici est de permettre aux organes de

---

743 Le nombre de rapports en attente d'examination devant le CDH s'élevait à 88, en date du 21 juillet 2007 http://www.unhchr.ch/tbs/doc.nsf/newhvoverduebytreaty?OpenView.

744 C'est ce qui expliquerait qu'en pratique, le CDH a développé une règle générale selon laquelle les États parties se doivent d'adresser leurs rapports périodiques dans un délai de 4 ans. Voir Fact sheet 30, An introduction to the core human rights treaties and the treaty bodies, p.26, consulté à l'adresse http://www.ohchr.org/english/about/publications/docs/fs30.pdf, le 10 juin 2004.

745 Idem.

746 Art 18 §.1 alinéa b, CEDAW; art 19 §.1 CAT.

747 *" Seen in this Way, the reporting system is an important tool for a State in assessing what has been achieved, and what more needs to be done, to promote and protect human rights in the country"*: Fact sheet 30, An introduction to the core human rights treaties and the treaty bodies, pp. 24-25.

748 Recommandation générale No19 (11ème session CEDEF 1992), § 7alinéa e α f; Recommandation générale No24 (20ème Session, 1999), §§.9, 10 α 19.

749 *« the reporting process, from the preparation of the report, through the international process of consideration of the report, to the national response to the treaty body's recommendations, can also serve to stimulate national debate on human rights within civil society and create new human rights constituencies »*Fact sheet 30, An

surveillance des traités d'avoir à leur portée le maximun d'informations révélatrices des attitudes réelles des populations au regard des droits de l'homme. En effet, l'intérêt de l'obligation de rapport des États ne se limite pas pour les organes de surveillance des traités à connaître ou mieux à faire connaître par le biais de la publicité de ces rapports, la situation du droit interne d'un État donné par rapport à ses engagements internationaux. La tâche de ces organes a pour but essentiel d'aider les États, à partir des problèmes identifiés faisant obstacle à l'application du traité, à développer des stratégies, qui leur permettront d'honorer leurs engagements internationaux : *« the output of the treaty bodies provides states with pratical advice and assistance on how best to implement the treaties »*[750]. Pour dire vrai, tout dépend de la crédibilité et de la véracité de l'information contenue dans les rapports examinés[751]. Cela étant, il convient de préciser, que les décisions des comités, appelées observations finales, ne sont en réalité rien d'autre que les résultats d'un dialogue constructif avec le États[752]. Lequel dialogue ne peut avoir une incidence réelle que si les États coopèrent comme a eu à le relever Schöpp-Schilling[753]. Il importe cependant de noter que, quand bien même lesdites observations finales ne seraient pas contraignantes au sens strict du droit, elles participent d'une manière certaine à la promotion des droits de l'homme. En effet, de par la

---

introduction to the core human rights treaties and the treaty bodies, pp. 44-45, consulté à l'adresse http://www.ohchr.org/english/about/publications/docs/fs30.pdf, le 10 juin 2004.

750 Fact sheet 30, An introduction to the core human rights treaties and the treaty bodies, p.45, consulté à l'adresse http://www.ohchr.org/english/about/publications/docs/fs30.pdf, le 10 juin 2004; F. Sudre, droit européen et international des droits de l'homme, paris, 6e édition refondue, p.612.

751 Cet aspect de la question sera analysée quand nous aborderons la question de l'efficacité réelle du système des rapports en ce qui concerne les MGF, voir partie II.C de ce chapitre, pp.174-178.

752 Fact sheet 30, An introduction to the core human rights treaties and the treaty bodies, §. 5, p.3, consulté à l'adresse http://www.ohchr.org/english/about/publications/docs/fs30.pdf, le 10 juin 2004.

753 En effet, les États parties peuvent s'abstenir de donner une information vraie sur la situation de leurs droits, surtout qu'en l'espèce les échanges sont assez confidentiels: *"Aber auch auf seiten der Regierungen kann selbst bei Erfüllung der Berichtspflicht ein taktisches Verschleicern der wahren Situation vorliegen. Zudem erlaubt der konstruktive Dialog nur die Mittel der Bloßstellung und der Scham, die aber aufgrund der letztlich geringen Öffentlichkeit der Arbeit des komitees nichts besonders wirksam sind„*, H. Schöpp-Schilling, op. cit., p.155(160).

publicité dont elles sont l'objet[754], elles peuvent de ce fait imprègner aussi bien les individus, les praticiens du droit que les ONGs au niveau des États[755].
Les faiblesses inhérentes à ce mécanisme se trouveraient plutôt du côté de la garantie effective des droits ainsi proclamés, lequel aspect sera analysé dans les lignes qui suivent.

(2). Les limites du système de rapport

Celles-ci découlent essentiellement du caractère non coercitif des décisions auxquelles les organes de surveillance des traités aboutissent à la suite de l'analyse des rapports à eux transmis par les États. En d'autres termes, les organes de surveillance ne disposeraient pas à proprement parler, de moyens véritablement coercitifs[756], qui obligeraient les États parties non seulement à élaborer les rapports mais également et surtout à adopter des mesures substantielles dans la perspective d'assurer un bénéfice concret, tout au moins de manière directe, des engagements ainsi contractés à leurs populations. C'est ce qui expliquerait les nombreux retards dans l'élaboration des rapports si ce n'est leur absence pure et simple[757]. On note par ailleurs un retard du côté des comités eux-mêmes dans l'examination desdits rapports. S'agissant de la première catégorie de problèmes, sans vouloir nous attarder ici sur les explications possibles de tels retards[758], il a été développé en pratique le principe du cumul de plusieurs rapports retardataires en un seul rapport[759]. Mais cette position a été fortement critiquée par Agnès Dormenval dans la mesure où elle conduirait à une certaine superficialité dans le traitement de l'information concernant les droits de l'homme[760]. Le respect de la périodicité est donc pour cet auteur un

754 CCPR/C/66/GUI/Rev.2, §.G alinéa G4, 26 février 2001.

755 CRLP, Faire peser les droits : guide de plaidoyer sur le travail des organes de surveillance des traités des Nations Unies relatifs aux droits en matière de reproduction et de sexualité,120 Wall Street New York, U.S.A, 2003, pp.46-52.

756 Il s'agit en fait d'une limite inhérente même au système des Nations- Unies. En effet la communauté internationale est composée en grande partie d'États souverains qui répugneraient en grande partie à se soumettre à des engagements coercitifs mettant en péril leur indépendance. En d'autres termes, ici le politique dominerait sur le juridique. Voir A. Dormenval, op. cit., pp.112-114.

757 Pour une idée du nombre des rapports d'États retardataires devant les différents organes de contrôle des traités, voir http://www.unhchr.ch/tbs/doc.nsf/newhvoverduebycountry?OpenView.

758 *«There may be many reasons why States fail to report, ranging from war and civil strife to limited resources»*, Fact sheet 30, An introduction to the core human rights treaties and the treaty bodies, p.51, consulté à l'adresse http://www.ohchr.org/english/-about/publications/docs/fs30.pdf, le 10 juin 2004.

759 Méthodes de travail actuelles du Comité pour l'élimination de la discrimination à l'égard des femmes : aperçu général, dans A/59/38 Annexe X, 4ème partie, §.27, p.6 ; Extrait du document CRC/C/114, 29ème session, janvier 2002, §.2 alinéa a α b.

760 A. Dormenval, op. cit..14, p.155.

élément important, son respect permettant aux comités de suivre l'évolution dans le temps des progrès des États en ce qui concerne l'application de leurs engagements. A notre avis, il importe de relever que si le respect des délais en la matière est souhaitable[761], il nous semble primordial de relever que l'obligation de report reposerait avant tout sur la qualité de l'information. Outre le fait qu'il ne faille pas minimiser les difficultés aussi bien d'ordre financières, factuelles[762], que techniques[763] auxquelles les États sont confrontés dans la mise en application de leurs obligations internationales, il faut également éviter en la matière une répétition dans le contenu des rapports des États[764].
S'agissant de la deuxième variante à cette catégorie de problèmes, à savoir l'absence de reports, les organes de surveillance des traités peuvent décider dans certaines circonstances d'analyser la situation d'un État en l'absence de tout rapports. Concrètement, il sera adressé à l'État ainsi interpellé un certain nombre de questions concernant les mesures qu'il aurait prises en application de ses obligations internationales[765]. Dans la réalité, une telle examination ne peut intervenir qu'après que plusieurs appels aient été faits à l'État recalcitrant[766].
Pour ce qui est de la deuxième catégorie de problèmes, à savoir le retard par le comité dans l'examination des procédures, certaines pratiques ont été développées comme l'établissement d'une liste de questions par le groupe de travail devant préparer la session dans laquelle un État donné doit intervenir[767]. L'intérêt de cette liste de questions est d'actualiser quelque peu le rapport de

761 En effet, le principe du cumul contribue à renforcer l'idée selon laquelle aucune systématisation ne serait possible concernant les droits de l'homme, le politique dominant le juridique.

762 Fact sheet 30, An introduction to the core human rights treaties and the treaty bodies, p.51, consulté à l'adresse http://www.ohchr.org/english/about/publications/docs/fs30.pdf, le 10 juin 2004.

763 C'est la raison pour laquelle, les comités proposent très souvent d'apporter leur assistance techniques aux États dans l'élaboration de leurs rapports, voir Méthodes de travail actuelles du Comité pour l'élimination de la discrimination à l'égard des femmes : aperçu général, A/59/38 Annexe X, 4ème partie, §.27, p.6.

764 En effet si un rapport donné a été élaboré tardivement et que le suivant doit l'être dans des délais brefs, une répétition nous semble alors inévitable.

765 Ce fut le cas du Mali en 2002 devant CDH en l'abscence de son deuxième rapport devant être présenté le 11avril 1986, voir CCPR/C/77/L/MLI, 27 novembre 2002.

766 *« The procedure is used in cases where the report has been overdue for an excessive period and the State party has not responded to the treaty body's requests for a report"*, voir Fact sheet 30, An introduction to the core human rights treaties and the treaty bodies, p.53, consulté à l'adresse http://www.ohchr.org/english/about/publications/docs/fs30.pdf, le 10 juin 2004.

767 Méthodes de travail actuelles du Comité pour l'élimination de la discrimination à l'égard des femmes : apercu général général, dans A/59/38 Annexe X, 3ème partie, §.7-11, p.3.

l'État compte tenu de son examination tardive[768]. Par ailleurs, toujours en vue de faire face à ce problème, certains comités ont soit augmenté le nombre de chambres parallèles, soit alors le nombre de sessions annuelles[769].
L'obligation de rapport des États ayant été présentée de manière quelque peu abstraite, il conviendrait maintenant de l'analyser par rapport à la thématique des MGF, sujet de notre réflexion.

(3). L'analyse de l'obligation de rapport des États à la lumière de la pratique des MGF

La pratique des MGF comme nous l'avons démontré plus haut porte atteinte à diverses dispositions conventionnelles[770]. C'est la raison pour laquelle, les États parties à ces conventions conformément à leurs obligations internationales, se doivent de mettre à la connaissance des organes de surveillance respectivement établis à cet effet de l'ensemble des mesures prises pour éradiquer les MGF. C'est dans ce sens que les organes de surveillance des traités par le biais des recommandations générales ne cessent de réitérer cette prescription, précisant par celà les dispositions des traités auxquelles la pratique porterait atteinte[771]. Cet intérêt des comités pour la question des MGF ne se situe pas seulement en amont ou en aval de la procédure du système des rapports mais marque bien tout son déroulement. C'est ainsi que dans le cadre des questions adressées aux États parties par les organes conventionnels en vue de la préparation de leurs sessions, il est très souvent demandé expressément aux États d'expliciter les stratégies pour combattre la question de la violence féminine et entre autres celle des MGF[772]. Il est donc aujourd'hui admis, que la pratique des MGF porte

768 "The list of issues provides a source of up-to-date information for the committee with regard to a State whose report may have been awaiting consideration for as much as two years", voir Fact sheet 30, An introduction to the core human rights treaties and the treaty bodies, p.50, consulté à l'adresse http://www.ohchr.org/english/about/publications/docs/fs30.pdf, le 10 juin 2004.

769 Fact sheet 30, An introduction to the core human rights treaties and the treaty bodies, p.47, consulté à l'adresse http://www.ohchr.org/english/about/publications/docs/fs30.pdf, le 10 juin 2004; F. Gomez Isa, *"The Optional Protocol for the Convention on the Elimination of All Forms of Discrimination Against Women: Stregthening the Protection Mechanisms of Women's Human Rights"*,AJICL, 20, 2003, p.(291), 304.

770 Voir supra la partie I de ce chapitre, pp.123 et s.

771 General Comment No 28, CCPR/C/21/Rev.1/Add.10, §§. 4 -5, 11α 28, 29 March 2000; Recommandation générale CEDEF No14 (neuvième session 1990), §d; Recommandation générale No19 (onzième session, 1992), §§.2, §.24 alinéas e, f, u, v ; Recommandation générales No24 (vingtième session, 1999), §.13 ; General comment No.16(2005) of the Committee on Economic, Social and Cultural Rights, para.5.

772 CCPR/C/68/L/COG, §8 alinéa a, 3 décembre 1999; CCPR/C/COD/Q/3, §.6, 7 décembre 2005; CRC/C/SR.737, §.44, 4 février 2002; CRC/ C/ SR.1017, §§ 52,64, 24 janvier 2005.

atteinte à de nombreuses dispositions conventionnelles, les États parties se devant par conséquent de faire part des mesures législatives prises interdisant purement et simplement la pratique dans leurs rapports. Un défaut dans ce sens, est très souvent mentionné dans les observations finales des comités. Ce fut par exemple, le cas du Cameroun et de la République du Congo, à qui le CEDEF recommanda de légiférer expressement sur la question[773]. Il ne s'agit pas d'ailleurs d'une recommandation qui est propre au CEDEF[774]. Il convient de faire remarquer, que les mesures éducatives visant à sensibiliser les populations nonobstant les controverses qui s'y attachent occupent une place centrale dans les stratégies recommandées par les organes conventionnels en ce qui concerne les MGF. En effet, l'activité des organes des traités compétents en la matière fait ressortir l'idée selon laquelle l'attachement des populations à certaines coutumes négatives serait un obstacle sérieux à l'application des dispositions conventionnelles[775]. Les mesures éducatives sensibilisatrices viseraient donc essentiellement, à rendre compréhensives les dispositions conventionnelles de manière à permettre un détachement vis-à-vis de la pratique des MGF dans les sociétés concernées[776]. C'est pourquoi, les comités recommandent que les conventions internationales soient traduites dans les langues locales, du moins

773 Concluding Observations of the Committee on the Elimination of Discrimination Against Women :Cameroon, A/55/38, §.54, 26/06/2000; Concluding Observations of the Committee on the Elimination of Discrimination Against Women :Congo, A/55/38, §.215-216, 01/02/ 2000.

774 CCPR/C/21/Rev.1/Add.10, General Comment No28, §§11α 24, 29 March 2000 ; CRC/C/15/Add.164, §§.48-49, 6 novembre 2001; CRC/C/15/Add.153, §.57a, 9 juillet 2001; A/HRC/4/104, para.8, 21, pp.5, 8, 15 février 2007, Rapport du Secrétaire general sur l'application de la résolution 2005/42 relative à la prise en compte des droits fondamentaux des femmes dans tous les organismes des Nations Unies.

775 Le CEDEF dans l'analyse des 4ème et 5ème Rapports du Burkina –Faso, pays dont les efforts dans la lutte contre les MGF sont remarquables, a déploré cet état de choses: *«The Goverment (Burkina-faso) was still up against strongly entrenched customary and religious practices that hindered the advancement of women». For example, even though Female circumcision had been banned an dits practice criminalized, i twas still being performed»*, consulté le 30 décembre 2005 dans http://www.un.org/News/Press/docs/2005/wom1516.doc.htm; Concluding Observations of the Committee on the Elimination of Discrimination Against Women :Congo, A/55/38, §.210, 01/02/ 2000; Concluding Observations of the Committee on the Elimination of Discrimination Against Women :Cameroon, A/55/38, §.53, 26/06/ 2000; Observations finales du Comité des droits de l'enfant : Mali, CRC/C/15/Add.113, §.28, 02/11/99; Observations finales du Comités des droits de l'enfant: Cameroun, CRC/C/15/Add.164, §.9, 6 novembre 2001; Concluding Observations of the Committee on the Elimination of Discrimination Against Women : Congo, A/55/38, §.197, 01/02/ 2000.

776 Observations finales du Comités des droits de l'enfant: Cameroun. CRC/C/15/Add.164, §.22 alinéac, 6 novembre 2001; Observations finales du Comité des droits de l'enfant : Mali, CRC/C/15/Add.113, §.28, 02/11/99.

les principales[777]. Si certains États comme le Mali ont pu prendre des mesures concrètes dans ce sens[778], il convient de mentionner que cela peut s'avérer difficilement réalisables compte tenu de la diversité des langues parlées dans la plupart des États africains[779]. Ils encouragent par ailleurs les États à travailler de manière complémentaire dans ce domaine, les uns profitant de l'expérience des autres[780].

A partir de ces quelques éléments, nous pouvons dire sans risque de nous tromper que l'obligation de rapport commande aux États de faire état des mesures prises afin d'éradiquer la pratique des MGF. Mais que se passe t-il, si de telles mesures n'existent pas ou mieux, quand bien même elles existeraient, ne seraient pas appliquées ? Il s'agit là, à vrai dire, de la faiblesse inhérente au système de rapport, lequel ne peut réellement avoir une incidence réelle au niveau des situations de vie concrètes des populations connaissant de la pratique.

Ce constat s'applique également aux autres techniques de contrôle se rattachant aux États.

b. Les autres techniques de contrôle se rattachant aux États

Il s'agit essentiellement des plaintes inter étatiques (1) et des procédures d'enquêtes (2)

(1). Les plaintes interétatiques

Certains traités prévoient expressément, qu'en cas de violation de leurs dispositions par un État partie, tout autre État partie a la possibilité d'adresser une plainte aux organes de surveillance d'application dudit traité. Les deux conventions applicables aux MGF prévoyant ce type de mécanisme ont en réalité un régime assez identique. Il s'agit de la Convention contre les tortures en son article 21 et du pacte relatif aux droits civils et politiques en ses articles 41-43. Il importe de relever que la mise en jeu des plaintes inter étatiques tel que réglementé par ces deux conventions n'est possible sans une déclaration expresse aussi bien de l'État demandeur que défendeur de se les voir appliquer[781]. Il faut par ailleurs relever que quand bien même les deux États en

777 Observations finales du Comités des droits de l'enfant: Cameroun. CRC/C/15/Add.164, §.22 alinéa b, 6 novembre 2001.

778 Observations finales du Comité des droits de l'enfant: Mali, CRC/C/15/Add.113, §.4 α 14, 02/11/99 .

779 C'est le cas du Cameroun où il existe près de 230 langues parlées, voir Observations finales du Comités des droits de l'enfant: Cameroun. CRC/C/15/Add.164, §.8, 6 novembre 2001.

780 Observations finales du Comité des droits de l'enfant : Mali. 02/11/99, CRC/C/15/Add.113, §.28; Observations finales du Comités des droits de l'enfant: Cameroun. CRC/C/15/Add.164, §.49, 6 novembre 2001.

781 Art 41, §.1 PIDCP; Art2, §.1 CAT.

conflit ont fait une telle déclaration, la saisine des organes de surveillances, en l'espèce le CDH et le CCT, demeure l'exception. En effet, ceux-ci ne peuvent de manière principielle connaître d'un litige que si la tentative pour les parties de régler leur litige à l'amiable s'est soldé par un échec[782]. C'est alors que les comités mentionnés ci-dessus peuvent intervenir, encore faut-il que les voies de recours au niveau interne aient été effectivement épuisées[783]. En d'autres termes l'arrangement à l'amiable est le principe et le procès l'exception. De telles dispositions, sont à notre avis compréhensives dans la mesure où les décisions desdits organes n'étant pas véritablement coercitives, une grande place se doit d'être laissée au compromis et à la dissuasion. La confidentialité qui caractérise, ce type de procédure est d'ailleurs assez illustrative à ce sujet. Que l'on soit devant le CDH ou le CCT, les procédures sont essentiellement secrètes les renseignements devant émaner des États parties au litige[784]. Il convient toutefois de remarquer que le régime de la preuve est libre et que le principe du contradictoire est admis. Les comités ont exactement un an après notification par l'État demandeur pour établir un rapport qu'il communiquera aux États[785]. Ce rapport sans être à proprement exécutoire, peut toutefois donner lieu dans le cadre du pacte relatif aux droits civils et politiques à un recours éventuel si les parties le désirent. En l'espèce, une commission adhoc sera établie dont l'objectif principal est de permettre aux parties de trouver une solution amiable à leur différend[786]. Nous voyons donc, que les comités exercent essentiellement ici les fonctions d'une instance d'arbitrage plutôt que juridictionnelle, leur objectif étant de permettre aux États parties au litige de trouver une solution amiable conformément aux principes communément admis en droit international[787]. Il faut cependant dire que ce mécanisme n'a pas encore été jusqu'ici utilisé. La raison à notre avis serait beaucoup plus politique que juridique, chaque État se refusant d'embarrasser un autre État sur le plan international craignant que l'ascenseur ne lui soit retourné. S'agissant des MGF, 28 États d'Afrique connaissent de la pratique. A supposer même que tous les États en question aient accepté la compétence des organes conventionnels en ce qui concerne les plaintes inter étatiques, il est fort peu probable qu'un des États décide d'enclencher ledit mécanisme à l'encontre d'un autre État. Et, quand bien même ce serait le cas, que les intérêts des individus soient véritablement préservés[788].

---

782 Art 41, §.1 alinéa a α b, PIDCP; Art21 §1 alinéa a α b, CAT.

783 Art 41, §.1 alinéa c PIDCP; Art21, §1alinéac CAT.

784 Art 41, §.1 alinéa d α g PIDCP; Art21, §1alinéa d α g CAT.

785 Art 41, §.1alinéa h PIDCP; Art21 §1alinéa h, CAT.

786 Art 42 PIDCP.

787 Art 79, Rules of Procedure of the Human Rights Committee: CCPR/C/3/Rev.8 22 September 2005.

788 *«les négociations bilatérales en matière de règlement des différends sont souvent très longues et s'apparentent à des tractations politiques qui aboutissent bien souvent -*

Ce qui a été dit pour la compétence des organes de surveillance des traités nécessitant le consentement exprès des États parties concernant les plaintes inter étatiques, est également vrai pour les procédures d'enquêtes.

(2). Les procédures d'enquêtes

Le consentement des États parties est également une condition sine qua non de mise en jeu des procédures d'enquêtes, que l'on soit devant le CEDEF ou le CCT, les deux organes ici compétents en ce qui concerne la question des MGF. Si dans le cadre de ce type de procédure aussi bien devant le CEDEF que devant le CCT un tel consentement est présumé contrairement aux procédures de plaintes interétatiques où il est à requérir, il suffit d'une déclaration expresse d'un État partie pour voir la compétence des organes de surveillance de traités exclue en la matière[789]. L'usage de ces mécanismes n'est donc pas obligatoire, la volonté de l'État y jouant un rôle prépondérant. Il s'agit d'ailleurs là d'un principe qui se vérifie à toutes les étapes des procédures d'enquêtes, que l'on soit devant le CEDEF ou le CCT. Si les procédures d'enquêtes devant ces deux organes de surveillance sont assez similaires, la Convention sur l'élimination de toutes les discriminations faites aux femmes a cependant conféré non seulement un domaine d'application un peu plus vaste au CEDEF mais a également mis en place un meilleur système pour le suivi de ses décisions. Ainsi alors que le CCT initie ses enquêtes en cas de violations systématiques des droits[790], le CEDEF intervient non seulement dans cette hypothèse mais également en cas de violations graves des droits de l'homme[791]. Le critère de l'intervention du CEDEF n'est donc pas seulement la fréquence desdites violations mais aussi leur intensité. Le plus intéressant est que ces deux conditions sont non exclusives, c'est-à-dire qu'elles n'ont pas besoin d'être à la fois vérifiées pour que le comité intervienne. En ce qui concerne les MGF, ces deux critères se trouvent vérifiés car elles constituent des atteintes graves aux droits des femmes et fillettes, intervenant de manière systématique pour des raisons culturelles dans les localités concernées. L'applicabilité de ce type de procédures semble donc ne poser aucun problème en ce qui concerne la pratique des MGF. A dire vrai, l'attitude de l'État est déterminant aussi bien pour le déclenchement que pour le déroulement de ce type de procédures. En effet le Comité, qui reçoit des informations de sources fiables[792] qu'il y'aurait des atteintes sérieuses et

---

lorsque les intérêts des individus sont en jeu- à sacrifier les individus sur l'autel de la raison d'État»: N. Makoundzi-Wolo, la Commission africaine des droits de l'homme et des peuples, panacée ou placebo? les illusions d'une charte, UNESCO, Dakar, 1997, pp.55, 57.

789 Art 10, §.1 CEDAW; Art 28, §.1 CAT.

790 Art 20 §.1 CAT.

791 Art 8, PF CEDAW.

792 A. Golze, op. cit., p.511(530).

massives des droits de l'homme dans un État partie n'ayant pas fait de déclaration expresse, se doit avant tout de s'assurer de leur véracité. A cet égard, l'avis de l'État suspecté doit nécessairement être recherché[793]. La préoccupation serait ici d'éviter d'embarrasser inutilement les États, ce qui pourrait par ricochet altérer le prestige des Nations Unies. Ce sont ces quelques considérations qui justifieraient le caractère confidentiel de ce type de procédure[794]. S'il s'avère donc que les informations reçues sont fondées, l'organe conventionnel peut demander à un ou plusieurs de ses membres d'effectuer une enquête sur la question, laquelle pouvant inclure des descentes sur le terrain[795]. Une telle alternative nécessite encore une fois l'assentiment de l'État interpellé[796]. Les conclusions auxquelles vont arriver les membres délégués vont servir d'éléments de base aux observations et recommandations des organes conventionnels adressés aux États. La question qui se pose à ce niveau est relative à l'impact desdites décisions. A cet égard, la Convention sur l'élimination de toutes les formes de discriminations à l'égard des femmes confère aux décisions du CEDEF, une certaine autorité en comparaison de celles de la CCT du fait de leur meilleure suivie. Alors que la publicité des recommandations de la CCT de par leur insertion dans son rapport annuel apparaît comme le moyen par excellence pour amener les États, ayant fait l'objet d'enquêtes, à s'y conformer[797], en ce qui concerne le CEDEF ces derniers se doivent de lui faire part dans un délai de 6 mois des mesures prises en vue d'appliquer ses recommandations[798]. Dans ce sens, l'insertion des dites mesures dans les rapports périodiques des États apparaît comme une mesure additionnelle de garantie[799]. Il importe de retenir que les mécanismes se rattachant aux États, ont ceci de commun, qu'ils confèrent aux États un rôle prépondérant dans la garantie des droits de l'homme. Or, s'il est indéniable que les États ont intérêt à ce que les droits de l'homme soient respectés, la préservation de leur souveraineté demeure parallèlement une préoccupation centrale. Ce souci des États de préserver leur autonomie n'est pas toujours sans poser des entorses aux droits des individus, bénéficiaires premiers des droits de l'homme. A cet égard, les mécanismes se rattachant aux individus ne peuvent

793 Art 83 §.1 α Art 84 §.2, Annex I of the Report of the Committee on the Elimination of Discrimination against Women (A/56/38); Art 20, §.1 CAT.

794 Sur le caractère confidentiel de ce type de procédure, voir Art 81, Annex I of the Report of the Committee on the Elimination of Discrimination against Women (A/56/38); Art 8, §.5, CEDAW; Art 20, CAT.

795 Art 8, §.2 CEDAW, Art 20, §.2 α 3, CAT.

796 Art 8, §.5, PF CEDAW, Art 85, Annex I of the Report of the Committee on the Elimination of Discrimination against Women (A/56/38); Art20, §.5 CAT.

797 Art 20, §.5 CAT.

798 Art 8, §.4 α Art 9, §.2 CEDAW.

799 Art 9, §.1 CEDAW.

être que d'un intérêt certain compte tenu du rôle non négligeable conféré aux individus en l'espèce.

B. Les individus: sujets de droit de la société internationale

Si les individus n'ont pas directement participé à l'élaboration des conventions internationales relatives aux droits de l'homme, il n'en sont pas moins les véritables bénéficiaires, l'objet des dites conventions étant, au-delà des obligations imposées aux États partis, de conférer aux individus des droits et des obligations dans l'ordre juridique international[800]. Les communications individuelles revêtent à ce titre un intérêt certain pour la protection des individus, en ce sens qu'elles leur confèrent la capacité juridique de revendiquer leurs droits au niveau international, leur objet, étant alors de donner la possibilité aux individus en cas d'atteintes aux droits internationalement consacrés de saisir les organes de surveillance établis à cet effet[801]. Par rapport à la thématique objet de notre réflexion à savoir les MGF, trois conventions garantissent un droit de recours individuel. Il s'agit de la CCT et des protocoles facultatifs de la CEDAW et du PIDCP. Il convient alors de préciser les conditions de saisine de ces organes dans le cadre des communications individuelles. A cet égard, la recevabilité et l'admissibilité de la communication individuelle feront l'objet de la première partie (1). Par la suite, nous aurons à dire quelques mots sur les modalités d'examination des organes conventionnels en la matière et sur la portée des décisions ainsi élaborées (2).

1. La recevabilité et l'admissibilité des communications individuelles

a. La recevabilité

Nous avons adopté une étude globale des critères de recevabilité des communications aussi bien devant le CDH, le CCT et le CEDEF, tout en faisant ressortir le cas échéant leurs divergences et les intérêts qui s'y attachent. De manière générale, pour qu'une communication soit jugée recevable et par conséquent enregistrée, certaines conditions concernant aussi bien le requérant que l'État défendeur se doivent d'être remplies. S'agissant du requérant, outre le respect de certains critères formels relatifs entre autres à celui du caractère écrit

---

800 F. Sudre, droit européen et international des droits de l'homme, paris, 6e édition refondue, p.87.

801 Cette capacité accordée aux individus est à dire vrai assez limitée et demeure suboordonnée à la volonté des États : *«..... parce que l'individu ne s'est généralement pas vu reconnaître le droit d'intenter directement une action judiciaire au plan international : la capacité d'agir de l'individu reste bornée à des procédures internationales de contrôle extra-judiciaire au plan international à la seule exception remarquable de la convention européenne des droits de l'homme.»:* Ibid, p.88.

de la demande initiant ce type de procédure[802], il se doit d'être celui là (ou ceux-là) à qui la violation des dispositions du traité a causé un préjudice personnel et réel[803], un tiers ne pouvant agir qu'avec le consentement de la victime[804]. Toutefois, la CEDAW à la différence des autres conventions dispose expressement qu'un tiers[805] s'il le justifie pourrait agir même en l'absence de tout consentement[806]. Il faut cependant dire que tout dépend en réalité d'un côté de l'orientation politique plus ou moins libérale de chaque État et d'un autre côté de la pratique jurisprudentielle des Comités eux mêmes. S'agissant des gouvernements, ceux-ci ayant la possibilité en ratifiant un traité d'introduire certaines clauses interprétatives, peuvent en pratique limiter la portée de certains articles[807]. C'est ainsi que certains États ont opté pour une conception très restrictive de la notion de tiers justifiant d'un intérêt pour agir en lieu et place de la victime quand bien même une telle orientation ne peut s'avérer que très

---

802 Pour plus d'informations, voir Fiche d'information No7 (Rev.1), Procédures d'Examen des Requêtes, pp.5-6, consulté à l'adresse http://www.ohchr.org/french/about/publications/docs/fs7_f.pdf, le 15 juin 2004.

803 Fiche d'information No7 (Rev.1), Procédures d'Examen des Requêtes, p.8, consulté à l'adresse http://www.ohchr.org/french/about/publications/docs/fs7_f.pdf, le 15 juin 2004. Ainsi, le dommage doit être actuel et personnel, la notion de risque semble en principe être exclue en la matière. Or une telle restriction n'est pas sans incidence sur l'efficacité de ce type de procédure en ce qui concerne les MGF où la simple menace de son exécution devrait justifier l'intervention des organes de surveillance. Il convient tout de même de dire que la pratique jurisprudentielle des comités eu égard à cette exigence est assez souple. C'est ainsi que le CDH a eu à admettre la recevabilité de communications émanant de victimes potentielles en reconnaissant que la seule existence d'une législation pouvait être constitutive d'une violation des droits de la victime présumée protégés dans le Pacte. Il en va ainsi du fait du maintien en vigueur de dispositions législatives réprimant pénalement l'hommoxesualité, « qui risquaient à tout moment d'être appliquées et influaient en permanence sur les pratiques de l'opinion publique », Toonen c/ Australie, 31 Mars 1994, Sélection de décisions du comité des droits de l'homme prises en vertu du protocole facultatif, volume 5, New York/Genève, p.161.

804 *«Vous pouvez aussi présenter une requête au nom d'une autre personne, à condition d'avoir son consentement par écrit»*, voir fiche d'information No7 (Rev.1), Procédures d'Examen des Requêtes, p.5, consulté à l'adresse http://www.ohchr.org/french/about/publications/docs/fs7_f.pdf, le 15 juin 2004; A. Golze, op. cit., pp.511(523-524).

805 La CEDAW ne se limiterait pas en ce sens à l'existence d'un lien de parenté conformément à la jurisprudence du CDH. Voir en ce sens Massera c/ Uruguay, 15 August 1979, A/34/40, p.126; Monguya Mbenge c/ Zaire, 25 March 1983, A/38/40, p.136.

806 Art 2 du PF, CEDAW.

807 Fiche d'information No7 (Rev.1), Procédures d'Examen des Requêtes, p.10, consulté à l'adresse http://www.ohchr.org/french/about/publications/docs/fs7_f.pdf, le 15 juin 2004.

préjudiciable aux individus[808]. En ce qui concerne les comités, ils se doivent d'interpréter les normes de la convention en ayant en arrière fond les intérêts des individus. Il est par exemple à souhaiter, que tous les comités dans leur pratique en ce qui concerne la recevabilité des requêtes, abandonnent l'interprétation quelque peu restrictive du CDH, selon laquelle un lien de parenté doit exister entre le requérant et la victime[809]. Il est donc à souhaiter que le CEDEF, qui semble préconiser une extension encore plus grande du cercle des victimes[810] adopte dans sa jurisprudence des règles souples de manière à permettre aux ONGs d'assister efficacement les victimes. Et, une telle orientation contribuerait certainement à compenser le déséquilibre des forces, des personnes en litige dans ce type de procédure, à savoir d'un côté l'État doté de la puissance publique et d'un autre côté la victime, simple personne de droit privée. Une telle évolution ne peut avoir qu'un impact positif sur les situations de vie concrètes de nombreuses personnes lésées. En effet, nombreuses sont les personnes lésées qui, pour des raisons diverses telles que : pauvreté, manque d'éducation, peur des représailles etc..., ne peuvent envisager d'user des voies de droit[811]. C'est le cas des femmes et fillettes, membres des communautés pratiquantes des MGF, qui bénéficiant très souvent d'un statut inférieur aussi bien sur le plan socio-économique que politique au sein de leurs communautés de vie respectives, sont de ce fait peu enclines à utiliser des voies de droits[812]. Toujours, en ce qui concerne les conditions relatives au requérant, celui-ci doit, pour qu'une suite soit donnée à sa plainte, avoir été sous la juridiction de l'État défendeur lors de la violation des dispositions qui lui ont causé un préjudice[813]. Conformément à une jurisprudence constante du CDH, la juridiction de l'État n'est pas à limiter à

808 F. Gomez Isa, op. cit., pp.291(312-313).

809 C'est ainsi que en pratique le CDH déclare irrecevable la plainte d'un réquérant qui agit au nom de la victime en l'absence d'une autorisation personnelle et sans un droit de représentation légale, AD c/ Canada, 29 july 1984, A/39/40, pp. 201, 203.

810 A cet égard , «la recevabilité de communication émanant d'associations féminines dès l'instant qu'une ou plusieurs femmes sont victimes d'une violation de l'une de ses dispositions» ne serait pas à priori à exclure. Voir S Bouet-Devrière, *«la protection universelle des droits de la femme: vers une efficacité accrue du droit positif international?»,* RTDH, 41, janvier 2000, p. 453 (458). Dans le sens contraire: A. Golze, op. cit., p.511 (523).

811 F. Gomez Isa, op. cit., pp. 310-311.

812 Ce fut d'ailleurs là l'une des conclusions d'une étude menée par l'ALVF au sein de la population féminine de l'extrême Nord Cameroun. La pratique des MGF n'est pas d'ailleurs inconnue dans la dite province. ALVF Extrême nord, étude sur la participation quantitative et qualitative des femmes dans la politique, juin, 2005, p.10.

813 Art 96, §.a, Rules of Procedure of the Human Rights Committee: CCPR/C/3/Rev.8, 22 September 2005; art.2 P.F CEDAW; art.22, CAT.

sa seule compétence territoriale[814], mais inclurait également ses compétences personnelles et extraterritoriales[815].
Les conditions relatives au requérant ne suffisent pas, à elles seules à amener les comités d'experts d'application des traités à connaître d'une affaire. Encore faut-il, pour une procédure devant le CEDEF et le CDH, que l'État défendeur ait ratifié aussi bien les textes conventionnels que les protocoles facultatifs ayant donné naissance aux dits organes ou alors que ce dernier ait fait une déclaration expresse dans ce sens lors de sa ratification ou de son adhésion à la Convention contre la torture, si la procédure est cette fois enclenchée devant le CCT[816].
Dès lors que les critères analysés plus haut sont vérifiés, la communication individuelle est enregistrée et par conséquent susceptible d'être effectivement admise.

b. L'admissibilité de la communication

Il s'agit essentiellement ici pour l'organe de surveillance de savoir si la requête individuelle, trouvant son fondement dans une violation des dispositions conventionnelles, peut être examiné quant au fond[817]. Une telle examination n'est possible que si certaines conditions sont cumulativement respectées. Il est un principe communément admis que les organes d'applications des traités ne peuvent en principe connaître d'une affaire que si les voies de recours internes

---

814 Lopez Burgos c/ Uruguay, 29 juillet 1981, A/36/40, p.189.

815 En ce sens, la relation entre l'individu et l'État serait à privilégier en comparaison avec le lieu de la violation. Voir H.v.D. c/ Pays-Bas, 8 April 1987, A/42/40, p.186. Par ailleurs, les particuliers alléguant de violations commises sur le territoire de l'État partie (peu importe qu'au moment de la communication, l'individu ne se trouve plus sur ce territoire (Viana Acosta c/ Uruguay, 29 March 1984, A/39/40, p.171), qu'ils aient ou non la nationalité de cet État (Angel Estrella c/ Uruguay, 29 March 1983, A/38/40, p. 156) bénéficient du droit au recours individuel. Allant dans le même sens, le droit individuel peut être également octroyé lorsque les violations sont commises sur un territoire étranger par des agents relevants de l'autorité incriminé, que ceux-ci exercent une autorité légale (Vidal Martins c/ Uruguay, 23 March 1982, A/37/40, p.160) ou de pur fait (Lopez Burgos c/ Uruguay, 29 juillet 1981, A/36/40, p.189).

816 Fiche d'information No7 (Rev.1), Procédures d'Examen des Requêtes, p.4, consulté à l'adresse http://www.ohchr.org/french/about/publications/docs/fs7_f.pdf, le 15 juin 2004.

817 La compétence ratione materiae des organes d'application de traités pour connaître de toute allégation de violation ayant trait à l'un des droits énoncés par les textes conventionnels leur ayant donné naissance est un principe bien établi. Toutefois, il est des hypothèses, où ce domaine traditionnel est élargi ou alors retrécie. Tout dépend en réalité aussi bien de l'hardiesse des organes d'applications de traités et de la politique plus ou moins restrictive des États par le biais des réserves en faveur des droits de l'homme. Voir, F. Sudre, droit européen et international des droits de l'homme, paris, 6e édition refondue, pp. 599-600.

ont été épuisées[818]. Cette prescription aurait essentiellement pour but de permettre aux États parties de régler le différend au niveau de leurs juridictions et administrations nationales confirmant ainsi l'idée selon laquelle, la compétence des États en ce qui concerne les droits de l'homme, reste des plus importantes. Ceci suppose bien entendu, que les États eux même s'impliquent réellement à protéger effectivement les droits de l'homme en développant des structures adéquates à cet effet[819]. Le rôle des juridictions nationales dans la grantie des droits des citoyens demeure donc des plus importants et ce d'autant plus qu'ils y donnent lieu à un véritable contentieux[820]. Une autre condition d'admissibilité des requêtes est que la question objet du litige devant un organe de surveillance donné ne doit pas déjà avoir été examinée ou être en cours d'examen devant un autre comité ou une autre instance internationale[821]. Si cette règle permet une systématisation des procédures au niveau des Nations Unies évitant de ce fait des doubles emplois et les incohérences juridiques, elle limite

---

818 La CEDAW à la différence des deux autres conventions prévoient expressement qu'une telle condition peut-être écartée s'il est est prouvé que la procédure de recours excède les délais raisonnables ou alors s'il est impropable que le requérant obtienne réparation par ce moyen, voir Art 4 §.1, CEDAW. Il convient de relever que la CEDAW n'a à dire vrai, fait que consacrer une pratique jurisprudentielle antérieure du CDH. Celui-ci a eu en effet à décider dans une espèce, qu'un recours qui n'offre pas une «perspective raisonnable de succès» à raison, notamment d'une jurisprudence antérieure qui le voue à l'échec (Faurisson c/ France, 8 novembre 1996, RUDH (1997), p.46) n'est pas un recours «utile» à épuiser au sens des art 2 et 5 du PF PDCP (Womah Mukong c/ Cameroun, 21 juillet 1994, A/49/40, vol.II, p.181, § 9.3).

819 La règle selon laquelle, il revient aux États de prouver que les individus n'ont pas effectivement faits usage de recours nationaux disponibles susceptibles de leur permettre d'obtenir réparation de leurs droits, viserait quelque peu à notre avis, à contraindre les États à s'engager véritablement pour les droits de l'homme. Ce principe mettant la charge de la preuve à l'actif de l'État a été clairement affirmé par le CDH dans l'affaire Weisman, 3 Avril 1980, A/35/40, p.113.

820 *«Les recours contentieux n'existent que dans le cadre des deux mécanismes régionaux de protection des droits de l'homme, européen (Convention de sauvegarde des droits de l'homme et des libertés fondamentales adoptée à Rome le 4 nov. 1950) et américain (convention américaine aux relative aux droits de l'homme du 22 nov.1969). Dans le cadre européen, le recours contentieux est désormais direct puisque l'art 34 de la CEDH telle qu'amendée par le protocole 11 (entrée en vigueur le 1er Novembre 1998) autorise l'individu de plein droit l'individu à saisir la cour européenne. Dans le cadre américain le recours est indirect»*: F. Sudre, droit européen et international des droits de l'homme, paris, 6e édition refondue, p.92.

821 Fiche d'information No7 (Rev.1), Procédures d'Examen des Requêtes, p.10, consulté à l'adresse http://www.ohchr.org/french/about/publications/docs/fs7_f.pdf , le 15 juin 2004. Il convient de remarquer que le principe du non cumul ainsi consacré s'applique en cas «d'*'identité des parties et d'identité de l'objet de la cause»*. Voir S Bouet-Devrière, note 810, p. 453 (462) et dans le cadre de procédures instaurant un droit d'action individuel. Voir Ibid, p.461.

en pratique la portée des droits des justiciables dans la mesure où ceux-ci sont pratiquement obligés de choisir une seule instance parmi celles possibles[822]. Une autre condition importante relative à l'admissibilité des communications individuelles est celle de la non rétroactivité des dispositions conventionnelles. Ce principe signifie que la communication ne peut-être admise si les faits objets du litige se sont déroulés avant la ratification de la convention ainsi que des clauses particulières de compétence par l'État défendeur à moins que ces faits ne persistent après cette date[823]. Pour terminer, la communication ne peut-être admise si elle est mal fondée, insuffisamment motivée ou si elle constitue un abus de droit[824].

Si donc les conditions ainsi présentées sont respectées, la communication individuelle est déclarée recevable[825] et alors l'examination proprement dite de la communication individuelle peut commencer.

---

822 La CDH n'adopte pas cette rigidité dans la mesure où elle écarte sa compétence uniquement quand le litige dont elle est saisi est en cours devant une autre instance internationale, voir art 96 §.e, Rules of Procedure of the Human Rights Committee: CCPR/C/3/Rev.8 22 September 2005. Ceci s'expliquerait compte tenu de son domaine d'activité assez large. Fiche d'information No7 (Rev.1), Procédures d'Examen des Requêtes, p. 16. Bien que les consisérations faites ultérieurement soient vraies, la volonté de l'État reste prépondérantes. C'est ainsi que dans une espèce, la réserve faite par l'Allemagne a empêché le CDH de connaître d'une affaire, déjà examinée par la Cour européenne des droits de l'homme: *«Le Comité note que l'État partie a invoqué sa réserve au paragraphe 2 a) de l'article 5 du Protocole facultatif, qui empêche le Comité d'examiner les communications «qui ont déjà été examinées par une autre instance internationale d'enquête ou de règlement». Le Comité considère que, la Cour européenne des droits de l'homme ayant examiné la question, il y a bien eu examen par une autre instance internationale d'enquête ou de règlement au sens du paragraphe 2 a) de l'article 5 du Protocole facultatif»:Commnunication No1115/2002:Germany, CCPR/C/80/D/1115/2002(jurisprudence), para.6.2*

823 Si cette règle découle de la pratique jurisprudentielle de la CDH, elle a été pour la toute première fois codifiée par la CEDAW, voir A. Golze, op. cit., p.511(522).

824 Fiche d'information No7 (Rev.1), Procédures d'Examen des Requêtes, p.9, consulté à l'adresse http://www.ohchr.org/french/about/publications/docs/fs7_f.pdf , le 15 juin 2004.

825 Il convient de relever toutefois que la décision peut être revue. C'est qu'une décision d'irrecevabilité précédemment négative, peut être reconsidérée si le motif d'irrecevabilité a disparu. Dans le sens inverse, une décision de recevabilité positive peut être remise en cause si les explications présentées par l'État montrent qu'une cause d'irrecevabilité existe. Voir F. Sudre, op. cit., p.605.

2. L'examination de la communication individuelle et la décision de l'organe conventionnel qui en découle

a. Les modalités d'examination de la communication individuelle

Une fois qu'un organe de surveillance a décidé qu'une affaire est admissible, communication en ait faite à l'État partie défendeur. Celui-ci doit, dans un délai de 6 mois[826] à partir des allégations du requérant[827] à lui ainsi transmises, faire part au comité de sa position en ce qui concerne aussi bien la forme que le fond de l'affaire. En d'autres termes l'État partie défendeur est interpellé afin de donner sa version des faits. Bien que les délais varient selon le comité considéré, un droit de réponse est toujours garanti à la victime[828]. C'est la raison pour laquelle les réponses écrites du gouvernement vont lui être transmises afin qu'il puisse faire part de ses objections au comité compétent. Le principe du contradictoire est donc admis aussi bien devant le CDH, CEDEF et le CCT en ce qui concerne ce type de procédure malgré leur caractère confidentiel. Il est en outre important de relever que le régime de la preuve communément admis est l'écrit[829]. Si certains auteurs soutiennent que l'expression « toutes indications » de l'art 7 CEDAW accrédite la thèse selon laquelle le régime de la preuve en la matière serait libre [830] le règlement intérieur de la CEDAW semble avoir clos toute polémique autour de la question[831]. Il importe toutefois de relever qu'avant tout examen au fond, si la situation l'exige, l'organe conventionnel peut demander à l'État partie demandeur d'adopter un certain nombre de mesures provisoires[832]. Ces mesures provisoires par nature auraient essentiellement pour

826 Art 4 §.2 PF PIDCP ; Art 6 §. 2 PF CEDAW ; art 22, §.3 CAT.

827 Alors que dans le cadre du PF PIDCP et CAT, l'identité du requérant est révélée, en ce qui concerne la CEDAW, celle-ci est sauf avis contraire de la victime conformément à son Art 6 §.1 cachée.

828 Fiche d'information No7 (Rev.1), Procédures d'Examen des Requêtes, p.7 ; art99, §.3, Rules of Procedure of the Human Rights Committee: CCPR/C/3/Rev.8, 22 September 2005; art 69, §.9, Annex I of the Report of the Committee on the Elimination of Discrimination against Women (A/56/38); Fiche d'information No7 (Rev.1), Procédures d'Examen des Requêtes, p.19, consulté à l'adresse http://www.ohchr.org/french/about/publications/docs/fs7_f.pdf, le 15 juin 2004..

829 Fiche d'information No7 (Rev.1), Procédures d'Examen des Requêtes, p.12, consulté à l'adresse http://www.ohchr.org/french/about/publications/docs/fs7_f.pdf, le 15 juin 2004.

830 Sur les avantages d'un tel régime, voir A. Golze, op. cit., p.511(526).

831 « Le comité examine la communication et formule ses constations à la lumière de tous les renseignements que l'auteur ou les auteurs et l'État partie interessé lui ont communiqué par écrit», voir Art 72 §.1 Annex I of the Report of the Committee on the Elimination of Discrimination against Women (A/56/38).

832 Interprétant largement cette disposition, le Comité estime que l'État qui ne fait pas droit à une demande de mesures conservatoires enfreint l'obligation qui est sienne de donner effet aux dispositions du Pacte et de son Protocole, voir affaires : Denzil

but d'éviter que la victime puisse subir certains dommages irréversibles par nature avant qu'une décision ne puisse intervenir sur le fond de l'affaire[833]. La problématique des MGF est d'ailleurs assez illustrative à ce sujet dans la mesures où les dommages, qui sont ici causés aux victimes sont en principe irrémédiables, un retour à la position antérieure étant pratiquement impossible. S'il est donc indéniable que les mesures provisoires peuvent être d'un intérêt certain pour les droits des individus surtout compte tenu de la durée généralement assez longue de ce type de procédures, la bonne foi des États est une donnée importante pour leur exécution, les comités ne disposant pas à cet égard de moyens véritablement coercitifs[834]. Lors de l'examination proprement dite, les organes de surveillance des traités recherchent non seulement à savoir s'il y'a eu oui ou non violation des dispositions conventionnelles à partir des prétentions des parties[835] mais également à s'assurer de l'existence d'un lien de causalité entre celles-ci et le préjudice effectivement subi par le requérant[836]. Bien que l'argumentation des parties joue un rôle déterminant dans l'élaboration par les différents comités de leurs constatations, celle-ci n'est plus exclusive. En effet le CEDEF et le CCT en plus des informations émanant des parties, tiennent compte également de celles provenant des organismes des Nations Unies ou d'autres organes sous réserve que chacune des parties au litige ait eu la possibilité de formuler ses observations[837]. Et, une telle possibilité doit être appréciée à sa juste valeur, si l'on veut efficacement combattre les luttes contre les discriminations féminines comme a eu à le relever Anna Golze :*"Gerade mit Blick auf Opfer solcher individueller Rechtsverletzungen, deren Ursachen in strukturellen Diskriminierungen zu sehen ist, wurde für den Frauenrechtsausschuss die Möglichkeit der Berücksichtigung von anderen*

Roberts c/ Barbade, 19 juillet 1994, A/49/40, vol.II, §. 6.3, p.342 ; Kandu-Bo et Consorts c/ Sierra-Leone, 4 novembre 1998, A/54/40, vol.I, p.152 ; Piadiong et consorts c/ Philippines, 19 octobre 2000, A/56/40, vol.II, p.187.

833 Fiche d'information No7 (Rev.1), Procédures d'Examen des requêtes, pp. 7-8, consulté à l'adresse http://www.ohchr.org/french/about/publications/docs/fs7_f.pdf , le 15 juin 2004.

834 Une analyse de la nature et de la portée des décisions dans le sous titre prochain montre toutefois qu'elles sont empreintes d'un certain effet dissuasif.

835 Art 72, §.1, Annex I of the Report of the Committee on the Elimination of Discrimination against Women (A/56/38); art 100 §. 1, Rules of Procedure of the Human Rights Committee: CCPR/C/3/Rev.8 22 September 2005; art 22, §.4, CAT.

836 Fiche d'information No7 (Rev.1), Procédures d'Examen des requêtes, p.8, consulté à l'adresse http://www.ohchr.org/french/about/publications/docs/fs7_f.pdf , le 15 juin 2004; art 96, §.b, Rules of Procedure of the Human Rights Committee: CCPR/C/3/Rev.8 22 September 2005.

837 Art 72 §.2, Annex I of the Report of the Committee on the Elimination of Discrimination against Women (A/56/38); Fiche d'information No7 (Rev.1), Procédures d'Examen des Requêtes, p.20, consulté à l'adresse http://www.ohchr.org/french/about/publications/docs/fs7_f.pdf , le 15 juin 2004.

Informationsquellen wie etwas NGO-Material gefordert und als sehr hilfreich angesehen„[838]. Ainsi, une diversité de sources d'informations ne peut que concourir à une meilleure protection des femmes, dans la mesure où la pluralité de sources d'informations mettra certainement les organes de contrôle en position de déceler les subterfuges, qui ne permettent pas toujours que les situations portant effectivement atteintes aux droits des femmes soient véritablement reconnues comme telles.
Il convient maintenant de donner davantages de précisions sur la nature juridique et la portée des décisions des organes de surveillance de traités.

b. La décision des organes d'application des traités

L'autorité des décisions des organes de surveillance de traités dans le cadre des Nations Unies n'est pas à assimiler à celle des juridictions internes des États[839]. Outre le fait, que leurs décisions sont définitives et ne sont donc pas susceptibles de recours, la force coercitive inhérente à toute règle juridique leur fait défaut. Il s'agit à dire vrai de constations ou (et) recommandations qui sont envoyées aussi bien au particulier qu'à l'État partie au litige[840]. Si celles-ci font état d'une violation des droits du requérant, des obligations y seront stipulées à la charge de l'État en vue de restaurer l'équilibre ainsi rompu chez le particulier[841]. Il pourra alors s'agir d'une restitution, d'une compensation, d'une réhabilitation, d'une abrogation de la loi ......etc[842]. Il convient toutefois de préciser que les décisions des organes d'applications des traités ne sont pas simplement déclaratoires, donc dépourvues de toute autorité. En ce sens, l'obligation générale que les États ont de respecter les engagements découlant de la ratification d'un traité commande qu'ils assurent une exécution effective aux décisions des organes d'application des traités[843]. Les États parties à un traité relatif aux droits de l'homme ne sauraient donc rester indifférents aux décisions des organes de contrôle internationaux, sous peine de violer leurs obligations internationales. Ce qu'il importe de retenir, c'est que l'État ainsi interpellé a un délai de 6 mois dans le cadre du PF CEDAW pour faire part au comité des

838 A. Golze, op. cit., p.511 (526).

839 Fiche d'information No7 (Rev.1), Procédures d'Examen des requêtes, p.12, consulté à l'adresse http://www.ohchr.org/french/about/publications/docs/fs7_f.pdf , le 15 juin 2004.

840 Art 72 §.5 Annex I of the Report of the Committee on the Elimination of Discrimination against Women (A/56/38); art 100, §.3, Rules of Procedure of the Human Rights Committee: CCPR/C/3/Rev.8 22 September 2005; art 22, §.7, CAT.

841 Fiche d'information No7 (Rev.1), Procédures d'Examen des Requêtes, p.13, consulté à l'adresse http://www.ohchr.org/french/about/publications/docs/fs7_f.pdf, le 15 juin 2004.

842 F. Sudre, droit européen et international des droits de l'homme, paris, 6e édition refondue, p.606.

843 Ibid, pp.606.

mesures qu'il aura prises pour remédier à la situation[844], le PF PIDCP et le CAT prévoyant par contre un délai de 3 mois[845]. Si le délai de 3 mois obéit à la préoccupation de voir rentrer la victime dans ses droits, il nous apparaît primordial de tenir compte des lenteurs administratives. S'agissant du suivi effectif des décisions des comités, d'un côté leur insertion dans leurs rapports annuels d'activités ainsi que la publicité qui les accompagnent[846], d'un autre côté l'établissement de rapporteurs spéciaux chargés de s'assurer que l'État rempli bien ses obligations et si possible de le relancer en cas de laxisme[847], ne sont pas sans incidence[848]. Par ailleurs, il peut être demandé à l'État partie au litige de faire figurer dans ses rapports périodiques, les mesures qu'il aurait prise à la suite des injonctions du comité. Il s'agit là à dire vrai, d'une mesure propre à la CEDAW[849].

Les mécanismes qui régissent la garantie des dispositions conventionnelles relatives aux MGF ayant été ainsi présentés, il conviendrait maintenant d'évaluer leur portée de manière concrète au regard des droits des femmes africaines directement concernées. Une relativisation à cet égard s'impose.

C. La nécessaire relativisation des avantages d'une compétence supra étatique au regard des droits des femmes africaines concernées.

Qu'il s'agisse de mécanismes de contrôle se rattachant aux États (1) ou aux individus (2), la faible portée des organes d'application des traités au regard des droits des femmes concernées ne serait pas sans liens avec la présence assez marquée des États dans leur mise en œuvre concrète, laquelle présence serait fortement favorisée par les incertitudes entourant le droit international applicable en l'espèce dans les communautés concernées.

---

844 Art 73 §.1 Annex I of the Report of the Committee on the Elimination of Discrimination against Women (A/56/38).

845 Fiche d'information No7 (Rev.1), Procédures d'Examen des Requêtes, pp.16 α 20, consulté à l'adresse http://www.ohchr.org/french/about/publications/docs/fs7_f.pdf , le 15 juin 2004.

846 A. Dormenval, op. cit., p.48.

847 Art 73, §§.4-6, Annex I of the Report of the Committee on the Elimination of Discrimination against Women (A/56/38); art 101, §§. 2-4, Rules of Procedure of the Human Rights Committee: CCPR/C/3/Rev.8 22 September 2005; Fiche d'information No7 (Rev.1), Procédures d'Examen de requêtes, p.20, consulté à l'adresse http://www.ohchr.org/french/about/publications/docs/fs7_f.pdf , le 15 juin 2004.

848 En effet, la publicité des décisions des organes d'application des traités peut s'avérer assez embarrassant pour les États récalcitrants dont la notorieté internationale peut être ainsi compromise.

849 Art 7, §.5, PF CEDAW.

1. Le rôle prépondérant des États dans la mise en oeuvre des mécanismes de contrôle étatiques

Une telle mainmise se manifeste tour à tour : dans l'absence d'informations pertinentes dans les rapports des États, révélatrices des dynamismes qui sous tendent la pratique des MGF dans les communautés concernées (a), par l'exigence d'une réciprocité des clauses facultatives dans la mise en jeu des plaintes inter étatiques (b), et enfin par la quasi absence des individus dans le cadre des procédures d'enquêtes (c).

a. La carence d'informations relatives aux MGF dans le système de rapport

Il convient de faire remarquer que, quoique le système des rapports ne puisse tout au moins de manière directe assurer une protection concrète aux individus, son importance reste toutefois fondamentale dans le système des Nations Unies pour ce qui est de l'orientation des politiques nationales en ce qui concerne les droits de l'homme[850]. En effet, ce système permet non seulement de recenser les politiques des États relatives aux droits de l'homme mais également de mettre en évidence leurs limites[851]. L'idée ici est de pouvoir apporter aux États, une aide appropriée de manière à les rendre à même d'octroyer une protection effective à leurs justiciables[852]. Ainsi donc si les justiciables, dont les droits garantis sur le plan international ont été violés du fait des MGF ou menacent de l'être dans un État partie, ne peuvent obtenir réparation au travers du système des rapports, celui-ci permet tout au moins l'officialisation de cet état de choses avec la prise de conscience qui en découle[853]. Ceci suppose que les États connaissant de cette pratique fassent effectivement figurer toutes les informations y relatives dans leurs rapports. Il est cependant à déplorer le fait que pour les États qui s'y astreignent[854], les informations relatives aux MGF sont quelque peu superficielles tournant généralement autour de l'existence ou non d'une loi en la

---

850 Voir supra de ce chap. sur le contenu et l'intérêt de l'obligation de rapport, pp.153-156.

851 L'archétype des Conclusions finales des organes d'application des traités est d'ailleurs assez illustrative à ce sujet dans la mesure où y sont présentés aussi bien les éléments positifs que négatifs de la politique interne d'un État partie en matière des droits de l'homme.

852 Fact sheet 30, An introduction to the core human rights treaties and the treaty bodies, p.45, consulté à l'adresse http://www.ohchr.org/english/about/publications/docs/fs30.pdf, le 10 juin 2004.

853 CRLP, Faire peser les droits : guide de plaidoyer sur le travail des organes de surveillance des traités des Nations Unies relatifs aux droits en matière de reproduction et de sexualité, Wall Street New York, U.S.A, 2003, pp.46-52.

854 Nombreux sont en effet les États dont les rapports sont attendus devant les comités d'experts d'application des traités, voir espace francophone des droits de l'homme, de la Démocratie et de la Paix: suivi des engagements internationaux dans http:democratie.francophonie.org/article.php 3 ?id_article.

matière[855]. Par ailleurs, l'argument culturel est très souvent invoqué comme le justificatif par excellence pour expliquer l'inactivisme de l'État sur la question[856] et une telle attitude n'est pas sans liens avec une approche « statique, monolithique et apolitique » de la pratique sociale, que sont les MGF[857]. Les rapports sont généralement muets sur les situations concrètes de vie des femmes concernées ainsi que sur les mutations que connaissent leurs sociétés, lesquelles ne seraient pas sans influence dans la perception de la pratique. Or, seule une telle connaissance peut permettre une identification des aspects que doivent intégrer toute approche, qu'elle soit juridique, économique ou éducative en vue de l'abandon de la pratique[858]. A dire vrai l'existence de rapports parallèles

---

855 Concluding Observations of the Committee on the Elimination of Discrimination Against Women: Congo, A/55/38, §.210, 01/02/ 2000; Concluding Observations of the Committee on the Elimination of Discrimination Against Women : Cameroon, A/55/38, §.53, 26/06/ 2000; Observations finales du Comité des droits de l'enfant : Mali, CRC/C/15/Add.113, §.28, 02/11/99; Observations finales du Comités des droits de l'enfant: Cameroun. CRC/C/15/Add.164, §.9, 6 novembre 2001; Concluding Observations of the Committee on the Elimination of Discrimination Against Women: Congo, A/55/38, §.197, 01/02/ 2000.

856 Concluding Observations of the Committee on the Elimination of Discrimination Against Women: Congo, A/55/38, §.210, 01/02/ 2000; Concluding Observations of the Committee on the Elimination of Discrimination Against Women :Cameroon, A/55/38, §.53, 26/06/ 2000; Observations finales du Comité des droits de l'enfant : Mali, CRC/C/15/Add.113, §.28, 02/11/99; Observations finales du Comités des droits de l'enfant: Cameroun. CRC/C/15/Add.164, §.9, 6 Novembre 2001; Concluding Observations of the Committee on the Elimination of Discrimination Against Women: Congo, A/55/38, §.197, 01/02/ 2000; U.N. Committee on the Rights of the Child: Congo, CRC/C/3/Add.57, para.209, august 2000; U.N. Committee on the Rights of the Child: Mali, CRC/C/SR.571, para. 26, October 1990; U.N. Committee on the Rights of the Child, Soudan, CRC/C/SR.89, para. 18, November 1994; U.N. Committee on the Rights of the Child: Benin, CRC/C/SR.544, para.14, 3 novembre 1999; U.N. Committee on the Rights of the Child: Djibouti, CRC/C/SR.637, para. 25, 8 June 2000.

857 Sur les limites d'une telle définition de la culture, voir Rapport de la Rapporteuse spéciale sur la violence contre les femmes, ses causes et ses conséquences, Yakin Ertürk, A/HRC/4/34, para.57-62, pp.18-20, 17 janvier 2007.

858 En ce sens le questionnaire adressé par le rapporteur spécial sur la question des violences à l'égard des femmes est des plus illustratifs. En effet, il s'agit au-delà de savoir si l'État a légiféré en l'espèce, de lui permettre d'officialiser les programmes développés et les difficultés rencontrées en vue de prévenir la violence féminine. L'idée est d'amener les États à développer des stratégies leur permettant de lutter contre les causes et les conséquences de la violence féminine conformément à son obligation de diligence. Voir en ce sens le questionnaire adressé aux États aux Gouvernements en vue de l'établissement du rapport de la Rapporteuse spéciale sur la violence contre les femmes, ses causes et ses conséquences à la 62ème session de la Commission des droits de l'homme, consulté le 21 juillet 2007, à l'adresse http://www.ohchr.org/english/issues/women/rapporteur/Questionnaire-fr.doc.

émanant des autres institutions spécialisées et des ONGs[859], devrait logiquement remédier à cet état de choses. Tel, n'est pas toujours le cas les États bénéficiant d'une place de choix dans le déroulement de ce type de procédure. En effet, ce sont les informations que les organes d'application des traités obtiennent des États parties qui les orientent de manière déterminante dans leurs travaux[860]. S'agissant de l'obligation de rapport, le principe est qu'il ne peut avoir examination de la situation d'un État donné en ce qui concerne les droits de l'homme sans son rapport[861]. Outre le fait que les comités considèrent les rapports des États pour décider d'examiner la situation d'un État lors d'une session, c'est encore à partir des informations données par l'État que le groupe de travail chargé de préparer la session doit définir ses grandes orientations, celles provenant des ONGs n'étant que complémentaires[862]. En outre, pendant les sessions proprement dites, le dialogue s'établit entre les membres du comité et la délégation envoyée par l'État[863]. Quand bien même, d'autres structures sont admises, celles-ci ont généralement le statut d'observateur[864]. Cette prépondérance de l'État semble se justifier de ce que les États ayant contracté les engagements internationaux relatifs aux droits de l'homme, il leur en revient

859 Rule 67 §.2, Rules of Procedure of the Human Rights Committee: CCPR/C/3/Rev.8 22 September 2005; Rule70, Provisional rules of procedure: CRC/C/4 14/11/91; Méthodes de travail actuelles du Comité pour l'élimination de la discrimination à l'égard des femmes : apercu général, dans A/59/38 Annexe X, 3ème partie, §.28-30, pp.6-7.

860 Rule 66 et 71, Rules of Procedure of the Human Rights Committee: CCPR/C/3/Rev.8 22 September 2005 ; Rule 66 et 68, Provisional rules of procedure: CRC/C/4, 14/11/91; art 48 et 50, Annex I of the Report of the Committee on the Elimination of Discrimination against Women (A/56/38).

861 L'analyse de la situation d'un État en l'absence de rapport n'est qu'une situation exceptionnelle, ne pouvant intervenir qu'après que plusieurs injonctions en ce sens aient été adressées sans succès à l'État partie ainsi interpellé. Fact sheet 30, An introduction to the core human rights treaties and the treaty bodies, p.53; Rule 68 et 69, Rules of Procedure of the Human Rights Committee: CCPR/C/3/Rev.8 22 September 2005 ; Rule 67 et 68, Provisional rules of procedure: CRC/C/4 14/11/91; art 49, §§.1-2, Annex I of the Report of the Committee on the Elimination of Discrimination against Women (A/56/38).

862 Méthodes de travail actuelles du Comité pour l'élimination de la discrimination à l'égard des femmes : aperçu général, dans A/59/38 Annexe X, 3ème partie, §.7-11, p.3.

863 Fact sheet 30, An introduction to the core human rights treaties and the treaty bodies, §.5, p.31; Rule 68, Rules of Procedure of the Human Rights Committee: CCPR/C/3/Rev.8 22 September 2005; Rule 68, Provisional rules of procedure: CRC/C/4 14/11/91; art 51, §.4, Annex I of the Report of the Committee on the Elimination of Discrimination against Women, A/56/38.

864 Exception faite de la CEDAW, Méthodes de travail actuelles du Comité pour l'élimination de la discrimination à l'égard des femmes : apercu général général, dans A/59/38 Annexe X, 3ème partie, §.30, p.7.

à titre principal de les mettre en œuvre[865]. En d'autres termes, les États auraient la maîtrise de ce droit, dont il leur reviendrait à titre principal d'en déterminer le contenu et la portée vis-à-vis des personnes vivant dans leur juridiction. Or, il est une évolution, merveilleusement mise en exergue tout d'abord par la Commission européenne des droits de l'homme et ensuite par la Cour européenne des droits de l'homme, selon laquelle les conventions relatives aux droits de l'homme seraient la source d'obligations objectives visant essentiellement à protéger les droits des individus et dépassant largement de ce fait les obligations réciproques des États contractants entre eux[866]. En d'autres termes, le caractère objectif des dispositions internationales relatives aux droits de l'homme commanderait leur internationalité. C'est dire que les mesures protectrices des libertés des individus en l'espèce ne devraient pas être limitées par les questions de souveraineté fondant la dominance des États en l'espèce[867]. Dès lors, la question cruciale d'actualité en la matière serait celle de savoir comment améliorer le statut des individus au travers de la qualité de l'information relative aux femmes africaines concernées de manière à ce qu'ils puissent réellement bénéficier des avantages du système de rapport. En l'espèce, ceci reviendrait à rechercher les voies et moyens pour pallier à la carence d'informations relatives à la question des MGF. A cet égard, le renforcement des positions des ONGs, de manière à faire d'elles de véritables sources d'informations concurrentes aux sources étatiques devant les comités d'experts d'application de conventions internationales se doit d'être envisagé[868]. Toujours

865 La charte des Nations Unies en son art. 2, §.2 ne fait-elle pas d'ailleurs peser sur les États membres un devoir général de *« remplir de bonne foi »* les obligations ainsi consacrées.

866 F. Sudre, droit européen et international des droits de l'homme, 6e édition refondue, pp.58-60.

867 Selon les termes de Kéba Mbaye, la reconnaissance «....... des droits de l'homme doit avoir un effet international. Les droits de l'homme ne concernent pas seulement les États pris isolément. L'obligation de les respecter déborde des frontières. Les droits fondamentaux de l'homme sont réputés acceptés par l'ensemble de la société inter étatique actuelle, qui tend vers une véritable communauté internationale fondée essentiellement sur la solidarité » : Kéba Mbaye, Les droits de l'homme en Afrique, 2 ème édition, p.37. .En d'autres termes l'art.2, para.7 de la charte des Nations Unies ne saurait ici trouver application. A dire vrai, il s'agit là d'une question controversée car l'apport des États demeure déterminant dans la garantie des droits de l'homme. Et, comme l'a justement relevé Vasak, pour que «les droits de l'homme deviennent une réalité juridique», il faut «qu'il existe une société organisée sous la forme d'un État de droit », K. Vasak, la réalité juridique des droits de l'homme, in les Dimensions internationales des droits de l'homme, p.1(2).

868 Sur l'apport des ONG en ce sens, lire M. Chinkin, "The role of Non-Governmental Organisations in Standard Setting, Monitoring and Implementation of Human Rights", in The Changing World of International Law in the Twenty-first Century, 1998, pp.45 (60 et s). Il convient tout de même de ne pas négliger l'idée selon laquelle la

pour les mêmes raisons, à savoir favoriser l'internationalité des droits de l'homme, il serait souhaitable que soient écartées les clauses facultatives et de réciprocités dans le mécanisme des plaintes inter étatiques relevant du système de protection universelle des droits de l'homme.

b. Le caractère préjudiciable des clauses facultatives et de réciprocité pour les droits de la victime dans le cadre des communications étatiques

La compétence des organes d'application des traités internationaux, en cas de violation des droits de l'homme consacrés, n'est pas automatique dans le cadre des plaintes inter étatiques. Qu'il s'agisse du CDH, CEDEF ou du CCT, ceux-ci sont dans l'impossibilité de connaître d'office d'un litige quand bien même les intérêts des individus seraient en cause, à moins qu'aussi bien l'État demandeur que défendeur n'aient expressément prévu cette hypothèse en contractant leurs engagements internationaux[869]. Les clauses facultatives de réciprocité viseraient donc essentiellement à protéger les intérêts des États respectivement leur souveraineté en leur octroyant une certaine marge de manœuvre. Une telle marge de manœuvre serait en ce sens nécessaire pour le bon accomplissement de leurs diverses missions, celles relatives à l'observance des droits de l'homme y étant incluse. On peut donc dire, sans vouloir nous attarder sur la controverse doctrinale relative à la finalité de ce type de procédure eu égard à leur portée réelle en ce qui concerne la garantie des droits de l'homme[870], qu'il serait souhaitable de s'orienter vers une protection de plein droit en la matière, comparable à celle applicable dans le cadre de la convention européenne des droits de l'homme depuis le protocole 11 de 1998 amendant la convention de Rome de 1950[871]. Dans le cadre d'une telle éventualité, il suffira donc qu'un État soit partie à une convention internationale pour qu'il soit autorisé à initier ou à contrario obligé de se voir appliquer ce type de procédure en cas de violations des droits de l'homme dans sa juridiction. A dire vrai, une telle évolution quoique souhaitable se doit être appréciée à sa juste valeur, la solution

---

superficialité de l'information en l'espèce attesterait dans une certaine mesure de l'extrême délicatesse du sujet dans les sociétés concernées, où très souvent les ordres juridiques modernes sont en conflit avec celles coutumières. En effet, en l'absence d'une dynamique sociale favorisant une certaine distanciation de la pratique des MGF le rôle aussi bien des États que des NGO restera en l'espèce toujours des plus mitigés. C'est ce qui expliquerait l'attitude assez circonscriptive de l'ALVF, ONG travaillant sur la question au niveau du Cameroun. Interview avec Mme Doumara en date du 20.01.2006, l'une des responsables de l'ONG ALVF, antenne du Nord Cameroun.

869 Voir supra, partie de ce chap. traitant des plaintes inter étatiques.

870 La politisation de la question des droits de l'homme apparaît encore plus clairement dans ce type de procédure. Sur l'indissociabilié du lien droits de l'homme et politique, voir F. Sudre, droit européen et international des droits de l'homme, 6e édition refondue, para. 26, p.48.

871 Art 33 de la CEDH.

ne se trouvant aucunément à notre avis dans plus de juridicité. Si d'ores et déjà, bien que le système actuel de plaintes inter étatiques soit favorable aux États, ceux-ci répugnent à l'utiliser[872], peut-on alors espérer qu'un système plus restrictif améliorerait la situation ? Il nous semble donc que les plaintes inter étatiques dans le cadre d'un système universel de protection des droits de l'homme ne peuvent que difficilement œuvrer à la garantie des droits individuels. En effet, les États craignent de faire des concessions qui leur feront perdre leur autonomie[873]. En effet, s'il est établit que l'État constitue la menace par excellence des atteintes aux droits de l'homme, ceux-ci ayant été développés à cause de lui[874], il n'en demeure pas moins que c'est encore à eux que reViennent en pratique leur garantie. C'est pourquoi au-delà de la mauvaise foi manifeste de certains États dans l'exécution de leurs engagements internationaux[875], il se pose également la question des possibilités réelles ou de l'humainement réalisable en la matière surtout compte tenu des diversités aussi bien politiques, économiques que celles culturelles existants entre les États membres de la communauté internationale[876]. Il convient de préciser que les quelques constatations faites ici car se vérifiant également au niveau des procédures d'enquêtes vont être développées de manière plus approfondie dans le cadre de leur étude.

c. La quasi-absence des individus dans le cadre des procédures d'enquêtes

Les procédures d'enquêtes semblent plus protectrices des droits individuels par rapport au mécanisme des plaintes étatiques dans la mesure ou lesdites mesures prévoient une saisine propre des comités d'experts en cas de violations systématique et graves des droits de l'homme[877]. Il convient de remarquer toutefois que cette saisine obéit à quelques considérations politiques. En effet, l'exigence d'informations résultant de sources fiables, n'a-t-elle pas essentiellement pour but de donner aux comités une certaine largesse dans

---

872 F. Sudre, droit européen et international des droits de l'homme, 6e édition refondue, p.609.

873 Idem.

874 *« Le lien entre une certaine forme d'organisation du pouvoir, la démocratie, et le respect de la liberté des individus est donc clairement affirmé dès l'origine de l'État libéral : la prééminence des droits civils et politiques, arme défensive contre le pouvoir, est indiscutable dans les premières proclamations solennelles des droits de l'homme »*, Ibid, p.50.

875 A. Pollis, op. cit., pp.316 (320-24, 328-29, 335-36).

876 F. Sudre, droit européen et international des droits de l'homme, 6e édition refondue, p.51.

877 Le caractère favorable de cette procédure vis-à-vis des individus doit tout de même être tempéré car il suffit d'une déclaration expresse des États parties pour que le CEDEF ou le CCT soient dans l'impossibilité d'agir. voir supra, partie de ce chap. traitant des mécanismes de garantie se rattachant aux États autres que le système de rapports.

l'opportunité ou non, d'enclencher ce type de procédures selon les enjeux politiques du moment ? Par ailleurs faut t-il attendre que plusieurs individus aient déjà souffert pour que les organes de surveillance puissent agir[878] ? En ce qui concerne les MGF, est-il nécessaire que soit au préalable établi que plusieurs femmes et filles aient été mutilées et qu'en l'espèce le préjudice soit déjà irrémédiablement commis pour que des solutions soient enfin recherchées ? Ces quelques considérations montrent bien que la protection de l'individu n'est pas l'objet premier de ce type de procédure. S'il arrive que les individus puissent bénéficier de ce type de procédures, ce n'est qu'en passant et par pure coïncidence, la finalité de ce type de procédure étant essentiellement la recherche d'un consensus politique pour faire face à une situation déplorable, en l'espèce les atteintes massives aux droits de l'homme. Les conclusions qui ont été faites dans la partie précédente concernant l'attitude assez ambigüe des États en ce qui concerne la problématique des droits de l'homme sont également valables ici. En effet, les États se doivent tout en tenant compte de leurs possibilités réelles, de ne pas fragiliser leurs structures et de mettre parallèlement leurs populations à l'abri de la violation de leurs droits. En pratique toutefois, cet équilibre est difficilement atteint, les intérêts des individus étant généralement sacrifiés au profit de ceux des États. En ce qui concerne les États africains, lesquels sont fortement concernés par la pratique des MGF[879], leur circonspection en ce qui concerne les droits de l'homme est légendaire. A cet égard, le paravent de leur souveraineté et de la précarité de leurs conditions économiques est généralement invoqué pour réduire l'applicabilité des dispositions internationales des droits de l'homme à leur égard[880]. C'est donc conformément à cette logique que la charte africaine des droits de l'homme reconnaît en plus des devoirs des individus à l'égard des États, une panoplie des droits de l'homme à l'actif des États[881]. Il s'agit entre autres du droit des peuples

878 Le caractère systématique et (où) massif des violations justifiant une intervention des Comités est consacré par l'art 20 §.1 CAT, ainsi que l'art 8 du PF CEDAW.

879 Voir supra, chap. préliminaire traitant de la répartition géographique et de l'historicité de la pratique, pp.39-40.

880 *« ....l'Afrique a deux préoccupations capitales : assurer politiquement son unité. Les États sont fragilisés par la multiplicité des ethnies. Deuxièmement assurer son développement économique et social. Ces deux préoccupations ont été utilisées à des desseins divers. Surtout, elles ont justifié, au moins dans les discours officiels, la mise entre parenthèses des droits de l'homme»*: J. Kamdem, *Existe-t-il une conception africaine des droits de la personne humaine ?*, in Cahier africain des droits de l'homme, No4, pp.41(66); N. Makoundzi-Wolo, op. cit., pp. 73-74; 81-82; Kéba Mbaye, Les droits de l'homme en Afrique, 2 ème édition, p.34

881 Bien qu'ils soient largement soutenu que les droits de peuples ne sont pas pas à assimiler au droit des États, ceux-ci ne faisant qu'exercer qu'au nom de ceux-là (Kéba Mbaye, Les droits de l'homme en Afrique, 2 ème édition, p.39); J. Kamdem, *Existe-t-il une conception africaine des droits de la personne humaine ?*, in Cahier africain des

au développement économique, social et culturel, à la paix et à la sécurité sur le plan national et international ; à un environnement satisfaisant et global[882]. Si une telle approche porte atteinte à la cohérence du droit international des droits de l'homme, dans la mesure où ce droit est avant tout un corpus des règles au contenu précis[883] profitant avant tout aux individus[884] leur permettant de faire face à la puissance étatique[885], il n'en demeure pas moins qu'elle rend nécessaire une réflexion sur les postulats de base de ce droit. En ce sens, il nous aparaît nécessaire d'appréhender dans toute sa complexité le concept de puissance étatique, lequel semble justifier la nécessité de protéger les individus face aux États. En effet, les réalités politiques montrent très bien que certains États pèsent beaucoup plus que d'autres sur l'échiquier international et que l'on ne saurait par conséquent affirmer que tous les États ont les mêmes possibilités. L'égalité souveraine des États sous l'angle juridique, tel que consacrée par la charte des Nations Unies en son article 2.§.1, est donc battue en brèche par les réalités politiques[886]. En ce sens, la violation des droits de l'homme surtout dans le contexte africain ne serait rien d'autre que la résultante de l'extrême difficulté des dits États compte tenu de leurs complexités à retrouver leur équilibre étant aussi bien tiraillé de l'intérieur que de l'extérieur[887]. En effet, les états africains fruits de la colonisation comme l'a démontré le Prof. Glélé, ne sont rien d'autres qu'un composite de diverses ethnicités d'où la réelle difficulté d'en sortir une

droits de l'homme, No4, pp. 41(73-74)), il n'en revient pas moins à notre avis que ce ceux sont les États, qui jouissent en pratique des prérogatives attachées à la règle juridique en l'espèce surtout que la notion de peuple demeure difficile à définir sur le plan juridique.

882 Articles 22, 23 et 24 CADHP, adoptée le 28 Juin 1981, par les chefs d'État et de gouvernement présents au Sommet de l'OUA (Union africaine) tenu à Nairobi.

883 *«Aux nouveaux droits, en effet, font défaut certains des caractères que la notion même de droit implique nécessairement: tout droit doit avoir un titulaire certain, un objet précis et possible, et doit être opposable à une ou plusieurs personnes déterminées tenues de les respecter»*, Rivero cité par Frédéric Sudre, droit européen et international des droits de l'homme, 6e édition refondue, p.106.

884 Rapport du Comité à l'Assemblée générale, A/42/40, § 401-402, 1987; Rapport à l'Assemblée générale, A/45/40, p.204, § 8.2, 1990, vol.II; voir les décisions du CDH : B. Ominayak et la bande du Lac Lubicon c/ Canada, 26 Mars 1990, RUDH (1991), p.69; E et P c/ Colombie, 25 juillet 1990, A/45/50, vol.II, p.204 ; A et B c/ Italie, 2 novembre 1990, RUDH (1991), p.166.

885 F. Sudre, droit européen et international des droits de l'homme, 6e édition refondue, p.50.

886 M. Sahovic, Est-il possible de démocratiser le droit international?, in Boutros Boutros-Ghali Amicorum discipulorum que liber (paix, developpement, democracie), vol.II, Bruxelles, Bruyant, 1998, pp. 1331(1339-1340).

887 Y. Ben Achour, la Mondialisation et les grandes peurs du XXe siècle, in Boutros Boutros-Ghali Amicorum discipulorum que liber (paix, developpement, democracy), vol.II, Bruxelles, Bruyant, 1998, p. 925 (934).

véritable unicité dans quelques domaines que ce soit: *« L'Afrique contemporaine est le produit du processus de conquête, de colonisation et décolonisation, avec son insertion imposée de l'extérieur (dépendance) dans le système international. Aux cultures, religions et idéologies africaines, toute société sécrétant les siennes, sont venues se superposer ou se juxtaposer des cultures, des religions et des idéologies étrangères qui, par le rapport des forces et par une volonté manifeste de domination, de nivellement, d'uniformisation, parce qu'elles s'estimaient supérieures, être en l'occurrence l'archétype, visent à modeler les sociétés africaines....C'est à se demander si, à la limite, l'élite aliénée, extravertie, n'est pas condamnée à opérer, au mieux, des syncrétismes, ou tout simplement à s'adonner à l'imitation, au mimétisme et, partant, à la contrefaçon, dans un perpétuel recommencement, dans un équilibre instable»*[888]. En ce qui concerne le sujet objet de notre étude, à savoir les MGF, il apparaît clairement que pour les communautés pratiquantes, la structure étatique, dont les droits de l'homme n'en seraient ici qu'une émanation, ne s'assimilerait à rien d'autre qu'une supra structure bien lointaine contre laquelle il apparaît nécessaire de résister afin de préserver ses valeurs[889]. C'est la raison pour laquelle à notre avis, du moins dans le contexte africain, les individus doivent être d'abord gagnés à la cause des droits de l'homme de manière à pouvoir se les approprier[890]. En ce sens, les communications individuelles parce que établissant un lien direct entre droits de l'homme et individus peuvent faciliter une telle appropriation. Encore faut-il que certains éléments soient reconsidérés par rapport au système actuel des communications individuelles dans le cadre des Nations Unies où la dominance des États reste une caractéristique fondamentale.

2. La Main mise des États dans la mise en œuvre des communications individuelles

Outre le fait que le déroulement des communications individuelles dépend fortement de la volonté des États (a), leur connexité avec l'ordonnancement interne des États (b) et l'exigence du caractère personnel du dommage limitant la notion de victime (c) paralysent de fait l'efficacité de ce type de procédure par rapport aux droits des femmes, respectivement des fillettes concernées par la pratique des MGF.

---

888 M.A. Glélé cité par N. Makoundzi-Wolo, op. cit., pp.80-81.

889 En ce sens, les droits de l'homme en tant que droit moderne serait pour reprendre les termes de Makoundzi-Wolo «*......inadapté aux réalités sociales et rejeté par le tissu social ; la société civile se venge en ignorant l'État, qui n'est qu'une simple super-structure.* » : N. Makoundzi-Wolo, op. cit., p.79.

890 Et le rôle des ONG ne saurait à cet égard être négligé, M. Chinkin, op. cit., pp.45 (62 et s)

a. L'exigence d'une volonté spécifique de l'État

Dans la conception classique du droit international, l'individu n'est pas à proprement parlé, sujet de la société internationale : *« l'ordre juridique international ne connaît comme sujets de droit que les États et, par extension, les organisations interétatiques, l'individu ne pouvant accéder au droit international que par le biais de la protection diplomatique. En bref, parce que le droit international régit les relations interétatiques, l'individu ne pourrait être sujet de droit international.....»*[891]. A cet égard le bénéfice qu'il peut tirer du régime international applicable aux droits de l'homme, dépend fortement des États parties. Ceux-ci en effet peuvent lui faire bénéficier d'un tel régime, en introduisant les traités internationaux relatifs aux droits de l'homme souscrits dans leurs ordonnancements juridiques internes[892] et en lui donnant la possibilité de manière expresse d'avoir recours aux instances internationales après avoir bien entendu épuisé les voies de juridiction internes disponibles[893]. Ce dernier aspect concerne particulièrement le régime de protection universelle des droits de l'homme, la suprématie des États y étant davantage perceptible que dans le régime de protection institué par la CEDH dans lequel la compétence des organes de surveillance des traités s'opère de plein droit[894]. Or, il s'agit là d'une pratique à encourager d'autant plus que les mécanismes de protection se rattachant aux États tels que démontrés plus haut peuvent avoir dans la pratique des effets très contra productifs en ce qui concerne la protection des individus. En ce sens, la jurisprudence développée sur le plan international dans le cadre des communications individuelles pourrait à la lumière de l'influence qu'exerce les décisions de la Cour européenne sur l'ordonnancement interne des États membres[895], dynamiser la politique interne des États aussi bien du Nord que ceux du Sud en ce qui concerne la problématique des MGF[896]. Surtout qu'aujourd'hui, la responsabilité internationale de l'État en la matière, bien que

891 F. Sudre, droit européen et international des droits de l'homme, 6e édition refondue, p. 86.

892 Sur l'intérêt du monisme pour la sauvegarde des droits des individus, lire infra, partie.II, chap.II, pp.219-221.

893 Voir supra, partie de ce chap. traitant des communications individuelles.

894 Art 34 de la Convention européenne des droits de l'homme.

895 *«Ses arrêts servent non seulement à trancher les cas dont elle est saisie, mais plus largement à clarifier, sauvegarder et developper les normes de la Convention, et à contribuer de la sorte au respect, par les États, des engagements qu'ils ont assumés en leur qualité de Partie contractantes »* Irlande c/ Royaume-Uni, 18 Janvier 1978, Série A.25, §.158.

896 La problématique des MGF ne saurait être limitée aux États du Sud compte du phénomène des migrations , voir A. Brière, *«Confronting the Western Gaze», in Female Circumcision and the politics of Knowledge*, Praeger, West point Connectitut, 2005, pp.283 (287-288) ; N. Toubia , Female Genital Mutilation: A Call for Global Action, p.26

les MGF ne soient pas le fait direct de l'État, n'est plus discutée[897]. Le développement d'une jurisprudence internationale sur la question pour tous les États africains en particulier compte tenu de l'importance du phénomène dans ce contexte est d'autant plus déterminante que le système des communications individuelles devant la commission africaine des droits de l'homme et des peuples[898] apparaît assez limitée compte tenu de ses conditions de recevabilité assez strictes[899] et de la faible portée de ses décisions[900]. L'avènement d'une Cour africaine[901], bien que porteuse d'espoir, n'est pas sans susciter de questions, ses règles de compétences personnelles limitant les cas de sasine individuels[902].

---

897 *"If a State facilitates, conditions, accommodates, tolerates, justifies, or excuses private denials of women's rights, however, the state will bear responsibility. The State will be responsible not directly for the private acts, but for it's own lack of diligence to prevent, control, correct or discipline such private acts through its own executive, legislative, or judicial organs"* R. Cook, *"State Accountability under the Convention on the Elimination of All Forms of Discrimination Against Women", in Human Rights of Women National and International Perspectives*, University of Pennsylvania Press 1994, p.228(229); Committee on the Elimination of Discrimination against Women, General Recommendation No 19, para.6 & 9, 1992; Déclaration et Programme d'Action de Vienne 1993, A/CONF.157/23, Titre I Para.18 et Titre II Para.18, 12 juillet 1993; déclaration sur l'élimination de la violence à l'égard des femmes A/ Res/48/104, Art 4, 23 février 1994; Protocol à la CADHP relatif aux droits des femmes, Art 4 et 5, 11 Juillet 2003.

898 Sur l'admission et les conditions de recevabilité des communications individuelles devant la commission africaine des droits de l'homme, art 55 et 56, CADHP.

899 Pour une analyse critique des conditions de saisine de la commission africaine des droits de l'homme, voir Nestor Makoundzi-Wolo, op. cit., pp.61-64 ; J Mavila, *« plaidoyer pour le respect des droits de l'homme et des peuples pour l'Afrique de l'an 2000 », in Droits de l'homme en Afrique centrale : colloque de yaoundé,* UCAC-Karthala, 9-11 novembre 1994, pp.111(117-119).

900 *« En effet, alors qu'on s'attendrait à voir la Commission tirer des Conclusions qui s'imposent à la suite de plusieurs communications faisant état d'un ensemble de violations graves ou massives des droits, ce dernier se contente d'attirer l'attention de la Conférence des Chefs d'États et de gouvernement. Celle-ci peut (et non doit) demander à la commission de procéder sur ces situations, à une étude approfondie et de lui rendre compte dans un rapport circonstancié, accompagné de ses conclusions et recommandations»*: N. Makoundzi-Wolo, op. cit., pp.64-65. Dans le même sens L. Ngongo, op. cit., p.27(34); j. Mavila, op. cit., pp.111(119-120).

901 La Cour africaine des droits de l'homme, dont le Protocole est entré en vigueur le 25 janvier 2004 et son inauguration a été faite lors du septième Sommet de l'Union africaine achevée le 2 juillet 2007 à Banjul en Gambie, est porteuse d'espoir. Voir en ce sens http://www.afrik.com/article10068.html, consulté le 22.07.2007.

902 En effet, sa saisine concernant les droits des individus n'est pas automatique, l'État devant avoir fait une déclaration de compétence dans ce sens, voir art 34 §.6 du Protocole relatif à la charte Africaine des droits de l'homme et des Peuples portant création d'une Cour Africaine des droits de l'homme et des Peuples. En ce jour, seul le

Ceci étant, le développement d'une jurisprudence internationale peut donc s'avérer déterminante, dans la mesure où bon nombre d'États ont une position quelque peu ambiguë vis-à-vis de cette question. En effet, même pour les États, qui ont légiféré en ce qui concerne les MGF, on note une réelle lourdeur dans l'application des sanctions pénales en la matière aussi bien dans le contexte africain[903] qu'occidental[904]. Par ailleurs l'approche juridique généralement développée en la matière est essentiellement pénaliste[905], le droit restant muet sur de nombreuses questions connexes. Une telle approche restrictive de la question peut laisser plus d'un pantois, alors même que la théorie des obligations positives[906] peut amèner les instances internationales à demander aux États, en l'espèce en plus d'une législation pénale, à adopter de nombreuses autres initiatives socio-juridiques. En effet, l'interdiction de la pratique des MGF au plan pénal laisse non réglée de nombreuses autres questions, lesquelles sont en réalités indissociables de toutes stratégies, qui se veut efficiente dans la lutte contre les MGF: la question des rites alternatifs afin d'éviter un vide culturel peut ainsi être abordée dans le domaine des droits culturels[907] ; les questions relatives non seulement au sort de la fillette excisée, qui en plus des troubles émotifs dus à l'incarcération de ses parents[908], peut se voir privée de nombreux droits entre autres du droit au logement, à l'éducation du fait de l'incarcération de ses parents ; les situations des femmes et fillettes ayant refusé de se faire

---

Burkina-Faso a fait une telle déclaration. Une telle saisine restrictive de la saisine en ce qui concerne les individus, participe de l'idée que les considérations politiques dominent encore celles juridiques dans le contexte africain. Voir Jean louis Atangana Amougou, Avancées et limites du système africain de protection des droits de l'homme: La naissance de la cour africaine des droits de l'homme et des peuples, droits fondamentaux, No 3, p.8, janvier-décembre 2003, consulté le 25 Juillet 2007à l'adresse http://www.droits-fondamentaux.org/IMG/pdf/df3jasapdh.pdf.

903 La pratique judiciaire sénégalaise en est une bonne illustration, infra, partie.II, chap.III, pp. 279-281.

904 *"En France, l'un des rares pays où des parents ont été poursuivis pour avoir fait pour avoir fait pratiquer la CF/MGF sur leurs filles, le résultat de la plupart des poursuites a été la non application des peines aux parents reconnus coupables. Dans le plus recent des cas de ce type, par exemple un praticien de CF/MGF a été condamné à huit ans de prison pour avoir opera 48 jeunes filles. Les 27 parents jugés pour complicité ont recu des peines avec sursis de tois à cinq ans."*, L. Katzive, op. cit., p.11.

905 Ibid, pp.9 et s.

906 F. Sudre, J Marguénaud, J Andriantsimbazovina, A Gouttenoire, M Levinet, les grands arrêts de la Cour européenne des droits de l'homme, 2ème édition PUF, 2004, pp. 17-33.

907 Le développement des rites alternatifs n'est qu'une conséquence positive de l'interrogation des cultures locales, Voir supra, partie.I, chap.II, p.117.

908 *«Des peines de prison prolongées infligées aux parents de jeunes enfants, comportant la séparation des members d'une famille peuvent avoir des effets graves sur la vie affective des enfants impliqués»*, L. Katzive, op. cit., p.10.

exciser et qui peuvent se voir de ce fait exclues et privées de ressources au sein de leurs communautés, sont également à considérer[909] ; la question des subventions étatiques au profit des structures qui épaulent les femmes et fillettes violentées, la nécessaire mise sur pieds de programmes sanitaires spéciaux en vue de soutenir efficacement les personnes ayant subies ce type de violences et enfin l'élaboration de programmes de formation au profit aussi bien du personnel sanitaire, social et judiciaire en vue de leur permettre d'aider efficacement les victimes de ce type de violences. Il s'agit là en réalité de mesures participatives des rapports égalitaires entre les sexes dans les sociétés concernées.
L'intérêt des mesures sus mentionnées attestent de la nécessité de ne pas rester focalisé sur les opérations mutilatrices elles même, mais plutôt de s'atteller à la recherche des éléments susceptibles d'en permettre une distanciation. En ce sens, une jurisprudence internationale intégrant toutes les dimensions posées par cette problématique, contribuera à complèter l'approche essentiellement pénaliste développée au niveau interne des États, laquelle serait d'ailleurs une suite logique des directives des Nations Unies sur la question[910]. Une perception nouvelle de l'applicabilité des droits de l'homme aux MGF s'impose, si l'on veut que ses dispositions soient d'une utilité concrète pour les femmes africaines concernées. Il est donc impératif de déveloper une approche assez large de la question des MGF, dépassant l'approche traditionnelle fondée sur son interdiction pour intégrer toutes les problématiques, qui lui sont connexes[911]. Encore faut-il qu'une certaine souplesse des conditions de recevabilité des requêtes des dits organes soit envisagée.

909 « Ces femmes s'opposent aux initiatives qui ont pour but de mettre fin à l'E/MGF non par ignorance de ses aspects nuisibles, mais par crainte que celà n'entraîne une perte de statut de protection » Unicef Centre de recherche Innocenti, Changer une Convention sociale nefaste : la pratique de l'Excision /Mutilation génitale féminine, 2005, p.19.

910 En effet, il ressort de l'examen des rapports des États devant les organes d'application des traités, que l'élaboration d'une loi incriminant expresssément la pratique serait une preuve assez convainante des États de leur volonté de se conformer à leurs engagements internationaux. voir Concluding Observations of the Committee on the Elimination of Discrimination Against Women :Cameroon, A/55/38, §.54, 26/06/ 2000; Concluding Observations of the Committee on the Elimination of Discrimination Against Women : Congo, A/55/38, §.215-216, 01/02/ 2000; Rapport comité des droits de l'homme, A/60/40, vol.I, Yemen, para.91(11); Bénin, para.83 (11); Kenya, para.86 (12); A/61/40, vol.I, République centrafricaine, para.83(9).

911 Une telle orientation de la question des MGF, ne va pas sans une conception extensive de l'obligation de diligence reposant sur les États en la matière comme a eu à le démontrer Mme Yakin Ertürk (E/CN.4/2006/61, 20 janvier 2006, passim). Il me semble toutefois imporatant de relever, que les facteurs susceptibles d'entraîner un rejet de la pratique des MGF ne sont pas à analyser sous des critères généraux, les spécificités de chaque contexte devant être considérées.

b. L'extrême connexité des procédures effectuées au niveau international avec celles faites au niveau interne

Cette connexité est matérialisée par la règle de l'épuisement des voies de recours internes. Il s'agit d'une règle qui se trouve consacrée dans toutes les conventions relevant pour les MGF prévoyant les communications individuelles[912]. Cette exigence s'explique de par le caractère subsidiaire des instances de contrôle internationales par rapport à celles nationales[913]. En effet l'État, qui a contracté des engagements internationaux, s'oblige aux travers de ses lois, juridictions et administrations nationales à octroyer de manière effective aux personnes objet de sa juridiction[914] les garanties inhérentes aux droits consacrés. La règle de l'épuisement des voies de recours est supposée remplie, dès lors, que la violation tirée du pacte a seulement été soulevée en substance devant le juge national[915]. Sans vouloir nous étendre sur les controverses doctrinales concernant les raisons à caractère plus ou moins politiques qui poussent les États à s'engager de manière massive sur le plan international en ce qui concerne les régimes applicables aux droits de l'homme, force est de constater que lesdits engagements ne donnent pas toujours lieu aux modifications subséquentes dans l'ordonnancement juridiques des États contractants[916]. Les structures judiciaires et administratives internes des États dans certains contextes, parce que incohérentes et inadaptées, ne peuvent s'avérer que très peu profitables aux justiciables[917], et la règle de l'épuisement des voies de recours internes une condition difficile à remplir. La situation des individus peut s'avérer d'autant plus frustrante, car se trouvant dans d'extrêmes difficultés pour avoir accès aux juridictions internes et le cas échéant obtenir gain de cause devant celles-ci, l'accès à une instance internationale quand bien même l'État défendeur potentiel

---

912 Voir supra, partie de ce chapitre traitant des communications individuelles, p.188

913 K Das, *« Institutions et procédures issues des conventions relatives aux droits de l'homme et aux libertés fondamentales », in les Dimensions internationales des droits de l'homme*, paris, Unesco, 1978, §.602.

914 Le comité des droits de l'homme a refusé de restreindre la « juridiction de l'État » à son seul territoire national, celle-ci devant s'entendre au sens large des compétences étatiques, H.v.d. c/ Pays-Bas, 8 April 1987, A/42/40, p.186.

915 B.d.B. c/ Pays-Bas, 30 ars 1989, Sélection de décisions du comité des droits de l'homme prises en vertu du protocole facultatif, volume III, para.6.3, p.47, New York/Genève 2002.

916 A. Bartholomew, op. cit., pp.25(29-30); C. Powelll, op. cit., pp.201(206-208); A. Pollis, op. cit., p.316(321).

917 Voir en ce sens, le commentaire de Paul gérard Pougoué sur la législation camerounaise dans son ensemble en matière des droits de l'homme: P. Pougoué, la Législation camerounaise et la protection des droits de l'homme, Cahier africain des droits de l'homme No4 juillet 2000, passim.

aurait accepté une telle compétence leur restant également fermé[918]. Ainsi, les justiciables peuvent se voir exclus aussi bien des juridictions nationales que celles internationales. Ce serait donc pour pallier à des difficultés de cette nature, lesquelles sont assez préjudiciables aux individus, particulièrement aux femmes[919], que la CEDAW contrairement au CAT et au PIDCP a prévu expressément que la règle de l'épuisement des voies de recours internes peut être écartée dès lors, que le requérant apporte la preuve du *« caractère improbable de l'exercice des dits recours »* à lui donner une quelconque satisfaction[920]. Il convient également de dire que les autres organes de surveillance sus mentionnés ont dans leur pratique jurisprudentielle quelque peu assouplie la règle de l'épuisement des voies de recours. C'est ainsi que le CDH a écarté cette exigence quand lesdits recours sont jugés non disponibles[921] ou alors ne sont pas de nature à porter remède aux griefs[922]. Un tel assouplissement ne peut-être qu'à encourager compte tenu de l'approche juridique assez réductionniste parce que essentiellement pénaliste qui est très souvent développée au niveau des États africains concernant la pratique des MGF[923]. C'est pourquoi il est assez difficile, que les différentes prétentions auxquelles cette pratique peut donner lieu en considération des intérêts réels des femmes africaines concernées, trouvent de s'exprimer au travers du droit interne de leurs États. Quelles seraient par exemple les chances réelles, qu'un État puisse accorder le droit à l'éducation, au logement à une femme respectivement fillette, qui, ayant refusé de se faire exciser, se trouverait marginalisée du fait d'avoir

918 En ce sens, la pratique jurisprudentielle du CDH, mettant la charge de la preuve en l'espèce sur l'État défendeur, contrairement à la jurisprudence restrictive développée par la cour européene des droits de l'homme est à encourager. Voir F. Sudre, , p.543.

919 Sur l'incidence assez négative des conditions de vies précaires des femmes sur la jouissance de leurs droits, lire infra, chap.II de la partie.II de la thèse, p. 233.

920 Art 4, §.1 P.F CEDAW.

921 C'est-à-dire que l'intéressé ne possède pas les moyens, notamment par le biais de l'aide judiciaire, de s'en prévaloir, voir décision CDH, Douglas c/ Jamaique, 19 Octobre 1993, RUDH (1994), p.8.

922 McIntyre c/ Canada, 31 Mars 1993, RUDH (1993), § 10.4, p.156.

923 Quoique, certains auteurs aient eu à relever que l'intervention du juge civil s'est avéré dans certains cas ici salutaire. Les décisions judiciaires, en l'espèce des injonctions judiciaires interdisaient clairement la perpétration de la pratique et commandaient expressément aux parents de continuer d'accomplir leur responsabilité auprès de leurs enfants, Voir J Kennedy Wanjala, Est-ce que la Loi peut arrêter la circoncision féminine ? (version française), in The Afro-Arab Expert Consultation on Legal Tools For The Prevention of Female Genital Mutilation, cairo, 21-23 june 2003, pp. 3-5, consulté le 30 janvier 2007 à l'adresse http://www.npwj.org/2007/02/08/ FGMbrochure032004fr.pdf.

brisé les rapports d'autorités et de solidarité (parents, maris, frères ...) supposés être bénéfiques et nécessaire pour sa survie[924] ?

Et, concernant de telles questions, dans le contexte africain tout au moins, au-delà de la question des capacités financières de ces États et du débat traditionnel sur la justiciabilité desdits droits, les juges nationaux peuvent avoir du mal à statuer dans de telles matières et n'hésiteraient peut-être pas le cas échéant à débouter les victimes de leurs demandes[925]. Et ce, d'autant plus que l'attachement aux coutumes et mœurs ambiantes légitimerait une telle attitude[926]. Il apparaît donc nécessaire que la règle de l'épuisement des voies de recours internes dans de telles hypothèses soit interprétée souplement de manière à permettre aux individus, à faire valoir leurs droits devant les instances internationales. Il convient par ailleurs de faire remarquer, qu'en ce qui concerne les MGF, il est déterminant que lesdites instances puissent intervenir avant plutôt qu'après la réalisation des opérations de mutilation. Une telle possibilité semble exclue, la compétence des comités d'experts d'application des traités n'étant envisageable, que, lorsque le préjudice subi par la victime est réel.

c. Les limites inhérentes à la qualité de victime

En ce qui concerne les MGF, l'approche juridique à développer se doit d'être avant tout préventive et dissuasive. Nous l'avons vue en effet, la pratique des MGF cause aux personnes, qui s'y soumettent des atteintes à leur intégrité aussi bien physique que morale pouvant dans certains cas aller jusqu'à la mort. Il s'agit donc d'atteintes, d'une gravité certaine et à caractère irréversibles. Les mesures de réhabilitation, dont peuvent bénéficier les victimes de ce type de violences, ne peuvent pas de manière principielle leur permettre de revenir à leur situation antérieure, c'est-à-dire celle qui existait avant la réalisation de

---

924 A titre illustratif, le Comité des droits de l'homme, préoccupé par des cas de mutilations génitales féminines (art.7), a eu à recommandé à un État partie de « ...... *renforcer davantage ses mesures tendant à prévenir et éliminer ces pratiques et à assurer une protection efficace aux victimes et aux témoins, notamment en accordant des permis de séjour au besoin sur la base de considérations humanitaires* » : A/61/40, vol.I, Norvège, §.81(12).

925 Sur les difficultés pour les structures étatiques aussi bien judiciaires qu'administratives d'intervenir dans la sphère privée où les arguments relativistes ont d'ailleurs généralement le dessus sur les droits de l'homme. Voir E/CN.4/2006/61, §§. 53-54, 63, 20 janvier 2006.

926 Concluding Observations of the Committee on the Elimination of Discrimination Against Women: Congo.01/02/ 2000, A/55/38, §.210; Concluding Observations of the Committee on the Elimination of Discrimination Against Women :Cameroon.26/06/ 2000, A/55/38, §.53; Observations finales du Comité des droits de l'enfant : Mali. 02/11/99, CRC/C/15/Add.113, §.28; Observations finales du Comités des droits de l'enfant: Cameroun. CRC/C/15/Add.164, §.9; Concluding Observations of the Committee on the Elimination of Discrimination Against Women : Congo.01/02/ 2000, A/55/38, §.197.

l'opération de mutilation. C'est la raison pour laquelle à notre avis, les mesures intervenant à titre préventif sont en l'espèce de loin à privilégier. Or, l'exigence de la réalité du dommage semble indiquer, que les comités d'experts ne peuvent intervenir pour prévenir la perpétration des MGF. Ce qu'il importe de retenir est, que le caractère réel du dommage, que l'on ne saurait dissocier de son caractère personnel[927], est une condition importante de recevabilité des communications individuelles. La réalité du dommage viserait à sécuriser les systèmes juridiques des États de manière à ce que leurs dispositions internes ne puissent être attaquées par les individus de manière abstraite[928]. Ainsi, seule la réalisation du dommage, ayant porté atteinte à une disposition internationale et violant de ce fait un intérêt protégé par elle, peut amener les comités d'experts à agir au bénéfice d'un individu contre un État partie. Or, il y'a des cas de figures où la décision des organes d'experts peut arriver très tard du fait du caractère irrémédiable du dommage. La pratique des MGF est, à cet égard une bonne illustration. Et pour pallier aux effets irrémédiables, que l'accomplissement de la pratique emporte, les comités d'experts d'application des traités dans le cadre du système universel pourraient en l'espèce faire une application de la notion de victime potentielle, telle que développée par la cour européenne des droits de l'homme[929]. Et ce, en vue d'une meilleure protection des individus.

Il ressort de cette étude que l'aptitude des organes d'application des traités à œuvrer au respect des droits applicables aux MGF demeure largement tributaire des États. La bonne foi des États serait à cet égard une donnée incoutournable pour le respect des droits des individus[930]. Il s'agit là, à dire vrai d'une conclusion assez triviale des études relatives à l'efficacité du droit international, la particularité de l'étude ici menée résidant dans l'extrême difficulté pour les États parties africains à faire coincider les exigences du droit international en l'espèce avec leurs réalités socio politiques et culturelles. La connotation plus ou moins négative généralement attribuée à l'omnipotence des États dans le cadre de la protection des droits et libertés ne semble pas à notre avis une

927 En plus du caractère réel du dommage, la condition relative au caractère personnel du dommage, nous apparaît également restrictive dans le contexte de la lutte contre les MGF. Il convient tout de même de relever que la CEDAW, en prévoyant qu'un tiers justifiant d'un intérêt puisse saisir le CEDEF, n'aurait pas enlevé une telle prérogative aux associations féminines même dans les hypothèses où celles-ci ne justifieraient pas d'un préjudice personnel, art.2 PF CEDAW.

928 Voir décision CDH, affaires: Hertzberg et autres c/ Finlande, 2 Avril 1982, A/37/40, p.164; JH c/ Canada, 12 april 1985, A/40/40, p.231.

929 F. Sudre, J Marguénaud, j Andriantsimbazovina, A Gouttenoire, M Levinet, les grands arrêts de la Cour européenne des droits de l'homme, 2ème édition 2004, PUF, pp.566-570.

930 E Zoller, Commentaire art.2, para.2 de la Charte des Nations Unies, in la Charte des Nations Unies (commentaire article par article), 3e édition, Ecomica, paris, 2005, passim.

problématique à thématiser à titre principal tout au moins dans le cadre de notre thèse, les incertitudes inhérentes à l'application du droit international en l'espèce se résumant essentiellement aux stratégies à développer pour atteindre les femmes et respectivement les fillettes concernées au moyen du droit international des droits de l'homme[931]. A cet égard, les solutions contextualisées seraient fortement à encourager surtout que les États dans l'exécution de leurs obligations internationales disposent d'une certaine liberté de moyens.

931 *«La question n'est donc pas de savoir si les États peuvent et devraient jouer un rôle dans la transformation des normes sociales et culturelles discriminatoires (ici les MGF), mais comment ils peuvent s'y employer de façon optimale »*, :rapport du Secrétaire général, étude approfondie de toutes les formes de violence à l'égard des femmes, A/61/122/Add.1, para.101, p.40, 6.juillet 2006.

PARTIE II : L'IMPERATIF D'UNE APPLICATION CONTEXTUELLE DU DROIT INTERNATIONAL DE LA FEMME DANS LE CONTEXTE AFRICAIN EN CE QUI CONCERNE LES MGF : LE CAS DU CAMEROUN ET DU SENEGAL

Dans le cadre de cette seconde partie, il s'agira de faire une analyse de l'application du régime conventionnel des droits de l'homme au regard de la pratique des MGF dans le contexte africain, particulièrement dans les pays d'Afrique francophone[932]. Il apparaît judicieux de privilégier les approches contextuelles dans ces pays, le danger d'apporter des solutions générales à des problèmes spécifiques ayant été démontré dans le cadre de la première partie de notre travail[933]. Une telle orientation est d'ailleurs confortée par la souplesse des traités relatifs aux droits de l'homme préconisant une sorte d'élasticité dans leur application[934]. L'approche contextuelle permettrait donc aux États africains parties aux traités applicables aux MGF, de développer des solutions adaptées à leurs situations propres et respectueuses dans le même temps de la dignité humaine, concept fondamental de toute réglementation relevante pour la question des droits de l'homme, les femmes africaines ne devant aucunement être en reste. Dans le cadre de notre premier chapitre, nous aurons à relever les avantages qui s'attachent à la souplesse inhérente à l'obligation d'introduire les traités relatifs aux droits de l'homme en droit interne dans la prise en compte des particularismes, y compris ceux se rapportant aux femmes
(Chap. I : La souplesse inhérente à l'obligation internationale d'introduire les traités relatifs aux droits de l'homme en droit interne et la protection des particularismes). Dans le cadre d'un deuxième chapitre, fort de ce que les ordres internes se distinguent de l'ordre international, nous aurons à démontrer comment le recours au monisme par les États africains dans leur grande majorité ne permet pas véritablement que la problématique des droits de l'homme soit saisie dans toute sa complexité dans la plupart des pays du continent noir. En effet, l'application des principes monistes dans les pays africains ne conduit dans la plupart des cas, qu'à ignorer les codes de valeurs traditionnels,

932 Le Cameroun et le Sénégal, lesquels font partie de la francophonie, ayant été choisis pour faire l'objet de notre champ d'étude.

933 Voir Supra, la partie I, chap.2 et 3 de notre thèse.

934 *«Cette indifférence du droit international quant aux moyens par lesquels les États s'acquittent de leurs obligations conventionnelles a été reconnue à plusieurs reprises par les organes de contrôle institués par les conventions internationales de droit de l'Homme»*, Nguyen Quoc Dinh, P Daillier, A Pellet, op. cit., p. 230.

entretenant de ce fait même l'illusion d'un attachement inconditionnel aux droits de l'homme dans ce continent. Si les aspects théoriques de la problématique ainsi identifiés feront l'objet de notre deuxième chapitre (Chap. II : La technique du monisme : participative du caractère virtuel des conventions relatives aux droits de l'homme dans le contexte africain), les incidences pratiques y découlant seront analysées dans le cadre de notre troisième chapitre. En effet, dans le cadre de ce chapitre, nous aurons à étudier de manière comparative la portée de l'application du régime international se rapportant à la question des MGF dans le cadre de deux États africains, que sont le Cameroun et le Sénégal en y mettant en exergue leur faible impact au niveau des situations de vie propre des femmes concernées (Chap. III : Le faible impact des politiques internes des États africains relatives aux droits de la femme au regard de la pratique des MGF: le Cas du Cameroun et du Sénégal).

CHAPITRE I: LA SOUPLESSE INHÉRENTE À L'OBLIGATION INTERNATIONALE D'INTRODUIRE LES TRAITÉS RELATIFS AUX DROITS DE L'HOMME EN DROIT INTERNE ET LA PROTECTION DES PARTICULARISMES

La ratification des traités au niveau international par les États ne saurait être sans incidences au niveau de leurs politiques internes, comme a eu à le préciser Susanne Bastrid : *« l'engagement résultant d'un traité affecte le comportement de l'État dans son cadre propre : sur son territoire à l'égard de sa population, dans l'exercice de ses propres compétences. »*[935]. En effet, la nécessité pour les États parties d'exécuter les engagements découlant des traités soussignés commande qu'ils les introduisent au niveau interne de manière à leur faire produire tous leurs effets. Cette exigence est encore particulièrement vraie pour les traités relatifs aux droits de l'homme dans la mesure, où ils ne se limitent pas selon la conception classique du droit international des traités à créer des droits et obligations au niveau des États mais sont également et surtout générateurs de droits et libertés au profit des individus[936]. Ainsi introduire le droit international des traités relatifs aux droits de l'homme dans leurs ordres juridiques respectifs, reviendrait donc pour les États parties à rechercher et à adopter des mesures propres à assurer le respect effectif des droits et libertés consacrés dans les conventions ratifiées au profit de tout individu résidant sur leur territoire, les femmes ne devant être aucunement exclues. Il s'agirait là d'une obligation de résultat, dans la mesure où les États parties se doivent d'adopter des mesures propres à atteindre effectivement les objectifs visés par lesdites conventions. Les fondements de ladite obligation de résultat auront à être précisés dans le cadre de la première partie de ce chapitre (I). Toutefois, une lecture des textes conventionnels relatifs aux droits de l'homme confirme l'idée selon laquelle, les États auraient en l'espèce, une pluralité d'options pour atteindre le résultat visé (II). Et une telle pluralité d'option, se doit d'être appréciée dans toute sa portée dans la protection des particularismes.

---

935 S Bastid, Les traités dans la vie internationale conclusion et effets, paris, Economica, 1985, p. 7.

936 En effet, les traités relatifs aux droits de l'homme visent avant tout à conférer aux individus des droits, garants de leur dignité, d'où la nécessité pour les États d'être encore plus scrupuleux dans le respect des engagements internationaux ici contractés. C'est ce qui expliquerait, que certains États n'hésitent pas à octroyer un régime de faveur aux traités internationaux relatifs aux droits de l'homme comparativement à d'autres traités. Voir C. Sciotti-Liam, op. cit., pp. 244 et s.

I. Les fondements de l'obligation de résultat d'introduire les traités relatifs aux droits de l'homme en droit interne

Il s'agira pour nous ici de recenser les éléments qui confirment l'idée selon laquelle, les États parties aux conventions internationales relatives aux droits de l'homme se doivent d'adopter un certain nombre de mesures au niveau interne en vue de leur garantie effective. A cet égard, il conviendrait de distinguer les arguments ayant une base textuelle soutenant une telle prise de position (A) de ceux commandés par certaines considérations pratiques (B).

A. Les Considérations textuelles.

1. Le droit commun du droit des traités

Les États ayant régulièrement ratifié un traité, sont en principe liés par ses clauses. C'est dire, qu'un État, qui a ratifié un traité, est tenu d'exécuter les clauses de son engagement[937]. Aux termes de l'art 26 de la convention de Vienne, une telle exécution se doit d'être faite de bonne foi. L'obligation de bonne foi pèse d'ailleurs sur tous les membres de la communauté internationale conformément à l'art 2 de la charte des Nations Unies. S'il apparaît assez difficile de définir ce qu'il faut entendre par «exécution de bonne foi » les circonstances de chaque espèce devant être appréciées[938], les auteurs s'accordent tout de même à dire qu'une telle exécution imposerait aux États parties à une convention de ne pas invoquer une raison quelconque aussi bien de fait que de droit pour justifier la non exécution des obligations internationalement contractées[939]. Ainsi l'État, qui ne veut pas voir sa responsabilité engagée sur le plan international, ne saurait par exemple invoquer ses dispositions internes pour justifier la non exécution de l'engagement librement consenti sur le plan

---

937 Sous réserve faite de la non exécution par l'autre partie contractante des obligations énoncées dans le contrat. Il convient toutefois de relever, que les clauses de réciprocité, du fait du particularisme de l'objet des traités relatifs aux droits de l'homme sont en principe à écarter en ce qui concerne leur application. En ce sens, les traités relatifs aux droits de l'homme:*«ne constituent pas un réseau d'échanges d'obligations interétatiques. Ils visent à reconnaître des droits aux individus. Le principe de la réciprocité interétatique ne s'applique pas....»*, Observation générale No24: Questions touchant les réserves formulées au moment de l'adhésion à ces instruments, ou en rapport avec des déclarationsformulées au titre de l'art 41 du Pacte, 04/11/94, para.17.

938 *«L'exécution de bonne foi devrait être définie comme celle qui exclut toute tentative de «fraude à la loi», toute ruse et exige positivement fidélité et loyauté aux engagements pris. Quoi qu'il en soit, une définition est forcément abstraite; elle doit être éclairée par la pratique»*, Nguyen Quoc Dinh, P Daillier, A Pellet, op. cit., 139, p.218. Elisabeth Zoller dans sa tentative de définir la bonne foi, a eu également a insisté sur la nécessité de considérer les circonstances de chaque espèce, E Zoller, op. cit., pp.417 (421-422).

939 Voir en ce sens S Bastid, op. cit., p.117.

international:*« une partie ne peut invoquer les dispositions de son droit interne comme justifiant la non-exécution d'un traité »*[940]. En ce sens un juge, qui refuserait donc d'appliquer les dispositions d'une convention internationale ratifiée par son État, aux motifs qu'elle serait contraire à la constitution ou à une loi antérieure engagerait tout de même la responsabilité internationale de l'État en question, quand bien même une telle interprétation juridique du juge serait logique sur le plan interne[941]. En effet, s'il est vrai que c'est généralement au pouvoir exécutif, qu'il revient de représenter l'État sur le plan international et par conséquent d'exécuter toutes les formalités relatives à la conclusion et à la ratification des traités[942], les autres pouvoirs doivent cependant avec lui œuvrer à l'observance des engagements découlant des traités ainsi ratifiés. En effet, l'obligation pour l'État partie à une convention déterminée d'exécuter ses engagements lui impose d'agir par le truchement de ses trois pouvoirs, à savoir exécutif, législatif et judiciaire sous peine de voir engager sa responsabilité internationale[943]. A cet égard, il serait judicieux pour les États d'effectuer certaines révisions législatives voir constitutionnelles nécessaires avant de s'engager sur le plan international[944]. A dire vrai, si les réformes souhaitables mais non obligatoires à accomplir par rapport à un engagement futur sur le plan international pour un État donné n'ont pas été faites, l'État en question, une fois

940 Art.27 de la Convention de Vienne sur le droit des traités du 23 Mai 1969.

941 *"La responsabilité de l'État existe sur le plan international lorsqu'il y'a non – exécution d'un traité en vigueur, même si l'autorité qui a refusé d'appliquer dans le cadre du droit interne avait un motif légitime de refus suivant le droit constitutionnel interne»*, S Bastid, op. cit., p. 125.

942 Il s'agit là d'un principe généralement consacré dans les constitutions des États africains francophones. Quelques exemples dans ce sens: art.43, Constitution de la République du Cameroun, adoptée le 2 Juin 1972 et révisée le 18 Janvier 1996; art.76, art.95, Constitution de la République du Sénégal, adoptée le 7 Mars 1963, révisée le 2 Mars ; art.231 al1, Constitution de la République d'Afrique du Sud, adoptée le 8 Mai 1996 ; art.144, Constitution du Bénin, adopté le 11 décembre 1990 ; Art.80, Constitution du Congo, acte fondamental du 24 Octobre 1997, art.37, Constitution de Djibouti, adoptée le 15 septembre 1992.

943 S Bastid, op. cit., pp.119, 123.

944 Si certaines Constitutions africaines prévoient expressément la nécessité de procéder, le cas échéant à certaines révisions constitutionnelles avant la ratification, certains vides juridiques sont toutefois à déplorer. En effet, bien que l'organe compétent, en la matière soit généralement déterminé, les personnes susceptibles de déclencher ce type de procédure restent généralement non précisées (voir art.44 et 90 des constitutions camerounaise de 96 et sénégalaise de janvier 2001). En ce sens l'exemple béninois serait à saluer: *«Si la Cour constitutionnelle saisie par le Président de la République ou par le président de l'Assemblée Nationale a déclaré qu'un engagement international comporte une clause contraire à la Constitution, L'autorisation de le ratifier ne peut intervenir qu'après la révision de la constitution»*: art. 146 de la constitution du Bénin.

l'engagement passé se verra obligé sous peine de voir engagé sa responsabilité de prendre des mesures révisionnelles nécessaires en vue de son exécution[945]. L'obligation pour les États d'exécuter les clauses des engagements consentis sur le plan international, tel qu'il ressort de la convention de Vienne organisant le droit des traités plaide bien en faveur de l'idée selon laquelle, il existe à la charge des États parties à une convention quelconque, une obligation absolue d'introduction de son contenu. L'existence d'une telle présomption semble être d'ailleurs des plus indiscutables, si on se réfère aux textes conventionnels se rapportant de manière spécifique à la question des droits de l'homme, lesquels préconisent en général, que les États se doivent de mettre tout en œuvre pour assurer la garantie des droits, qu'ils consacrent.

2. Les dispositions spécifiques des traités des droits de l'homme

Il s'agira essentiellement pour nous ici de faire ressortir les éléments des textes conventionnels relatifs aux droits de l'homme prouvant que les États parties conformément à leurs engagements internationaux se doivent d'introduire lesdits textes tout au moins les droits qu'ils proclament dans leurs ordonnancements internes et à contrario d'abroger leurs dispositions internes qui seraient manifestement contraires au droit international soussigné[946]. Il se pose donc la question de la nécessité d'harmoniser son droit interne avec le droit conventionnel contracté de manière à faire produire à ce dernier tous ses effets. Une lecture même survolée des traités des droits de l'homme applicables aux MGF, permet de recenser diverses clauses soutenant l'idée selon laquelle, les États parties se doivent de prendre des mesures respectueuses des engagements ainsi contractés sur le plan international. En ce sens, certaines dispositions conventionnelles applicables aux MGF, demandent expressément aux États parties de garantir les droits proclamés et le cas échéant de recourir aussi bien aux mesures proprement législatives que celles éducatives[947]. L'idée ici est de permettre aux particuliers aux travers de structures juridictionnelles nationales effectivement opérationnelles[948], d'obtenir réparation en cas de violations de

945 S Bastid, op. cit., p.125.

946 Il convient ici de ne pas confondre une telle modification avec la déclaration d'harmonie. Par une telle déclaration, l'État avant de s'engager sur le plan international n'initie aucune modification de son ordonnancement interne en vue de l'engagement international à contracter, mais élabore une déclaration attestant de ce que son droit interne est déjà conforme au droit international. Une telle déclaration n'est toutefois pas toujours conforme à la réalité. Sur le danger, que les déclarations d'harmonie représentent pour une garantie effective des droits de l'homme, voir C. Sciotti-Liam, op. cit., pp. 89 et s.

947 Art.2, §.1 PIDCP; art.2, §.1 PIDESC; Art.2, §.1 CRC; art.2 et 3, 5, CEDAW.

948 L'absence d'infrastructures judiciaires en nombre insuffisant est d'ailleurs en ce sens identifié comme l'un des grands obstacles à la garantie des droits de l'homme dans le contexte africain. Voir en ce sens C. Sciotti-Liam, op. cit., p.72.

leurs droits, tels que consacrés dans les conventions ainsi ratifiées par les États[949] soit alors d'exiger certaines prestations aux États signataires[950]. Pour ce qui est de la nature des mesures législatives visant la garantie des droits ainsi proclamés, ceux-ci n'étant pas toujours d'application directe, il s'agira d'adopter des mesures exécutives permettant une mise en jeu effective des droits proclamés dans l'acte conventionnel une fois introduit dans l'ordonnancement juridique de l'État partie[951]. Il s'agit là d'une exigence, qui est valable aussi bien pour les États monistes que ceux dualistes. La pratique des États montre en effet, qu'un chevauchement existe en pratique entre le monisme et le dualisme: *«D'ailleurs, le fait de modifier une loi déclarée contraire à un traité n'est pas propre aux États dualistes et est également nécessaire dans les États monistes»*[952]. Pour ce qui est des mesures éducatives, elles visent essentiellement à la promotion des droits garantis de manière à pouvoir gagner les uns et les autres à la cause des droits de l'homme[953]. Les approches promotionnelles des droits de l'homme revêtent une importance particulière dans le contexte africain, si l'on veut y créer une culture des droits de l'homme. Il apparaît alors primordial de déterminer les causes qui font que les États africains, après ratification des traités n'arrivent pas à mettre en œuvre concrètement les obligations découlant des traités relatifs aux droits de l'homme[954]. Si cette façon de faire peut être à bien des égards critiquables, cachant mal d'après une certaine

949 Sont visés ici principalement les droits civils et politiques. Alors que ceux-ci ont pour fondement la liberté, les droits sociaux et économiques se baseraient plutôt sur l'égalité. Voir en ce sens, Kéba Mbaye, *«Les droits de l'homme (définition, fondements, finalités et caractères)», in liber amicorum in memoriam of judge josé Maria Ruda, kluwer law international*, p.553 (557).

950 Dans cette hypothèse, il s'agirait principalement des droits sociaux économiques dont la justiciabilité n'est plus à priori à exclure. Voir en ce sens, Comité des droits économiques, sociaux et culturels, observation No3 sur les obligations des États parties, E/1991/23, para.5.

951 *«Le Comité estime nécessaire d'appeler l'attention des États parties sur le fait que les obligations que leur impose le Pacte ne se limitent pas au respect des droits de l'homme, et qu'ils se sont également engagés à assurer la jouissance de ces droits à toutes les personnes relevant de leur juridiction. Cela exige des États parties qu'ils prennent des mesures spécifiques pour permettre aux particuliers de jouir de leurs droits»*, Comité des droits de l'homme, observation générale No3 sur l'art 2, mise en œuvre du pacte dans le cadre national (treizième session, 1981), in Compilation des commentaires généraux et recommandations générales adoptées par les organes de traités, UN. Doc. HRI/GEN/1/Rev.1 (1994), para.1.

952 C. Sciotti-Liam, op. cit., p.150.

953 Kéba Mbaye, Les droits de l'homme en Afrique, 2 ème édition, p.88.

954 On a alors parlé de *«ratifications de façade dans le contexte africain»*, C. Sciotti-Liam, op. cit., pp. 71 et s.

doctrine, l'absence d'une volonté réelle des États africains d'agir en l'espèce[955], une amélioration de la situation ne saurait être envisageable sans une recherche des causes de ce blocage, lequel fait apparaître l'approche promotionnelle comme un faux fuyant[956]. La mise en lumière des facteurs explicatifs sur les difficultés du droit à suivre les faits dans le contexte africain, nous semble d'autant plus justifiée, que seule une telle mise en lumière peut donner à l'obligation absolue d'introduire toute sa portée. Il apparaît, en effet primordial de déterminer les stratégies à même de permettre aux États de remplir leurs obligations. S'agissant de la question des MGF, le faible impact du régime classique, applicable en l'espèce, fondée essentiellement sur le respect du droit à l'intégrité physique[957], commande urgemment la détermination par chaque État des éléments, susceptibles d'aboutir à l'abandon de la pratique. En effet, toute législation, qui ne tiendrait pas en compte les souffrances réelles des femmes concernées et non simplement projetées ont peu de chances d'avoir un impact réel sur les vies des femmes et fillettes et concernées[958]. En effet l'abandon de la pratique, synonyme ici de l'amélioration du statut de la femme, est à notre avis, la raison d'être de l'obligation de résultat pesant en l'espèce sur les États. En d'autres termes, qu'importe t-il à un État, d'avoir eu à interdire la pratique aux moyens de dispositions pénales, si de telles mesures n'ont pas une incidence pratique sur le vécu des femmes concernées ? L'efficience des mesures à développer pour faire face à la question des MGF, celles juridiques n'y échappant pas, apparaît donc comme une priorité de l'heure. En ce sens le rôle des organes d'application des traités ne serait pas à négliger. La détermination des obstacles à la bonne mise en œuvre des conventions ratifiées apparaît d'ailleurs comme un aspect des plus importants, attestant de leur rôle d'accompagnateurs des États parties dans le respect de leurs engagements internationaux en la matière.

---

955 A. Pollis, op. cit., pp. 316(320-24, 328-29, 335-36); J. Donnely, op. cit., pp.109(118-21); B. Ibhawoh, *Cultural relativism and human rights: reconsidering the Africanist discourse,* NQHR, 2001, p.43(56); B. Ibhawoh, "*Between Culture and Constitution: Evaluating the Cultural Legitimacy of Human Rights in the African state", HRQ*, 22, pp. 838(849-50); J. Oloka-Oyango, op. cit., p.39(52).

956 En ce sens l'importance de l'approche promotionnelle des droits de l'homme se doit d'être réellement considérée eu égard à la question des MGF, voir infra, partie.II, chap.III, pp.259 et s.

957 Sur la définition des MGF comme une atteinte à l'intégrité physique des femmes et fillettes concernées, voir supra, partie.I, chap.III, I, C, pp.141 et s.

958 Cette remarque est d'autant plus importante que les droits de l'homme ont été développés *«en réponse aux souffrances des hommes du monde entier».* Voir Rapporteuse spéciale sur la violence contre les femmes, ses causes et ses conséquences, Yakin Ertürk, A/HRC/4/34, para.23, p.9, 17 janvier 2007.

3. La pratique des organes d'application des traités relatifs aux droits de l'homme

Les organes d'application des traités tout en assistant les États parties dans leur mise en conformité de leur droits internes respectifs avec les conventions ratifiées au moyen de leur introduction, précisent également le cadre dans lequel s'inscrit une telle introduction. S'agissant des mesures d'assistance, les organes d'application des traités ont coutume de rappeler aux États parties l'obligation, qu'ils ont de respecter les engagements internationaux souscrits. C'est ainsi, que dans l'examen des rapports à eux adressés par les États parties connaissant de la pratique des MGF, les organes d'application des traités, ont eu à demander très souvent aux États concernés d'adopter une législation interdisant la pratique de manière expresse[959]. De façon générale, lesdits organes de contrôle favorisent des échanges assez ouverts sur les éléments ayant été identifiés comme des obstacles à l'application du droit conventionnel ainsi introduit, de manière à élaborer des solutions permettant de respecter effectivement les engagements contractés. En ce sens, la théorie des obligations positives a été développée par la pratique jurisprudentielle des organes d'application des traités en vue de permettre une garantie effective des droits et libertés consacrés dans les textes conventionnels applicables aux droits de l'homme[960]. La théorie des obligations positives, appliquée à la question des violences féminines participe de l'idée selon laquelle, le respect des engagements contractés n'oblige pas seulement à introduire les droits garantis dans leurs ordonnancements juridiques internes mais également et surtout à prendre des mesures préventives de manière à décourager les actes et comportements ayant une incidence plus ou moins

---

959 Concluding Observations of the Committee on the Elimination of Discrimination Against Women:Cameroon, A/55/38, §.54, 26/06/ 2000; Concluding Observations of the Committee on the Elimination of Discrimination Against Women:Congo, A/55/38, §.215-216, 01/02/ 2000; General Comment No28, CCPR/C/21/Rev.1/Add.10, §§11α 24, 29 March 2000; CRC/C/15/Add.164, §§.48-49, 6 novembre 2001; CRC/C/15/Add. 153, 9 juillet 2001, §.57a; A/HRC/4/104, para.8, 21, pp.5, 8, 15 février 2007; Concluding observations of the Human Rights Committee: Cameroon, CCPR/C/79/-Add.116, para.12, 4 november 1999; Concluding observations of the Human Rights Committee: Senegal, CCPR/C/79/Add.82, para.12, 19 november 1997; Concluding observations of the Human Rights Committee: Sudan, CCPR/C/79/Add.85, para.10, 19 november 1997; Concluding observations of the Human Rights Committee:Bénin, CCPR/CO/82/BEN, para.11, 1 december 2004; Concluding observations of the Human Rights Committee: Mali, CCPR/CO/77/MLI, para.11,16 april 2003.

960 Sur une historique des obligations positives, voir le rapport de la rapporteuse spéciale sur la violence contre les femmes, le critère de la diligence due en tant que moyen de mettre un terme à la violence contre les femmes, E/CN.4/2006/61, pp.7-9, 20 Janvier 2006.

directe sur la violation des droits des femmes ainsi garantis[961]. Et, il est en l'espèce, alors indifférent que ladite violation soit le fait d'un individu[962]. L'application de cette théorie peut s'avérer d'un intérêt certain pour les MGF[963]. En pratique, les États parties à une convention applicable aux MGF ne sont pas simplement obligés d'introduire les conventions ratifiées dans leurs ordonnancements juridiques internes mais également et surtout se doivent de créer des conditions capables de prévenir les violations des droits, qui y sont garantis en faisant *« évoluer les structures et les modèles patriarcaux qui ne font que perpétuer et encourager la violence à l'égard des femmes......»*[964]. Il convient toutefois de relever, que si la théorie des obligations positives démontre que la prévention vaut mieux que la répression en l'espèce, son application est également à notre avis la preuve de l'échec des lois développées jusqu'ici pour faire face au phénomène de la violence féminine, y compris les MGF. C'est la raison pour laquelle, il importe toujours de continuer à s'interroger, sur l'opportunité, le rôle, la nature de la législation à appliquer aux MGF ainsi que sur les éléments qu'une telle législation se doit d'intégrer dans un contexte donné. En effet une prohibition de la pratique des MGF n'est pas sans apporter des bouleversements au sein des sociétés considérées[965]. Ainsi la recherche des éléments susceptibles de prévenir les MGF, en favorisant une réflexion sur ses causes et les structures qui les perpétuent, éclairera certainement les gouvernements sur les éléments à véritablement considérer dans toute approche, celle juridique n'étant pas exclue. Si donc, les États se voient assignés des tâches aussi larges en vue d'une efficacité réelle des conventions ratifiées, ceci est commandé à vrai dire par certains éléments factuels. En effet, la société

961 L'idée ici est d'éviter que les droits gardent un caractère théorique ou illusoire. Voir en ce sens Amnesty international, pour que les droits deviennent une réalité: les États ont le devoir de combattre la violence contre les femmes, paris, juin 2004, p. 41.

962 General Comment No. 31 on Article 2 of the Covenant.The Nature of the General Legal Obligation Imposed on States Parties to the Covenant (adopted at the 2187th meeting on 29 March 2004), CCPR/C/74/CRP.4/Rev.6, para.8.

963 Surtout que la Rés 48/ 104 sur la violence à l'égard des femmes en a posé un fondement légal en son art.4 al c :*«agir avec la diligence voulue pour prévenir les actes de violence à l'égard des femmes, enquêter sur ces actes et les punir conformément à la législation nationale, qu'ils soient perpétrés par l'État ou par des personnes privées »*

964 Rapport de la rapporteuse spéciale sur la violence contre les femmes, le critère de la diligence due en tant que moyen de mettre un terme à la violence contre les femmes, E/CN.4/2006/61, p.7, 20 Janvier 2006

965 Il s'agirait par exemple: de questions relatives à la fonction du mariage dans les sociétés considérées, au rapport de la femme par rapport à sa sexualité, à une redéfinition des rôles socio, politique et économique entre les deux sexes, à la fonction sociale des exciseurs.

internationale est constituée avant tout d'États souverains ayant des orientations juridiques, politiques, économiques et sociales propres.

B. Les considérations pratiques

Il s'agira pour nous de montrer que la solution choisie par le droit conventionnel relatif aux droits de l'homme, à savoir faire jouer aux États un rôle fondamental dans leur garantie effective, est également commandé par certaines éléments factuels. En effet non seulement le droit conventionnel des droits de l'homme est largement tributaire des structures étatiques (1), mais également en vertu de sa vocation à s'appliquer à tous, il se doit de refléter la diversité de la société internationale (2).

1. Le caractère fortement tributaire du droit conventionnel relatif aux droits de l'homme des structures étatiques

Le droit conventionnel relatif aux droits de l'homme comme branche du droit international relèverait avant tout de l'ordre international duquel, il trouve son origine[966]. En ce sens, il serait avant tout appelé à régir la société internationale. Or celle ci, n'a pas de structures comparables aux États, ce qui peut même amener à douter de sa réalité[967]. Nous aurons à citer quelques exemples pour illustrer cette idée. Les États veillent généralement à ce qu'il existe une certaine proportionnalité entre le nombre de juridictions et leur population territoriale afin que la justice reste proche des justiciables[968]. Au niveau de la société internationale par contre, les organes de contrôle sont manifestés débordés compte tenu de l'immensité des tâches à accomplir[969], surtout avec l'émergence des individus comme membre de la société internationale[970]. Dans le même sens, alors que les décisions de l'organe

966 Une telle assertion généralement valable en ce qui concerne les conventions internationales se doit ici d'être relativisée dufait de l'extrême perméabilité des traités relatifs aux droits des hommes. Voir en ce sens C. Sciotti-Liam, op. cit., pp. 16-17.

967 En effet une société nationale donc étatique à l'opposé de celle internationale *«.....suppose un pouvoir central exerçant la plénitude des fonctions étatiques sur un territoire qui en constitue l'assise »,* Nguyen Quoc Dinh, P Daillier, A Pellet, op. cit., p. 50.

968 Il n'est donc pas surprenant, que dans les États, où cette condition n'est pas remplie, les droits sont difficilement garantis: *«Pour que les juridictions internes appliquent des traités internationaux, encore faut-il qu'elles existent en nombre suffisant, qu'elles soient accessibles au public (la distance entre le lieu d'habitation et le site d'une juridiction et les difficultés de transport découragent souvent des particuliers, sans compter le coup d'une procédure juridique)»:* C. Sciotti-Liam, op. cit., p.72.

969 Voir en ce sens, le retard des organes d'applications dans l'examination des rapports à eux adressés à eux aux États. Voir site http://www.unhchr.ch/tbs/doc.nsf/newhvoverduebytreaty?OpenView

970 Voir en ce sens, l'accroissement exponentiel des requêtes individuelles qu'a connu le système originaire de communications individuelles mis en place dans le cadre de la CEDH, F. Sudre, op. cit., pp.494-495.

judiciaire, qui intervient essentiellement en cas de violations des droits dans le cadre d'un État, sont exécutoires car revêtues de la puissance publique, dans le cadre de la société internationale par contre la bonne foi des États occupe un rôle des plus importants dans l'exécution effective des décisions des organes de contrôle[971]. On peut également faire remarquer, que l'existence des trois pouvoirs au sein de l'État assure un certain équilibre entre eux selon la célèbre expression de Montesquieu *« il faut que le pouvoir arrête le pouvoir»*[972]. Or, un tel équilibre des 3 pouvoirs, propre aux sociétés démocratiques, ne peut qu'être profitable aux individus à contrario des schémas classiques de la société internationale, où il s'agit pour les États de préserver avant tout leurs intérêts politiques, les États les plus forts imposant généralement les règles[973]. Tous ces éléments attestent de la fragilité du droit conventionnel sous l'angle structurel, lequel a cruellement besoin des structures des États qui la composent pour éclore : *« pour remplir sa tâche, le droit international est continuellement obligé de recourir au droit interne. Sans lui, il est, sous de nombreux rapports, tout à fait impuissant»*[974]. Il apparaît donc que l'obligation pour les États d'introduire les traités relatifs est également commandée par la faiblesse structurelle de la société internationale. La place ainsi conférée aux États, leur fait jouer le rôle de juges et de parties[975]. Une telle solution ne devrait à priori poser aucun problème dans la mesure où le droit international, dont les droits de l'homme en sont une composante, est né de la conviction au niveau des États, à un certain développement de leur histoire, de ce que l'élaboration d'un corpus de règles communes devait leur permettre de sauvegarder des valeurs communes tout en préservant leurs spécificités. En d'autres termes comme le très regretté Nguyen Quoc Dinh a eu à le relever, c'est parce que les États sont conscients de leur interdépendance qu'ils acceptent solidairement d'élaborer un droit, auquel ils

---

971 Sur la faiblesse des mécanismes de protection dans la société internationale, voir Nguyen Quoc Dinh, P Daillier, A Pellet, op. cit., §§.42-43.

972 Il convient toutefois de relever que: *«La séparation des pouvoirs est souvent ignorée au profit de l'exécutif et au nom de l'efficacité»* dans le contexte africain. Voir Kéba Mbaye, Les droits de l'homme en Afrique, 2 ème édition, p.85.

973 Cette situation de dominance de fait de certains États sur d'autres, le principe de la souveraineté des États étant ici battue en brèche, est d'ailleurs fortement occulté par le développement d'un droit international de la démocratie. Ce droit préconise un certain interventionisme dans les affaires réservées à la compétence des États au nom de la démocratie. Voir en ce sens Boutros-Boutros Ghali, *«Pour un droit international de la démocratie», in Theory of International Law at the threshold of the 21 st Century*, Hague/London/Boston, Kluwer Law international, passim.

974 H Triepel, Les rapports entre le droit interne et le droit international, RCADI, 1923, p.106.

975 F. Sudre, droit européen et international des droits de l'homme, 6e édition refondue, para.30.

vont se soumettre sans pourtant perdre leur indépendance[976]. Ainsi, dans la recherche des moyens leur permettant de sauvegarder les valeurs communes, les États ont le souci de préserver leurs intérêts spécifiques. En effet, les conventions multilatérales relatives aux droits de l'homme en dépit de leur généralité, se doivent également de refléter la spécificité des situations commandées par la diversité des États parties, condition de leur efficacité[977]. Cette remarque est d'autant plus pertinente, qu'il est aujourd'hui admis que l'application de toute approche juridique en ce qui concerne les violences féminines ne sauraient se contenter de critères généraux, les éléments se rapportant au vécu quotidien des femmes dans leurs contextes propres se doivent en ce sens d'être considérés[978].

2. La nécessité d'allier le particulier au général

Le rôle prépondérant accordé aux États parties concernant le respect des traités relatifs aux droits de l'homme est donc entre autre commandé par la diversité de la société internationale : *«....les systèmes de valeurs sur lesquels reposent ces communautés étatiques sont trop différents pour que les notions fondamentales de liberté ou de sécurité soient comprises de manière identique partout dans le monde. Ce serait une grave erreur de penser, malgré la multiplication des textes de proclamation internationale, que l'unification de concepts est réalisée»*[979]. L'internationalisation de la pratique des MGF avec le décalage des discours

---

976 *« C'est, à vrai dire, de la tension entre ces aspirations confuses à la communauté internationale et la tendance des États à affirmer leur souveraineté, que naît le droit international dont l'objet est, précisément, d'organiser leur nécessaire interdépendance tout en préservant leur indépendance »*: Nguyen Quoc Dinh, P Daillier, A Pellet, op. cit., p. 39. Lire dans le même sens, G. Kohen, commentaire article.2, para.1 de la Charte des Nations unies, in la Charte des Nations Unies (commentaire article par article), pp.399 (413-415).

977 La déclaration et le programme d'action de Vienne est d'ailleurs des plus explicites à ce sujet: *«Tous les droits de l'homme sont universels, indissociables, interdépendants et intimement liés. La communauté internationale doit traiter des droits de l'homme globalement, de manière équitable et équilibrée, sur un pied d'égalité et en leur accordant la même importance. S'il convient de ne pas perdre de vue l'importance des particularismes nationaux et régionaux et la diversité historique, culturelle et religieuse, il est du devoir des États, quel qu'en soit le système politique, économique et culturel, de promouvoir et de protéger tous les droits de l'homme et toutes les libertés fondamentales.»*, UN Doc. A/Conf. 157/23, para.5, 12 juillet 1993.

978 Dans l'un de ses derniers rapports, le secrétaire général des Nations unies a eu à relever, que le phénomène de la violence féminine, bien qu'étant une question globale demeure également une question particulière. Voir Rapport du Secrétaire général, étude approfondie de toutes les formes de violence à l'égard des femmes, A/61/122/Add.1, para: 66, 77, 6 juillet 2006.

979 F. Sudre, droit européen et international des droits de l'homme, 6e édition refondue, p.51.

internationaux de ceux nationaux, qui en a découlé, en est une bonne illustration[980]. Or, les traités relatifs aux droits de l'homme, constitués de règles se voulant universelles, doivent être aptes à rétablir des injustices, auxquels sont confrontés les individus dans des contextes spécifiques aussi variés soient-ils. Et, une telle considération impliquerait donc, que les États parties puissent rechercher et identifier des mécanismes propres, lesquels permettront, que les conventions ainsi ratifiées puissent, une fois introduites dans leurs ordonnancements juridiques respectifs, y produire les effets escomptés indépendamment des particularismes de ces États[981]. L'idée serait alors de permettre une application efficiente des conventions visées. Si le positivisme commande, que la loi s'impose à tous en tant qu'émanation de la volonté de l'État[982], il n'en demeure pas moins vrai, que les éléments qui président à son élaboration sont à considérer, la loi n'étant pas le fruit d'une abstraction. En effet, c'est en tenant compte de certaines réalités sociologiques, politiques et économiques que les États exécutent les conventions ratifiées au moyen de lois propres : *« L'obligation juridique n'a pas de contenu normatif autonome, mais ce contenu est le reflet d'une situation, qui s'exprime par des manifestations de volonté. Il ne s'agit pas d'une volonté diffuse, encore moins d'une volonté mondiale »*[983]. Ainsi, si les considérations ayant participé à l'élaboration d'une loi n'ont aucun lien avec le contexte, dans lequel elle a vocation à s'appliquer, son acceptation restera problématique[984]. La configuration de la société internationale, constituée entre autres de plusieurs États différents les uns des autres soutient fortement l'idée selon laquelle, chaque État devra s'impliquer principalement au respect effectif des conventions ratifiées dans leurs limites territoriales en tenant compte de leurs spécificités, les femmes ne devant être en reste[985]. L'on ne saurait par exemple adopter les mêmes stratégies en vue de

980 Voir chap. préliminaire, pp.29-32.

981 Nul doute, que pour des États ayant des civilisations assez similaires, le recoupement des méthodes utilisées ou à utiliser par les États ne posera dE. Grandes difficultés. C'est ce qui à notre avis expliquerait pourquoi, dans le contexte européen, l'influence de la jurisprudence de la cour européenne sur le ordres juridiques internes des États européens est assez perceptible. Voir en ce sens Amakoué, Le déclin de l'État en droit international public, l'harmattan, paris, 2001, pp.283 et s.

982 Voir les positions de Vattel dont les idées positivistes ont contribué à la définition du droit international en tant que droit positif. Lire en ce sens Nguyen Quoc Dinh, Patrick Daillier, Alain Pellet, op. cit., pp. 57 et s.

983 Charles Chaumont, cité par Nguyen Quoc Dinh, P Daillier, A Pellet, op. cit., p.82.

984 Le faible impact des mesures pénales interdisant les MGF serait en ce sens une bonne illustration. Voir R. Kalthegener, op. cit., p. 203 (214); I Baumgarten/ E Finke, op. cit., p.125 (126).

985 Ainsi la coopération internationale, expression de la solidarité des États en vue de la protection des droits se doit d'être analysé avant tout comme un complément visant à soutenir les initiatives propres des États.

l'élimination de la pratique des MGF dans les sociétés occidentales, que celles développées dans les sociétés africaines concernées[986]. Si l'on admet, que l'approche juridique fonde le principe d'une interdiction de la pratique aussi bien dans les premiers, que dans les seconds, les problèmes posés par une telle interdiction sont assez différents. A titre illustratif, alors que dans le premier groupe d'États, les mesures développées se doivent d'éviter, de stigmatiser les communautés concernées particulièrement des femmes, et par conséquent de provoquer leur marginalisation[987], dans le second groupe, les préoccupations visent essentiellement à établir un juste équilibre entre l'amélioration du statut des femmes et des filles sans pour autant que la cohésion sociale soit mise en péril[988]. Un tel constat commande donc une différenciation d'approches dans les mesures à développer en l'espèce. Une telle orientation n'est-elle pas d'ailleurs confortée, de ce que, les conventions multilatérales de part leurs formulations peuvent dans leur application concrète, donner lieu à diverses interprétations.

II. L'interprétation plurale de la réglementation conventionnelle relative aux droits de l'homme en ce qui concerne sa mise en oeuvre.

L'idée ici est de permettre aux États parties aux traités relatifs aux droits de l'homme de bénéficier d'une liberté effective dans l'exécution de leurs obligations, liberté sans laquelle, l'obligation de résultat qui pèse sur eux resterait vide de sens[989]. Les États parties auraient donc la possibilité pour faire

986 S'il a été longtemps reproché au droit international sur le plan aussi bien de sa structure, que des matières abordées, de privilégier la gent masculine (voir supra, chap. préliminaire, pp.3-4), il est aujourd'hui admis que la gent féminine quant à elle ne saurait être analysé comme une catégorie homogène. Voir en ce sens : Omofolabo Ayayi- Soyinka, Transcending the Boundaries of Power and Imperialism Writing Gender, Constructing Knowledge, in Female Circumcision and the politics of Knowledge, Praeger, West point Connectitut, 2005, passim; L. Amede Obiora, op. cit., pp.314(334-335).

987 On peut donc comprendre pourquoi certains États occidentaux ont évité de légiférer de manière spécifique en la matière. C'est le cas de l'Allemagne, où les dispositions pénales de son droit commun sont ici applicables. Voir en ce sens, Deutscher Bundestag-16. Wahlperiode, Weibliche Genitalverstümmelung verhindern- Menschenrechte durchsetzen, Drucksache 16/4152, p.2, 31.01.2007.

988 S'il est regrettable, qu'en pratique l'équilibre visé n'est pas encore atteint, les droits des femmes applicables aux femmes relevant beaucoup plus de la théorie que de la réalité, il n'en demeure pas moins vrai que la recherche de cet équilibre doit ici guider les politiques des États. En effet, il ne faut pas que l'on quitte une situation, où les femmes n'avaient que des devoirs vers une où elles n'auraient que des droits.

989 Sans une telle liberté, on aboutirait alors à une uniformité dans l'application du droit international, ce qui va, pour reprendre les mots de Maurice Kamto non seulement *«conforter une monopensée juridique»* , (.....) mais également *«gommer le pluriel et la*

produire leurs effets aux conventions ratifiées en droit interne, soit de les introduire de manière directe en reprenant littéralement les droits et libertés qui y sont garantis dans leurs ordonnancements juridiques (A), soit alors de s'orienter vers l'adoption de mesures juridiques qui viseraient à transcrire ces droits dans leur substance (B).

A. Les éléments qui militent en faveur d'une mise en oeuvre directe des conventions relatives aux droits de l'homme

Il conviendrait d'abord de présenter les indices présents dans les textes conventionnels relatifs aux droits de l'homme, qui plaideraient en faveur de cette forme d'introduction de manière implicite (1) avant d'en venir aux éléments qui confirmeraient une telle idée expressément (2).

1. Les indices des traités relatifs aux droits de l'homme plaidant implicitement en faveur d'une mise en oeuvre directe

Les États parties à un traité relatif aux droits de l'homme ont la possibilité de le mettre en œuvre tel quel, c'est-à-dire en intégrant les droits qui y sont consacrés dans leurs ordonnancements juridiques respectifs. La finalité serait alors de faire produire aux droits et libertés ainsi consacrés leurs pleins effets. Il convient toutefois de faire remarquer, qu'il existe dans les traités relatifs aux droits de l'homme des dispositions qui n'appellent pas à un certain activisme des États sous peine d'engager leur responsabilité sur le plan international, tout au moins directement. Il s'agit par exemple des clauses traitant de la création et des activités des organes de surveillance d'application des traités. Toutefois, nombreuses sont les clauses conventionnelles, qui laissent supposer que les États parties se doivent de tout mettre en œuvre pour que les droits et libertés consacrés dans les conventions ratifiées soient garantis tels quels dans leurs systèmes juridiques respectifs. Dans une telle hypothèse, on parlerait alors du caractère *« self- executing agreement »* du traité des droits de l'homme. C'est dire que le juge interne: *« peut l'appliquer sans qu'aucune mesure préalable d'exécution ne soit nécessaire»*[990]. Les clauses étayant une telle argumentation, tout au moins indirectement, sont celles qui commandent aux États parties d'octroyer des voies de recours aux individus vivant sur leurs juridictions en vue d'une garantie effective des droits consacrés dans les conventions ratifiées[991]. Ainsi, les organes de surveillance d'application des traités ne peuvent intervenir, que si le requérant dont le droit ainsi reconnu ayant été violé, celui-ci n'a pas pu

---

diversité» et(...)« favoriser l'avènement d'un monde d'unicité appauvrissante»:M. Kamto, op. cit., pp. 456 (475-76).

990 *Voir* C. Sciotti-Liam, op. cit., p.21.

991 Voir en ce sens, art.2, §.3, PIDCP; art.2 al.c, CEDAW.

obtenir satisfaction auprès des juridictions internes[992]. L'intervention au second degré des instances internationales de contrôle montrerait selon une certaine doctrine, qu'il est fort souhaitable, qu'un certain parallélisme concernant le contenu matériel des dispositions à appliquer par celles-ci et par les juridictions nationales existe[993]. La justesse d'une telle analyse serait en outre confortée, si l'on considère les exigences des organes d'application des traités se rapportant à l'obligation de rapports. En effet dans l'exécution de cette obligation, les États se doivent essentiellement de dire les mesures prises pour assurer la garantie des droits consacrés par le traité ratifié[994]. Ces quelques éléments soutiendraient l'analyse selon laquelle, la référence à un texte juridique de base commun en matière des droits de l'homme, à même de guider aussi bien les organes d'application des traités, que les structures étatiques, se doit d'être sérieusement considérée pour une garantie effective des traités relatifs aux droits de l'homme[995]. Il convient également de mentionner, que, si jusqu'ici nous avons

992 La règle de l'épuisement des voies de recours est consacrée, quoique avec quelques nuances dans les conventions applicables aux MGF, prévoyant le système des communications individuelles. Voir en ce sens supra, partie.I, chap.III traitant de l'admissibilité des communications, pp.165-166.

993 C'est ainsi, qu'il est reproché à l'exécution des traités au niveau interne au moyen de la transcription de compliquer les activités de contrôle des organes d'application des traités. En effet, le non respect par les États parties de leurs engagements internationaux dans un tel cas de figure n'est pas toujours facilement identifiable, l'origine internationale de la loi n'étant pas toujours évidente. Voir C. Sciotti-Liam, op. cit., pp.144 et s.

994 Voir supra, l'obligation pour les États de soumettre les rapports aux organes d'application des traités conformément à leurs engagements internationaux; partie.I, Chap.III, II, pp.151 et s.

995 D'aucuns affirment, qu'il s'agirait là du présupposé incontournable d'un rayonnement véritable du droit international des droits de l'homme. A l'appui de leur raisonnement, seule la référence à un texte commun relatif aux droits de l'homme, aussi bien dans sa formulation, que dans son application peut permettre aux juges nationaux de bénéficier véritablement de l'interprétation évolutive des conventions relatives aux droits de l'homme, garantes de leur universalisation. Voir en ce sens les positions de Gérard Cohen-Jonathan (conclusions générales, in la protection des droits de l'homme et l'évolution du droit international) ; J.A.Winter (Direct Applicability and Direct Effect, Two Distinct and Different Concepts in Community Law) ; Hand Danelius (The ECHR in the Case-Law of the Supreme Court of Sweden), tous cités par C. Sciotti-Liam, op. cit., pp. 144 et s. Il convient toutefois de préciser que les tenants de cette thèse semblent oublier, que le rayonnement du droit international dans le contexte européen est favorisé par une certaine similitude des civilisations des États européens. Ainsi donc, si le juge national, dans le contexte européen peut s'aligner sur les principes définis par le contexte européen, c'est bel et bien parce qu'au-delà de la raison juridique, à savoir la ratification et l'introduction du traité dans l'ordonnancement juridique de l'État du juge, l'application dudit traité est dans le même temps perçue comme une réponse à une injustice socialement identifiée et perçue comme telle dans

eu à faire état de quelques éléments implicites des textes conventionnels attestant l'idée selon laquelle, les États se doivent d'assurer une garantie des droits et libertés individuels, tels que ceux ci y sont définis, nous aurons à relever dans les lignes qui suivent les éléments plaidant expressément en faveur d'une telle analyse.

2. Les arguments textuels expressifs

Il s'agira ici pour nous de démontrer qu'il existe bien dans les textes conventionnels relatifs aux droits de l'homme, des clauses recommandant expressément aux États parties, d'introduire dans leur généralité les droits et libertés consacrés. En ce sens, respecter les engagements contractés par les États parties, reviendrait essentiellement à garantir les droits et libertés consacrés dans lesdits instruments en les reconnaissant tels quels dans leurs ordonnancements juridiques internes. Diverses clauses se trouvant aussi bien dans les conventions générales des droits de l'homme, que celles particulières aux femmes, toutes applicables aux MGF confirment cette idée[996]. Ainsi par la ratification des traités, les États s'engagent à faire rentrer les droits et libertés ainsi consacrés dans leurs blocs de juridicité. La finalité étant, de permettre aux droits et libertés consacrés ainsi introduits, d'être aussi bien invocables que justiciables dans leurs limites territoriales. C'est dire que les droits, internationalement consacrés une fois introduits, peuvent être aussi bien invoqués devant les juridictions nationales par les individus, qu'être applicables par les juges nationaux[997]. Et les trois pouvoirs de l'État signataire doivent œuvrer tous ensemble au respect de la convention ainsi introduite sous peine de voir sa responsabilité engagée sur le plan international[998]. Cette forme d'introduction est propre aussi bien aux États monistes, que ceux dualistes[999]. Il convient tout de même de remarquer, que les

---

les États considérés. Ainsi, prôner une uniformisation du droit international, tout en refusant une interprétation plurale de ces normes dans leurs formulations et applications concrètes, compte tenu de la diversité des Étas membre de la communauté internationale nous apparaît insoutenable.

996 L'énoncé des obligations des États débute généralement pas des clauses confirmant une telle lecture : « Les États parties au présent Pacte s'engagent à respecter et à garantir à tous les individus se trouvant sur leur territoire et relevant de leur compétence les droits reconnus dans le présent pacte.... » : Art.2, §.1 PIDCP. Voir dans le même sens art.2, §.1 PIDESC ; Art.2, §.1 CRC ; art.3, CEDAW.

997 Voir C. Sciotti-Liam, op. cit., pp.18 et s.

998 S Bastid, op. cit., pp.119, 123.

999 L'introduction des traités telle quelle, c'est-à-dire postulant une applicabilité immédiate des droits et libertés garantis, est accomplie aussi bien par les États monistes que ceux dualistes ayant opté pour une Loi d'incorporation du traité ratifié, les différences ne se situent qu'au niveau du facteur temps. Alors que le monisme préconise une introduction immédiate du traité dès sa ratification sous réserve de publication, une intervention expresse du législateur est le pré requis de toute introduction de la convention dans le cadre des États dualiste. Il est toutefois à relever que la

problèmes, que les États africains monistes connaissent dans le domaine des droits de l'homme, sont dans une certaine mesure occultés du fait de l'introduction immédiate des conventions par eux ratifiées conformément aux thèses monistes[1000]. Une illusion en faveur d'une adhésion des droits de l'homme est ainsi crée dans le contexte africain, laquelle est d'autant plus favorisée, que les préoccupations centrales concernant les droits de l'homme sont principalement axés sur leur uniformisation, le même droit se devant d'être appliqué dans tous les États et au profit de tous les individus[1001]. Or, l'écart qui existe entre le droit et les faits est assez criard et l'on pourrait même penser, que la facilité avec laquelle les États africains introduisent les droits et libertés des conventions ratifiées ne serait qu'un stratagème politique leur permettant d'éviter que des réflexions véritables soient engagées sur les difficultés posées par l'application de la réglementation internationale dans le monde noir[1002]. Il est donc assez salutaire, que la lettre des traités relatifs aux droits de l'homme permette aisément de déduire dans leur grande majorité, que l'introduction de l'acte conventionnel dans sa généralité n'est pas une méthode exclusive. Le caractère plural de la réglementation conventionnelle relative aux droits de l'homme en ce qui concerne sa mise en œuvre est donc affirmé. Tout d'abord, les droits consacrés par les conventions internationales ne sont pas toujours formulés de manière précise, ce qui fait que dans la pratique, les États sont généralement amenés à prendre des mesures additionnelles aussi bien législatives qu'éducatives[1003], quand bien même, ils auraient opté pour une mise

---

simplification des procédures dans le cadre du monisme est quelquefois battue en brèches par certaines considérations politiques estompant de ce fait même les différences entre monisme et dualisme. Voir en ce sens Nguyen Quoc Dinh, P Daillier, A Pellet, op. cit., p.95.

1000 Voir infra la question de la question de l'efficience des clauses constitutionnelles consacrant le monisme dans les États africains francophones, partie.II, chap.II, pp.226-229.

1001 En effet, l'introduction du droit conventionnel dans sa généralité, de par l'identification totale de la règle internationale à celle nationale qu'elle permet, contribuerait à une véritable uniformisation du droit international. Sur les restrictions par rapport à une telle prise de position, voir les remarques faites par nous au niveau de la référence 990.

1002 La problématique des droits de l'homme est à dire vrai d'une complexité certaine dans le contexte africain est d'une complexité certaine, celui se rapportant aux femmes n'y échappant pas. Voir chap.II, II, C, pp.252 et s.

1003 S'agissant des mesures législatives, il s'agirait essentiellement d'adopter des mesures exécutives permettant une mise en jeu effective des droits ainsi proclamés. A titre illustratif, on peut citer les lois pénales éditées par les États parties en vue d'interdire les MGF conformément à leurs engagements internationaux. En effet, les dispositions applicables en l'espèce, très souvent ne donnent aucune précision quant aux éléments constitutifs de l'infraction et quant à leur pénalité. Dans le même le sens l'obligation de diligence, tirant son origine de la pratique jurisprudentielle des organes d'application des traités (voir I. A. 3 de ce chap., pp.199-201) commande aux États de prendre des en œuvre telle quelle des droits et libertés consacrés. A vrai dire, ce constat rend floue en pratique la ligne de démarcation entre l'introduction directe des traités avec pour corollaire leur applicabilité immédiate, de celle indirecte renvoyant à leur transformation en droit interne, les États parties étant amenés dans la pratique à légiférer de manière spécifique dans les deux hypothèses[1004]. Toutefois, il est admis, que l'intervention des États dans le cas d'une transformation est assez substantielle.

B. La méthode de la transformation ou une mise en oeuvre des traités relatifs aux droits de l'homme dans leur substance en droit interne

Il s'agira essentiellement ici de recenser les éléments des textes conventionnels des droits de l'homme, applicables aux MGF, attestant de la possibilité pour les États parties de transcrire leur contenu aux travers de lois propres (2). Mais avant, il conviendrait de préciser les contours de cette forme d'introduction des traités, qu'est la transformation, surtout qu'elle ne serait pas sans intérêt pour une efficacité réelle du droit international des droits de l'homme, tout au moins en ce qui concerne le phénomène de la violence à l'égard des femmes où l'obligation pour les États d'agir avec diligence prend une place des plus prépondérantes (2).

1. Les contours de la méthode de transformation

La méthode de transformation vise la transcription d'un traité relatif aux droits de l'homme en droit interne. A cet effet, «un acte national est spécialement adopté ou spécialement modifié pour transcrire les dispositions d'un traité dans l'ordre juridique interne, de sorte que seule la substance de ces dispositions se retrouvent dans l'acte national en question»[1005]. Les mesures prises ici visent alors avant tout à intégrer les principes directeurs des conventions ratifiées, les droits consacrés n'en étant qu'une expression. La convention ratifiée n'est donc pas introduite dans sa généralité en tout ou en partie mais est transformée en droit national et va devoir connaître certaines modifications aussi bien sur le plan formel que matériel. S'agissant des modifications formelles, on n'a plus affaire ici à un traité relevant du droit international mais plutôt à une loi relevant purement du système juridique de l'État partie[1006]. Pour ce qui est des aspects

---

mesures appropriées à même de prévenir les actes constitutifs de violences dont les MGF. - Pour ce qui est des mesures éducatives, celles-ci jouent un rôle important dans la promotion des droits de l'homme et viseraient essentiellement à la conscientisation des uns et des autres à la question des droits de l'homme.

1004 Voir C. Sciotti-Liam, op. cit., pp.149-150.

1005 Ibid, p.135.

1006 Ce qui fait la particularité de la loi transformant le traité en droit national, c'est que contrairement à la loi d'incorporation des traités, solution également dualiste d'introduction des traités, le lien avec le traité, qui lui a donné naissance n'est pas matériels, la loi ainsi éditée n'a pas à être une copie conforme, quant à son contenu, du traité, dont elle tire sa naissance. Elle se doit simplement d'avoir saisi sa substance. Dans la pratique, la loi ayant transformé ainsi le traité en une disposition de droit national, ne fait que reprendre dans la plupart des cas un ou un autre aspect du traité, la méthode de la transformation débouchant en pratique à une sorte de morcellement du traité, dont les éléments ainsi disloqués vont être intégrés dans un ou un autre aspect du droit interne des États parties[1007]. Ce qu'il importe de retenir, c'est que la loi ayant ainsi transformé un traité en droit national se doit de rester fidèle à la substance du traité dont elle tire son origine sous peine de voir engager la responsabilité de l'État l'ayant édité sur le plan international[1008]. Si ladite loi n'a pas à violer les conventions ratifiées, son particularisme réside avant tout de ce, qu'elle permet aux États parties de respecter les engagements internationalement souscrits, une obligation de résultat pesant sur eux, sans pour autant que les particularismes des États parties soient balayés. Il n'est donc pas surprenant, comme nous aurons à le démontrer dans le sous-titre prochain, que de nombreux textes conventionnels en matière de droits de l'homme, applicables aux MGF, laissent le soin aux États de définir eux-mêmes les mesures, qu'ils jugent les mieux adaptées à assurer le respect de leurs engagements internationaux. La méthode de la transformation du traité en droit interne est, à notre avis, celle là qui traduit le mieux la tension sous jacente au droit international en ce qui concerne les intérêts communs aux États, de ceux qui leur sont propres. En effet, l'objectif du droit international entre autre celui relatif aux droits de l'homme est à notre avis beaucoup moins de mettre sur pied un régime coercitif applicable à tous les États, que celui d'élaborer un ensemble de règles souples, lesquelles devraient permettre aux États tout en gérant des problèmes d'intérêts communs, de développer également des politiques efficientes sur le plan local[1009]. Le fait qu'il y'ait des abus dans cette méthode

---

toujours des plus évidents. Il y'aurait en ce sens une sorte de perte de filiation avec la loi d'origine. Voir en ce sens, ibid, pp.140 et s.

1007 On peut citer à titre illustratif le cas du droit canadien en ce qui concerne l'intérêt de l'enfant,. En effet, le code civil canadien a été révisé afin d'être conforme à la convention des droits de l'enfant. Si l'ancien texte de l'art 31 du code canadien prévoyait que l'intérêt de l'enfant prévoyait que celui-ci puisse être entendu, sa nouvelle rédaction en fait un impératif conformément à l'art.12 CRC. Ainsi, la dite convention se trouve ainsi morcelée en droit national canadien, n'ayant pas là une existence propre.

1008 Nguyen Quoc Dinh, P Daillier, A Pellet, op. cit., pp.96-97.

1009 En effet l'État, qui ratifie une convention internationale montre son intérêt pour le droit international, lequel lui permettrait de régler les problèmes communs en solidarité avec les autres États. Si un État accepte donc de limiter sa souveraineté à cause d'intérêt communs, c'est parce qu'il est conscient que seule une telle observance, peut lui permettre d'assurer une bonne maîtrise de ses affaires internes. Et la recherche de cet équilibre intérêts communs/ particuliers constituant le cœur même du droit d'introduction comme le révèle la pratique de certains États[1010], ne doit pas faire douter de l'objectif assez louable qui lui est assignée et du rôle qu'elle pourrait jouer dans l'application efficiente du régime international des droits de l'homme dans le cadre des civilisations africaines tout au moins, lesquelles se voient très souvent comme à eu à le relever Maurice Kamto «contraintes, par la force des choses, à apprendre à discourir sur le mode de cette pensée occidentalo-européenne (juridique), au risque d'être inintelligible ou hors jeu»[1011]. Il serait faire preuve d'arrogance de supposer, que tout État, qui choisirait d'introduire le droit international dans son droit interne en le transformant, ferait en cela automatiquement preuve de mauvaise foi. C'est le contraire à notre sens, qui serait vrai dans la mesure où la traduction du droit international en droit interne est elle-même commandée par l'équité, la diversité des États membres de la communauté internationale y obligeant[1012]. En ce sens, le rôle central accordé à l'obligation pour les États d'agir avec diligence dans le cadre des politiques efficientes à même de faire face au phénomène de la violence féminine est des plus illustratives. L'obligation de diligence, en imposant ici aux États de développer des mesures préventives en vue de lutter contre les causes profondes de la violence féminine, leur commande également de développer des mesures, aptes à confronter le phénomène de la violence féminine dans leurs contextes spécifiques[1013]. Une telle évolution concernant particulièrement les MGF ne serait pas à notre avis sans liens avec la faible incidence des lois interdisant la pratique. Il apparaît donc évident, que si les inégalités structurelles entretenant la subordination des femmes ne sont pas analysés dans leurs contextes spécifiques, les mesures réputées favorables aux femmes et fillettes peuvent même encore

---

international ne doit pas être perdu de vue, celui-ci étant avant tout un droit de coordination plutôt que de subordination. Nguyen Quoc Dinh, P Daillier, A Pellet, op. cit., para. 38/39, p. 83.

1010 En ce sens, les États contractants ayant opté pour la transformation feraient souvent preuve de mauvaise foi dans la mesure où la dite méthode leur permettrait d'élaborer un cadre légal leur permettant de violer leurs obligations, voir J.Jackson cité par C. Sciotti-Liam, op. cit., pp.139-140.

1011 M. Kamto, op. cit., p. 457 (475).

1012 Et, à dire vrai, même dans les pays ayant opté pour une introduction directe des traités relatifs aux droits de l'homme avec pour corollaire leur applicabilité immédiate, les États se doivent très souvent d'éditer des mesures exécutives à caractère national, en l'absence des quelles, les traités bien que ratifiés resteraient lettre morte.

1013 Il est en ce sens regrettable, que nombreux débats soient relatifs au premier volet de la thématique lié à l'obligation de diligence alors même que l'autre aspect, à savoir, la nécessité des mesures contextuelles, reste en arrière plan. Le rapport de Mme Ertürk, est d'ailleurs très illustratif à ce sujet, la nécessité des approches contextuelles a été mentionnée presque en passant. Voir Rapport de la rapporteuse spéciale sur la violence contre les femmes, le critère de la diligence due en tant que moyen de mettre un terme à la violence contre les femmes, E/CN.4/2006/61, p.ara.103, p.25, 20 Janvier 2006.

aggraver leur situation[1014]. Pour ne prendre que l'exemple des MGF, cela a parfois conduit à une recrudescence clandestine de la pratique, laquelle s'est vue parfois accomplie sur des personnes de plus en plus jeunes[1015]. L'intérêt pour la méthode de transformation se doit d'être donc d'être sérieusement considérée à une époque où il est de plus en plus admis que le phénomène de la violence à l'égard des femmes, tout en ayant une incidence négative sur les femmes dans leur globalité, demeure également propre à des contextes spécifiques et variés[1016]. On se doit donc de considérer à sa juste valeur, le fait, que les traités relatifs aux droits de l'homme donnent la possibilité aux États parties de recourir à la méthode de transformation.

2. Les arguments conventionnels attestant de la possibilité pour les États parties de transformer le droit international en droit interne

Il s'agit essentiellement pour nous de démontrer, que la souplesse dans l'application du droit conventionnel est voulue, voire organisée par les textes conventionnels. En effet, c'est aux États parties à une convention relative aux droits de l'homme, qu'il revient avant tout de rechercher et de définir les voies et moyens, les meilleurs, en vue d'assurer le respect effectif des engagements souscrits. A cet égard, ils se doivent de déterminer et d'adopter des mesures *« propres, efficaces, nécessaires »* pour assurer le respect des droits consacrés sur le plan international. Les clauses, préconisant une telle approche, transparaissent également dans divers textes relatifs aux droits de l'homme, applicables aux MGF[1017]. Les États ont donc à ce titre, un rôle assez déterminant

1014 En ce sens les femmes sont parfois victimes de représailles dufait de leur autonomie financière : *« Au Sri Lanka, une femme a participé à un programme de prêts d'initiative locale, permettant à des femmes d'avoir une activité artisanale de production de noix de cajou chez elles. Réussissant sur le plan économique, la femme a engagé une procédure juridique pour se séparer de son mari violent. Son mari et des amis ont réagi avec hostilité à son égard. Ils l'ont traité de femme dure et on l'a accusée de se prostituer ».* Voir A/HRC/Sub.1/58/SF/3, para.29, p.9, 28 juillet 2006, document de travail présenté par Mme CHin-sung Chung, les défis de la participation des femmes dans les politiques et les stratégies de lutte contre la pauvreté et l'extrême pauvreté.

1015 Voir supra, les références 76 et 77 du chap.préliminaire.

1016 *« La violence à l'égard des femmes ne se limite pas à une culture, région ou pays en particulier, ni à des groupes spécifiques de femmes dans une société. Toutefois, de nombreux facteurs, notamment le statut économique, la race, l'origine ethnique, la classe sociale, l'âge, l'orientation sexuelle, le handicap, la nationalité, la culture, façonnent les différentes manifestations de cette violence et les expériences personnelles des femmes qui en sont victimes »:* Rapport du Secrétaire général, étude approfondie de toutes les formes de violence à l'égard des femmes, A/61/122/Add.1, para.66, p.31, 6. juillet 2006.

1017 art.2, §.2 PIDCP; art.2, §.1 PIDESC; art.2 et 3, CEDAW; art.2, §.2 CRC; art.2, §.1CAT.

dans la définition de critères susceptibles de rendre le régime des droits de l'homme efficace dans leurs juridictions, les instances internationales n'intervenant que pour les accompagner dans un tel processus. La réglementation conventionnelle se refuserait ainsi, pour des besoins d'efficacité et d'effectivité d'imposer aux États des canevas déterminés, même comme en pratique une telle latitude est peu utilisée par les États africains dumoins ceux francophones[1018]. L'idée ici, serait d'éviter, que les législations se rapportant aux droits de l'homme de part leur généralité ne restent virtuelles, parce que inopérantes au sein des États parties[1019]. En effet, s'il est vrai que le juriste doit avant tout s'intéresser à la norme juridique elle-même, à savoir son contenu, ses modalités d'application, son régime coercitif etc., il apparaît également bon de l'appréhender à la lumière de certains critères sociaux afin de connaître sa portée dans un contexte donné[1020]. Cette remarque, est d'autant plus vraie, qu'il est aujourd'hui admis en tenant compte des considérations de genre, qu'aucune loi ne serait neutre dans ses formulations et dans ses conceptions[1021]. En ce sens, s'agissant de la garantie des droits des femmes, il serait primordial que les États parties à une convention donnée les consacrant, l'introduisent en ayant recours à des législations aptes, à intégrer les expériences de vie des femmes aussi bien dans leurs formulations que dans leurs interprétations. Il reviendrait à chaque État, de veiller à l'élaboration des règles adaptées permettant de faire face aux violences féminines et de les appréhender dans toute leur complexité dans leurs contextes propres. S'il est indiscutable, que le respect de toute loi, provient avant tout de ce qu'elle émane d'une volonté étatique, il n'en demeure pas moins vrai que les États ont très souvent à légiférer en tenant compte de certains facteurs sociaux, politiques et économiques. En d'autres termes, la volonté étatique s'exprimant aux travers de lois ne serait donc pas une volonté abstraite

1018 Outre le fait, que ceux-ci soient monistes dans leur grande majorité, ils n'hésitent pas également la pluspart du temps à recourir à la technique de la constitutionnalisation des droits consacrés dans les traités relatifs aux droits de l'homme, leur conférant ainsi un rang constitutionnel. Voir en ce sens C. Sciotti-Liam, op. cit., pp.274-281.

1019 Sur la virtualité du droit international des droits de l'homme dans le contexte africain, voir P. Titi Nwel, l'idée de « droit de l'homme » en Afrique noire, in droits de l'homme en Afrique centrale, pp.49 (50 et s) ; B. Ibhawoh, "*Between Culture and Constitution: Evaluating the Cultural Legitimacy of Human Rights in the African state*", HRQ, 22, , pp.838(845-846) ; D. Moussoki, op. cit., pp. 57 (59-62).

1020 Ceci est particulièrement vrai dans le contexte africain. Voir supra, note 27.

1021 En effet, le régime classique des droits de l'homme n'aurait jamais été dénoncé, si l'on se limitait aux considérations positivistes, selon lesquelles l'autorité de la règle de droit se fonde, de ce qu'elle est une émanation de la volonté étatique. Or les féministes ont su démontrer, que le concept du patriarcat, caractéristique de toutes les sociétés a eu une influence négative dans la définition des règles supposées égalitaires pour tous. Ce qui n'a pas été sans impacter négativement la situation des femmes. Voir supra, l'introduction de la thèse.

et désincarnée. En effet, « ... *l'État qui exprime une volonté agit sous la pression de nécessités économiques et politiques déterminées et dans un cadre social donné* »[1022]. A cet égard, les causes structurelles entretenant les violences féminines dans un contexte donné se doivent donc d'inspirer les États dans les mesures à développer en l'espèce, condition de leur efficacité[1023]. Une telle orientation commande donc que le droit conventionnel applicable soit assez flexible dans son application. A cet égard, la méthode de transformation, laquelle met parfaitement en exergue la souplesse inhérente à l'obligation d'introduire ainsi que les avantages qui s'y attachent, nous semble la plus appropriée. Les États se voient ici doter de prérogatives importantes, dans la mesure où ils peuvent conformément à cette méthode, créer un droit national dérivant de celui conventionnel, le premier se devant toutefois de respecter les principes directeurs du second, dont il tire sa naissance. Une analyse des réalités politiques de la société internationale, montre toutefois qu'une telle orientation malgré les avantages susceptibles de s'y attacher est fortement battue en brèche, conséquence de la mondialisation, laquelle n'est pas sans impacter le monde juridique où une évolution dans le sens d'une uniformisation des concepts juridiques apparaît comme un phénomène de non retour[1024]. L'attitude des pays africains, ayant opté dans leur grande majorité pour la technique moniste, en vue de l'introduction des traités relatifs aux droits de l'homme dans leurs ordonnancements internes est d'ailleurs des plus illustratives à ce sujet comme nous aurons à le démontrer dans le chapitre suivant. Il convient toutefois de remarquer, que cette façon de faire à notre avis, ne fait que fausser la conduite d'un débat réel sur la problématique des droits de l'homme dans le contexte africain, compliquant de ce fait même la situation des femmes.

1022 Nguyen Quoc Dinh, P Daillier, A Pellet, op. cit., p. 103.

1023 Une telle analyse est d'ailleurs confortée par l'importance désormais accordée à l'obligation de diligence dans les stratégies à développer dans la lutte contre les violences féminines dont les MGF. Voir le rapport de la rapporteuse spéciale sur la violence contre les femmes, le critère de la diligence due en tant que moyen de mettre un terme à la violence contre les femmes, E/CN.4/2006/61, passim, 20 Janvier 2006.

1024 M. Kamto a eu à soutenir en ce sens la thèse d'une mondialisation juridique qu'il définit comme étant : « *l'universalisation d'un langage et de catégories juridiques uniformisés par l'extension du champ et du volume des instruments juridiques de caractère universel ainsi que du cercle des parties à ces instruments, et à la diffusion de certaines valeurs structurantes du discours juridique à l'échelle mondiale* »,M. Kamto, op. cit., p. 457 (457).

CHAPITRE II: LA TECHNIQUE DU MONISME : PARTICIPATIVE DU CARACTÈRE VIRTUEL DES TRAITÉS RELATIFS AUX DROITS DE L'HOMME DANS LE CONTEXTE AFRICAIN

Si dans le cadre du précédent chapitre, nous avons eu à démontrer qu'un État ayant ratifié une convention relative aux droits de l'homme est tenu de l'exécuter en l'introduisant dans son ordonnancement juridique respectif, le respect de cette exigence implique que la question du rapport entre le traité conclu selon le droit international et son droit interne soit réglée.
L'ordre international étant distinct de celui interne des États, un traité même ratifié sur le plan international ne peut produire ses effets si certaines formalités ne sont accomplies. Il revient donc à chaque État partie, de préciser les règles assurant la perméabilité des traités ratifiés dans son droit interne. Il s'agirait essentiellement dans le cadre de ce chapitre, d'étudier les méthodes employées par les États africains francophones pour assurer la perméabilité des conventions ratifiées en matière des droits de l'homme dans leurs ordonnancements juridiques internes. A cet égard, une analyse des systèmes juridiques de ces États fait voir une tendance générale à recourir aux solutions monistes par opposition à celles dualistes[1025]. Toutefois, si le monisme facilite une rapide introduction de la convention ratifiée dans les États parties d'Afrique francophone, elle semble participer dans le même temps au caractère virtuel des normes conventionnelles ainsi introduites (I). Un tel constat peut amener plus d'un à douter de la valeur véritablement accordée à cette catégorie de droits dans le contexte africain, d'où la nécessité de rechercher les éléments explicatifs de la faillite de cette technique introductive du droit international des traités dans la mesure où les vertus, qui sont supposées lui être attachées ne semblent pas ici à priori vérifiées (II).

I. Le paradoxe entre l'introduction immédiate des conventions ratifiées en matière des droits de l'homme et leur caractère virtuel au regard des réalités sociales dans le contexte africain francophone

Si le monisme permet une introduction immédiate des conventions ratifiées en matière des droits de l'homme[1026] par les États parties dans leurs droits internes (A), leur importance au niveau des populations est toutefois largement démentie par les faits (B).

1025 Pour une étude détaillée, voir C. Sciotti-Liam, op. cit., pp.274 et s.
1026 Les conventions relatives aux droits de l'homme ont ici une assertion large, celles qui se rapportent spécifiquement aux femmes étant également ici visées.

A. L'introduction immédiate de la convention ratifiée en matière des droits de l'homme par le biais du monisme

Les États africains francophones consacrent généralement cette technique introductive du droit international dans leurs ordonnancements juridiques par voie constitutionnelle (1). Mais avant, il conviendrait de définir quelque peu ladite technique (2).

1. Essai de définition du monisme

Il convient de distinguer ici, les considérations théoriques (a) de celles pratiques au regard de la problématique des droits de l'homme en général (b).

a. Considérations théoriques

Sur le plan de la théorie pure, le monisme défend l'idée selon laquelle, l'ordre international et celui interne ne représentent qu'une seule et même réalité contrairement au dualisme postulant leur séparation stricte[1027]. Le principe de l'unicité de l'ordre juridique international et celui interne se fonderait de ce que : *«Il existe un ordre unique qui repose sur une norme originaire et dont le droit international et les droits internes ne sont que des branches»*[1028]. Par conséquent, la règle internationale dans les États monistes devrait donc être immédiatement applicable sans avoir à subir une quelconque modification formelle comme dans les États dualistes[1029], les seules difficultés se rapporteraient donc ici exclusivement à la hiérarchie entre la norme internationale et celle élaborée au niveau interne dans la mesure où aucun cloisonnement n'est supposé éxister entre eux. A cet égard, il ne serait pas exclu, qu'une convention puisse occuper la première place dans la hiérarchie des normes juridiques faisant partie du bloc de juridicité de l'État signataire[1030]. Une telle analyse est toutefois à écarter au regard du droit positif interne des États[1031]. En effet la constitution, demeurant la norme fondamentale des États, reste généralement supérieure aux traités[1032]. C'est elle qui précise les compétences

---

1027 Conformément aux thèses dualistes, le droit international et le droit interne sont deux systèmes juridiques distincts. Voir en ce sens, H Triepel, op. cit., pp. 77 (82).

1028 C. Sciotti-Liam, op. cit., p.118.

1029 Nguyen Quoc Dinh, P Daillier, A Pellet, op. cit., p.94.

1030 F Rigaux a eu à soutenir qu'une telle analyse serait souhaitable dans la mesure où elle permet d'éviter un pluralisme de fait en raison de la supériorité qu'auraient alors les droits nationaux sur celui international. Voir F Rigaux, Kelsen et le droit international, RBDI, 1996, p.381 (403).

1031 Wachsmann, op. cit., p.129.

1032 Voir en ce sens l'art 55 de la constitution française de 1958, laquelle a inspiré la plupart des constitutions de l'Afrique francophone. L'art 55 stipule que: *«Les traités ou accords régulièrement ratifiés ou approuvés ont, dès leur publication, une autorité à celle des lois, sous réserve, pour chaque accord ou traité, de son application par l'autre partie.»*

des États en tant que structure souveraine et autonome. Le fait que, les États se refusent dans la pratique à accorder la suprématie aux conventions ratifiées dans le cadre de leurs ordonnancements juridiques, montre très bien que, l'existence différenciée d'un ordre de droit international à côté de ceux de droits internes, que le monisme veut quelque peu relativiser ne saurait être balayé d'un revers de main. En effet, conférer au principe de l'unicité du droit international à celui national une valeur absolue, que soutiendrait un droit originaire difficilement déterminable, peut conduire à ne pas étudier dans leurs portées respectives l'ordre du droit international et celui national rendant de ce fait même leur mise en relation des plus superficielles. Le monisme pur, à vrai dire n'existe pas. Et l'introduction des conventions ratifiées dans un État partie ne s'opère aucunement de plein droit, chaque État organisant souverainement les formalités nécessaires pour assurer une telle introduction, condition de leur applicabilité[1033]. Ceci étant, le monisme, de part la simplification des procédures introductives qu'ils opèrent dans les États l'ayant consacré[1034], atteste du rôle, que peut jouer cette technique introductive par rapport à certaines considérations pratiques traditionnellement affiliées aux droits de l'homme.

b. Considérations pratiques

Il s'agira essentiellement ici, d'analyser les intérêts concrets qui s'attachent au monisme eu égard à la question des droits de l'homme en général, les femmes n'étant pas exclues. A cet égard, on peut avancer que cette technique introductive n'est pas sans intérêt en ce qui concerne aussi bien la question de la garantie des droits de l'homme, que de celle de leur universalité.

S'agissant de la garantie des droits de l'homme, il est une constance que, les droits de l'homme ayant été essentiellement conçus pour protéger l'homme dans sa dignité[1035], le monisme de par l'introduction immédiate des conventions au plan interne qu'elle préconise, rend rapide l'applicabilité des droits consacrés[1036]. En effet, dans les États monistes, dès lors qu'une convention

---

1033 Ce constat rend en pratique flou, la distinction monisme et dualisme. Voir en ce sens Nguyen Quoc Dinh, P Daillier, A Pellet, op. cit., p.95.

1034 Les conventions ratifiées dans les États monistes sont en principe dès leur ratification, sous réserve de publicité, immédiatement applicables. Le particularisme des conventions relatives aux droits de l'homme commande toutefois la non applicabilité des clauses de réciprocité à leur égard (voir infra référence 1055 de la thèse).

1035 Aussi bien dans ses rapports avec l'État, qu'avec ses semblables, voir E Njoh-Mouellé, Échanges et débats, UCAC-Karthala, 9-11 novembre 1994, p.79 (79).

1036 En effet, dans les États dualistes, une convention ratifiée sur le plan international par un État donné ne peut produire immédiatement ses effets, une loi soit de transformation, soit alors d'incorporation étant pour celà nécessaire. C'est ainsi que la constitution de l'Afrique du Sud prévoit expressément en son art.231al (4): *«Un accord international devient loi de la République lorsqu'il est intégré dans un texte adopté dans le cadre de* internationale a été ratifiée, sous réserve de publication, les individus aussi bien mâles que femelles peuvent aussi bien l'invoquer devant les tribunaux que ces derniers l'appliquer[1037]. Encore faut-il qu'une culture juridique des droits de l'homme existe, aussi bien au niveau des organes de l'État chargés de veiller à l'application du droit en l'espèce[1038], qu'au niveau des populations en général et des femmes en particulier, bénéficiaires premiers desdits droits[1039]. En effet, les droits de l'homme pour produire leurs effets, se doivent d'être effectivement actionnés par le justiciable[1040]. Celui-ci se doit donc d'être convaincu du

---

la législation nationale........», in Recueil juridique des droits de l'Homme en Afrique, 1996-2000, coll. Credho, Bruyant, 2002, p.601.

1037 Encore faut-il que des normes internes d'exécution ne soient pas nécessaires pour complèter la convention internationale ainsi ratifiée pour lui faire produire tous ses effets. En pratique, il reviendra donc au juge d'un État moniste donné, désireux d'appliquer la convention dans un litige donné de vérifier s'il peut ou non l'appliquer sans qu'il soit au préalable nécessaire que le législateur ou le pouvoir réglementaire prenne des mesures d'exécution. C'est ainsi que l'hardiesse du juge pénal Camerounais serait en ce sens à souhaiter en ce qui concerne les MGF, dans la mesure où le Cameroun n'a pas encore eu à légiférer en l'espèce de manière expresse. Voir infra, partie.II, chap.III, I, B, 2, a, pp.277-279.

1038 En ce qui concerne particulièrement les femmes, *«Les spécialistes expliquent le fait que des femmes retirent leurs plaintes par leur manque de confiance dans le système judiciaire (.....). Les fonctionnaires de justice doivent être conscients des difficultés que rencontrent les femmes et doivent les soutenir de manière adaptée.....»*: Amnesty international, Pour que les droits deviennent une réalité: les États ont le devoir de combattre la violence contre les femmes, paris, juin 2004, p. 47.

1039 Sur l'absence d'une culture des droits de l'homme, voir P. Titi Nwel: «La Déclaration universelle des droits de l'homme ayant été approuvée par 45 nations dont trois seulement venaient de l'Afrique,à savoir le Libéria, l'Éthiopie et l'Afrique du Sud, elle est considérée dans le continent noir comme une production étrangère. Aussi peu d'efforts y sont déployés pour la mise en œuvre de ses principes. Voulant sauvegarder ce qui paraît leur appartenir en propre dans les modes d'organisation de la société, les Africains sont amenés à bafouer quotidiennement et sans sourciller, les droits de l'homme tels qu'ils sont dans la Déclaration. Dans ce cas, la recontre entre ce paradigme et les représentations africaines ne produit aucun choc, puisque celles-ci ignorent tout simplement celui-là»: P. Titi Nwel, l'idée de «droits de l'homme» en Afrique noire, in droits de l'homme en Afrique centrale, p.49 (55). La pertinence de l'argumentation de Titi Nwel réside à notre avis, de ce que, loin d'encourager un certain défaitisme sur la question des droits de l'homme dans le contexte africain, elle permet toutefois de faire un diagnostic sur la question. En effet, à l'image du médecin, qui se doit de consulter son patient afin de prescrire l'ordonnance appropriée, aucune amélioration en ce qui concerne la protection des droits si les problématiques ne sont pas bien identifiées.

1040 En matière civile, le caractère privé de l'action demeure le principe. C'est dans l'hypothèse, où l'acte ayant causé le préjudice, constitue également une infraction pénale que le procureur peut être amené également à déclencher une instance judiciaire, J. Pradel, procedure pénale, 10ème edition, Cujas, 2000/2001, pp. 178, 465 et s.

caractère bénéfique de la règle dans la résolution des problèmes auxquels, il a à faire face dans la gestion des situations conflictuelles survenant dans son quotidien[1041]. Une analyse des réalités sociales africaines montre une répugnance de l'Africain à recourir à la règle juridique, faisant pourtant partie de l'ordonnancement juridique de son État[1042]. Les MGF en tant que pratique coutumière n'échapperaient pas à ce constat: *«Certains pays africains et asiatiques interdisent explicitement les mutilations génitales féminines qui constituent une pratique traditionnelle très répandue (Burkina Faso, Côte d'ivoire, Djibouti, Egypte, Ethiopie, Ghana, Guinée, Sénégal, Soudan, Togo, Tanzanie, Ouganda): mais le droit officiel étatique, se heurte ici au droit coutumier qui est bien plus contraignant»*[1043]. Ces quelques remarques montrent, que le monisme malgré l'appropriation des droits et libertés garantis dans les conventions ratifiées au profit des individus, qu'il faciliterait, est des plus équivoques dans le contexte africain, car susceptible d'y créer une illusion de garantie des droits, biaisant ainsi la réalité. La question dès lors qui se pose et qui demeure d'actualité serait, celle de savoir pourquoi malgré l'arsenal juridique des États africains découlant des traités, interdisant expressément les discriminations fondées sur le genre, les africaines éprouvent une certaine défiance à l'égard de la règle juridique ainsi élaborée. La question de l'efficience du régime international des droits de l'homme, protecteur des droits des femmes dans le contexte africain est d'autant plus intéressante, que les difficultés, que trouve ce régime ici à s'appliquer, semblent beaucoup moins se trouver dans l'absence de règles juridiques, que dans celle de leur receptivité[1044]. Il s'agit là d'une remarque, qui est à dire vrai, valable pour la population africaine dans sa globalité.

1041 En ce sens certains auteurs on eu à insister sur l'éducation comme moyen par excellence permettant d'avoir une personnalité équilibrée. Ainsi l'éducation dans son sens le plus large devrait participer de manière graduelle et évolutive à la formation de la personnalité de l'Africain, lui octroyant la capacité non seulement d'identifier les problèmes qui lui sont contingents mais également de rechercher les voies et moyens pour y faire face. Voir D. Moussoki, op. cit., pp. 65 et s.

1042 *«Alors que dans les pays d'occident, la connaissance des droits dont on est titulaire, servie par la vigilance des citoyens, leur goût de la revendication et leur esprit progressif empêchent souvent que des abus soient commis à l'encontre des libertés publiques, dans les pays d'Afrique noire, la passivité est plutôt la règle. La majorité de la population vit sous la crainte de l'État et en dehors de lui. Généralement l'homme africain ignore ses droits, vit en dehors des groupements privés qui pourraient les lui faireconnaître et défendre. La fierté du paysan africain est de pouvoir dire: je n'ai jamais mis les pieds dans un tribunal ou un commissariat de police»*:Kéba Mbaye, Les droits de l'homme en Afrique, 2 ème édition, pp. 85-86.

1043 T. Pitch, op. cit., p.4.

1044 En ce sens, Njandeu a eu à relever que: *«chaque femme devrait être interpellée sur cette attitude de résignation, de stoïcienne, de passivité voire d'attentisme qui fait voir la discrimination là où elle n'existe pas»*, M. Njandeu, op. cit., p.54(74).

Pour ce qui est des rapports du monisme avec la question de l'universalité des droits de l'homme, le droit international des droits de l'homme étant un droit relationnel, les États sont donc appelés à se mettre ensemble afin d'appliquer les mêmes règles, garantissant la dignité de tous les hommes indifféremment de leurs races, de leurs sexes, de leurs aisances, de leurs religions etc[1045]. C'est ainsi que la clause traditionnelle de non intervention de l'art 2al7, interdisant aux États de s'immiscer dans les affaires internes des autres États, serait ici à écarter[1046]. En ce sens, une application des mêmes textes conventionnels applicables aux MGF par les États parties africains dans leurs ordres juridiques internes va garantir à leurs populations respectives les mêmes droits. Et le champ du régime conventionnel se rapportant aux droits de l'homme va par extension s'élargir, les mêmes principes communément admis se trouvant appliqués ça et là[1047]. Ainsi, la prédilection des États africains pour le monisme ne peut que contribuer à l'universalité des droits de l'homme.
Le monisme ayant été quelque peu présenté, aussi bien sur le plan théorique, que celui pratique au regard de la thématique des droits de l'homme, il convient maintenant de préciser ses fondements constitutionnels dans le cadre des États africains francophones l'ayant choisi.

2. Les bases constitutionnelles du monisme dans les États africains francophones

Il conviendrait de préciser le contenu des clauses consacrant le monisme dans les États africains considérés, (a) avant de s'atteler sur la question de leur efficience (b).

a. Le contenu des clauses constitutionnelles consacrant le monisme dans leur généralité

Les clauses consacrant le monisme dans les États africains francophones sont assez similaires dans leurs formulations et règlent essentiellement deux catégories de problèmes: à savoir, le moment où une convention internationale régulièrement ratifiée fait partie de l'ordre juridique des États parties de

---

1045 C. Sciotti-Liam, op. cit., p.40-41.

1046 S'il est vrai, compte tenu de l'importance du sujet, que les États se doivent d'agir solidairement en ce qui concerne les droits de l'homme, Il n'en demeure pas moins vrai, que les activités des États dans leurs limites territoriales restent déterminantes. Et les différentes controverses relatives à la question de savoir, si les droits de l'homme doivent rester ou non de la compétence exclusive des États et le rôle que doit jouer la communauté internationale en l'espèce, nous semble n'avoir pas sa raison d'être, le droit international étant par nature un droit de coordination, que véritablement de suboordination.

1047 Sur le rôle que joue les conventions internationales dans l'extension des droits de l'homme. Voir M. Kamto, op. cit., pp.457(469 et s).

manière à lui faire produire ses effets au niveau interne et celle de son rang hiérarchique une fois ainsi insérée[1048]. S'agissant du premier volet, la publication est le moyen par lequel la convention ratifiée par l'exécutif au niveau international, devient opposable à tous au niveau interne. Ainsi les mesures de publicité viseraient avant tout à assurer une certaine sécurité juridique aux justiciables[1049], surtout qu'il est largement admis que l'ignorance de la loi ne saurait constituer une cause d'irresponsabilité[1050]. Il convient toutefois de remarquer, que la publication, procédure de simple formalité juridique ne retarde pas en principe l'entrée en vigueur de la convention une fois ratifiée[1051], encore faut-il, que certaines révisions aient été entreprises dans le sens d'une harmonisation de la législation existante à celle internationale surtout celle constitutionnelle de l'État ayant ratifié une convention donnée. En effet, la procédure de publication peut être retardée, s'il s'avère que le traité n'est pas conforme à certaines dispositions constitutionnelles[1052], ce qui ne serait pas sans

---

1048 De manière générale, les États africains francophones confèrent un régime identique aux conventions internationales ratifiées dans le droit national. L'exclusivité de la solution moniste n'est donc pas réservé uniquement aux conventions relatives aux droits de l'homme comme c'est le cas dans certains autres États monistes, voir en ce sens les art.46 et 4 respectivement de la constitution du Guatemala du 31 mai 1985 et de Moldavie du 29 juillet 1994.

1049 *«il paraît évident que, dans un pays démocratique, un citoyen ne peut pas être lié par des règles ou être sanctionné par leur violation, si ces règles sont gardées secrètes à son égard ou si elles n'ont pas été portées à sa connaissance par des mesures normales de publication»*, Ignaz Seidl-Hohenveldern (ignaz) cité par C. Sciotti-Liam, op. cit., p.317.

1050 Une telle prise de position doit être toutefois relativisée dans le contexte africain compte tenu du taux assez élevé des populations analphabètes. Ainsi , le principe nul n'est censé ignoré la loi *«peut-être contesté dans les États africains en l'absence d'une véritable politique de publication des lois nouvelles»*. J Willybiro-sako, des principes et convictions à une véritable protection juridique en Afrique, in Droits de l'homme en Afrique centrale: colloque de yaoundé, UCAC-Karthala, 9-11 novembre 1994, p.99(102).

1051 La partique des États revèle toutefois, une évolution contraire. C'est ainsi que la publication a été identifié par d'aucuns comme constituant *« un dernier frein de nature à retarder l'applicabilité des traités dans l'ordre juridique interne »*: DE. Visscher, les tendances internationales des constitutions modernes, RCADI, 1952-II, p. 511 (558).

1052 C'est ainsi que certaines constitutions prévoient expressément, que la publication d'une convention régulièrement ratifiée peut être suspendue si ses dispositions sont contraires à la constitution. A titre illustratif, la constitution camerounaise énonce en son art 47 qu': *«avant leur promulgation, les lois ainsi que les traités et accords internationaux peuvent être déférés au Conseil Constitutionnel (cet organe statue entre autres sur la constitutionnalité des lois, des traités et accords internationaux au Cameroun) par le Président de la République, le Président de l'Assemblée nationale, le Président du Sénat, un tiers des députés ou un tiers des sénateurs, les présidents des exécutifs régionaux (….). La saisine du Conseil constitutionnel suspend le délai de* causer de préjudices aux justiciables[1053]. Ce qu'il importe toutefois de retenir, c'est que le traité ratifié, une fois publié a une autorité supérieure à celle des lois dans l'ordonnancement juridique de la plupart des États africains francophones ayant opté pour le monisme, ce qui assure une protection certaine aux droits ainsi proclamés[1054]. Toutefois, la clause de réciprocité dans l'application des traités dans l'Afrique francophone, jouant également dans le cadre des conventions relatives aux droits de l'homme, jettant ainsi un voile d'ombre sur le régime de faveur qui devrait être alloué aux individus en l'espèce[1055]. A dire vrai, le phénomène de la constitutionnalisation des droits de l'homme dans le contexte africain[1056] opère un contrepoids de taille aux effets pervers auxquels la

---

promulgation». Il convient de relever qu'aucune publication n'est possible sans sans une telle promulgation. Et dans certaines hypothèses, ces deux termes sont simplement synonymes.

1053 C'est ainsi qu'une certaine doctrine, confirmé en cela par la pratique jurisprudentielle de certains États (tels que la tunisie: voir en ce sens, Taib Elloumi (la justice et les conventions internationales) cité par C Sciotti-Lam, op. cit., p.320), soutient que l'exigence de la publicité est à écarter en ce qui concerne l'application des traités relatifs aux droits de l'homme, compte tenu de ce que ceux –ci, instaurent en principe un régime de faveur aux individus.

1054 Quelques exemples illustratifs en ce sens: art.147 de la Constitution du Bénin adoptée le 11 décembre 1990, art.151 de la Constitution du Burkina-Faso, adoptée par référendum le 2 juin 1991 et révisée par la loi No 002/97/ADP du 27 janvier 1997; art.45 de la Constitution du Cameroun adoptée le 2 juin 1972 et révisée le 18 janvier 1996; art.81 de la Constitution congolaise du 24 Octobre 1997; art.56 de la Constitution ivoirienne du 3 novembre 1960, plusieurs fois revisée et la denière en date du 26 juin 1995; art.37 de la Constitution de Djibouti adoptée le 15 septembre 1992; art.116 de la Constitution du Mali adoptée par référendum le 12 janvier 1992 et promulguée le 25 février 1992; art.80 de la Constitution mauritanienne du 12 juillet 1991; art.222 de la Constitution du Tchad adoptée par référendum le 31 Mars 1996 et entrée en vigueur le 14 avril 1996; art. 91, de la Constitution sénégalaise adoptée par référendum le 7 Janvier 2001.

1055 Il convient de relever que la plupart des États francophones ayant opté pour une telle solution n'ont fait que reprendre les dispositions de l'art 55 de la constitution française de 1958. A ce titre, la solution adoptée par le droit positif français, pourrait également inspirer les États africains. En effet, le Conseil d'État a déjà exprimé l'avis selon lequel, la réciprocité n'est pas une condition adaptée aux traités des droits de l'homme, et notamment à la CEDH, en ces termes:«le problème de la réciprocité peut se poser de manière très différente selon les accords. Certaines conventions multilatérales excluent par leur nature même toute idée de réciprocité: les conventions conclues dans le cadre de l'Organisation internationale du travail, la Convention européenne des droits de l'homme et de façon plus générale, très fréquemment, les conventions qui peuvent être regardées comme des traités lois (...) »: Conseil d'État, Droit international et droit français, Notes et Etudes documentaires, la Documentation Française, 1986, No4803, p.17.

1056 La constitutionnalisation en Afrique francophone se rapporterait à octroyer une valeur constitutionnelle aussi bien aux droits fondamentaux, qu'aux conventions clause de l'application des clauses de réciprocité en l'espèce aurait pu donner lieu[1057]. En effet, de par une telle constitutionnalisation, les droits et libertés ainsi garantis ont une valeur constitutionnelle et peuvent être aussi bien invoqués par les individus, qu'appliqués par les juridictions[1058]. A vrai dire, il ne suffit pas de déclarer que les droits et libertés ont une valeur constitutionnelle, ou alors de proclamer que les conventions ratifiées sous réserve de publication ont une valeur supérieure à la loi, pour que la réglementation relative aux droits de l'homme une fois introduite soit véritablement appliquée de manière à entraîner les changements souhaitables dans les sociétés, où elles ont vocation à s'appliquer. L'aptitude des dispositions législatives en matière des droits de l'homme, à avoir un impact sur les comportements des individus dans la sphère privée demeure une question des plus controversées[1059]. Ce constat commande,

---

internationales s'y rapportant. Une lecture des préambules des constitutions africaines dans leur grande majorité permet une telle analyse. À titre illustratif, un extrait de la Constitution camerounaise de 1996, *« le peuple camerounais (.....) affirme son attachement aux libertés fondamentales inscrites dans la Déclaration universelle des droits de l'homme, la charte des Nations Unies, la Charte africaine des droits de l'homme et des peuples et toutes les conventions internationales y relatives et dûment ratifiées.....»*. La dite formule introductive ouvre par ailleurs la voie à une liste non négligeable de droits fondamentaux. Il convient par ailleurs de relever, que la Constitution Camerounaise de 1996 confère une valeur constitutionnelle à son préambule en son art.65, rendant désormais sans objet tout débat sur la question.

1057 En effet, la technique de la constitutionnalité donne aux droits et libertés consacrés dans les traités internationaux, une réalité autonome dans les États parties. C'est dire, que les États africains francophones, ayant garanti les droits et libertés internationalement consacrés dans leur constitution, ne peuvent donc se prévaloir du refus d'exécution par une autre partie contractante, pour justifier leur irresponsabilité en cas de leurs violations. Voir C. Sciotti-Liam, op. cit., p.313.

1058 Une telle conclusion bien que clairement affirmée par Gérard Pougoué dans l'une de ses analyses sur la mise en œuvre des droits de l'homme dans le droit camerounais peut être valablement étendu à d'autres systèmes juridiques : *« ....les prérogatives affirmées par la Constitution ne sont pas seulement des attributs abstraits de la personne, mais deViennent, du fait de leur formulation juridique, des droits positifs et admis dans l'ordre juridique et politique. Dès lors, elles sont non seulements inviolables, mais aussi opposables au pouvoir comme à autrui»*, P. Pougoué, la Législation camerounaise et la protection des droits de l'homme, dans Cahier africain des droits de l'homme No4 juillet, p.101 (106).

1059 En effet, si l'émiction du droit international des droits de l'homme dans la sphère privée, domaine traditionnellement réservée à la compétence exclusive des États, est une conséquence de son internationnlisation, lequel serait justifié par le souci de reparer solidairement les déséquilibres à une échelle globale (voir en ce sens M. Sahovic, Le problème de l'éfficacité du Droit international, Theory of International Law at the threshold of the 21 st Century, Hague/London/Boston, Kluwer Law international, pp.275 (276, 279); Y. Ben Achour, op. cit., pp. 925 (926, 928et s)), il n'en demeure pas moins que les effets positifs d'une telle évolution dans le contexte africain reste des plus mitigés surtout au regard des considérations culturelles (voir en que l'on s'interroge sur l'efficience réelle des clauses consacrant le monisme dans les constitutions africaines au regard de la protection réelle des individus.

b. La question de l'efficience des clauses constitutionnelles consacrant le monisme dans les États considérés

Les clauses constitutionnelles consacrant le monisme dans les États africains francophones, laissent non réglées, un certain nombre de questions. S'agissant des raisons de droit, il convient de remarquer, qu'une disposition conventionnelle, du fait de son imprécision, peut s'avérer difficilement applicable, tout au moins de manière directe[1060]. Il ne suffit donc pas de dire, qu'une convention est supérieure à la loi pour déduire que la politique d'un État donné est favorable aux droits de l'homme. Encore faut-il, que des mesures exécutives d'application du traité soient effectivement prises par les États afin de faire produire aux traités ratifiés leurs pleins effets[1061]. Quand bien même la matérialité des lois serait assurée aux travers de lois précises, leur efficacité restera illusoire sans un aménagement juridictionnel adéquat. C'est le juge en pratique qui est chargé d'appliquer le droit et de contrôler les activités gouvernementales. Or celui-ci ne dispose pas toujours de l'indépendance nécessaire pour l'exécution de sa mission[1062]. Par ailleurs ses compétences sont assez réduites dans la plupart des États africains en ce qui concerne le contrôle de constitutionnalité des lois. Dans une telle hypothèse un organe judiciaire

---

ce sens: B. Ibhawoh, "*Between Culture and Constitution: Evaluating the Cultural Legitimacy of Human Rights in the African state*",HRQ, 22 , pp.838 (855 et s); P. Titi Nwel, l'idée de «droit de l'homme» en Afrique noire, in droits de l'homme en Afrique centrale: colloque de yaoundé, pp.49 (50-52); D. Moussoki, op. cit., p.57(57).

1060 Dans une telle hypothèse, la méthode de l'applicabilité directe, réputée satisfaisante pour le respect effectif des engagements internationaux des États, ne saurait être appliquée. *«....la seule méthode permettant à une partie contractante d'être toujours en mesure de s'acquitter de ses obligations consiste à permettre aux tribunaux de faire application de la convention, éventuellement à l'encontre de normes internes qui en méconnaîtraient les exigences»*: Wachsmann, op. cit., p.124.

1061 C'est dans une telle perspective, qu'il faut comprendre les nombreuses Lois relatives aux libertés publiques , qui ont été élaborées dans le contexte cameroun en vue de donner une matérialisation effective aux droits et libertés ainsi consacrées. P. Pougoué, la Législation camerounaise et la protection des droits de l'homme, dans Cahier africain des droits de l'homme No4 juillet, pp.101 (103-105).

1062 Il convient toutefois de relever que, la plupart des constitutions africaines francophones prévoient aujourd'hui l'indépendance du judiciaire de l'éxécutif. En ce sens, les dispositions constitutionnelles des pays comme le Niger ou le Cameroun selon lesquelles *«Le Président est garant de l'indépendance du juge»*, sont un recul et peuvent être sources de confusion dans la mesure où l'indépendance du pouvoir judiciaire semble être également admis. Voir en ce sens, art.37 al.3 de la Constitution camerounaise de 1996 et art.100 de la constitution nigérienne, promulguée le 9 août 199.

spécial est généralement mis en place, dont la saisine est de manière principielle fermée aux citoyens[1063]. Une telle solution est d'autant plus critiquable, qu'il n'est pas inhabituel, que dans l'ordonnancement juridique des États africains, que des lois nationales, quoiques contraires aux valeurs prônées par les droits de l'homme fassent bel et bien partie de leur bloc de juridicité[1064]. Cette situation est d'ailleurs confortée par la possibilité reconnue aux États parties à une convention d'y emettre des réserves[1065]. C'est dire, que les États africains, surtout en ce qui concerne les rapports interpersonnels ont du mal à se plier aux injonctions du droit international[1066]. Ce qui rend nécessaire la considération des éléments factuels empêchant une telle évolution dans les sociétés considérées.

1063 Alors qu'une telle prérogative était jadis une compétence exclusive du président camerounais, l'organe chargé d'assurer la constitutionnalité des loirs est ouvert aux président du Parlement, que du Sénat, qu'aux membres de ces structures réunis au un tiers, art.47 al.2 de la Constitution camerounaise de 96. La constitution sénégalaise adoptée au référendum du 7 janvier 2001 consacre également en son art.74 les compétences concurrentes de l'exécutif et du judiciaire. Mais les dispositions de la constitution du Gabon du 29 mars 1991, dernière modification en date du 22 avril 1997 est des plus favorables dans la mesure où une telle optique en plus d'être ouverte aux présidents des cours judiciaires n'est pas à priori refusée aux citoyens. Dans une telle hypothèse, il suffit qu'il démontre qu'il a été lesé par l'acte querellé (art.85 et 86). Une telle possibilité est également accordé au citoyen ghanéen, chap.1, para.2 (1) alinéa a, Constitution du Ghana, entrée en vigueur le 7 Janvier 1993.

1064 P Tavernier/ I Capette, Les États Africains et Les Instruments des Nations Unies relatifs aux Droits de l'Homme, in Recueil Juridique Des Droits de L'Homme en Afrique, 1996-2000, 2002, pp. 175 (193-194). Lire également en ce sens, M. Njandeu, op. cit., pp.54 (57 et s.

1065 Ces réserves des États africains dans le domaine des droits de l'homme «....ont pour objet, pour la plupart, de veiller à ce que leurs dispositions n'aillent pas à l'encontre de la charia islamique et de certaines coutumes et pratiques traditionnelles en vigueur dans les pays africains. Elles ortent ainsi sur l'octroi de la nationalité de la mère à ses enfants, sur le droit de la femme de choisir sa résidence et son domicile, sur l'égalité de l'homme te de la femme pour toutes les questions découlant du mariage, au cours du mariage et lors de sa dissolution et relatives à la succession ainsi que sur le droit des femmes d'occuper des fonctions et des postes publics » : P Tavernier/ I Capette, op. cit., pp. 175 (191). À dire vrai la pratique des réserves ne saurait être *«incompatibles avec l'objet et le but»* même des conventions ratifiées conformément à l'art.19 de la Convention de Vienne, S Bastid, op. cit., pp.249-250.

1066 Il est assez habituel, que les États africains anglophones, se voulant garantes *«d'une certaine diversification des sources de constitutionnalisme dans le contexte africain»* abordent également de manière claire les questions relatives aux droits coutumiers, J. Kamdem, Mise en œuvre de mécanismes juridiques garants des Droits de l'Homme en Afrique: le Cas du Cameroun, in Droits de l'homme en Afrique centrale: colloque de yaoundé, UCAC-Karthala, 9-11 novembre 1994, p.137 (147). La liste n'étant pas exhaustive, on peut citer en ce sens les Constitutions du Kenya, Botswana, Lesotho, Zambie et du Zimbabwé.

S'agissant des raisons de fait, en facilitant l'introduction et l'applicabilité de la norme conventionnelle internationale dans leurs ordonnancements juridiques et en déclarant la supériorité de celles-ci aux lois nationales voire même son égalitarisme avec les normes constitutionnelles, les États africains francophones accréditeraient la thèse de la primauté du droit et d'un attachement inconditionnel aux droits de l'homme dans le contexte africain. Or, il s'agit là d'une orientation des plus douteuses. En effet, on note la cœxistance d'une pluralité de systèmes de valeurs du fait de la multiplicité des Ethnies sur le continent, les États francophones n'y échappant pas[1067]. La question fondamentale, qui dès lors se pose, est celle de savoir, s'il suffit de décréter qu'une norme juridique, laquelle serait ainsi revêtue de la coercition étatique pour dire que les autres systèmes de pensée vont perdre de leur importance? La question de la pertinence du droit, voire de son autorité se pose de manière cruciale dans les États africains[1068]. Si jadis, on a reproché aux gouvernements africains d'avoir gélé les libertés des citoyens au nom du développement, on peut se demander aujourd'hui ce que les populations font avec la panoplie des droits qui leur sont garantis. L'explication fort répandue, qu'une telle attitude serait dûe au taux d'analphabétisme assez élévé des populations africaines, quoique comportant une part de vérité, se doit à notre avis d'être relativisée car la situation ne se trouve pas véritablement améliorée du côté de l'élite intellectuelle africaine[1069], les femmes n'étant pas en reste[1070].

1067 D. Moussoki, op. cit., pp. 57 (59-61) ; R Toriairia, in Droits de l'homme en Afrique centrale: colloque de yaoundé, UCAC-Karthala, 9-11 novembre 1994, pp. 67 (75-78).

1068 Toutefois, la question de la primauté du Droit en Afrique a été clairement affirmée lors de la première réunion des juristes africains à Lagos. Kéba Mbaye, Les droits de l'homme en Afrique, in les dimensions internationales des droits de l'homme, p. 645 (656). Si l'on peut comprendre la justesse d'une telle prise de position en vertu du caractère normatif de la règle dont la fonction essentielle est de préciser ce qui est permit et qui ne l'est pas, intimant ainsi au citoyen ce qu'il peut faire ou ne pas faire afin ne pas être frappé par la Loi, il convient toutefois de préciser que l'autorité affiliée à la règle restera creuse si celle-ci ne permet pas la resolution de problèmes clairement identifiés par le justiciable. Le droit ne saurait donc être *«.....une entité abstraite, un phénomène déconnecté du substrat sociologique qui lui sert de support»*, A. Olinga , *«Regard divers sur la corruption au Cameroun: le point de vue du juriste», in De la Corruption au Cameroun*, Friedrich-Ebert-Stiftung Cameroun, Saagraph, juin 1999, p. 145 (156).

1069 La remarque, sur la thématique des droits de l'homme, concernant l'élite intellectuelle africaine faite par Titi Nwell est assez illustrative *«si nos œuvres étaient lues par unE. Grande partie de l'élite intellectuelle, nous nous estimerons sur la bonne voie. Car l'idée de droit de l'homme est tout à fait nouvelle chez nous; elle est nouvelle pour tous ceux qui ont terminé leurs études avant supérieures avant les années 90, toutes disciplines confondues et qui ne se recyclent pas. Elle est nouvelle pour tous ceux qui ont grandi et vécu dans le régime de parti unique. Parce qu'elles n'est pas transmise aux jeunes générations d'universitaires, elle ne leur est pas familière. Lorsqu'on sait*

La thématique soumise à notre reflexion dans le cadre de cette thèse est des plus illustratives. En effet, l'élaboration des lois pénales, en application des conventions internationales interdisant la pratique, dans le cadre de la lutte contre les MGF reste toujours des plus controversées dans le contexte africain: *« Pour la majorité des personnes qui pratiquent les CF/ MGF......, il s'agit encore d'un acte de fidélité aux ancêtres, d'un devoir pour protéger l'intégrité sociale et contrôler la sexualité et la reproduction. En bref, c'est un acte qui jusqu'à présent a fait recevoir à ses auteurs des louanges et des récompenses plutôt que des punitions. En approuvant une loi, nous risquons de transformer du jour au lendemain, des citoyens respectueux et fidèles en des criminels »*[1071]. Il y'a toutefois des raisons de croire, que les États africains francophones en choisissant le monisme, ont voulu créer un cadre, susceptibles de permettre à leurs populations d'améliorer, le plus facilement possible, leurs conditions de vie[1072]. Toutefois, une analyse des réalités politiques et sociales de l'Afrique, semble démentir, dans une certaine mesure tout au moins, la véridicité d'un tel raisonnement.

B. L'écart existant entre le droit et les faits

Les droits de l'homme, bien que bénéficiant d'un aménagement favorable dans les États africains francophones, y jouent fort curieusement un rôle des plus moindres dans le vécu des populations. C'est pourquoi, il apparaît nécessaire de ne pas se limiter ici à une étude exclusive de la règle juridique proprement dite. A cet égard, on peut noter que les africains dans leur grande majorité répugnent à recourir aux instances judiciaires (2). Une telle argumentation, pour justifier le caractère virtuel des règles juridiques dans le contexte africain, s'avérerait toutefois incomplète si le phénomène de la corruption n'était pas abordé, fléau social paralysant dans les faits la bonne marche des institutions dans le contexte africain, celles judiciaires n'étant pas exclues (1).

---

que tout ce monde qui participe à la construction de la notion, qui faconne nos lois, n'a pas été et n'est pas socialisé dans un milieu pétri de principe de la démocratie, il y'a urgence que l'on fasse quelque chose à leur niveau.»: P. Titi Nwel, *«Société civile et promotion de la démocratie», in Cahier africain des droits de l'homme*, No4, presse de l'UCAC, juillet 2000, p. 189 (200).

1070 M. Njandeu, op. cit., pp. 54 (72-74).

1071 N. Toubia , la législation en tant qu'instrument pour un changement social et de comportement (version francaise), in The Afro-Arab Expert Consultation on Legal Tools For The Prevention of Female Genital Mutilation, cairo, 21-23 June 2003, p.4.

1072 Sur l'interaction droits de l'homme et développement, lire L. Ngongo, op. cit., pp.27 (34-36); Yokabdjim Mandigui, *«l'aide au développement et les droits de l'homme », in Droits de l'homme en Afrique centrale: colloque de yaoundé,* UCAC-Karthala, 9-11 novembre 1994, passim.

1. La corruption, gangrène des sociétés africaines

Si la corruption contribue à l'idée selon laquelle, le citoyen le mieux nanti aurait toujours raison (a), la situation des femmes à cause de ce phénomène peut devenir des plus alarmantes, compte tenu de leur position basse dans l'échelle sociale (b).

a. Le phénomène de la corruption ou le droit du plus fort économiquement

Dans le cadre de cette étude, il ne s'agira pas de rechercher les causes de la corruption dans le but d'envisager les solutions possibles d'éradiquer ce mal, mais d'appréhender ce fléau social en ce qui concerne son impact au regard de la jouissance des citoyens de leurs droits en général, la question féminine occupant une place de choix[1073]. Ceci étant, la corruption peut être défini comme étant *« un comportement répréhensible par lequel sont sollicités, agrées ou recus des offres, promesses, dons ou présents, à des fins d'accomplissement ou d'abstention d'un acte, d'obtention de faveurs ou d'avantages particuliers »*[1074]. La corruption aussi bien passive que celle active est ainsi condamnable[1075]. Il est une constance, que le sens de l'intérêt public et du bien commun ont encore du mal être compris par les africains. C'est ainsi que, la plupart d'entre eux, occupant une fonction publique, ont tendance dans l'exercice de leur fonction à rechercher leur profit personnel et celui des leurs[1076]. La notion de service

---

1073 Il est en effet admis, que la corruption ne serait pas sans influences sur la garantie des libertés individuelles. En effet, son intensification aurait *«engendré un accroissement sensible des inégalités, les plus pauvres étant de plus en plus contraints à subir la loi des plus nantis»*: J Bendegue, *«Regard divers sur la corruption au Cameroun: le point de vue du juriste», in De la Corruption au Cameroun*, Friedrich-Ebert-Stiftung Cameroun, Saagraph, juin 1999, p.169 (192).

1074 Voir Lexique des termes juridiques de Raymond Guillien et Jean Vincent, 7ème édition, Dalloz, 1988.

1075 Voir en ce sens, les art 134 et 134 bis du code pénal Camerounais (loi No77/23 du 6 décembre 1977), in Code pénal Camerounais, 3ème édition, Monos, yaoundé-Cameroun, 2004, pp.72-74. Partageant en cela l'avis de certains auteurs, il est a décrier, que ces dispositions du code pénal prohibant la corruption ne soient applicables qu'à l'agent public (art.134 al.1): *«Est puni d'un emprisonnement de cinq à dix 10 ans et d'une amende de 200.000 à 2.000.000 de francs, tout fonctionnaire ou agent public qui , pour lui-même ou un tiers, sollicite, agrée ou reçoit des offres, promesses, dons ou présents pour faire, s'abstenir de faire ou ajourner un acte de sa fonction»*. En effet, la corruption est phénomène social se manifestant dans les secteurs d'activités autres que publics. Pour ne prendre que l'exemple du Cameroun, voir J Bendegue, op. cit., pp. 169 (166-68;196-97) ; A. Olinga, *«Regard divers sur la corruption au Cameroun: le point de vue du juriste», in De la Corruption au Cameroun*,, pp.145 (150-51).

1076 *« La débrouille est un autre nom donné à la lutte pour la survie par tous les moyens. Dans les administrations, elle s'interprète comme le fait de tirer sagement profit des compétences et privilèges liés à l'activité de l'agent qui en est investi. Elle vise (….) à* public, se fondant sur l'intérêt de tous n'est pas toujours perçue comme tel par l'agent public dans le contexte africain[1077]. Il s'agit donc pour la personne investie de l'autorité publique, de se servir plutôt que de servir l'usager. L'africain qui occupe un poste est d'abord conscient, de ce que, la charge à lui ainsi conférée doit lui permettre de faire face avant tout à ses besoins et à celui de son cercle parental[1078]. Ainsi l'autorité publique dont serait investie un individu dans le contexte africain viserait dans les faits à avancer le statut d'une famille, d'une tribu, d'une communauté, la structure étatique étant dans les faits une entité trop abstraite[1079]. Dans de telles conditions, la corruption apparaît comme quelque chose de normale surtout avec la situation de crise économique que connaissent la majorité des États africains[1080]. On est donc passé *«d'une*

---

arrondir les fins de mois de fonctionnaires acculés par de nombreuses charges sociales. » Voir J vianneY. Bendegue, op. cit., p. 169 (175).

1077 Il s'agit d'ailleurs là d'une attitude qui trouverait sa source dans les sociétés anciennes. Autrement dit : *« les corrompus d'aujourd'hui ne partent de rien ; ils reproduisent à leur façon, des pratiques socio-politiques anciennes »*, De la Corruption au Cameroun, Friedrich-Ebert-Stiftung Cameroun, Saagraph, juin 1999, p. 59.

1078 P. Titi Nwel, l'idée de «droit de l'homme» en Afrique noire, in droits de l'homme en Afrique centrale: colloque de yaoundé, p. 49 (51).

1079 *«Avant la colonisation, les groupes ethniques qui composent nos pays aujourd'hui étaient des entités autonomes et souvent indépendantes. C'est sur cette forme d'organisation sociale qu'on s'est efforcé de bâtir un État –nation, dirigé par une même autorité politique suprême. Malheureusement, cet État-nation n'a pas été immédiatement, une réalité vivante, des citoyens continuant à se référer ici et là, á leur autorité tribale La politique d'unité nationale prônée par les gouvernements, ne signifiait pas, comme on l'a cru au Cameroun, que les citoyens d'un même pays devaient s'aimer entre eux et agir les uns avec le autres dans un esprit de fraternité »*, Ibid, p.49(50).

1080 D'aucuns ont eu toutefois à dénoncer la relation causale entre conditions de vies précaires sur le plan économique et développement de la corruption. Il apparaît assez curieux que les populations africaines dans leur grande majorité, voire celles là même, qui bénéficient déjà d'un statut privilégié, refusent très souvent de matérialiser leurs prétentions au moyen de règles juridiques afin d'améliorer leurs conditions de vies. En pratique, il leurs sont très souvent préférées la corruption. Il apparaît donc nécessaire, ayant déterminé le mal, à savoir la précarité des conditions de vie, d'œuvrer à la naissance d'une culture juridique dans le contexte africain. Sur un approfondissment de cette idée, lire: De la Corruption au Cameroun, Friedrich-Ebert-Stiftung Cameroun, Saagraph, juin 1999, p.80 et s. La justesse d'une telle prise de position à notre avis ne peut être valablement soutenue, que concernant une catégorie de personnes jouissant aussi bien d'un équilibre financier mais également de certaines capacités intellectuelles. Voir en ce sens, Kafui Ayaba, Der Menschenrechtsschutz in drei ausgewälten frankophonen Staaten Afrikas: Togo, Senegal und Kamerun, Peter Lang, Frankfurt am Main 2005, pp. 172-175); J. Kamdem, Mise en œuvre de mécanismes juridiques garants des Droits de l'Homme en Afrique: le Cas du Cameroun, in Droits de l'homme en Afrique centrale: colloque de yaoundé, , pp.137 (152-153). Par ailleurs, il faut que certains aménagements structurels sur le plan juridique le permettent.

situation conjoncturelle tolérable à une situation institutionnelle pernicieuse...»[1081]. Autrement dit chaque fonctionnaire devrait dans un tel contexte de crise recourir aux moyens des plus ingénieux pour avoir des fonds afin de pouvoir vivre avec les siens, la mission publique de sa tâche étant reléguée au second rang[1082]. Et, les autorités judiciaires ne font pas l'exception[1083]. En effet, bien qu'elles soient chargées de dire le droit en toute liberté de conscience, il n'est pas rare que la considération des avantages pécuniaires les influence dans leurs décisions[1084]. Cette tendance décourage dans une certaine mesure les peu nantis, lesquels constituent d'ailleurs la grande majorité de la population, en cas d'atteintes à leurs droits à recourir aux instances judiciaires[1085]. Le droit est dans les faits et selon les cas mal ou pas du tout appliqué, le plus fort ayant toujours raison[1086]. Ce constat est encore des plus alarmants en considération des situations des plus précaires des femmes africaines.

1081 Ibid, p.169(175).

1082 Partageant en cela l'avis d'une certaine doctrine, la vertue pédagogique attachée à la loi pénale se doit d'être relativisée au profit de mesures éducatives. Il importe en effet, que les citoyens comprennent que *«la logique de la corruption est négative du droit en général et de leurs droits en particuliers»*: A. Olinga *«Regard divers sur la corruption au Cameroun: le point de vue du juriste», in De la Corruption au Cameroun,* p.145(159).

1083 De la Corruption au Cameroun, Friedrich-Ebert-Stiftung Cameroun, Saagraph, juin 1999, pp. 52-53, 64-66, 83-84.

1084 Kafui Ayaba, op. cit., p.163-165.

1085 Cette facon de faire des autorités judiciaires ne fait à dire qu'aggraver l'attitude déjà assez suspicieuse des justiciables dans le contexte africain : *« Les Africains ne se sont pas familiarisés avec les arcanes de la justice ; souvent, ils ne comprennent ni le sens ni la portée des règles de droit et préfèrent se cantonner à vivre tranquilles leur existence quotidienne plutôt qu'à s'aventurer dans des actions judiciaires dont ils ignorent totalement les règles du jeu, , ou à s'adresser à une administration qui se dépêche de les décourager ou de profiter de l'occasion pour accomplir son service favori: la corruption»:*Kéba Mbaye, Les droits de l'homme en Afrique, 2 ème édition, p.86.

1086 Sur le régime d'impunité dans le contexte camerounais, laquelle serait fondée aussi bien par les textes (la difficile levée des impunités, la portée assez limitée des dispositions pénales applicables à la corruption, les difficultés inhérentes au régime de la preuve en l'espèce etc...) que par les faits, voir : J Bendegue, op. cit., p.169(171-173, 186-188, 196-197,); Alain didier Olinga , *«Regard divers sur la corruption au Cameroun: le point de vue du juriste», in De la Corruption au Cameroun,* p.145(150-51, 154-158); De la Corruption au Cameroun, Friedrich-Ebert-Stiftung, Saagraph, juin 1999, pp.71-77. Il conviendrait toutefois de relever, que des lueurs d'espoir peuvent se pointer à l'horizon. En ce qui concerne le Cameroun par exemple, des procès ont été intentés contre des personnes, qui dans l'exercice de leurs fonctions publiques ont eu à détourner d'importants fonds. Voir http://www.Cameroon-Info.NET/cmi_show_news.php?id=19730, consulté le 27.08.2007.

b. La corruption: facteur aggravant la situation déjà précaire des femmes africaines

Les femmes africaines connaissent dans leur grande majorité une précarité matérielle certaine en comparaison de celle de leurs compagnons mâles[1087]. Une interview avec l'une des responsables de l'ACAFEJ[1088] a confirmé la justesse de cette assertion au niveau des femmes camerounaises. Il en est ressorti, que les conditions de précarité de vies des femmes, seraient l'une des raisons déterminantes ne permettant pas aux femmes de recourir à la justice en cas de violations de leurs droits[1089]. Ces dernières sont souvent dans l'incapacité d'assurer leurs besoins de base et sont peu enclines à engager une action judiciaire quelconque, la justice étant onéreuse[1090]. L'existence d'un nombre réduit de juridictions en comparaison de la population ne fait qu'aggraver leur situation, dans la mesure où, en plus des frais normaux de procédure, la requérante peut se voir obliger de débourser les frais afférant à son transport, la juridiction compétente étant éloignée de son domicile[1091]. Tous ces éléments montrent, que sans même intégrer la donne de la corruption, les femmes compte tenu de leurs possibilités financières assez limitées ont des difficultés non négligeables pour recourir au droit en cas d'atteintes à leurs droits. La situation des femmes africaines au regard de leurs droits ne peut que devenir des plus déplorables, s'il faille leur faire payer, en plus des frais de justice rentrant dans le cadre de procédures normales, des frais extra de pourboires afin de se faire attirer la faveur des officiers de police ou des juges. On assiste à cet égard à une sorte de masculinisation de fait de la sphère judiciaire, les femmes étant plus ou moins contraintes dans leur grande majorité à ne pas s'y aventurer, car ne pouvant respecter, que très difficilement les règles y prévalant.

La corruption est donc un fléau social, qui empêche aux instances judiciaires de jouer véritablement leur rôle, à savoir assurer une garantie effective des droits consacrés au profit des justiciables, dans la mesure où elles ne font qu'exacerber les réactions déjà, assez circonscriptibles des africains à l'égard du droit, les femmes ne faisant pas exception.

1087 La féminisation de la pauvreté apparaît être une donnée assez indiscutable indépendamment du contexte où l'on se trouve. Voir en ce sens le document de travail présenté par Mme Chin-sung Chung, les défis de la participation des femmes dans les politiques et les stratégies de lutte contre la pauvreté et l'extrême pauvreté, A/HRC/Sub.1/58/SF/3, pp.4-7, 28 juillet 2006.

1088 Acafej: Association des femmes juristes.

1089 Interview avec Mme Akoa yvonne (juge à la cour d'appel de Yaoundé et membre active de l'ACAFEJ) en janvier 2005.

1090 Djessi Ndine Mpessa , la société civile et la promotion des droits de la femme, in Cahier africain des droits de l'homme, No4, presse de l'UCAC, juillet 2000, pp.157 (159-160).

1091 Sur l'insuffisance des juridictions dans le contexte africain, voir C. Sciotti-Liam, op. cit., p.72; R Toriairia, op. cit., p.67 (68).

2. *La répugnance des africains à recourir au droit.*

Une telle répugnance ne serait pas sans liens avec la panoplie de régimes dictatoriaux ayant jonché l'histoire du continent africain (a). Par ailleurs, l'attachement des africains à leurs codes de conduite traditionnels ne serait pas non plus étranger à une telle attitude (b).

a. Le revers de certains systèmes dictatoriaux

A l'appui d'une certaine doctrine, la faible relevance des droits de l'homme ne serait rien d'autre, que la conséquence du traumatisme qu'auraient subi les africains à l'ère des régimes dictatoriaux[1092]. En effet, pendant longtemps, la raison d'État a déterminé les grandes orientations politiques des États africains[1093], les amenant à accorder dans les faits aux droits de l'homme un régime des plus restrictifs[1094]. Les préoccupations visaient essentiellement avant tout à renforcer le pouvoir des États africains, conditions, semble t-il de leur développement[1095]. Il existait à cet égard des infractions politiques au caractère

---

1092 En ce sens, la léthargie collective en ce qui concerne la revendication de leurs droits en Afrique, s'expliquerait en *«raison du caractère policier du pouvoir»* des années durant. Voir en ce sens R Toriairia, op. cit., p.67 (72).

1093 *« Toute revendication ou toute dénonciation est assimilée par le pouvoir politique à une tentative de de destabilisation de l'opposition. (......) Il lui est facile, en effet, d'évoquer la raison d'État et la nécessité de préserver l'ordre public pour sévir contre la population civile»*, ibid, p.67 (69). Kéba Mbaye en a d'ailleurs fait une bonne analyse de la période ayant succédé les indépendances dans le contexte africain, celle-ci se caractérisant essentiellement par la mise entre parenthèse des droits de l'homme au travers de mesures restrictives et de la dominance de l'exécutif, Kéba Mbaye, Les droits de l'homme en Afrique, in les dimensions internationales des droits de l'homme,, pp. 645 (647 et s). Voir également J. Kamdem, *Existe-t-il une conception africaine des droits de la personne humaine?*, in Cahier africain des droits de l'homme, No4, pp.41 (68).

1094 Une lecture de la reglémentation internationale des droits de l'homme n'exlue pas à priori une restriction de son régime: *«Dans l'exercice de ses droits et dans la jouissance de ses libertés, chacun n'est soumis qu'aux limitations établies par la loi exclusivement en vu d'assurer la reconnaissance et le respect des droits et libertés d'autrui et afin de satisfaire aux justes exigences de la morale, de l'ordre public et du bien être général dans une société démocratique »* (art.29,§.2, DUDH). Voir dans le même sens, art.2, §.3 PIDESC; art.4,§.1 PIDCP. Mais une telle restriction ne saurait toutefois porter atteinte aux droits fondamentaux, lesquels sont insusceptibles de dérogation (art.4,§.2, PIDCP).

1095 *«....il faut rappeler que l'Afrique tout entière est un continent en développement. Or le développement exige parfois des efforts dont certains peuvent difficilement ne pas porter atteinte aux droits de l'homme.»*, Kéba Mbaye, Les droits de l'homme en Afrique, 2 ème édition, p.34. Lire également J. Kamdem, *Existe-t-il une conception africaine des droits de la personne humaine?*, in Cahier africain des droits de l'homme, No4,, pp.41(66, 68 et s); N. Makoundzi-Wolo, op. cit., pp.73-74; Yokabdjim Mandigui , op. cit., p.223 (225); Fatsah Ouguergouz, op. cit., pp.26-27.

assez large, réduisant de manière excessive les libertés individuelles du citoyen[1096]. C'est ainsi que les individus, membres des dits États, ont eu à apprendre que leur survie dépendait essentiellement de leur aptitude à s'effacer devant l'État[1097]. On peut donc conclure, que le faible intérêt des droits de l'homme dans le contexte africain ne serait que l'expression de leur résignation face à un pouvoir politique fort. Et, cette attitude de résignation ne serait que par la suite devenue chronique. A vrai dire, une telle analyse n'est pas à l'abri de certaines critiques. En effet, n'est ce pas justement cette oppression qui devrait provoquer un zèle pour les droits de l'homme dans le contexte africain comparativement à ce qui s'est passé en Europe, où le peuple excédé par la domination bourgeoise et de l'Église s'en est allée à la conquête de ses droits[1098]. On peut toutefois objecter, que dans le cadre de l'Europe la réaction à l'oppression a donné naissance à des droits, élaborées pour y face, par opposition au contexte africain où les situations oppressives doivent pouvoir s'exprimer aux travers de règles pré-établies[1099]. C'est dire, que, même pour l'Africain, en quête de liberté, indifferemment de son sexe, le chemin à emprunter n'est pas toujours facile à identifier, surtout que les systèmes de valeurs traditionnels ne restent pas sans incidences[1100].

b. L'attachement des africains à leurs codes de conduite traditionnels

Il est une constance, que les comportements des africains sont dans une large mesure déterminés par leurs coutumes et il est assez indifférent que celles-ci soient ou non codifiées[1101]. Les coutumes sont d'un rôle déterminant dans la

---

1096 J. Kamdem, *Existe-t-il une conception africaine des droits de la personne humaine?*, in Cahier africain des droits de l'homme, No4, ., p.41(68).

1097 *« Dans cette situation, le paradoxe apparaît dans la réaction de ceux qui vivent des atocités, mais qui ne font rien pour s'en sortir collectivement. La victime elle-même représente alors un terrain préparé pour faciliter les abus de son persécuteur. La violation est avalisée, en somme, par l'attitude des personnes face à l'autorité publique»*: R Toriairia, op. cit., p.67 (73).

1098 J. Morange, op. cit., pp.55-62.

1099 En effet, les institutions dans les États africains sont victimes de ce que Ben Achour Yadh a appelé *«...une accélération de l'histoire.... »*. C'est dire, qu'ils ont à vivre *«....l'expérience des États séculaires, (....), leurs repésentations et valeurs politiques, leurs constitutions, leurs lois..... »*. Partageant en cela le point de vue de l'auteur, il leur apparaît assez difficile dans de telles conditions de trouver leur chemin. Y. Ben Achour, op. cit., p. 925 (938)

1100 Les difficultés ne doivent pas servir d'excuses pour rejeter la structure étatique avec la constitutionnalisation des droits et libertés, qui s'en est suivi. Ainsi au lieu de rejeter l'État moderne dans son concept, il conviendrait de recherchercher en quoi celui-ci est *«... inadapté aux sociétés traditionnelles ou ces dernières qui auraient un déficit de modernité.»: Ibid, p.925 (940).*

1101 P. Titi Nwel, l'idée de «droit de l'homme» en Afrique noire, in droits de l'homme en Afrique centrale: colloque de yaoundé, pp.49 (52, 55) ; D. Moussoki, op. cit., pp.57

détermination des rôles sociaux dans le contexte africain et se rapportent très souvent au statut personnel des individus (le mariage, la succession)[1102]. Vu l'importance de ces domaines, certaines constitutions prévoient d'ailleurs expressément, que les garanties de non discriminations ne s'y appliquent pas[1103]. Il convient en outre de remarquer, que les dispositions (préambules) de la charte africaine des droits de l'homme attestent de l'importance des traditions dans l'organisation sociétale des africains[1104] et le rôle des femmes ne serait pas à cet égard à négliger[1105]. Il serait donc important d'élucider la nature des rapports, que les femmes africaines entretiendraient avec la tradition. Si certains auteurs ont eu à démontrer que les traditions de façon générale, les MGF ne faisant pas exception, auraient une incidence assez néfaste sur la situation des femmes[1106], cela n'éclaire pourtant pas le fait que ce sont les femmes même qui travaillent activement aux maintien des traditions[1107]. Ce constat commande que des réflexions soient faites et que des réponses simplistes soient évitées. En ce sens,

---

(58-62); R Toriairia, op. cit., pp.67 (75-76) ; J. Kamdem, *Existe-t-il une conception africaine des droits de la personne humaine?*, in Cahier africain des droits de l'homme, No4, pp.41 (61, 63-64).

1102 L. Katzive, op. cit., p.5.

1103 Voir en ce sens les recommandations finales du CDH, en ce qui concerne le Kenya:*«Le Comité note avec préoccupation que les femmes continuent de faire systématiquement l'objet de discrimination aussi bien en droit qu'en fait. En témoignent la faible représentation des femmes au Parlement et dans la fonction publique, en dépit des progrès récents réalisés dans ce domaine, les inégalités concernant l'exercice des droits de propriété, la pratique discriminatoire de «l'héritage de l'épouse» et les inégalités sanctionnées par le droit en matière de succession ou d'héritage. En outre, l'application persistante de certaines lois coutumières, y compris l'autorisation de la polygamie, restreint la portée des dispositions antidiscriminatoires qui figurent dans la Constitution et d'autres lois (art.2, 3, 23, 24 et 26 du Pacte)»*, A/60/40, vol.I, Kenya, para.86(10).

1104 Voir en ce sens, art.18 al.2; art.20 al.1; art.22 al.1.

1105 Voir para.10 du préambule du protocole à la charte africaine des droits de l'homme et des peuples relatifs aux droits des femmes, adoptée par la 2ème session ordinaire de la conférence de l'Union africaine, Maputo, 11 juillet 2003.

1106 Pour ne citer que Hosken, celle-ci a eu à relever, que les traditions, loin de protéger les femmes, ne faisaient que les emprisonner : *« Culture et tradition sont en fait utilisées pour maintenir les femmes dans un état d'arriération, au fond d'un passé où personne n'osait contester la suprématie des hommes, où des lois écrites par les hommes excluaient les femmes de toute vie politique ou économique.»*, F. Hosken, op. cit., p.23, lire également pp.13 et 18 du même livre.

1107 Pour ne prendre que l'exemple des MGF, cette remarque de Hope (lewis) nous semble des plus pertinentes:*«If FGS is a patriarcal violation of the fundamental human rights of women, how should international law respond to the fact that FGS is practiced by women on women on girls? Does universalism obscure the efforts of powerful states and international institutions to violate African rights to self-determination and the preservation of cultural identity»*: H. Lewis, op. cit., p.1 (4).

l'apport des clauses constitutionnelles consacrant la suprématie des droits et libertés garanties sur la tradition peuvent être des plus illusoires, en ce sens qu'elles évitent dans la plupart de cas de déterminer les éléments qui pousseraient les africaines à s'attacher à la tradition, le principe étant la mise à l'écart des coutumes contraires aux droits et libertés constitutionnellement garanties[1108]. Concernant particulièrement la question des MGF, Nahid Toubia a eu a attiré l'attention de tous sur la nécessité, d'éviter des analyses triviales en ce qui concerne les rapports de la femme africaine avec la pratique des MGF : *« Circonscrire sa propre fille et se plier à d'autres règles sociales établies, en particulier si elles concernent la sexualité qui est étroitement liée aux économies reproductives, est une condition requise essentielle pour négocier de façon tacite un peu de pouvoir. Les femmes le savent de façon extinctive. Nous pouvons conduire les chefs religieux à les persuader du fait que la pratique n'est pas un devoir. Nous pouvons essayer d'exercer sur elles une pression à travers la colère de loi. Mais, depuis des siècles elles ont expérimenté désespérément cette façon de conserver un peu de pouvoir de négociation et elles ne veulent pas le perdre à moins que le bénéfice ne soit pareil ou supérieur à celui qu'elles ont déjà[1109]».* Toutes ces remarques montrent, qu'il serait faux de croire que l'attachement des africains de manière large à leurs traditions seraient dénuées absolument de toute rationalité. Par conséquent toute approche juridique, qui fait abstraction de celle-ci tout en essayant d'amener les africains à intégrer d'autres rationalités, ne peut que créer une situation de faux semblant. On peut donc comprendre pourquoi le monisme, de par l'application immédiate des clauses de non discriminations, même dans les domaines traditionnellement réservés au droit coutumier a abouti à l'existence d'un régime des droits de l'homme relevant beaucoup plus de la fiction que de la réalité.

Faille t-il pour autant déduire que l'idéologie des droits de l'homme serait absente en Afrique ? Telle est la question, à laquelle, nous essayerons de répondre dans les lignes, qui suivent.

II. La faillite du monisme ou l'interrogation sur l'existence ou non d'une idéologie en faveur des droits de l'homme dans le contexte africain

Si d'aucuns voient dans la faillite du monisme l'absence d'une idéologie des droits de l'homme dans le contexte africain, l'adhésion aux droits de l'homme

---

1108 Sur les limites d'une telle approche, voir B. Ibhawoh, "*Between Culture and Constitution: Evaluating the Cultural Legitimacy of Human Rights in the African state*",*HRQ*, 22, pp. 838 (842 et s); C. Nyamu, op. cit., p.381(393 ets); D. Moussoki, op. cit., p.57(66).

1109 N. Toubia , la législation en tant qu'instrument pour un changement social et de comportement (version francaise), in The Afro-Arab Expert Consultation on Legal Tools For The Prevention of Female Genital Mutilation, cairo, 21-23 June 200, p.5.

n'étant ici perçu comme le résultat d'un simple mimétisme (A), d'autres soutiennent l'avis contraire, appuyant, qu'une telle adhésion aurait bel et bien des racines dans la civilisation africaine (B). Compte tenu du caractère théorique et interminable de ce débat, chacune des positions contenant une part de vérité, il nous a semblé important à partir des réalités politiques et sociales africaines de donner une situation quelque peu imagée de la complexité, inhérente à la question des droits de l'homme en Afrique. En effet sans une bonne conceptualisation de la problématique des droits de l'homme en Afrique, aucune amélioration de son système de protection n'est réellement envisageable (C).

A. L'adhésion aux droits de l'homme dans le contexte africain: simple résultat d'un mimétisme juridique

Les tenants de cette thèse s'appuient sur le déséquilibre des rapports de force entre les États membres de la communauté internationale (1) ainsi que sur les attitudes assez contradictoires des gouvernants africains eux même en ce qui concerne la thématique des droits de l'homme (2).

1. Le déséquilibre des rapports de force des États membres de la communauté internationale

Pour les tenants de cette thèse, les États africains pesant peu sur l'échiquier international, sont très souvent amenés à ratifier les conventions internationales pour des raisons d'opportunismes politiques, plutôt que, réellement convaincus de l'idéologie qui sous-tend les droits de l'homme[1110]. Face aux échecs des tentatives menées par certains gouvernements africains dès le début des indépendances pour limiter la portée des engagements internationaux à leur égard[1111], ils auraient donc fini par se résigner. Autrement dit, l'affiliation des États africains aux droits de l'homme ne serait qu'une illustration de ce que, la raison du plus fort est toujours la meilleure[1112]. Si d'aucuns sont d'avis qu'un tel raisonnement ne saurait être valablement soutenu, tout droit étant avant tout l'expression d'un rapport de force et les règles de la démocratie exigeant que les positions minoritaires s'alignent sur celles majoritaires[1113], il convient à notre

1110 En faisant une analyse de la protection des droits et libertés individuelles dans le contexte tchadien, Ronelngué a eu à décrier leur utilisation perverse pour des buts essentiellement politiques:«Tout en les violant au nom des valeurs suprêmes du pays, le pouvoir politique utilise les droits de l'homme de manière très sélective, comme article d'exportation destiné à entretenir des alliances internationales». R Toriairia, op. cit., p.67 (70).

1111 R Yakemtchouk, op. cit., pp.18-21.

1112 La faible prise en compte, sinon l'absence des particularismes culturels dans l'élaboration des constitutions africaines, serait la preuve par excellence d'un tel mimmétisme. Voir M. Nguele Abada, op. cit., pp. 73 (94-96).

1113 Nguyen Quoc Dinh, P Daillier, A Pellet, op. cit., para. 46.

avis de tempérer quelque peu cette position. En effet, sur le plan du droit interne, il existe des règles précises pour garantir l'intégrité du consentement des parties contractantes de manière à assurer aux parties contractantes une liberté certaine dans la conclusion de leurs accords. Liberté sans laquelle, l'on ne peut s'attendre à une bonne exécution de l'engagement ainsi contracté. Une telle analyse transposée sur le plan international commanderait, que l'on ne fasse pas totalement abstraction des éléments ayant amené un État a contracté un engagement sur le plan international, si l'on veut véritablement en tirer le plus grand bénéfique. A cet égard, il convient de remarquer que si certains États jouissent d'une prestance certaine au plan international, leur conférant une autonomie certaine dans la décision de ratifier telle ou telle convention[1114], telle n'est pas toujours le cas des États africains, largement tributaires de l'aide supérieure. Et, s'agissant particulièrement de la matière qui nous intéresse, à savoir les droits de l'homme, l'octroie de certaines aides financières n'est pas possible sans la preuve d'une mise en œuvre concrète de politiques en faveur des droits de l'homme[1115]. Autrement dit, en faisant du respect des droits de l'homme une condition de l'aide au développement des pays pauvres, ceux-ci sont poussés de gré ou de force à œuvrer en la matière. S'agissant particulièrement du sujet soumis à notre réflexion, les États-Unis ont légiféré expressément à cet effet, en exigeant aux pays connaissant de la pratique des MGF d'adopter des mesures éducatives en la matière, s'ils voulaient bénéficier de leur aide[1116]. Si, une telle exigence semble à priori n'avoir rien de pervers dans la mesure où elles viseraient avant tout l'intérêt des individus, elles peuvent toutefois mettre les gouvernements concernés dans l'embarras. En effet, ceux-ci ont non seulement besoin de financement pour accomplir leurs missions, surtout avec la situation de crise, que la plupart d'entre eux connaissent[1117], mais également

1114 Il est par exemple surprenant, que les États-Unis, n'est pas ratifié jusqu'ici certaines conventions importantes, telle que le pacte international relatif aux droits économiques, sociaux et culturels. Pour d'amples informations sur la situation des États-Unis face aux traités relatifs aux droits de l'homme, voir http://www.unhchr.ch/tbs/doc.nsf/Statusfrset?OpenFrameSet, consulté le 27.08.2007.

1115 J Atangana Amougou, Conditionnalité juridique des aides et respect des droits fondamentaux, Université jean Mouli Lyon 3 (Ater en droit public), passim ; Yokabdjim Mandigui, op. cit., pp. 223(234-238).

1116 Dans l'analyse de cette conditionalité relative à la nécessaire mise en œuvre des mesures éducatives dans les pays connaissant de la pratique, Sussman a eu à préciser que la définition de celles-ci devraient intégrer les spécificités locales, E. Sussman, op. cit., pp.193(244-248). De manière générale une étude, sur les éléments à considérer dans l'élaboration des mesures éducatives qui se veulent efficaces, a été faite par nous au niveau du dernier chapitre de cette seconde partie (Chap.III, II, B, 1, pp.290 et s.).

1117 Les institutions financières internationales vont, dès le début des années 90, conditionner leur aide dans la mise en œuvre de politiques de restructuration dans les États en développement à leur démocratisation et à leur respect des droits de l'homme.

craignent de définir des règles susceptibles d'avoir une connotation négative auprès des différents groupes ethniques composant la plupart des États africains[1118]. S'il est aujourdh'ui largement admis, que le particularisme des États africains ne saurait justifier la continuation de régimes dictatoriaux et donc irrespectueux des droits de l'homme dans le contexte africain, il n'en demeure pas moins vrai que les droits de l'homme ont besoin d'une certaine contextualisation pour revêtir une quelconque importance auprès des populations africaines. En ce sens, dans la définition de leurs politiques relatives aux droits de l'homme, les gouvernements africains se doivent de ne pas trahir le mandat ainsi accordé à eux par leurs populations, dont ils ne font qu'assurer la représentation[1119]. Précisément par rapport à ce dernier aspect, ils se doivent de définir des stratégies leur permettant d'atteindre véritablement leurs populations[1120]. Si les dirigeants des États africains concernés par la pratique, se doivent donc de travailler à l'élaboration de politiques visant un tel équilibre afin d'éviter tout mimétisme en l'espèce, une telle orientation peut s'avérer difficile dufait du dirigisme qu'induit la conditionalité juridique se rapportantaux droits de l'homme dans les aides à eux octroyés[1121]. En l'espèce, la liberté des États se retrouve largement restreinte[1122] et l'attitude quelque peu ambiguë des gouvernements africains eux même, dans la mise en œuvre

Voir J Atangana Amougou, Conditionnalité juridique des aides et respect des droits fondamentaux, pp. 2-3.

1118 Les difficultés sont d'autant plus importantes, que ces différents groupes tribaux vivent généralement en autarcie. Voir, R Toriairia, op. cit., p.67 (76); D. Moussoki, op. cit., p.57(62)

1119 La plupart des constitutions africaines ne prévoient-elles pas d'ailleurs, que la souveraineté appartient au peuple. Voir art. 2 de la Constitution du Cameroun, adoptée le 2 juin 1972 et révisée le 18 janvier 1996; art.3 de la Constitution du Sénégal du 7 janvier 2001.

1120 Les différentes oppositions, qui ont souvent accompagné l'adoption de mesures spéciales en ce qui concerne les MGF, sont assez illustratives à ce sujet. Voir l'attitude des populations de Kédougou au Sénégal:*«...au lendemain de la décision du conseil des ministres en décembre 1998 (loi interdisant les MGF), 120 fillettes âgées de 8 mois à 10ans ont été excisées manu militari dans la région de Kédougou et, cette fois-ci par un homme»* P. Herzberger Fofana, op. cit., p.35.

1121 Et, on peut se demander comme a eu à le remarquer Jean louis Atangana Amougou, si une telle conditionnalité ne risquerait pas «d'annihiler toute recherche originale dans les pays concernés d'une nouvelle société et des rapports humains dans la mesure où il s'agit désormais de faire comme les autres, tuant ainsi le génie propre à toute société»: J Atangana Amougou, Conditionnalité juridique des aides et respect des droits fondamentaux, p.12.

1122 Et, ce n'est nullement le fait d'un hasard, que les gouvernements des États africains après les mouvements socio-politiques des années 90 ont à peu près tous, fait adopter des nouvelles constitutions avec des préambules dont la caractéristique principale est une affirmation plus extensive des droits, ibid, op. cit., p.4.

effective des engagements internationaux souscrits en matière des droits de l'homme, ne fera que confirmer notre propos.

2. Les attitudes contradictoires des gouvernants africains

L'attitude assez ambivalente des dirigeants africains par rapport aux droits de l'homme rend les débats sur les droits de l'homme des plus difficiles dans le contexte africain et ceci n'est pas sans incidence sur le développement de cette catégorie juridique[1123]. Si, sur le plan historique, les leaders africains sont ceux-là, même, qui ont combattu pour les indépendances de leurs États en se basant sur les principes directeurs des droits de l'homme, ils sont également ceux là même[1124], qui par la suite se sont révélés être fort curieusement les violateurs des droits consentis dans l'exercice de leurs fonctions sous le couvert de la raison d'État[1125]. C'est ainsi que certains auteurs, ont eu à parler de l'existence d'un double standard des droits de l'homme dans le contexte africain, lesquels seraient invoqués selon les intérêts en présence[1126]. Cette remarque contient également quelques vérités au regard des données des politiques relatives aux droits de l'homme dans l'Afrique contemporaine. Dans la plupart des États africains, le président est resté pendant longtemps, le personnage central de la scène politique cumulant un nombre important de prérogatives au détriment des pouvoirs législatifs et judiciaires[1127]. Une certaine doctrine a d'ailleurs essayé de

1123 Sur l'importance d'une volonté politique réelle des États, pour une garantie réelle des droits de l'homme, ceux des femmes n'étant pas exclus. voir rapport du secrétaire général, étude approfondie de toutes les formes de violence á l'égard des femmes, A/61/122/Add.1, para.55, p.26, 6 juillet 2006.

1124 Dans cette lutte pour l'indépendance, le droit des peuples à l'autodétermination occupera une place des plus centrales: *«C'est donc en des termes de destin national, d'histoire collective, voire d'unité africaine que l'Africain du Kenya, de l'Algérie ou de l'Angola ou de tout autre pays du continent, posera le problème de ses droits politiques, civils, économiques et sociaux. Il s'efface d'autant plus spontanément en tant qu'individu qu'il est persuadé que la concrétisation de ses aspirations nationales ouvrira la voie qui permettra la satisfaction de ses aspirations personnelles les plus fondamentales. Le respect de sa dignité d'homme dépend de la reconquête de la dignité nationale»*: Hocine Ait-Ahmed, cité par Fatsah Ouguergouz, op. cit., pp.19-20. Lire également J. Kamdem, *Existe-t-il une conception africaine des droits de la personne humaine?*, in Cahier africain des droits de l'homme, No4, pp. 41(59);

1125 J. Kamdem, *Existe-t-il une conception africaine des droits de la personne humaine?*, in Cahier africain des droits de l'homme, No4., pp.41 (61-62); Kéba Mbaye, Les droits de l'homme en Afrique, 2 ème édition,, p.77 et s.

1126 Voir en ce sens, Fatsah Ouguergouz, op. cit., p.38; Birame Ndiaye, la place des droits de l'homme dans la charte de l'organisation de l'unité africaine, in les dimensions internationales des droits de l'homme, paris, UNESCO 1978, pp.664 (678-79).

1127 Ce fut le cas du Cameroun, avant la révision constitutionnelle de 96. Il s'agissait alors beaucoup plus de renforcer le droit de l'État autour d'un éxécutif fort, que d'œuvrer à l'éboration d'un État de droit: Owona Nguini, juristes-savants, Droit de l'État et État de démontrer, qu'un exécutif fort en la personne du chef de l'État ne constituait aucunément une menace pour les libertés, celui –ci ayant été élu démocratiquement par le peuple[1128]. Le chef de l'État serait alors le seul candidat élu représentant le peuple dans son indivisibilité en comparaison des députés[1129], lesquels sont votés seulement par la fraction de population de la circonscription administrative, dont ils assurent la représentation au parlement[1130]. Participant toujours de l'idée du renforcement de l'exécutif, le pouvoir législatif camerounais a eu, jusqu'à la révision constitutionnelle de 96, une compétence d'attribution assez limitée en ce qui concerne les droits et libertés, au profit du pouvoir exécutif ayant une compétence reglémentaire assez large[1131]. Il convient tout de même de relever, que les dirigeants africains depuis les années 90, ont procédé à des réformes juridiques en vue d'une meilleure garantie des droits de l'homme. Les constitutions des États confèrent dans leur grande majorité une valeur constitutionnelle aux droits et libertés montrant de ce fait la volonté des gouvernements d'accorder un meilleur statut à cette catégorie

---

Droit au Cameroun: l'énonciation professorale et doctorale du droit de la souveraineté et droits de l'Homme au crible d'une sociologie politique du champ juridique, in Polis/ R.C.S.P./ C.P.S.R. vol.6, No2, 1998, pp.31 (35 et s). Lire dans le même sens: Kafui Ayaba, op. cit., p.169; Kéba Mbaye Les droits de l'homme en Afrique, 2 ème édition, p.85; T Owona, Die Souveränität und Legitimität des Staates Kamerun, tuduv—Studien (Reihe Politikwissenschaten-Band 43), München, 1991, pp.260 et s.

1128 Voir en ce sujet, joseph owona cité Owona Nguini, note op. cit., pp.31(37-38).

1129 Une telle représentativité serait d'ailleurs proche des africains car renvoyant à l'organisation traditionnelle des chefferies africaines, dont le chef est le personnage central. Une telle analyse nous semble critiquable, car elle oublie les éléments inter personnels, qui liaient les membres d'un clan dans l'Afrique traditionnelle, lesquels n'existent pas dans les États africains modernes. Par ailleurs, le chef ne gouvernait pas seul, car assisté des notables. Voir en ce sens: G Ndi Onana, *«Droits de l'Homme et Tradition Beti, penser l'ethnicité pour définir la citoyenneté», cahier africain des droits de l'homme,* No 6-7, presses de l'UCAC (université catholique d'Afrique centrale), mars 2002, p. 287 (294); Jean françois Gonidec cité par Fatsah Ouguergouz, op. cit., p.7.

1130 Owona Nguini, note op. cit., pp.31 (37-38). Une telle prise de position semble oublier que l'exécutif est le gardien traditionnel des libertés, parce que très souvent soucieux de se maintenir au pouvoir, les intérêts des individus passant au second plan au contraire du parlement. Les députés restent proche est accessible aux peuples. Par ailleurs, une telle argumentation fait fi du conseil de Monstesquieux *«il faut que le pouvoir arrête le pouvoir»*, lequel constitue le fondement des États démocratiques de par le monde.

1131 La situation de l'éxécutif était d'autant plus avantagé, qu'avec le monopartisme, le chef de l'État n'était rien d'autre que le chef du partie unique. J. Kamdem, *Existe-t-il une conception africaine des droits de la personne humaine?*, in Cahier africain des droits de l'homme, No4, p.137 (141).

juridique droits[1132]. Le faible impact des droits de l'homme, ceux des femmes n'étant pas exclus, ne touverait donc aucunément sa cause dans une carence juridique. D'aucuns expliquent cet état de chose, en l'attribuant à la mauvaise foi des dirigeants des États africains[1133]. En ce sens la faible portée des droits de l'homme dans le contexte africain serait la preuve, que l'engagement de principe des représentants des États africains en faveur des droits de l'homme ne serait rien d'autre que la résultante de manœuvres politiques, visant avant tout à préserver leur prestance au niveau international tout en maintenant leurs populations oppressées[1134]. Autrement dit, les dirigeants africains seraient ceux – là même qui empêchent le développement de cette catégorie juridique en ayant recours aux thèses culturelles de manière pernicieuse pour justifier tout immobilisme sur la question. Les tenants de cette thèse semblent à notre avis occulter le fait que leurs analyses explicatives sur la faible portée des droits de l'homme dans le contexte africain, tout en mettant en exergue la mauvaise foi des gouvernants, prouvent dans le même temps que les initiatives prises par eux en l'espèce n'auraient été que mimétiques[1135]. En effet, si donc les droits de l'homme sont reconnus dans un État donné, rien n'empêche aux populations vivant dans le territoire en question, d'user les structures juridiques existentes[1136]. L'opinion selon laquelle, les dirigeants des États ne serait pas

1132 C'est ainsi que les droits de l'homme sont généralement consacrés dans les préambules même des constitutions (la Constitution camerounaise du 18 janvier 1996 consacre 25 alinéas de son préambule aux droits fondamentaux) ou dans leurs corps (à titre illustratif, la constitution du Sénégal, adopté au référendum du 7 janier 2001, proclame les libertés publiques et de la personne humaine en son titre II, soit 10 articles. S'agissant de la valeur juridique des préambules, celle-ci n'est plus sujet à controverse en droit camerounais, la Constitution ayant tranché la question (art.65 de la constitution camerounaise de 1996).

1133 A. Pollis, op. cit., pp. 316(320-24, 328-29, 335-36); J. Donnely, op. cit., pp.109(118-21); B. Ibhawoh, "*Cultural relativism and human rights: reconsidering the Africanist discourse*", NQHR, p.43(56); B. Ibhawoh, "*Between Culture and Constitution: Evaluating the Cultural Legitimacy of Human Rights in the African state*",*HRQ*, 22, p. 838(849-50); Oloka-Oyango, op. cit., p.39(52).

1134 En effet, il est admis que la «ratification d'un traité est souvent le résultat d'une pression politique exercée par d'autres États plus puissants ou par la communauté internationale en général», C Sciotti-Lam, op. cit., pp.36-37.

1135 En effet, «.....à la différence des vieux pays, comme la France, où la reconnaissance des libertés repose sur des fondements nationaux, celle des droits fondamentaux dans les nouveaux États (parmi lesquels ceux africains) est tirée des textes internationaux»: J Atangana Amougou, Conditionnalité juridique des aides et respect des droits fondamentaux, p.4.

1136 Le consensualisme, caractéristique des sociétés africaines traditionnelles, ne serait donc pas sans liens quant à l'inertie relevée au niveau des populations en ce qui concerne la jouissance de leurs droits. Voir Fatsah Ouguergouz, op. cit., p.40.

forcément en l'espèce à indexer, se doit d'être considérée[1137]. Pour les tenants de cette thèse, la bonne foi des gouvernements africains, serait simplement contrebalancée par les réalités sociales du contexte africain[1138].

Il importe donc de retenir, qu'il s'agisse de minimiser l'apport des traditions sur le statut quo concernant les droits de l'homme en Afrique ou alors de leur accorder une place importante, l'effectivité des droits de l'homme en Afrique ne peut faire abstraction des considérations culturelles. Or, celles-ci n'entretiennent pas toujours des rapports d'exclusions avec les droits de l'homme, les concepts les sous-tendant n'étant pas toujours étrangers aux cultures africaines[1139]. Fort de ce constat, l'adhésion des gouvernements africains ne saurait être analysée comme le produit d'un simple mimétisme.

B. L'adhésion aux droits de l'homme dans de contexte africain: Une véritable affiliation à l'idéologie des droits de l'homme

L'argumentation centrale de ceux qui soutiennent cette position serait que, le respect de la dignité humaine, élément fondamental de la philosophie qui sous tend les droits de l'homme existait d'ores et déjà dans l'Afrique pré coloniale, (1). Toujours allant dans le même sens, il est par ailleurs avancé que, les instruments juridiques régionaux propres à ce continent se réfèrent de manière expresse à certains principes fondamentaux déjà admis dans des instruments à caractère universel, se refusant d'opérer en cela, une coupure avec les autres instruments internationaux relevants pour la question des droits de l'homme (2).

1. L'importance des droits de l'homme dans l'Afrique traditionnelle

La thèse selon laquelle, il n'existerait pas dans le contexte africain une culture des droits de l'homme est rejetée par la doctrine majoritaire[1140], seule la période

---

1137 S. Harris-short, op. cit., pp. 130(133-34; 158-59;163).

1138 En effet, si l'élite intellectuelle africaine de part leur éducation occidentalisme adhèrent au principes constitutionnellement admis, ceux-ci sont eux même dans la pratique, plus influencés par leurs mœurs sociales. Voir D. Moussoki, op. cit., pp.57(61-62).

1139 Voir en ce sens: Mousseni Batela, *«les droits de l'homme dans la société Bamoun», in cahier africain des Droits de l'Homme,* No 6-7, presses de l'UCAC (université catholique d'Afrique centrale), Mars 2002, pp.259 (280et s); G Ndi Onana, op. cit., p.287 (298et s).

1140 En ce sens, le mérite de l'occident serait d'avoir fourni un concept, permettant de discourir sur la matière: *«....it becomes difficult to accept the view that the concept human right sis a notion created only three centuries ago by philosophers in Europe and given a stamp of universal legitimacy in 1948. Rather, it becomes apparent that what was unique about the Enlightenment and the writtings of the French and American was not the idea of human rights itself, but the discussion of human rights in the context of a formally articulated philosophical system.»*, B. Ibhawoh, "*Cultural relativism and human rights: reconsidering the Africanist discourse*", NQHR, 19, 2001, pp. 43 (46).

de la colonisation apparaissant comme la période sombre de ces droits[1141]. Ceci étant, ce qu'il importe de retenir, c'est le particularisme des droits de l'homme dans les sociétés africaines traditionnelles. Les droits de l'homme dans ces sociétés ne se concevaient pas en dehors du groupe communautaire. Ainsi, l'homme, membre de la société africaine, exerce ses droits en solidarité avec les autres au sein d'un groupe. Le groupe, constitué de membres liés par un certain nombre d'éléments intersubjectifs, apparaît comme le cadre par excellence permettant aux membres de développer leurs individualités. Il n'existait pas une sorte d'opposition entre l'homme et le groupe, l'un vivant pour l'autre[1142]. La conception africaine des droits de l'homme s'oppose à toute conception individualiste de l'homme. Mais il apparaît assez difficile, comme Cheik Anta Diop l'a fait remarqué, de véritablement soutenir que cette allégeance de l'individu au groupe ne porterait pas atteinte à son autonomie : *« la société envahit tout l'espace personnel privé disponible : de sorte que les névroses des sociétés occidentales sont dues à un excès de solitude, tandis que celles des sociétés africaines ou communautaires en général doivent être recherchées dans un excès de vie communautire même»*[1143].

C'est d'ailleurs cette difficulté, de trouver une juste mesure entre l'équilibre de l'individu et celui du groupe, qui justifierait les nombreuses critiques, qui lui sont adressées[1144]. Le mérite de la Charte africaine des droits de l'homme réside, toutefois à notre avis, en ce qu'elle a rendu vivaces, voire urgentes, les réflexions sur les aspects individualistes et collectivistes de la race humaine, en leur accordant indubitablement une place dans la théorie générale même des droits de l'homme. Il ressort, en effet d'une lecture, même survolée des conventions de L'UA (anc OUA) relatives aux droits de l'homme, que ses rédacteurs n'ont pas voulu en faire des instruments isolés de ceux l'ayant précédé.

1141 Kéba Mbaye, Les droits de l'homme en Afrique, 2 ème édition, pp. 74-75; Fatsah Ouguergouz, op. cit. pp.13-18.

1142 Une sorte de lien indissociable lie les droits et les devoirs se rapportant aux individus dans leurs rapports avec leurs communautés respectives. Voir, Kéba Mbaye, Les droits de l'homme en Afrique, in les dimensions internationales des droits de l'homme, p.645 (651).

1143 Cheik Anta Diop cité par Fatsah, Fatsah Ouguergouz, op. cit., p.10.

1144 A l'appui des tenants de cette thèse, la jurisprudence constance des organes d'applications des traités relatifs aux droits de l'homme, confirmant en cela la définition essentiellement individualiste de ces droits rendrait sans objet un tel parallélisme. Voir F. Sudre, droit européen et international des droits de l'homme, 6e édition refondue, pp.102-105.

2. L'unité d'esprit des conventions régionales africaines relatives aux droits de l'homme avec les autres instruments internationaux de même nature

La référence expresse des diverses conventions régionales africaines aux instruments universels relatifs aux droits de l'homme ne fait que confirmer[1145], l'idée selon laquelle, l'affiliation aux droits de l'homme aurait bel et bien des racines au sein du continent africain. Par ailleurs, une telle référence attesterait de l'existence d'une certaine unicité de conception dans les principes directeurs des catégories de réglementation visées en matière des droits de l'homme[1146]. Ainsi, l'on ne peut affirmer que la CADHP, en consacrant des catégories juridiques que sont : les droits des peuples, les devoirs ou les droits sociaux ont fait véritablement preuve d'innovations. L'innovation, s'il y'en a, résiderait alors essentiellement en ce que, les concepts sus mentionnés ont eu à être imprégnés des spécificités africaines du fait de leur insertion dans la Charte africaine. Son préambule, ne prévoit-il pas que les vertus des traditions africaines ainsi que les valeurs de leurs civilisations devaient inspirer les *«réflexions sur la conception des droits de l'homme et des peuples»*[1147].. Les exemples sont en ce sens légions pour illustrer notre propos. S'agissant du droit de peuple, si celui-ci est généralement appréhendé comme le droit, permettant l'exercice des autres droits, celui-ci est définit dans le cadre de la charte africaine comme un droit susceptible d'être justiciable aux même titre que les droits individuels[1148]. Il est toutefois regrettable, que la charte se soit abstenue de définir le terme peuple[1149]. Toujours est-il, que ce terme, semble favoriser une

1145 Para.3 du préambule de la charte africaine des droits de l'homme et des peuples in Recueil juridique des droits de l'homme en Afrique, 1996-2000, coll. Credho, Bruyant, 2002, p.222; para.8 du préambule de la charte africaine des droits et du bien –être de l'enfant in Recueil juridique des droits de l'homme en Afrique, 1996-2000, coll. Credho, Bruyant, 2002, p. 296; para.5 du préambule du protocole à la CADHP relatif aux droits des femmes, adopté par la 2ème session ordinaire de la conférence de l'Union africaine Maputo, 11 juillet 2003 à l'adresse http://www.oecd.org/dataoecd/16/45/39337888.pdf.

1146 J Matringe, tradition et modernité dans la charte africaine des droits de l'homme et des peuples, Bruxelles, établissements emile Bruyants, 1996, pp.17-21.

1147 Para.4 du préambule CADHP; para.4-5, 11 du préambule du Protocole CADHP relatif aux droits des femmes; para.8 du préambule de la charte africaine des droits et du bien -être de l'enfant.

1148 *«Les États membres de l'Organisation de l'Unité Africaine, parties à la présente Charte, reconnaissent les droits, devoirs et libertés énoncés dans cette Charte et s'engagent à adopter des mesures législatives ou autres pour les appliquer.»*: art.1 CADHP.

1149 Fatsah Ougergouz donne quatre acceptions du mot «peuple» dans la charte africaine: le «peuple-État» (ensemble des nationaux d'un État), la population de l'État, l'Ethnie, le peuple sous domination coloniale ou raciale). Voir Fatsah Ouguergouz, op. cit., p.138.

immixtion des États, comme titulaires des droits de l'homme, ce qui ne serait pas a priori favorable aux droits des individus[1150]. Toujours, en traitant des particularismes de l'instrument régional africain en matière des droits de l'homme, il est admis que celui-ci a voulu donner une perspective beaucoup plus collectiviste à la notion de devoirs[1151]. En ce sens, en plus d'être une condition du respect du droit d'autrui[1152], le concept de devoir est également et surtout, celui sans lequel la famille, la communauté voire la société ne saurait connaître des rapports harmonieux. Si pour d'aucuns, une telle approche viderait de tous sens les droits déjà consacrés[1153], surtout avec l'insertion des clauses de récupération dans les dispositions de la chartes relatives droits qui y sont consacrés[1154], il faut y voir avant tout à notre avis une tentative de préserver les acquis de l'Afrique traditionnelle dans laquelle il existait une certaine

---

Dans le même P. Pougoué, *Lecture de la Charte Africaine des droits de l'homme et des Peuples, in droits de l'homme en Afrique centrale*, p.32 (42).

1150 F. Sudre, droit européen et international des droits de l'homme, 6e édition refondue, p.103. Toutefois kéba Mbaye soutient que les droits des peuples, expression de la solidarité entre les peuples ne sauraient constituer une menace pour les droits individuels, conforté en celà par le para.5 du préambule de la charte africaine des droits de l'homme. Voir Kéba Mbaye, Les droits de l'homme en Afrique, 2 ème édition, p.187; Fatsah Ouguergouz, op. cit., p.370.

1151 *«...le devoir n'est pas seulement le réflexe du droit subjectif d'un autre individu, mais bien plus une obligation positive envers la communauté»:* J Matringe, op. cit., pp.43-44.

1152 *«il existe donc une unité dialectique entre le droit et l'obligation : celle que détermine précisément la norme juridique. Droit et obligation naissent et demeurent ensemble »* : M.Virally cité par jean Matringe, ibid, p.43. La reciprocité entre les deux notions ressort d'ailleurs clairement de texte de la DUDH en son art.29 al.2, celui-ci ayant quelque peu inspiré la rédaction de l'art.27al.2 de la charte des droits. Il convient toute même de relever que les dispositions de la charte ne soumettent pas ces restrictions à l'exigence de légalité, ce qui peut s'avérer assez négative pour la garantie des droits et libertés.

1153 «...une lecture attentive de ce chapitre de la Charte indique la tentation de soumettre les individus aux fins collectivistes. On n'est pas loin alors de la conception marxiste des libertés et de la conception fasciste de l'individu », P. Pougoué, *Lecture de la Charte Africaine des droits de l'homme et des Peuples, in droits de l'homme en Afrique centrale.*, p.32 (36). Sur l'impact négatif des devoirs sur les libertés garanties dans la charte, lire également, B. Moleur, op. cit., pp.107 (108).

1154 Il apparaît assez dangereux pour la sécurité des justiciables, que la mise en œuvre concrète les dispositions garantissant leurs libertés, soient laissées aux droits internes des États sans être véritablement encadrées juridiquement par les dispositions de la Charte. Voir en ce sens F Viljoen, Vue d'ensemble du système régional africain des droits de l'Homme, Recueil Juridique Des Droits de L'Homme en Afrique, 1996-2000, Bruyant, 2002, pp. 323 (330-331). Une jurisprudence de la Commission africaine des droits de l'homme, demande toutefois aux États, d'éviter toute approche restrictive des clauses de récupération. Voir en ce sens, la Communication 101/93, Civil Liberties Organization (in respect of the Nigerian Bar Association) c. Nigeria.

indissociabilité entre la notion de droit et devoir, le groupe apparaissant le cadre par excellence permettant aux individus de développer leurs individualités[1155].

L'un des exemples, attestant encore de la particularité de la charte, est son refus de différencier, les droits civils et politiques, de ceux sociaux et économiques[1156]. Si, une telle approche met en exergue l'interdépendance de ces deux catégories juridiques[1157], elle confère en réalité des responsabilités énormes aux États, ce qui peut en pratique conduire à des régimes autoritaires[1158]. Les différentes exactions commises au nom du développement dans l'Afrique post indépendante seraient en ce sens des plus illustratives[1159]. De telles conclusions se doivent toutefois à notre avis d'être relativisées dans le contexte de libéralisme que connaissent les États africains, les éléments pour y mettre en œuvre une culture des droits de l'homme étant de plus en plus déployés[1160]. Autrement dit, il s'agit beaucoup moins d'empêcher aux États de garantir un certain minimun de bien être social à leurs populations, mais également et surtout de faire prendre conscience à celles-ci de l'importance d'avoir recours

---

1155 Il est toutefois à relever que, l'existence de rapports interpersonnels justifiant la solidarité et l'interdépendance entre les membres du groupe, serait à remettre en cause pour ce qui est de leur fondement dans les États modernes africains. Voir en ce sens, J. Donnely, op. cit., p.122.

1156 J Matringe, op. cit., pp.27-30. La pratique jurisprudentielle de la Commission africaine de droits de l'homme montre toutefois, que les droits civils et politiques ont un ascendant en ce qui concerne leur justiciabilité effective par rapport aux droits sociaux. Voir F Viljoen, op.cit., pp. 323 (331 et s).

1157 *«...que les droits civils et politiques sont indissociables des droits économiques, sociaux et culturels, tant dans leur conception que dans leur universalité, et que la satisfaction des droits économiques, sociaux et culturels garantit la jouissance des droits civils et politiues»*: para.8, CADHP.

1158 *«Le risque est alors de favoriser l'autoritarisme et le totalitarisme où l'État absorbe la société civile et l'individu, phénomène fondamentalement négateur dese droits de l'homme»*: J Matringe, op. cit., p.28.

1159 Voir en ce sens la référence 1093 de cette thèse.

1160 *«La faillite de l'État, dans la réalisation des objectifs de politique économique a favorisé l'émergence de la société civile, considérée comme acteur autonome dans la défense des droits individuels et collectifs, ce qui a accru de droit et de fait, le rôle et la fonction des ONG dans l'exécution des missions d'intérêt général»*: A Amougui, *«Réflexions sur la loi No99/014 du 22 décembre 1999 régissant les organisations non gouvernementales», in Cahier africain des droits de l'homme*, No4, presse de l'UCAC, juillet 2000, pp. 235 (239-240). Sur le rôle des ONG, comme complément nécessaire des États dans les sociétés modernes, lire également: M Nzegang, *«société civile et appui au développement», in Cahier africain des droits de l'homme,* No4, presse de l'UCAC, juillet 2000, pp.181-188 ; S Kuaté Tameghé / R Loumingou Sambou, *«l'État et l'internationalisation des activités non gouvernementales» in Cahier africain des Droits de l'Homme*, No4, presse de l'UCAC, juillet 2000, p.205 (219).

aux normes juridiques dans la résolution de leurs problèmes[1161]. Et, pour cela il est incontournable que les législations, qui permettent une analyse des éléments du litige, ne soient pas totalement étrangers aussi bien aux juges chargés d'appliquer le droit, qu'aux justiciables. C'est la raison pour laquelle, bien que les innovations de la Charte ne soient pas toujours difficilement conciliables avec la rigueur de la science juridique qu'est le droit[1162], il est pertinent de relever, que la réalité est souvent des plus complexes. Et, le souci de simplification des procédures ne doit aucunement occulter la complexité des problèmes se rapportant à la thématique des droits de l'homme dans le contexte africain. A cet égard, comme a eu à le relever Kéba Mbaye, une définition des droits de l'homme peut difficilement dissocier les droits des individus des droits du groupe dans une société, comprise comme la somme des individualités[1163]. Et, les difficultés viennent justement de la méconnaissance, par les esprits cartésiens, de certains éléments réels et contingents à l'espèce humaine[1164]. En effet, les esprits cartésiens, dans un souci d'extrême rationalité veulent absolument séparer la notion de droits individuels d'un côté et de droits collectifs de l'autre[1165], oubliant en cela, qu'il s'agit avant tout, d'éléments connexes se rapportant à l'individu[1166]. En ce sens, vouloir les séparer dans un

---

1161 Sur l'importance d'une culture des droits de l'homme dans la société camerounaise et le rôle des ONG, lire P. Titi Nwel, *«Société civile et promotion de la démocratie», in Cahier africain des droits de l'homme*, No4, pp.189 (200-201).

1162 C'est ainsi que, quand bien même Fatsah reconnaît à la CADHP le mérite d'avoir érigé la notion de devoirs en *«obligations civiques africaines»*, il admet toutefois qu'il manque à la plupart de ces dispositions, la précision nécessaire à leur application pour ne pas violer dans leurs portées, les droits également garantis aux individus dans cet instrument. Fatsah Ouguergouz, op. cit., pp. 246-254. Mais ,une telle orientation ne viserait t-elle pas avant tout à laisser aux États parties, le soin de leur donner une application adaptée comme l'a suggéré Mbaye, alors président de la commission chargé d'élaborer la CADHP: *« La forme rédactionnelle relativement simple des articles (était) conçue ainsi pour permettre une certaine souplesse dans l'application et l'interprétation ultérieure par les futurs utilisateurs de l'instrument juridique, le soin étant laissé aux organes de protection des droits de l'homme de compléter la Charte»*, Rapport du rapporteur, Doc.OUA. CAB/LEG/67/3 Draft Rapt (II) 1.

1163 Kéba Mbaye, Les droits de l'homme en Afrique, 2 ème édition, pp. 44-45.

1164 Charles Chaumont, cité par Kéba Mbaye (Les droits de l'homme en Afrique, 2 ème édition, p.45) a su exprimé cette réalité:*«En chaque personne est tout un peuple en chaque peuple est toute personne (....) chaque droit du peuple est un droit de l'homme, si bien que chaque peuple est en quelque sorte présent dans chaque personne faisant partie de ce peuple là»*.

1165 Voir en ce sens, Jean Rivero cité par Fatsah Ouguergouz, op. cit., pp.185.

1166 En ce sens, *«...chaque type de droits, droits individuels et droits des peuples, poursuit à sa manière un même but: le respect de la dignité humaine dans ses deux expressions, celles des êtres humains et celles des communautés humaines»*: Fatsah Ouguergouz, op. cit., p.195. Dans le sens contraire toutefois, voir P. Pougoué, *Lecture de la Charte* souci de clarification peut aboutir à des constructions certes logiques dans le sens d'un juridisme pur occidental, lesquelles à notre avis biaisent parfois la réalité sous le couvert de simplification[1167]. Il est par exemple difficile, voire impossible de définir l'individu comme étant soit un sujet de droits soit alors de devoirs, le bon sens nous faisant comprendre qu'un certain équilibre se doit d'être maintenu entre les deux notions[1168]. La problématique des MGF est d'ailleurs une bonne illustration à ce sujet. En effet, c'est la même et unique femme menacée par la pratique des MGF, qui est non seulement titulaire de droits la fondant à se protéger de la pratique[1169] et qui se voit dans le même temps incombé la tâche de préserver avec ses consoeurs la culture de sa communauté[1170]. S'il est vrai que la femme africaine ne se serait très vraisemblablement jamais confrontée à un tel dilemme dans la société africaine traditionnelle, le fait qu'elle le soit dans la société africaine moderne n'enlève pas la nécessité de rechercher son intérêt réel dans toute législation en la matière[1171]. Et même si de l'avis de certains auteurs[1172], confortés en cela par le droit positif[1173], l'intérêt de la femme serait préservé au travers de la proscription de la pratique. La proscription de la pratique, se fonderait de ce que, le droit à l'intégrité physique de la femme africaine concernée aurait la supériorité sur ses

---

Africaine des droits de l'homme et des Peuples, in droits de l'homme en Afrique centrale, p.32 (34).

1167 Une incarcération des parents d'une fillette mutilée peut –elle s'analysere à une mesure véritablement favorable à l'enfant. Voir L. Katzive, op. cit., pp. 10-11.

1168 Les débats relatifs à ce sujet ayant conduit à l'élaboration des déclarations de droit sont d'ailleurs très illustratifs à ce sujet ; Voir J. Morange, op. cit., pp.28-31.

1169 Art.18 para.3, CADHP.

1170 Art 18 para.2, art 20 para.1, art.22; art.29.para.7 de la CADHP. L'applicabilité de l'art.29 para.7 en l'espèce semble toutefois problématique, car la preservation de cultures africaines, dont il est question, sont celles positives. A dire vrai, il est assez difficile de dire qu'une culture est négative ou positive dans sa globalité. C'est que, chaque culture comporte généralement à côté des éléments négatifs, des éléments égalements positifs.

1171 Recentrer l'intérêt de la femme, finalité réelle de toute législation qui se réellement bénéfique pour les femmes, n'est pas des plus évidents. Voir en ce sens, T. Pitch, op. cit., p.6.

1172 Fatsah Ouguergouz, op. cit., pp.94-95; Djessi Ndine Mpessa, la société civile et la promotion des droits de la femme, in Cahier africain des droits de l'homme, No4,, p.157(159); E Njoh-Mouellé, op. cit., p.79 (80); J Matringe, op. cit., p.36.

1173 Le caractère sur le caractère illégal ou non de la pratique semble aujourd'hui dans le contexte africain, débat semble aujourd'hui clos du moment que le Protocole relatif aux femmes de la CADHP le prévoit expressément en son art.5. En effet, les États parties s'engagent à *«interdire par des mesures législatives assorties de sanctions, toutes formes de mutilations génitales féminines»*.

devoirs culturels envers sa communauté[1174]. Une telle position se doit à notre avis d'être relativisée au regard non seulement du faible impact des mesures législatives en l'espèce[1175] mais également et surtout de la nécessité de ne pas se limiter à une approche générale des questions de genre[1176], Surtout qu'il est aujourd'hui admis que même dans les sociétés où les femmes sont le plus discrminées, elles, ne sont toutefois totalement dépourvues de pouvoirs[1177]. Ainsi, une approche législative, qui se veut vraiment efficace en ce qui concerne les MGF, se doit d'intégrer les expériences de vies des femmes considérées *« l'adoption d'une Loi (....) doit avoir pour thème leur souffrance et leur violation. Une législation qui ignore les nécessités fondamentales des femmes fera de ces dernières des criminelles et finira par punir les victimes mêmes que nous voudrions protéger »* [1178]. C'est que, à dire vrai, la question des droits de l'homme en général et celui relatif aux femmes en particulier, est d'une complexité certaine dans le contexte africain.

1174 *«Comme le suggère le préambule de la Charte africaine (para.5), ce conflit devra sans l'ombre doute être résolu à l'avantage du droit individuel»*, Fatsah Ouguergouz, op. cit., p.95.

1175 R. Kalthegener, op. cit., pp. 203 (203, 214); I Baumgarten/E Finke, op. cit., p.125(126); B. Ibhawoh, "*Between Culture and Constitution: Evaluating the Cultural Legitimacy of Human Rights in the African state*",*HRQ*, 22, pp. 838 (857).

1176 Les considérations de genre ont permis de remettre à cause l'aptitude du régime classique des droits de l'homme à préserver les intérêts des femmes. En ce sens l'aptitude de celui-ci à protéger les femmes des violences, dont elles seraient victimes dans leur globalité a été vivement critiquée par les féministes. Mais, il est aujourd'hui admis que le phénomène de la violence est d'une extrême complexité car revêtant aussi bien générales, que propres au milieu où elle s'accomplit.

1177 *« L'analyse des inégalités fondées sur le sexe à l'origine de la violence doit tenir compte des facteurs particuliers qui marginalisent les femmes dans un contexte donné. Ces analyses contextualisées des expériences des femmes victimes de la violence révèlent que celles-ci ont toujours des moyens d'action qu'elles conservent, à des degrés divers, la maîtrise de leurs existences en dépit des contraintes liées à de multiples formes de subordination»*, Rapport du Secrétaire général, Étude approfondie de toutes les formes de violence à l'égard des femmes, A/61/122/Add.1, para.71, 6 juillet 2006.

1178 N. Toubia, la législation en tant qu'instrument pour un changement social et de comportement (version francaise), in The Afro-Arab Expert Consultation on Legal Tools For The Prevention of Female Genital Mutilation, cairo, 21-23 June 200, p.,6. Ces aspects seront d'ailleurs approfonis au niveau de la deuxième partie du chapitre III traitant des politiques des États africains en ce qui concerne la question des MGF.

C. La complexité inhérente à la question des droits de l'homme dans le contexte africain

Il convient de distinguer selon qu'il s'agit des rapports des États africains avec leur population d'un côté (1) et d'un autre côté, de ceux-ci avec le reste des États (2).

1. Rapports des États africains avec leur population

La population africaine connaît en principe plusieurs systèmes de valeurs, à savoir, celles relevant du droit moderne et des coutumes locales. En effet, malgré le caractère moderne dont se sont réclament les États Africains aujourd'hui par le phénomène du constitutionnalisme, les populations qui les composent en dépit de leur qualité de citoyen[1179] sont également membres de divers groupes ethniques: *« Si les juristes s'intéressent en particulier à la construction d'un lien entre l'individu et l'État par la citoyenneté.....»*, il serait également important *« .....de ne pas se limiter à ce niveau pour comprendre l'ensemble des dynamiques structurantes du lien politique fondateur du contrat social »*[1180]. En pratique, le citoyen africain se voit soumis aux règles de son clan, en plus de celles du droit moderne étatique[1181]. Certains États africains, ont eu d'ailleurs à intégrer des règles coutumières dans leur bloc de juridicité, c'est-à-dire qu'elles peuvent être aussi bien invocables par les citoyens, qu'applicables par les tribunaux[1182]. Si une telle pluralité juridique atteste d'une certaine volonté de maintenir les spécificités africaines et de préserver le droit à la différence commandé par l'existence de divers groupes ethniques, elle apparaît critiquable sur le plan de la sécurité juridique, dans la mesure où les mêmes comportements peuvent aboutir à des solutions différentes voire contradictoires selon que c'est le droit moderne ou le droit traditionnel qui est

---

1179 On peut définir la citoyenneté comme:«une conscience d'appartenir à une communauté politique et d'en être un membre actif, avec des droits et des devoirs»: J Boukongou, Avant-propos, Ethnicité, identités et citoyenneté en Afrique centrale, cahier africain des droits de l'homme, No 6-7, presses de l'UCAC (université catholique d'Afrique centrale), mars 2002, p.11 (16).

1180 Ibid, p.11 (12).

1181 Nous avons d'ailleurs déjà eu à démontrer plus haut le grand attachement des africains à leurs codes de systèmes traditionnels, pp.235-238.

1182 Sur le dualisme juridique en Afrique: voir D. Moussoki, op. cit., pp.57 (59-61); Kafui Ayaba, op. cit., p.167-168. S'agissant particulièrement du Cameroun l'ACAFEJ dans sa brochure traitant de la protection juridiqu de la femme camerounaise a revélé que les juridictions tribunaux coutumiers faisaient bien partie de l'organisation judiciaire au Cameroun. ACAFEJ, Guide pratique des droits de la femme camerounaise, édité avec le concours de l'Ambassade des États-Unis au Cameroun, Yaoundé, 1996, pp. 8-9.

appliqué[1183]. La sécurité juridique postulerait donc qu'un seul système juridique soit appliqué au sein d'un État: *« l'ordre normatif doit être un ; s'il y'a pour un individu, deux systèmes de règles, celui officiel et celui de sa conscience, religieuse ou non, chacun d'entre eux sera un empêchement de respecter l'autre, parfois un défi, et aucun des deux ne sera respectable ni respectée »*[1184]. L'ordre normatif ne doit pas à cet égard être simplement imposé mais négocié[1185]. L'ordre négocié à notre avis n'exclut pas à priori une dualité juridique, ce qui est critiquable, c'est quand les deux systèmes juridiques en présence évoluent en vases clos, en l'espèce le droit moderne dont les droits de l'hommes en seraient ici une matérialisation et les traditions africaines[1186]. Ce qu'il importe de retenir, c'est que les États africains dans l'élaboration des règles en application de leurs engagements internationaux doivent non seulement tenir compte de leurs dynamiques sociales, mais également œuvrer à la vulgarisation des lois ainsi élaborées et des principes, qui les sous-tendent, le rôle des mesures éducatives n'étant pas à négliger. Apparraissent donc ainsi criticables, aussi bien les constitutions des États monistes qui postulent la supériorité des clauses constitutionnelles de non discrimination sur les coutumes contraires[1187] que celles de certains États dualistes prévoyant en sens inverse la non application des dites clauses aux coutumes africaines[1188]. En effet, s'il est une

1183 Alors que les droit coutumier confère au Mari un droit de correction sur sa femme, les violences corporelles sont quant à elles interdites par les droit moderne. Voir en ce sens les dispositions pénales. M. Njandeu, op. cit., p.54(60).

1184 R.E.Charlier cité par D. Moussoki, op. cit., p.57 (61).

1185 «À côté de l'ordre «imposé» par l'État, toujours nécessaire mais à adapter, il faudra revaloriser un ordre négocié fondé sur la médiation ou l'arbitrage et rechercher les voies d'un ordre accepté.», E. Le Roy, op. cit., p.5 (22).

1186 Nous avons eu d'ailleurs à aborder l'intérêt d'une mise en relation des ces systèmes dans le cadre du Chap.II de la partie.I de notre travail. Ce chap.II traite des problèmes posés par l'applicabilité des droits de l'homme aux MGF sur un plan théorique, pp.89 et s.

1187 C'est ainsi-que, dans une espèce, s'inspirant en cela du préambule de la Constitution camerounaise, la Cour Suprême a décidé que la coutume relative à l'exclusion des filles dans une succession allait «à l'encontre du principe constitutionnel de l'égalité des sexes ». Voir Owona Nguini, op. cit., p.31 (43). Il convient de remarquer qu'un débat sur la question n'est plus nécessaire dans la mesure où l'art.1 de la Constitution camerounaise de 1996 déclare expressément, que seules sont protégées, *«les valeurs traditionnelles conformes aux principes démocratiques, aux droits de l'homme et à la loi».*

1188 La liste n'étant pas exhaustive, on peut citer les constitutions des États suivants: partie.III, chap.II, para.15al4(d) de la Constitution du Botswana du 30 septembre 1966, amendée en 1992; partie.III, chap.4, para.82 al4(c) de la Constitution du Kenya de 1969, amendée en 1991; partie.III, chap.II, para.18 al4 (c) de la Constitution du Lesotho, adoptée le 25 mars 1993, partie.III, para.23al4 (d) de la Constitution de la Zambie, du 30 août 1991 et revisée le 28 mai 1996 ; chap.23, para.23al3(b) de la constance que les faits ont les difficultés de suivre les droits de l'homme dans le contexte africain, il faut également reconnaître, qu'il est aujourd'hui difficile d'appréhender les traditions africaines dans leurs dynamiques de changement dans le contexte d'un monde aujourd'hui globalisé[1189]. Il convient toutefois de relever, que les traditions, quand bien même elles seraient difficilement déterminables, ont une incidence des plus négatives auprès de la gent féminine et ce même en présence d'une législation supposée préservée leurs intérêts[1190]. Chaque État, dans l'exécution de ses obligations internationales, se doit de rechercher véritablement les conditions de leur applicabilité en tenant compte de la pluralité de ses systèmes de valeurs en tenant compte de leurs dynamismes propres[1191]. La problématique des MGF est une bonne illustration de ce sujet. Il s'agira alors pour les États de considérer avant tout les incidences de cette tradition ainsi que celles des droits internationaux applicables en l'espèce sur le statut des femmes. Il s'agira concrètement alors d'analyser quels sont les pouvoirs qu'une tradition donnée accorde aux femmes afin de connaître les raisons de leur allégeance réelle à la dite coutume. En ce sens, les pouvoirs positifs seront consolidés par le droit positif et ceux négatifs abolis. Le concept des devoirs individuels dans la Charte africaine, commande à notre sens aux États parties de donner une portée concrète à ces devoirs[1192]. A cet égard, la recherche des traditions et leurs trancriptions écrites s'avère nécessaire[1193] dont une approche dynamique et évolutive se doit d'être faite. Le droit international quant à lui, se doit d'être, celui-là définissant un concept de base, ouvert à des applications différenciées. Malheureusement les préoccupations relatives aux

---

Constitution du Zimbabwé entrée en vigueur le 18 avril 1980 et revisée en 1996. Les Constitutions ci mentionnées ont été consultées dans le Recueil juridique des droits de l'homme en Afrique, 1996-2000, coll. Credho, Bruyant, 2002, pp. 682, 908-909, 932, 1257, 1288.

1189 Moussoki, partisan du dualisme juridique dans le contexte africain, n'admet-il pas qu'il est: «difficile de déterminer les éléments propres aux traditions qui provoquent un certain blocage au niveau de l'application de certaines règles constitutionnelles», D. Moussoki, op. cit., p.57 (62). Toujours sur les difficultés de donner un contenu précis aux traditions dans le contexte africain, lire G. Binder, op. cit., pp. 211(220).

1190 C'est ainsi qu'une approche essentiellement pénaliste peut en pratique désservir les femmes concernées par les MGF quoique élaborée pour les protéger. Voir infra, partie.II, chap. III, II, 1, pp.281 et s.

1191 Surtout que la Résolution 2625 (XXV), précisant le contenu de l'égalité souveraine des États, dispose en son para.V que:*«Chaque État a le droit de choisir et développer librement son système politique et social, économique et culturel».*

1192 L'art.18 , para.2 ne demande t-il pas aux États *«d'assister la famille dans sa mission de gardienne de la morale et des valeurs traditionnelles reconnues par la communauté».*

1193 Le caractère essentiellement orale de la culture africaine, étant ici l'une de ses faiblesses.

droits de l'homme concernent beaucoup plus leur extension telle quelle[1194], comme le montre l'analyse des rapports des États africains avec les autres États, ce qui semble t-il participerait à leur universalité effective.

2. Rapports des États africains avec les autres États

La thématique des droits de l'homme sur le plan international est centrée sur leur nécessaire universalisation[1195]. Ainsi, les États membres de la communauté internationale sous les auspices des Nations Unies sont non seulement encouragés à ratifier les conventions relatives aux droits de l'homme existantes mais également et surtout à participer activement au respect des conventions internationales ainsi ratifiées[1196]. A cet égard, diverses stratégies sont développées, les unes étant souples, d'autres contraignantes. S'agissant des mesures souples, elles sont essentiellement assimilatives et contribuent essentiellement à la vulgarisation des principes universellement admis en matière des droits de l'homme[1197]. Pour ce qui est des mesures coercitives, il s'agit d'employer des mesures contraignantes pour amener les États à appliquer les droits de l'homme[1198]. A cet égard, les États africains s'efforcent de ne pas être en reste et les mesures et la panoplie des lois interdisant les MGF élaborées dès les années 90 sont très illustratives à ce sujet. Or la caractéristique des dits États est, comme nous avons eu à le relever précédemment, qu'ils se doivent d'oeuvrer parallèlement à une certaine cohérence de leurs systèmes juridiques internes du fait de la diversité des systèmes de valeurs y prévalant. Les États africains se trouveraient donc en principe tiraillés entre leur désir de s'aligner aux principes internationaux, auxquels, ils auraient librement consentis, et celui non moins impératif d'assurer la cohésion de ceux-ci avec les coutumes

---

1194 *«Les organes et les institutions spécialisées s'occupant des droits de l'homme doivent donc renforcer encore la coordination de leurs activités en se fondant sur l'application uniforme et objective des instruments internationaux en la matière»*, Déclaration et programme d'action de Vienne, A/Conf.157/23, ChapI, para.4, 12 juillet 1993. Une interprétation objective des traités relatifs aux droits de l'homme avec pour corrolaire leur applicabilité directe par le juge national, est donc de plus en plus valorisée. Sur ce sujet lire C Sciotti-Lam, op. cit., pp. 438 ets.

1195 Il s'agit là d'un objectif des Nations, clairement défini en son art.55 : «Le respect universel et effectif des droits de l'homme et des libertés fondamentales pour tous, sans distinction de race, de sexe, de langue ou de religion».

1196 L'intervention du Conseil de sécurité en matière des droits de l'homme, lequel a recu un mandat traditionnel conformément à l'art.24 de la Charte des Nations Unies d'œuvrer pour la Paix, est preuve remarquable de l'intérêt accordé aux droits de l'homme à l'échelle mondiale. Voir en ce sens, P Tavernier/ I Capette, op. cit., pp. 175 (175-176).

1197 Heger Boyle et E.preves, op. cit., pp.703 (713-714).

1198 A cet égard la conditionalité juridique dans les aides financières à accorder ainsi que la déligimitation de la représentativité des gouverments nationaux apparaissent être les mesures les plus coercitives. Voir Ibid, pp.703(714-715).

existantes[1199]. La question de la réalisation d'un équilibre se pose donc avec acuité, surtout qu'il est a été démontré, que la méthode consistant à déclarer la supériorité des droits et libertés consacrés internationalement, conséquence de l'adhésion au monisme dans les États francophones, n'a pas véritablement une incidence sur les situations concrètes de vies des populations en général et des femmes en particulier[1200], participant ainsi dans les faits à la juxtaposition de deux mondes dont les intrusions réciproques sont assez minimes. Ce constat se fera d'ailleurs avec évidence, quand nous aurons à analyser le contenu des politiques juridiques de certains États africains relatives aux MGF.

1199 Surtout que conformément aux principe de représentation démocratique, ils ne doivent pas violés le mandat de ceux qui les ont voté en trahissant leur confiance. Qu'il s'agisse du président de la République ou des députés, ceux-ci ne font que représenter le peuple, la souveraineté lui revenant. C'est ainsi que, lors des débats ayant précédé le vote de la loi sénégalaise, certains députés sénégalais auraient élevé des voies dissentes *« Ma religion m'interdit de voter cette loi. L'excision est un problème religieux. L'interdire, c'est mettre en cause l'art.19 de la constitution qui donne au citoyen la liberté d'exercer sa religion»*, propos reportés par Amadou Sakho cité par P. Herzberger Fofana, op. cit., p.35.

1200 Seules les préoccupations essentiellement universalistes des droits de l'homme pour ne pas dire hégémoniques expliqueraient d'ailleurs une telle préférence sans y apporter réellement les aménagements nécessaires. Les politiques relatives à l'expension des droits de l'homme se doivent donc d'être débarassées des ses tendances impérialistes conformément à son idéologie comme a eu à le relever Binder : *« ...We should ask how human rights law contributes to building decent and democratic societies in a developing word suspended between local and global cultural structures. And here I fear the answer is that human rigts law can contribute little to progressive social change as long as it remains an autonomous body of law administrated by institutions exclusively devoted to expounding human rights law»*, G. Binder, op. cit., pp. 211(221).

CHAPITRE III: LE FAIBLE IMPACT DES POLITIQUES INTERNES DES ÉTATS AFRICAINS RELATIVES AUX DROITS DE L'HOMME SE RAPPORTANT AUX MGF: LE CAS DU CAMEROUN ET DU SÉNÉGAL

La question des violences féminines, entre autres les MGF, n'est plus un sujet tabou et bon nombre d'États africains sont sortis de leur attitude réservée traditionnelle[1201]. Si donc, un consensus au niveau des États africains sur la nécessité de voir la pratique abandonnée semble aujourd'hui exister[1202], des questions toutefois demeurent en ce qui concerne l'élaboration de mesures véritablement porteuses en l'espèce. En ce sens, une certaine doctrine soutient que les politiques se rapportant aux MGF doivent viser avant tout à soutenir les populations dans leur décision d'abandonner la pratique[1203]. Si une telle prise de position s'avère assez respectueuse des populations et met l'accent sur le rôle déterminant qu'elles ont à jouer dans toute politique d'éradication en l'espèce[1204], elle semble faire fi de ce que sur le plan international, une obliga-

---

1201 L'Erithrée l'un des pays ayant une prévalence forte en ce qui concerne les MGF a eu à publier une loi spéciale l'interdisant récemment (Mars 2007), voir http://www.npwj.org/2007/04/06/fgm_eritrea_no_peace_without_justice_congratulates_eritrean_government_passing_law_bannin#comment-1085.

1202 La tenue d'une conférence parlementaire africaine à Dakar sur la thématique *«Les violences contre les femmes, abandon des mutilations génitales féminines: le rôle des parlements nationaux Dakar, Sénégal 4 et 5 décembre 2005»* est des illustrative. Le nombre assez important des États, signataires de la déclaration finale est revélateur du désir de plus en plus croissant sur le continent africain de voir disparaître la pratique, para.1 du préambule de la déclaration finale adoptée lors de cette Conférence, voir, http://www.ipu.org/splz-f/dakar05/declaration.htm.

1203 Ce serait d'ailleurs là l'une des raisons du succès de l'ONG sénégalaise Tostan. Le travail de sensibilisation de cette ONG auprès des communautés sénégalaises concernées consistait essentiellement à renforcer leurs capacités de manière à les rendre d'avoir une maîtrise saine de leur environnement. Ce serait cette approche, qui aurait donc permis aux populations de se distancier de la pratique:*«le mouvement semble s'être déclenché quasiment en dehors de l'organisation et à l'initiative de ces hommes et femmes motivés, convaincus de la nécessité et de l'urgence de mettre fin à la pratique, et déterminés à en convaincre leur famille étendue dans les villages environnants»*, S Panet, Vers l'abandon de l'excision? *Empowerment* communautaire au Sénégal L'organisation non gouvernementale TOSTAN et les Déclarations Publiques pour l'abandon de l'excision, Mémoire de fin d'études, Magistère de Relations Internationales et Action à l'Etranger, Université Paris 1 Panthéon-Sorbonne Septembre 2005, p.9. Une telle analyse est également ressortie des interviews accordés par les responsables de l'ONG Tostan, lors de mes recherches pratiques au Sénégal (novembre à décembre 2005).

1204 Le droit à l'identité culturel n'est-il pas d'ailleurs corrobé aussi bien par certaines dispositions de l'instrument régional africain, que par certaines dispositions tion de résultat pèse sur l'État et l'argument selon lequel les populations ne seraient pas prêtes à aller dans le sens des principes internationalement admis en l'espèce serait indifférent[1205]. On peut donc comprendre le dilemme auquel les États africains se trouvent ici confrontés en pratique[1206]. En effet, alors que la mise en œuvre concrète de leurs obligations internationales[1207] commande une interdiction légale de la pratique[1208], la nécessité de ne pas éveiller des susceptibilités au niveau des communautés pratiquantes demeure centrale[1209]. Ceci étant, il convient de noter, que chaque État essaie de respecter en l'espèce la dynamique de leurs sociétés respectives[1210], et ce d'autant plus que la pratique des MGF obéit à des critères variant selon les régions considérées[1211]. Ainsi, si certains États comme le Sénégal ont eu déjà à manifester une volonté politique claire à ce sujet, d'autres États par contre à l'exemple du Cameroun adoptent à

---

constitutionnelles nationales. S'agissant de l'instrument régional, on peut citer les art 18(2); 20(1); et 22(1), CADHP. La Constitution camerounaise quant à elle prévoit dans son préambule expressément que «l'État assure la protection des minorités et préserve les droits des populations autochctones », bien qu'aucune loi n'ait jusqu'ici précisé ce qu'il faut entendre par «droits des populations autochctones» ou minorités.

1205 Une telle analyse ressort d'ailleurs clairement de l'un des derniers rapports du Secrétaire général sur la question des violences à l'égard des femmes:*«Les États ont la responsabilité de stimuler les réformes sociales et ne peuvent s'en décharger sur les groupes de la société civile»,* rapport du Secrétaire général, étude approfondie de toutes les formes de violence à l'égard des femmes, A/61/122/Add.1, para.101, p.40, 6. juillet 2006.

1206 Sur le dilemme des États en ce qui concerne la mise en œuvre de leurs obligations internationales face à certaines pratiques coutumières et religieuses, lire An-Na'im, *«State Responsibility under International Human Rights Law to change Religious and Customary Laws», in Human Rights of Women National and International perspectives,* 1994, pp.167 (169-170, 180).

1207 Le Cameroun et le Sénégal, sujets de notre étude ont eu à ratifier les conventions internationales applicables aux MGF, qu'il s'agisse du PIDCP; PIDESC et la CEDAW. Pour avoir une idée du suivi concret de leurs engagements internationaux, consulter le site de l'espace francophone des droits de l'homme, de la démocratie et de la paix, http://democratie.francophonie.org/rubrique.php3?id_rubrique=191.

1208 P Tavernier/ I Capette, op. cit., p. 175 (193).

1209 Surtout que dans le contexte africain:*«Le sentiment d'appartenance aux différentes tribus se renforce avec le matraquage de l'actualité des faits politiques et sociaux, et le sentiment d'appartenance à la communauté nationale et à une identité citoyenne se rétrécit»:J Boukongou,* Avant-propos, Ethnicité, identités et citoyenneté en Afrique centrale, cahier africain des droits de l'homme, No 6-7, p.11(14).

1210 La lutte contre les MGF question n'a pas la même intensité dans tous les États africains connaissant de la pratique. En effet, certains États comme le Soudan où le Kenya ont une tradition de lutte contre la pratique relativement longue, celle-ci ayant débuté du temps de la colonisation. Voir en ce sens M. Erlich, op. cit., p.151 (156-157); E. Sussman, op. cit., p.193(237-241).

1211 Les éléments accréditant une telle analyse ont été évoquées dans le chap. prélimnaire, voir référence 62.

cet égard une attitude des plus circonspectes. Il convient toutefois de remarquer, que les approches développées en l'espèce au niveau du Cameroun et du Sénégal, bien que différenciables dans leurs concepts ont pour point commun leur faible impact au niveau de l'amélioration des situations de vie concrètes des femmes concernées par les MGF. Il convient toutefois de relever, que cette faible incidence sur les vies concrètes des femmes ne trouverait pas leurs causes dans l'absence d'un cadre juridique en l'espèce (I) mais plutôt dans l'incapacité de celui à intégrer complètement les expériences de vies des femmes africaines concernées par la pratique (II).

I. L'existence d'un cadre juridique applicable aux MGF : le cas du Cameroun et du Sénégal

Il convient de remarquer que ces deux États accordent en l'espèce plus d'intérêt aux activités de promotion (A) que véritablement de protection (B).

A. La place privilégiée conférée à l'approche promotionnelle

Par approche promotionnelle, il faut entendre toutes les activités : information, sensibilisation et éducation menées à partir des textes juridiques existants en vue de décourager la continuation de la pratique[1212]. En ce sens, la promotion aurait un rôle essentiellement préventif à contrario de la protection, laquelle est essentiellement curative, son objectif étant de restituer *« l'ordre de choses quand il est dérangé par un acte attentatoire des droits de l'homme »*[1213]. Il convient, toutefois de relever, qu'il existe des points d'intersection entre la promotion et la protection des droits de l'homme dans la mesure où s'il est vrai que d'un côté la connaissance de l'existence d'une loi par le justiciable peut le décourager à accomplir le comportement interdit[1214], il n'en demeure pas moins vrai de l'autre côté, que la menace de la sanction peut rester illusoire si ce dernier n'en a pas assimilé les principes. La compréhension d'une telle indissociabilité de nature entre ces deux catégories juridiques empêche à notre avis toute séparation radicale de ces deux mécanismes visant toutes les deux le développement de cette catégorie juridique, que sont les droits de l'homme[1215].

1212 F Moutome, *«Quelle contribution pour l'association camerounaise des femmes juristes (ACAFEJ) dans la lutte contre la MSF (muilation sexuelle féminine)», in les mutilations génitales féminines au Cameroun,* yaoundé, ACAFEJ, 1998, p. 15.

1213 Kéba Mbaye, Les droits de l'homme en Afrique, 2 ème édition, p.88.

1214 Une telle remarque est particulièrement vraie pour les mesures repressives, ibid, p.89.

1215 Une telle indissociabilité ressort clairement même d'une lecture survolée de la convention de Vienne où les actions de promotion des droits de l'homme apparaissent comme intimement liées à celles de protection. Il s'agit donc ici de deux mécanismes interdépendants, la dynamique de l'un devant respecter la dynamique de l'autre. C'est d'ailleurs, le refus d'intégrer cette dialectique, qui a parfois amené les gouvernements

Cette remarque est à avoir à l'esprit, pour toute analyse des droits de l'homme, qui se veut réellement profonde dans le contexte africain, celui-ci étant oppressé comme il est aussi bien de l'intérieur que de l'extérieur[1216]. On peut donc comprendre pourquoi la promotion des droits de l'homme occupe une place de choix dans les politiques gouvernementales, aussi bien du Cameroun que celles du Sénégal, définies en vue de l'éradication des MGF. Avant de préciser les éléments sur lesquels reposent les approches promotionnelles développées au niveau de ces deux États en relevant le cas échéant les différences (2), il conviendrait dans un premier temps de préciser les éléments susceptibles d'éclairer l'importance accordée à la promotion en l'espèce, surtout qu'il est très souvent reproché aux États africains d'utiliser celle-ci comme un bouclier leur permettant de maintenir le *statu quo* en ce qui concerne la protection effective des individus (1).

1. Les thèses explicatives

Il est très souvent reproché aux États africains de faire des *« ratifications de façade »*, c'est dire que ceux–ci répugneraient en pratique d'élaborer *« les mesures nécessaires pour donner effet aux droits reconnus dans ces traités »*[1217]. De telles critiques ignorent dans leur grande majorité les réalités sociologiques africaines, lesquelles empêchent très souvent aux conventions internationales en matière des droits de l'homme, même une fois ratifiée de produire leurs effets[1218]. Fort de cela, les gouvernements africains répugnent à légiférer directement dans les matières touchant aux mœurs sociales de leurs populations. Et même dans les hypothèses où les mesures législatives sont intervenues, l'apport des mesures promotionnelles reste toujours crucial pour leur compréhension. En ce qui concerne spécialement les MGF, les mesures promotionnelles viseraient avant tout à ménager les sensibilités culturelles des communautés directement concernées par la pratique (a). A dire vrai, l'intérêt de ces États pour lesdites mesures attestent de leur embarras à véritablement appliquer les mesures répressives en l'espèce, surtout que nombreux sont les problèmes sociaux clairement identifiés au niveau local, qui empêchent également aux femmes de vivre dans des conditions dignes (b).

à voter les lois qui ont fort curieusement entraîné une recrudescence clandestine de la pratique, celle-ci étant pratiquée sur des personnes de plus en plus jeunes. Voir supra, Efua Dorkenoo, op. cit., p.12; Y. Hernlund, op. cit., p.235 (243); M. Rosenke, op. cit., p.20.

1216 Le tiraillement de l'Afrique francophone aussi bien de l'intérieur que de l'extérieur n'est pas sans incidence sur la complexité des droits de l'homme sur le continent, supra, partie.II, Chap.II, II, C, pp.252 et s.

1217 C Sciotti-Lam, op. cit., p.71.

1218 Sur les difficultés du Droit à suivre les faits dans le continent africain, lire supra, partie.II, chap.II, I, B, pp.229 et s.

a. Les considérations culturelles

Qu'il s'agisse du Cameroun ou du Sénégal, les MGF ne sont pas pratiquées dans toutes les communautés les composant[1219]. Par ailleurs, les prévalences y sont assez faibles comparativement à d'autres États où la pratique n'est pas inconnue[1220]. Pour ne citer que le cas du Cameroun, selon une étude menée par le ministère de la condition féminine, seules certaines ethnies de l'extrême Nord et du Sud Ouest du pays seraient concernées par le phénomène[1221]. Si donc conformément à leurs engagements internationaux, le Cameroun ainsi que le Sénégal se doivent d'agir en l'espèce sous peine de voir engagée leur responsabilité internationale, le bien fondé de telles mesures se doit également d'être compris par les membres des communautés pratiquantes. Il faut éviter en effet, que celles-ci ne se sentent discriminées, voire particulièrement visées par les mesures adoptées par leurs gouvernements respectifs[1222]. Et, ce d'autant plus qu'il est aujourd'hui admis que la citoyenneté n'est pas un acquis et se doit d'être façonné au travers de l'éducation[1223]. Il est donc primordial, que les stratégies développées soient effectivement reçues par les populations afin que celles-ci ne se sentent pas menacées dans leur existence de manière à recourir en dernier recours à l'usage de la force[1224]. Et, une telle évolution de choses serait d'autant plus déplorable qu'elle peut participer à ce que la question féminine soit occultée par celui de l'ethnicité, compte tenu de son extrême sensibilité dans le contexte africain. Or il est impératif que les membres de ces ethnies minoritaires pratiquantes puissent réellement jouir de leurs droits[1225]. L'approche

---

1219 La région de la Casamance serait la partie la plus concernée par les MGF, en particulier les populations Peulh et les Toucouleurs, CRLP/CREFELS, les femmes à travers le monde: Lois et politiques qui influencent leur vie reproductive l'Afrique fracophone, New-york, 1ère édition, décembre 1999, p.152.

1220 La population concernée s'élèverait à 20% aussi au Sénégal (ibid, p.152), qu'au Cameroun, CRLP/ACAFEJ, les droits des femmes en matière de santé reproductive au Cameroun, novembre 1999, p.14.

1221 Ministère de la condition féminine de la république du Cameroun, les Mutilations génitales féminines au Cameroun: rapport du groupe multidisciplinaire de collaboration en mutilations génitales féminines, novembre 2002, pp. 17-20.

1222 La constitution sénégalaise, adoptée au référendum du 07 Janvier ne prévoit-elle pas d'ailleurs dans son préambule le principe de «......*l'unité nationale dans le respect des spécificités culturelles, de toutes les composantes de la nation*».

1223 «*La citoyenneté n'est pas un simple résultat du déterminisme constitutionnel ou de la sujétion à un pouvoir donné. La citoyenneté est avant tout le fruit d'une éducation longue et coûteuse tant pour l'État que pour la famille.......l'éducation est donc un élément fondamental de la construction de la société de droit.*»: J Boukongou, note 1179, pp.11 (16).

1224 L. Katzive, op. cit., pp.5-6.

1225 « La Conférence mondiale sur les droits de l'homme réaffirme que les États ont l'obligation de veiller à ce que les personnes appartenant à des minorités puissent exercer intégralement et effectivement tous les droits et toutes les libertés promotionnelle viserait donc essentiellement à faire naître la conviction chez les membres des communautés pratiquantes, qu'il est bel et bien de l'intérêt de leur communauté, que leurs femmes et fillettes cessent de se soumettre à la pratique et puissent jouir de leurs droits. L'idée ici serait alors d'éviter de porter atteinte à la stabilité et au processus d'unicité nationale engagé dans lesdits États depuis les indépendances[1226]. On peut donc comprendre pourquoi, le gouvernement Camerounais a évité jusqu'ici de légiférer de manière expresse en l'espèce[1227] surtout que la question des MGF est encore une question taboue dans bien des communautés pratiquantes camerounaises[1228]. Et s'agissant du gouvernement sénégalais, bien qu'ayant expressément légiféré en l'espèce, les activités visant la promotion des droits de la femme demeurent importantes[1229]. Il convient par ailleurs de relever, toujours allant à l'actif des mesures de promotion, que les premiers cas de dénonciations publiques contre la pratique des MGF furent en effet faites par certains groupes de femmes, membres des communautés pratiquantes, et ce, bien avant le vote de la loi sénégalaise interdisant la pratique des MGF[1230].

---

fondamentales de l'homme sans aucune discrimination et en toute égalité devant la loi, conformément à la Déclaration sur les droits des personnes appartenant à des minorités nationales ou ethniques, religieuses et linguistiques», Déclaration et programme d'action de Vienne, A/Conf.157/23, ChapI, para.19, 12 juillet 1993.

1226 En effet, il est admis que les conflits ethniques ont une part non négligeable dans les situations conflictuelles dans le contexte africain, rendant de ce fait même précaire, toute garantie des droits de l'homme sur le continent, Kafui Ayaba, op. cit., pp.175 - 178.

1227 Un projet de loi est toutefois en cours au Cameroun sur les violences féminines , lequel s'intitule «Avant-projet de loi portant répression des violences et des discriminations fondées sur le sexe». Le dit projet de loi en son art. 277 bis reprime de manière spécifique la question des MGF.

1228 Surtout en ce qui concerne les populations de l'extrême Nord, pourtant majoritairement concernées par les MGF. En effet, certains responsables des ONG travaillant principalement sur la question au Cameroun, à savoir l'IAC Cameroun et l'ALVF, ont reconnu qu'il leur était encore assez difficile dans leurs activités menées auprès des populations concernées de s'attaquer directement aux MGF. Les préoccupations consistaient à établir une certaine mise en confiance avec lesdites populations. C'est alors que les problématiques qui leur étaient déjà familières étaient de préférence abordées telles que la sous-scolarisation des filles, les mariages précoces. Les dites interviews furent accordées respectivement par Mme Doumara (ALVF) et Mme Effium (IAC-Cameroun) pendant mes recherches pratiques au cameroun de la période de janvier-février 2006.

1229 CRLP/CREFELS, les femmes à travers le monde: Lois et politiques qui influencent leur vie reproductive l'Afrique francophone, New-york, 1ère édition, décembre 1999, pp.152-153.

1230 En effet, l'expérience des femmes de Malicounda, soutenu en cela par certaines ONG et organismes internationaux ayant décidé d'abandonner la pratique en 1997 (soit 2 ans avant la Loi sénégalaise), auraient influencé en cela beaucoup d'autres femmes. Salif

De l'avis de certains, le vote d'une loi aurait été inopportun et n'aurait pas été fait sans résistances de la part des populations[1231]. Une chose est certaine, le vote d'une loi aurait rendu possible un débat public sur la question au Sénégal[1232]. L'expérience sénégalaise accréditerait fortement l'idée selon laquelle, le succès de toute politique d'éradication se doit d'accorder un rôle central aux groupes ethniques directement concernés[1233]. Ainsi, si l'existence d'une loi apparaît très souvent exigée par les organes d'application des traités, comme la preuve d'une bonne exécution de leurs engagements internationaux conformément aux droits des femmes[1234], toute loi légiférant sur la question, se doit d'être une suite logique des dynamiques sociales des sociétés considérées[1235]. A l'État, qui refuse de considérer ces facteurs, il lui serait quasiment impossible de franchir l'étape promotionnelle pour s'orienter vers une garantie effective des droits de l'homme. En pratique toutefois, il s'avère assez difficile pour les États africains de respecter la dynamique de leurs populations sans violer leurs engagements internationaux, le vote d'une loi apparaissant comme la mesure appropriée par excellence, attestant de la bonne foi des États en l'espèce. Le rôle central accordé ainsi aux mesures législatives interdisant la pratique serait à relativiser au regard des données locales de la problématique des MGF, les gouvernements devant s'atteler avant tout à créer des échanges assez ouverts autour de la

---

Hane (houlèye), cité, dans, Unicef (sénégal), Abandon de l'Excision au Sénégal, p.64. Lire dans le même sens S Panet, note 1203, p. 8; Tostan, Eclosion au Sénégal le processus qui a mis fin à l'excision dans 174 villages, janvier 1999, pp. 45-54.

1231 Sur ce lire, le compilé d'articles autour de l'interdiction légale de la pratique fait par Unicef Sénégal sur la question des MGF, Unicef, Abandon de l'Excision au Sénégal, passim.

1232 Tel est l'une des conclusions importances de l'entrevue que m'a accordé le député sénégalais Farama Sarr. Si ce dernier eût à admettre, que le vote de la loi contre les MGF était une initiative de l'exécutif, sans qu'un concensus réel n'ait été atteint au niveau des populations, il reconnaît toutefois que la loi a eu le mérite de montrer clairement la position du gouvernement sénégalais en l'espèce et de rendre le débat relatif aux MGF public au sénégal. Interview accordé par l'honorable Famara Sarr (député sénégalais et membre du réseau interparlementaire) en décembre 2005.

1233 Voir en ce sens, la généralisation du phénomène des déclarations publiques au Sénégal, actes public au travers duquel les communautés villageoises jadis pratiquantes s'engagegent collectivement à ne plus continuer la pratique, S Panet, Vers l'abandon de l'excision? *Empowerment* communautaire au Sénégal L'organisation non gouvernementale TOSTAN et les Déclarations Publiques pour l'abandon de l'excision,, pp.40-45; 74 et s.

1234 Dans l'examination des rapports des États parties à une convention applicables aux MGF, les organes d'application accordent une place importance à cette éxigence. Et un défaut dans ce sens est généralement constaté dans leurs observations finales.

1235 G. Giudicelli-Delage, op. cit., p. 201 (210) ;F. Lionnet, op. cit., pp.159 (174-175).

question auprès des ethnies concernées[1236]. La nécessité de faire jouer un rôle central aux populations concernées dans la définition des politiques visant l'éradication des MGF, n'est pas à dire vrai le seul élément justifiant la relevance de l'approche promotionnelle en matière des droits de l'homme dans les pays concernés par notre étude. Il existe en effet de nombreux autres problèmes empêchant dans les faits, aux femmes africaines de mener des conditions dignes et pour lesquels les gouvernements africains se doivent également d'œuvrer, d'où leurs hésitations à s'orienter vers une véritable répression en l'espèce.

b. La précarité des conditions de vie des femmes

Il peut apparaître assez curieux, que les gouvernements Camerounais et Sénégalais développent des politiques établissant une certaine corrélation entre les droits des femmes et les MGF sans que ne soient considérés au préalable ou tout au moins dans le même temps, les nombreux autres problèmes clairement identifiés au niveau local et ayant une incidence négative sur la vie des femmes et parfois à une échelle beaucoup plus grande : *« Beaucoup de nos compatriotes souffrent d'une malnutrition permanente et de toutes les maladies mentales et physiques qui l'accompagnent ; leur pauvreté et leur ignorance rendent dérisoire tout discours sur la liberté humaine»*[1237]. En effet la pauvreté, l'analphabétisme, les problèmes de santé sont le lot quotidien de la grande majorité des femmes africaines, la situation des femmes rurales étant encore beaucoup plus grave[1238]. Or, les femmes directement concernées vivent généralement dans des communautés rurales où elles sont fortement préoccupées par des questions essentiellement d'ordre existentiel[1239]. Bien que la déclaration de Vienne ait clairement posé le principe de l'indissociabilité et de l'interdépendance des droits de l'homme[1240], il faut néanmoins relever que l'argumentation ayant justifié l'application du droit en l'espèce, accorde une place importance à l'approche civiliste. La gravité de l'acte, les MGF étant définies comme une atteinte à l'intégrité physique de la femme, respectivement de la fillette qui s'y soumet, est donc mise en exergue, au détriment des données

1236 Sur l'importance des approches communautaires, voir le séminaire de organisé par le FNUAP à yaoundé, FNUAP, table ronde internationale sur l'éradication des mutilations génitales féminines: maîtrise des contraintes par l'utilisation d'approches socio-culturelles, Yaoundé, Cameroun, 1998, pp.9-11.

1237 Propos du président julius nyerere cité par Kéba Mbaye, Les droits de l'homme en Afrique, 2 ème édition, p. 53.

1238 P Tavernier/ I Capette, op. cit., pp. 175 (194-195).

1239 La CEDAW demande d'ailleurs expressément aux États de prendre des mesures afin de remédier aux déséquilibres que les femmes rurales connaissent dans leur majorité, art.14, CEDAW.

1240 Déclaration et programme d'action de Vienne, A/Conf.157/23, ChapI, para.5, 12 juillet 1993.

contextuelles posées par une interdiction de la pratique, lesquelles rendent urgente l'élaboration de mesures permettant aux femmes de sortir de leurs conditions de vies précaires[1241]. C'est cet état de chose, qui expliquerait pourquoi l'ALVF au niveau du Cameroun dans leurs activités auprès des populations concernées évite soigneusement d'aborder la question des MGF au profit d'autres thématiques telles que les mariages précoces, la sous scolarisation des fillettes etc... En effet, comment protéger la femme des MGF en faisant abstraction de la précarité de ses conditions de vie. Surtout que la pauvreté est aujourd'hui admise comme étant un obstacle *« à la jouissance pleine et effective des droits de l'homme »*. Et, cette considération est d'autant plus importante, que les mesures répressives visant à garantir le droit à l'intégrité physique ont un rôle des plus ambivalents, comme nous aurons à le démontrer dans la deuxième partie de ce chapitre, aggravant parfois même la situation des femmes, au risque de mettre en péril les objectifs pour lesquels, elles ont été élaborées, à savoir la protection des femmes[1242]. On peut donc comprendre, pourquoi les activités de sensibilisations revêtent une importance particulière dans le cadre de la politique de ces deux États car il s'agit de faire prendre conscience progressivement aux uns et aux autres que la question des MGF est également un obstacle sérieux aussi bien au développement des femmes, que de celle de la société toute entière et qui ne saurait de ce fait rester en marge des autres facteurs de sous développement dans la définition des politiques gouvernementales[1243]. Il convient toutefois de relever, que l'adage prévenir vaut mieux que guérir ne trouverait pas ici une bonne application dans la mesure où les mesures de sensibilisations n'emportent pas véritablement toutes les conséquences liées à l'indissociabilité des droits civils et politiques d'un côté et des droits sociaux et économiques de l'autre[1244]. En effet, une analyse du contenu des politiques

---

1241 A.Brière, op. cit., pp.283 (296).

1242 On peut alors comprendre le bien fondé des recommandations générales relatives aux mesures législatives à développer en l'espèce de la conférence de Dakar. Il fut en effet clairement relevé, qu'il était *« important que l'application de la loi soit régulièrement revue et évaluée par les parlements afin de corriger d'éventuels effets négatifs....»*, para.12, déclaration finale de la conférence parlementaire africaine à Dakar sur la thématique «Les violences contre les femmes, abandon des mutilations génitales féminines:le rôle des parlements nationaux Dakar, Sénégal 4 et 5 décembre 2005.

1243 Rapport du Secrétaire général, étude approfondie de toutes les formes de violence à l'égard des femmes, A/61/122/Add.1, para.388, p.126, 6 juillet 2006.

1244 Une telle indissociabilité s'avère aujourd'hui des plus indiscutables du fait que les MGF ont été clairement admis comme un cas de violences contre les femmes, lesquelles trouveraient leur origine dans les structures inégalitaires des sociétés mêmes. A cet égard, les politiques des États en l'espèce conformément à l'obligation d'agir diligemment se doivent de prendre des mesures pour faire face aux causes profondes des MGF. Ainsi traiter la question des MGF sans l'intégrer dans le vaste contexte de développées au regard de la pratique des MGF montre que celles ci se rapportent essentiellement aux opérations de mutilation, provoquant ainsi un effacement des femmes concernées pourtant censées devoir recevoir le bénéfice de l'applicabilité des droits de l'homme dans leurs États respectifs.

2. Fondements et contenu des approches promotionnelles développées

Nous aurons ici à présenter les bases légales des approches promotionnelles développées aussi bien au niveau du Cameroun que du Sénégal (a). Quant à leur contenu, il convient de préciser que les arguments sanitaires y occupent une place de choix contrairement aux mesures juridiques véritablement contraignantes au regard de leurs droits positifs respectifs (b).

a. Les fondements juridiques

La majorité des constitutions africaines consacrent le principe de non discriminations fondé sur le sexe, les États rentrant dans le cadre spécifique de notre étude n'en faisant pas exception[1245]. Il s'agit là d'un principe général de droit conférant aux hommes et aux femmes les mêmes prérogatives. Autrement dit, chaque citoyenne, qu'elle soit camerounaise ou sénégalaise, a la possibilité de se prévaloir les droits constitutionnellement garantis en cas de préjudices personnels résultant de la violation de ceux-ci. La situation des femmes dans ces États serait d'autant privilégiée que, les conventions ratifiées par eux en matière des droits de l'homme sont d'application immédiate[1246]. Il est toutefois démontré que, la tradition, laquelle imprègne fortement les rapports inter individuels dans le contexte africain, est constituée dans certains cas de règles produisant des effets propres, lesquelles contredisent dans certaines hypothèses les clauses de non discrimination[1247]. A vrai dire, les orientations choisies pour gérer les cas de conflits entre le principe non discrimination fondée sur le sexe, lequel fonde une jouissance égale des droits entre les sexes masculin et féminin, et les coutumes locales sont assez variables surtout qu'il n'est pas exclu que certaines d'entre elles soient également codifiées. Alors qu'un premier groupe d'États africains affirment expressément que les clauses constitutionnelles de non discriminations ne sont pas applicables dans les domaines régis par la tradition

---

discriminations dont elles seraient victimes ne peut conduire à l'élaboration de stratégies ayant une faible incidence sur la vie des femmes

1245 Les préambules des constitutions camerounaises et sénégalaises sont assez expressifs sur le sujet.

1246 Le caractère immédiat de la convention ne doit cependant pas être confondu avec son applicabilité directe, laquelle implique une intervention du juge national. Voir en ce sens C. Sciotti-Liam, op. cit., pp.337 et s.

1247 M. Njandeu a fait une analyse assez large de la question, démontrant toutefois que les discriminations dont sont l'objet les femmes ne sauraient être restreintes au coutumes, les dispositions réputées de droits modernes consacrent également quelquefois de telles discriminations, M. Njandeu, op. cit., passim.

du justiciable[1248], un second groupe soutient la position contraire en prévoyant que les traditions se doivent d'être écartées en cas de contradiction avec les droits et libertés garantis[1249]. Un troisième groupe choisit de garder le silence, laissant ainsi le gros du travail à abattre aux juges ainsi qu'à la ténacité des justiciables. Il importe toutefois de noter que, concernant cette troisième catégorie dont le Sénégal fait partie, les difficultés peuvent s'avérer plus ou moins mineures, selon qu'il existe ou non des dispositions particulières visant à donner une matérialisation effective au principe général qu'est l'égalité des sexes. En ce sens, la constitutionnalisation des droits et libertés, ainsi que la mise sur pied de mesures législatives visant à leur donner une portée concrète peuvent être d'une aide précieuse pour orienter le juge, lorsqu'il est confronté à une espèce où il est établi qu'une tradition manifeste a causé un préjudice donné à l'individu[1250]. L'objectif ici serait alors de permettre aux individus, qui auraient subi un préjudice du fait de la violation des droits fondamentaux, fût ce par conformisme à une tradition, de recourir aux droits constitutionnellement garantis et aux lois existantes. Les États ayant opté pour cette troisième variante ne semblent donc pas s'interesser outre mesure à la coutume ou à l'inverse s'en désinteresser. Autrement dit conformément à ce troisième cas de figure, les débats relatifs à la question du rapport entre le droit moderne (normes faisant

---

1248 La liste n'étant pas exhaustive, on peut citer les constitutions des États suivants : partie.III, chap.II, para.15al4(d) de la Constitution du Botswana du 30 septembre 1966, amendée en 1992; partie.III, chap.4, para.82 al4(c) de la Constitution du Kenya de 1969, amendée en 1991; partie.III, chap.II, para.18 al4 (c) de la Constitution du Lesotho, adoptée le 25 mars 1993, partie.III, para.23al4 (d) de la Constitution de la Zambie, du 30 août 1991 et revisée le 28 mai 1996 ; chap.23, para.23al3(b) de la Constitution du Zimbabwé entrée en vigueur le 18 avril 1980 et revisée en 1996. Les Constitutions ci mentionnées ont été consultées dans le Recueil juridique des droits de l'homme en Afrique, 1996-2000, coll. Credho, Bruyant, 2002, pp. 682, 908-909, 932, 1257, 1288.

1249 A titre illustratif, on peut citer: art.1, Constitution camerounaise de 1996; chap. I, para.1 (2) et chap.V, para.26, Constitution du Ghana, entrée en vigueur le 7 Janvier 1993; partie.XXIV, chap.IV, para.33 (6), Constitution de l'Ounganda, adoptée le 22 Septembre 1995. Les Constitutions ci mentionnées ont été consultées dans le Recueil juridique des droits de l'homme en Afrique, 1996-2000, coll. Credho, Bruyant, 2002, pp.728, 854, 864, 1083, 1093.

1250 Et, de telles dispositions existent généralement dans les États qui ont refusé d'établir un parallélisme, tout au moins de manière expresse entre le droit moderne et les coutumes africaines. Si on aura à démontrer celà largement en ce qui concerne le cas du Sénégal tout au long de ce chap, nous pouvons déjà ici cité le Niger. Si cet État s'est refusé de définir clairement les rapports de la coutume avec la constitution, son art.11 semble toutefois écarter toute polimique sur la question:*«chacun a droit à la vie, à la santé, à la sécurité, à l'intégrité pysique et mentale (...) dans les conditions définies par la loi »*, constitution du Niger, adoptée le 18 juillet 1999, dans le Recueil juridique des droits de l'homme en Afrique, 1996-2000, coll. Credho, Bruyant, 2002, pp. 1062.

partie du bloc de constitutionnalité et garantissant aux hommes et aux femmes les mêmes droits) et celui coutumier (traditions locales) seraient sans objet ou tout au moins de moindre importance. Ainsi se trouvent donc évacués les débats relatifs au caractère discriminatoire ou non d'une pratique traditionnelle donnée, les préoccupations consistant essentiellement ici à rechercher si un acte donné, bien qu'il soit constitutif d'une tradition porte atteinte ou non aux dispositions de droit moderne[1251]. Les États qui optent pour cette variante, arrivent donc au même résultat que les États qui ont choisi d'interdire les coutumes contraires aux dispositions constitutionnellement garanties, sauf qu'en l'hypothèse, la coutume est encore particulièrement ignorée[1252].

Ceci étant, qu'il s'agisse du Cameroun ou du Sénégal, l'intervention du juge ne devrait pas poser de difficultés majeures, de part l'existence dans ces deux États de dispositions constitutionnelles garantissant le droit à l'intégrité physique et à la santé[1253]. Les bases légales ainsi posées, fonderaient les activités de promotion des droits de l'homme en relation avec la thématique des MGF. En dépit, de leur complémentarité, le droit à la santé occuperait une place de choix.

b. Une complémentarité plus ou moins affirmée entre les arguments sanitaires et les mesures proprement juridiques

Dans leurs efforts d'atteindre leurs populations, les États camerounais et sénégalais se fondent essentiellement sur des arguments sanitaires[1254], lesquels

---

1251 La faiblesse d'une telle approche est qu'elle peut faire perdre de vue que la tradition est un élément important compte tenu de sa fonction également régulatrice et pas des moindres dans les sociétés considérées, créant ainsi un écart entre la loi et les personnes qu'elle est pourtant censée protéger. Or la recherche de solutions adéquates commande une bonne identification du problème. Il convient à cet égard, au lieu d'utiliser le droit pour évincer la coutume en l'ignorant, de rechercher les voies permettant de la saisir aussi bien dans ses mutations que dans ses origines.

1252 Or il est aujourd'hui demandé aux États, ceux africains ne faisant pas exception, de *«prendre des mesures concrètes pour combattre les causes structurelles de la violence à l'égard des femmes, et de renforcer les activités de prévention qui s'attaquent aux pratiques et règles sociales discriminatoires »*, rapport du Secrétaire général, étude approfondie de toutes les formes de violence à l'égard des femmes, A/61/122/Add.1, para.382(6), p.123, 6 juillet 2006. Dans le même sens, lire également Déclaration et programme d'action de Vienne, A/Conf.157/23, ChapI, para.13, 12 juillet 1993. Une telle exigence, à notre avis ne saurait être possible sans une analyse réelle des coutumes africaines et de leurs portées respectives.

1253 Si les textes constitutionnels (préambule et corps) des deux États commande une interdiction formelle de la pratique des MGF, le texte sénégalaise de part sa précision, particulièrement son art.7 semble l'être davantage : *« tout individu a droit à la vie, à la liberté, à la sécurité, au libre développement de sa personnalité, à l'intégrité corporelle notamment à la protection contre toutes mutilations physiques»*

1254 Le discours de l'ancien président sénégalais (Abdou Diouf) lors du 33ème Congrès de la Fédération internationale des droits de l'homme qui s'est tenu à Dakar le 20 viseraient non seulement à persuader les femmes respectivement les fillettes déjà excisées de la nécessité d'acquérir des soins médicaux y relatifs mais également et surtout à les dissuader de continuer à les pratiquer au regard de l'impact négatif pour leur santé[1255]. Les lois interdisant les MGF sont ainsi plus ou moins reléguées au second plan. Cette remarque est particulièrement vraie pour le Sénégal, le Cameroun ne disposant pas jusqu'ici d'une législation spéciale en l'espèce. Dans le contexte camerounais, les arguments sanitaires occupent une place des plus exclusives[1256]. En pratique le gouvernement camerounais, soutenu en cela par les ONGs locales, au travers de méthodes consultatives, informe les représentants des communautés pratiquantes sur la nécessité d'abandonner les MGF au regard des problèmes qu'elles posent sur le plan médical aux femmes qui s'y soumettent[1257]. Ces représentants des communautés sont par la suite

novembre 1997 est des plus illustratifs *« il nous faut tous ensemble, Gouvernement et Organisations non gouvernementales convaincre les populations que cette pratique constitue un danger pour la santé de la femme. L'excision a souvent eu comme conséquences des hémorragies, des infections et même des décès. De nos jours, cette tradition ne peut plus se justifier »*. Ce discours a été en partie transcris dans Tostan, Eclosion au Sénégal le processus qui a mis fin à l'excision dans 174 villages, janvier 1999, p.53.

1255 Le rôle du personnel médical est déterminant en ce qui concerne l'information et une assistance dans les soins, la médicalisation de la pratique étant interdite. Une telle prise de position ne saurait souffrir d'aucun doute en droit sénégalais qui prévoit que: *«la peine maximun sera appliquée lorsque ces mutilations sexuelles auront été réalisées ou favorisées par une personne relevant du corps médical»* (art.229 bis (2), loi 99/05 du 29.01.99, in Journal officiel de la République du Sénégal, février 1999, p.835). Cette solution du droit positif sénégalais peut également être transposé en droit camerounais surtout si on se refère aux dispositions de l'avant projet de loi relative à la répression des violences et discriminations fondées sur le sexe (art.277bis). Cet art dispose entre autres que «les peines sont doublées» si les MGF ont été pratiquées par un membre du corp médical mais également «la fermeture du local professionnel et l'interdiction d'exercice de la profession». S'agissant toutefois de cette seconde sanction, son application est laissée à l'appréciation discrétionnaire du juge. Nous n'aurons pas à revenir ici sur les controverses relatives à la médicalisation de la pratique, celles-ci ayant été largement abordées lors de l'étude de l'applicabilité du droit à la santé aux MGF, pp.138-140.

1256 Le Ministère de la Santé publique du Cameroun accorde en effet une place aux MGF, dans le cadre de ses objectifs spécifiques pour cette décenie, voir Ministère de la Santé publique, Stratégie sectorielle de santé 2001-2010, éditions 2002, p.116.

1257 La coopération du gouvernement camerounais avec l'IAC Cameroun est des plus déterminantes. L'IAC a eu en effet à organiser plusieurs séminaires sous les hospices du gouvernement camerounais. Les thématiques, principalement abordées, étaient la sensibilisation de l'opinion publique, particulièrement les communautés concernées sur les conséquences des MGF sur la santé. Par ailleurs les questions relatives à la reconversion professionnelle des exciseuses furent également abordées. Lire en ce sens: IAC Cameroon, plan of Action 1998/2010; rapport du Séminaire de sensibilisation pour l'éradication des pratiques des Mutilations génitales féminines au Cameroun, chargés de convaincre les membres de leurs communautés respectives sur la nécessité d'abandonner les MGF[1258]. Si une telle manière d'agir semble compréhensible au regard des réalités sociologiques camerounaises, elle suscite néanmoins quelques interrogations en ce qui concerne leur évaluation. En effet, il n'est pas toujours évident d'évaluer les incidences des stratégies ainsi développées au sein desdites communautés. Et par ailleurs, à cause du rôle assez effacé de l'État en l'espèce, il est assez difficile dans les faits de confirmer ou d'infirmer l'existence d'une volonté politique réelle du gouvernement d'agir. On peut donc comprendre la position du gouvernement sénégalais ayant opté pour le couplage de mesures juridiques contraignantes et arguments sanitaires dans les approches promotionnelles développées. Et, une telle orientation rend des plus intéressantes l'analyse axée sur la complémentarité des rapports: mesures légales contraignantes et arguments sanitaires. En effet, lors des enquêtes menées auprès de certaines communautés pratiquantes sénégalaises[1259], il ressortait, que pour la plupart des membres des dites communautés, la loi pénale interdisant la pratique leur permettait avant tout de protéger la santé de leurs femmes et fillettes. Les membres ainsi interrogés indifféremment de leur sexe, se déclaraient n'être pas prêts dans leur grande majorité à dénoncer quiconque aurait violé la loi en pratiquant les MGF[1260]. Ainsi, l'argumentation fort répandue selon lequel la pratique serait dégradante pour la femme et porterait atteinte à son intégrité physique ainsi qu'à son droit au plaisir sexuel n'a pas

---

Kousseri (Extrême-Nord Cameroun), 9-10 juin 1998 ; Workshop on the training of trainers of traditional Birth attendants / circumcisers for alternative income generating projects, Kumba (Cameroon), 12-14 july 2000.

1258 La thèse selon laquelle certains membres de la communauté seraient en quelque sorte des agents de relais auprès des communautés pratiquante est ressorti des échanges que nous avons eu avec certains responsables des services sociaux camerounais de la province de l'extrême Nord pendant mes recherches au Cameroun (janvier-février 2006). Cette province est largement concernée par les MGF. Les ethnies ici concernées sont: les arabes choa, les Sara, les Bata, les Nandji et les Mboum.

1259 J'ai eu à mener certaines enquêtes dans le cadre de mes recherches pratiques au Sénégal (novembre-décembre2005). Le nombre de personnes interrogées s'élevaient à un total de près de 250 et étaient originaires de 4 communautés connaissant de la pratique : Saré Woudou, Kerewane Mbassi, Saré Yéroyel, Médina Samba.

1260 La plupart des répondants étaient d'avis qu'ils étaient prêt à décourager quicquonque de pratiquer les MGF au moyen d'argument juridiques, mais qu'il leur serait toutefois difficile de saisir les autorités. Les raisons invoquées sont la peur, les malédictions, les sortilèges et la peur des vengeances pouvant donner lieu à un cycle infernal de violences dans le village. Une telle prise de position ne fait que confimée l'opinion traditionnelle selon laquelle les africains répugnent en général de recourir aux instances juridictionnelles, laquelle serait confortée en l'espèce du fait de l'existence de liens inter subjectifs existant entre les membres des communautés concernées. Une analyse de la réticence des africains à recourir aux voies juridictionnelles a été faite dans le chapitre précédent, pp. 234-238.

véritablement une forte incidence au niveau local[1261]. On peut donc comprendre pourquoi même dans les pays où la pratique des MGF est expressément interdite au moyen de dispositions pénales, leur apport reste questionnable. Outre le fait, que les lois ayant interdit les MGF dans le passé ont parfois provoqué des réactions virulentes, il convient de relever que même dans les États ayant aujourd'hui incriminé la pratique, le rôle des lois répressives dans le sens d'une prise de conscience de la femme africaine de ses intérêts demeure à bien des égards mitigés comme nous aurons à le démontrer plus loin. Or, l'approche sanitaire malgré la réception positive dont elle est l'objet favorise très souvent dans les faits la médicalisation et ne permet pas toujours un détachement de la pratique[1262]. Il conviendrait ainsi de s'atteler véritablement, à la recherche des éléments à intégrer dans toute approche promotionnelle des droits de l'homme de manière à faire prendre conscience aux femmes africaines du rôle que peuvent jouer les droits de l'homme pour une égalité aussi bien de facto, que de jure avec leurs compères masculins. En ce sens, au-delà du recours aux lois pour une analyse de la négativité de la pratique des MGF, il nous semble urgent de l'appréhender dans ses fonctions sociales en tenant bien entendu compte de leur dynamique. Et, ce n'est d'ailleurs qu'une telle orientation, qui peut permettre aux États de lutter efficacement contre les causes profondes de cette pratique. Ainsi, le succès des approches promotionnelles relatives aux droits des femmes au regard de la question des MGF dépendrait essentiellement de leur capacité à faire naître la conviction chez les femmes concernées, de ce que le respect des droits de l'homme leur conférerait un statut de loin préférable à celui qu'elles ont jusqu'ici eu en se soumettant à la pratique. Malheureusement la conception selon laquelle la pratique n'aurait à priori aucun intérêt pour les femmes qui s'y soumettent ayant largement prévalu[1263], les questions relatives aux MGF au regard de la pratique des États concernés se résument essentiellement en la mise sur pied d'un régime répressif mettant ainsi en exergue le caractère devenu réprobateur de l'acte aussi bien dans les États concernés, que pour toute la

---

1261 Une telle conclusion ne fait que confirmer les positions de certains auteurs ayant déploré le décalage entre les discours internationaux et ceux locaux relatifs à la question des MGF, voir infra note 41. Sur l'importance du lien entre MGF et plaisir sexuel en Occident, lire A.Brière, op. cit., pp.283 (289-290).

1262 Une telle évolution serait tangible dans certaines communautés pratiquantes camerounaises, les MGF étant pratiquées sur des personnes de plus en plus jeunes et par un personnel médical. Aux dires d'une des responsables d'une association féminine locale interrogée, *«la majorité des femmes ne comprendraient pas pourquoi le gouvernement veut qu'elles abandonnent les MGF alors que des précautions sont désormais prises pour qu'un agent de santé l'accomplisse»*.

1263 Les thèses occidentales présentées dans le cadre de notre chapitre péliminaire sont en ce sens des plus revélatrices, celles-ci ayant fortement influencé la définition des politiques internationales traitant de la question des MGF. Et ces dernières par ricochet ont eu des incidences sur les ordres internes des États, y compris africains.

communauté internationale. Surtout, qu'une telle orientation serait, semble t-il participative d'une garantie effective des droits des femmes africaines en l'espèce.

B. Vers une garantie effective des droits de la femme au regard de la question des MGF

Il s'agira essentiellement ici d'étudier les mécanismes qu'offre le droit positif des deux États susmentionnés afin de punir l'individu, qui aurait outrepassé en l'espèce l'interdiction légale en portant atteinte à l'intégrité corporelle des femmes, respectivement des fillettes. A cet égard, il convient de remarquer, que les États relevant de notre étude ont adopté une approche assez différenciée dans la pénalisation de la pratique des MGF (1). Toutefois, on note une pratique judiciaire assez faible dans ces deux pays sur la question des MGF (2).

1. Une différenciation d'approche dans la pénalisation des MGF

Que la pratique des MGF soit pénalisée au travers de dispositions générales (a) ou alors de normes spéciales (b), la question de leur applicabilité aux MGF au regard des intérêts des femmes, respectivement des fillettes concernées est d'une extrême importance.

a. Aux travers de dispositions générales

Il conviendrait d'étudier les conditions posées par la loi camerounaise dans le but d'analyser leurs portées respectives eu égard aux situations de vies concrètes des femmes et fillettes concernées. Il faut dire de manière générale, que les dispositions générales applicables aux MGF permettent en pratique, que les populations connaissant de la pratique ne se sentent pas discriminées contrairement à une législation spéciale:*« si la prévision d'une configuration autonome du délit renforcerait pour nous le potentiel symbolique de la prohibition (en la rendant claire et impérative, et ne la soumettant donc pas à une interprétation jurisprudentielle), elle pourrait être considérée par la communauté en jeu comme une discrimination conçue précisément et uniquement à son intention»*[1264]. Il convient toutefois de relever, que leur généralité ne favorise pas toujours une sécurité juridique dans les États considérés[1265]. Dans le cadre d'une protection de la victime se basant sur des

---

1264 Cette analyse qui a été faite par Pitch Tamar au niveau européen est également transposable au niveau africain. Tamar Pitch, T. Pitch, op. cit., p.10.

1265 A cet égard, voir le flou juridique qu'a accompagné le début de la pénalisation de la pratique des MGF en France: « Dans le temps, les qualifications vont varier : non assistance à personne en danger, homicide invonlontaire, coups et blessures à enfants, coups mortels sur enfants de moins de 15 ans» et dans certaines hypothèses les tribunaux se sont déclarés incompétents en l'espèce. Voir en ce sens, D. Vernier, op. cit., pp.193-197. Or la sécurité juridique commande que les règles soient clairement dispositions pénales générales, il reviendrait donc au juge de faire preuve d'une certaine audace dans l'interprétation des textes existants de manière à qualifier les MGF comme étant des atteintes à l'intégrité corporelle en se référant aux dispositions de droit commun existantes[1266]. Dans le contexte camerounais, il s'agira pour le juge pénal de démontrer, que les MGF constituent une blessure grave entraînant une privation totale ou partielle de l'organe de la femme considérée mais également de prouver que l'auteur des MGF avait bien l'intention d'atteindre le résultat interdit par la loi[1267]. Si la première condition ne pose généralement pas de gros problèmes quoique tributaire de l'opinion médicale[1268], les difficultés sont des plus épineuses concernant l'élément moral de l'infraction. En effet le coupable d'une infraction pénale est celui là, qui tout en ayant conscience qu'un acte donné porte atteinte aux bonnes mœurs de la cité, l'accomplirait tout de même et en toute connaissance de cause[1269]. Or justement dans le cadre des États connaissant de la pratique mais n'ayant pas légiféré expressément en la matière, il serait assez difficile, voire même impossible de prouver qu'en accomplissant les MGF, l'individu avait voulu posé l'acte interdit par la loi plutôt que de respecter simplement sa tradition[1270]. D'aucuns soutiennent néanmoins qu'une hardiesse des juges est à souhaiter en l'espèce dans la mesure où celle-ci pourrait d'une certaine manière pousser le parlement camerounais à expressément légiférer en la matière[1271]. Il convient de relever, que la controverse, que permet l'absence de dispositions spécifiques définissant l'acte incriminé, menace le principe même de la légalité dominant tout le droit pénal[1272]. En effet, l'application stricte du principe de légalité en

---

définies surtout en matière pénale où le principe de légalité se doit d'être appliqué strictement compte tenu de ce que les sanctions ici sont souvent privatives de liberté. Et, il s'agit là d'une des valeurs fondamentales des droits de l'homme.

1266 Tel fut le cas de la France, en ce qui concerne les MGF. Lire en ce sens, T. Pitch, op. cit., p.5; F. Lionnet, op. cit., p.159(162-164); G. Giudicelli-Delage, op. cit., pp.201(207-208); D. Vernier, op. cit., pp.193(195-198).

1267 Au niveau du Cameroun, la pratique des MGF peut être défini comme un cas de blessures graves causant :«......à autrui la privation permanente de l'usage de tout ou partie d'un membre, d'un organe ou d'un sens», art. 277, Code pénal , 3ème édition, MINOS, yaondé-Cameroun, 2004-2005, p.209.

1268 G. Giudicelli-Delage, op. cit., p. 201 (202).

1269 Ibid, p. 201 (204)

1270 Sur l'absence de dol en l'espèce, voir G. Giudicelli-Delage, op. cit., pp. 201 (204-205) ; Djessi Ndine Mpessa, Aspects législatifs rompre le fossé entre la législation et la pratique, yaoundé, ACAFEJ, 1998, p.6 ; T. Pitch, op. cit..9, p.5; D. Vernier, op. cit., p.93(194). Dans le sens contraire, Caroline Gonzalez soutiennent que l'élément moral serait constitué du fait de la perpétration des faits. Autrement dit, élément moral et matériel se confondraient, C. Gonzalez, op. cit., pp. 50, 68-69, 85, 182-183.

1271 F Moutome, op. cit., p.17.

1272 Le principe de la légalité criminelle s'inscrit dans la lutte contre tout arbitraire, P Conte/ P Maistre du Chambon, Droit penal général, pp.64 et s.

matière pénale, se justifie essentiellement de ce que, les mesures répressives portent atteintes à certains droits fondamentaux, insusceptibles de dérogation[1273]. L'application du principe de la légalité ici exige, que le citoyen sache clairement, ce qui lui ait interdit et les sanctions encourues[1274]. Par ailleurs les dispositions générales de droit commun ne règlent pas un certain nombre de questions spécifiques telles que: une définition précise de l'acte interdit, la question du consentement, le rôle des agents de santé etc. En ce sens, les législations spéciales seraient de loin préférables de part leur plus grande précision.

b. Aux travers de dispositions spécifiques

En effet le législateur sénégalais a tenté de définir les MGF, vocable renvoyant à différentes formes d'opérations accomplies sur le sexe féminin[1275]. La définition, qu'il en donne est indicative, dans la mesure où la liste des formes d'opérations interdites, qui sont accomplies sur le sexe féminin, n'est pas exhaustive: *«Sera puni ....quiconque aura porté ou tenté de porter atteinte à l'intégrité de l'organe génital d'une personne de sexe féminin par ablation totale ou partielle d'un où plusieurs de ses éléments, par infibulation, par insensibilisation ou par tout autre moyen»*[1276]. Ainsi, toutes les formes d'opérations accomplies sur le sexe féminin, indifferemment de leur gravité, rentreraient dans le champ d'application de l'art sus visé. En effet, l'infraction serait constituée, dès lors qu'une atteinte aurait été portée ou tenté de l'être *«........à l'intégrité de l'organe génital d'une personne de sexe féminin...»*, l'âge de la victime important peu. La loi sénégalaise ignore donc la question du consentement de la femme majeure, l'infraction étant toujours constituée indépendamment de l'âge de la victime. Faille t-il dire, qu'en l'espèce, l'intérêt de la victime serait toujours réalisé dans le sens d'une interdiction de la pratique, l'âge de la victime important peu[1277]. D'aucuns dénoncent une telle orientation dans la mesure où elles porteraient atteinte à la liberté des femmes en l'espèce, dont les intérêts seraient déterminés par des facteurs externes[1278]. En d'autres termes, les femmes seraient amenées à

1273 Art.4 (2), PIDCP.

1274 En ce sens, *«seuls les actes expressément prévus par un texte répressif constituent des infractions punissables»*, P Conte / P Maistre du Chambon, op. cit., para.98, p.65.

1275 Une telle initiative n'est pas à dire vrai, propre su Sénégal. On peut citer en ce sens : Burkina Faso, Côte d'ivoire, Djibouti, Egypte, Erytree, Ethiopie, Ghana, Soudan, Togo, Tanzanie, Ouganda.

1276 Art.299 bis(1), loi 99/05 du 29.01.99, in Journal officiel de la République du Sénégal, février 1999, p.835.

1277 Il nous semble d'ailleurs important de relever que seuls quelques États ayant légiféré en l'espèce (le Kenya, la Tanzanie, les États-Unis et le Canada) ont limité l'application des lois interdisant les MGF au moins de 18 ans, L. Katzive, op. cit., p.12.

1278 Il s'agit là de la quinstescence de l'argumentation développée par le courant africain, en faveur des MGF, chap.préliminaire, pp.47-51.

accepter bon gré mal gré, que les lois ainsi élaborées participeraient de leurs intérêts[1279]. Une telle orientation des États ne serait à notre avis, que la matérialisation de l'idée généralement admise, que le consentement des femmes africaines à la pratique ne saurait avoir été donné *« en toute connaissance de cause valable »*[1280], du fait de la coercion sociale dont elles seraient l'objet. Il est également important de relever, que d'aucuns estiment que le consentement dans la problématique des MGF serait futile, étant donné, que la pratique est de plus en plus pratiquée sur des fillettes voire des bébés[1281]. Or, il est indéniable, qu'une telle évolution est la conséquence de ce que, les mères ne comprennent pas très souvent l'intérêt des lois applicables à la question aussi bien pour elles que pour leurs enfants. Ainsi, vouloir dissocier l'intérêt de l'enfant de celui de la mère peut s'avérer des plus maladroits, la fidélité de la mère à la pratique se justifiant de ce que elle veut assurer un certain avenir social à son enfant[1282]. Il nous apparaît donc important de ne pas reléguer la question du consentement des femmes au second plan, si l'on veut, que la situation des femmes et des enfants soit réellement améliorée. Une bonne définition de la problématique du consentement dans les définitions des politiques visant l'éradication des MGF, permettra de recentrer le débat des MGF autour des intérêts des femmes africaines concernés évitant ainsi leur marginalisation[1283]. Il ne s'agira pas d'en faire un moyen permettant de réduire le domaine d'application des lois interdisant la pratique, mais plutôt d'en faire un axe central des stratégies à développer par le gouvernement sous l'angle préventif. En effet, la détermination des éléments qui amènent les femmes à consentir à la pratique peut inspirer les États à développer des approches légales et autres adaptées[1284],

1279 Une telle analyse est cependant irrefutable au regard de certaines dispositions de droit positif, lesquelles prévoient expressement que le consentement de la femme serait en l'espèce indifférent. Lire en ce sens une loi pour interdire la circoncision féminine et la mutilation génitale, art.4, law No.4 Edo State Nigeria, 4.11. 1999.

1280 Il s'agit là d'un critère déterminant de la validité du consentement de la personne qui voudrait se soumettre à toute expérience médicale quelconque, art.4al2(h), du protocole de la CADHP relatif aux droits des femmes.

1281 Supra, note 173.

1282 L'extrême complexité de la question de l'intérêt de l'enfant dans la thématique des MGF a été abordée dans l'analyse du droit à l'intégrité physique au regard de la pratique des MGF, voir supra, pp.164-165.

1283 Sur la marginalisation des femmes africaines concernées, voir infra, II, A, 2, pp. 285-287.

1284 Surtout qu'il est de plus en plus affirmé que les États ne sauraient combattre efficacement la violence féminine qu'au travers d'approches assez larges, - Communiqué de presse FEM/1297, Le CEDAW engage un dialogue avec les ONG en vue d'élaborer une recommandation générale sur l'interpÉtation de l'art 2 de la convention sur les mesures politiques, passim, 21 juillet 2004, consulté à l'adresse http://www.un.org/News/fr-press/docs/2004/FEM1297.doc.htm le 3 février 2005.

à même de combattre efficacement les causes véritables de l'attachement des femmes aux MGF[1285].

Toujours, en ce qui concerne les éléments constitutifs de l'infraction, l'élément intentionnel se déduit simplement de la réalisation des faits ainsi incriminés. La loi sénégalaise vise par ailleurs à décourager toute médicalisation de la pratique dans la mesure où les peines les plus sévères se doivent d'être appliquées, dès lors que l'exciseur relève du personnel médical[1286]. S'agissant toujours du cercle de personnes susceptibles d'être poursuivies en l'espèce, en dehors de la personne ayant accompli l'opération, les parents de la fillette ne sont pas à priori à l'abri de toute répression[1287]. Dans une telle hypothèse alors, on pourrait à juste titre se demander, si l'intérêt de l'enfant est en l'espèce véritablement considéré. En effet, l'application d'une telle disposition ne peut-elle pas s'avérer doublement traumatisante pour l'enfant[1288] ? La question du véritable intérêt de la victime, qu'elle soit mineure ou majeure, est également posée quand il est expressément demandé aux autorités médicales compétentes de dénoncer les cas dont ils auraient connaissance[1289]. Outre le fait, qu'une telle prescription s'oppose à la déontologie médicale, elles empêcheraient aux femmes, souffrant déjà des conséquences des MGF, de se procurer des soins adéquats de peur d'êtres dénoncées et que les personnes aimées ne soient l'objet de poursuites judiciaires[1290].

Ce qu'il importe de retenir, c'est que dès lors que les critères de l'infraction sont vérifiés dans une espèce donnée le juge se doit d'intervenir. Cet aspect est d'autant plus important, que c'est la pratique judiciaire qui nous permet de cerner la dynamique du droit dans une société donnée. A cet égard, on peut noter que l'intervention du juge dans les systèmes juridiques camerounais et sénégalais est à quelques différences près assez faible.

1285 Ceci suppose bien entendu que la lutte contre les MGF ne se limite pas une approche juridique uniquement fondée sur les considérations de genre mais puisse également intégrer les considérations culturelles, voir infra, pp.292-293.

1286 Supra, référence 1255.

1287 Les droits positifs ivoiriens, burkinabé ont également des dispositions similaires, CRLP/CREFELS, les femmes à travers le monde: Lois et politiques qui influencent leur vie reproductive l'Afrique fracophone, New-york, 1ère édition, décembre 1999, pp. 58-59; 107.

1288 A cet égard certains auteurs sont d'avis que les mesures protectrices des intérêts de l'enfant seraient ici à privilégier car elles permettraient que les enfants menacés des MGF soient enlevés de leurs familles respectives. Toutefois, de telles mesures supposent que les MGF soient assimilables aux mauvais traitements. Or au regard des données contextuelles se rapportant aux fonctions sociales de la pratique, une telle prise de position est à notre avis difficilement soutenable.

1289 Art.10, loi No.2003/03 du Bénin interdisant la pratique de la mutilation génitale féminine dans la République du Bénin, 21.01.2003.

1290 L. Katzive, op. cit., p.10.

2. Une implication judiciaire assez faible

Dans tout État de droit, le juge apparaît être le garant traditionnel des droits et libertés du citoyen. Une telle préoccupation n'échappe donc pas également au juge pénal, bien qu'ici un équilibre se doit d'être trouvé entre les intérêts individuels et de ceux de la collectivité[1291]. Ainsi donc la protection de l'intégrité physique des femmes africaines concernées par les MGF au moyen du droit pénal, serait la preuve que les États camerounais et sénégalais reconnaissancent que leur ordre social ne peut être sauvergardé sans une prise en compte des intérêts féminins. Il conviendrait alors concrètement d'analyser les activités aussi bien du juge pénal camerounais (a), que celui sénégalais en l'espèce (b).

a. L'absence d'hardiesse souhaitée au niveau du juge pénal Camerounais

L'obligation de respecter les engagements internationaux contractés par le Cameroun, dans le domaine des droits et liberté, pèse aussi bien sur le pouvoir exécutif, législatif que judiciaire[1292]. En ce sens, l'absence d'intervention spécifique du législateur ne saurait en aucune manière justifier l'inertie du juge. Il s'agit d'assurer en effet, impérativement une protection effective à toute femme respectivement fillette vivant sur le territoire camerounais dont le droit à l'intégrité physique, norme impérative du droit international, aurait été violée du fait de la soumission à la pratique des MGF. C'est la raison pour laquelle, en dépit de ce que les dispositions du droit international protégeant l'intégrité physique ne sont pas d'application directes[1293], il est généralement admis que les dispositions de droit commun protégeant l'intégrité physique peuvent s'appliquer en l'espèce[1294]. Un procès pénal portant sur les MGF est donc possible au regard du droit positif camerounais, encore faut-il que les juges soient effectivement saisies. Le procès pénal peut être déclenché soit à

1291 En effet, *«la procédure pénale et le Droit pénal mettent en cause à la fois l'ordre social troublé par l'infraction et des intérêts privés trés souvent de la plus haute importance:la liberté, l'honneur, voire la vie...»* J Pradel, op. cit., pp.14-15.

1292 Étant donné, que le cameroun, État moniste, a ratifié les conventions fondant une interdiction de la pratique, le juge pénal Camerounais se doit de faire preuve d'hardiesse en l'espèce. Il revient en effet aux juges de vérifier s'il peut appliquer une convention ratifiée donnée, sans qu'une intervention du législateur ou du gouvernement ne soit forcément nécessaire. Voir C. Sciotti-Liam, op. cit., para.576, p.340.

1293 Les lois exécutives sont nécessaires pour préciser non seulement que les MGF sont bien une atteinte à l'intégrité corporelle mais également et surtout les pénalités y afférantes.

1294 CRLP/ ACAFEJ, les droits des femmes en matière de santé reproductive au Cameroun, novembre 1999, p.14 ; F Moutome, op. cit., p.17; CRLP/CREFELS, les femmes à travers le monde : Lois et politiques qui influencent leur vie reproductive l'Afrique francophone, New-york, 1ère édition, décembre 1999, p.83.

l'initiative de la victime elle-même soit alors par le ministère public[1295], les atteintes portées au droit en l'espèce dépassant le cadre de l'intérêt privé pour toucher l'ordre public[1296]. Le minstère public, une fois informé de la commission de l'infraction ou même de certaines tentatives dans ce sens peut décider ou non de l'opportunité des poursuites[1297]. C'est dire que le procureur de la république en tenant compte des circonstances de chaque espèce décidera de l'opportunité ou non de déclencher la procédure pénale. Autrement dit l'action de la magistrature assise (magistrat du siège chargé de dire le droit) est elle-même dépendante de la magistrature debout (magistrat du parquet chargé des poursuites), laquelle est elle-même tributaire de la réceptivité locale des populations de leurs droits. Ainsi l'effacement de la magistrature assise en l'espèce trouverait sa source dans l'absence de poursuites. D'aucuns peuvent objecter qu'un tel constat serait plutôt encourageant, l'effet dissuasif des lois ayant été atteint. Et la prévention ne vaut t'elle pas mieux que la répression surtout qu'en l'espèce, le préjudice subi par la victime étant irréversible[1298]. Un tel raisonnement ne peut toutefois tenir au regard des données locales sur la pratique des MGF. Ainsi, ladite absence confirmerait l'idée selon laquelle, les populations du fait de leur attachement à la pratique préfèrent agir solidairement les uns des autres et s'abstenir de saisir les autorités compétentes[1299]. En effet, même dans les juridictions relevant des circonscriptions administratives où les MGF sont toujours pratiquées, on note un silence des parquets. Par ailleurs, il ne faut pas oublier que le juge chargé de dire le droit en l'espèce quand bien même, il se doit d'exercer ses fonctions en toute liberté de conscience est également lui-même, membre d'une communauté ethnique et conscients du poids des traditions. Ce sont d'ailleurs ces considérations qui expliqueraient dans une large mesure pourquoi l'action du juge sénégalais ne serait pas

1295 Eyike, code d'instruction criminelle et pratique judiciaire camerounaise, pp.9-11.

1296 Les ONG ne peuvent pas déclencher tout au moins directement un procès pénal. Tout au plus, elles peuvent mettre à la connaissance du ministère public (magistrat du parquet) de certains faits portant atteintes aux valeurs pénalement protégées, J Pradel, op. cit., para.531, pp.466-468.

1297 Ibid, pp.470ets.

1298 *« Il n'est pas faux de dire que les droits de l'homme ne sont réellement protégés que par la prévention, c'est-à-dire le fait de ne pas les violer au départ, la réparation n'étant jamais vraiment satisfaisante dans ce domaine »*, Oscar Schachter, cité par C. Sciotti-Liam, op. cit., para.63, p.43.

1299 C'est dans ce sens qu'il faut comprendre certaines dispositions législatives nationales prévoyant des sanctions pénales également pour ceux qui ayant connaissance d'un cas imminent d'excision n'alertent pas les autorités compétentes. Certaines lois restreignent cette obligation au cercle familial de la personne excisée. A titre illustratif, on peut citer : le Burkina-Faso, CRLP/CREFELS, les femmes à travers le monde : Lois et politiques qui influencent leur vie reproductive l'Afrique fracophone, New-york, 1ère édition, décembre 1999, pp. 59, 107.

fondamentalement différente en dépit de l'existence d'une législation spéciale pénale interdisant les MGF.

b. L'intervention certaine quoique timide du juge pénal Sénégalais

L'intervention du juge sénégalais ne souffre ici d'aucune ambiguïté du fait de l'existence de dispositions spéciales interdisant la pratique. Mais l'interdépendance de l'intervention de la magistrature assise (magistrat de siège) ainsi que celle debout (magistrat de parquet) avec les populations locales qui a été démontrée plus haut se doit d'être également ici considérée. En effet, si le juge du siège selon ses attributions classiques doit veiller à l'application et au respect du droit, la réceptivité des populations de leurs droits est une donne importante, le juge ne pouvant se saisir d'office[1300]. Ceci étant, les juges sénégalais ne peuvent donc user d'aucun subterfuge pour refuser d'appliquer le droit international relatif aux MGF, celui-ci ayant été matérialisé par une loi spéciale[1301]. Il apparaît donc, que l'élaboration de législations propres pour préciser le contenu d'une obligation internationale dans certaines hypothèses peut s'avérer des plus nécessaires. En effet, en présence d'une loi interne clairement définie, le juge régulièrement saisi ne peut reculer devant sa tâche de garant des droits et des libertés des individus. La question, que l'on est toutefois en droit de se poser est celle de savoir, pourquoi même en présence d'une telle loi faisant ressortir de manière évidente la position claire du législateur contre la pratique, les interventions des juges sénégalais, quand bien même elles existent, sont teintées de réserves manifestes. Les décisions judiciaires en l'espèce, outre le fait qu'elles sont peu nombreuses, les sanctions ici octroyées sont assez minimes. Les sanctions véritablement privatives de libertés sont rares, celles-ci se résumant essentiellement en des sanctions pécuniaires[1302]. L'on peut expliquer une telle attitude des juges, de ce qu'ils sont conscients, que l'application du droit en l'espèce emporte des solutions assez contradictoires. En effet, les femmes ne se retrouvent-t-elles pas également pénalisées par l'application de la

---

1300 Exceptions faites de certaines hypothèses strictement reglementées, telles que les infractions d'audiences, J Pradel, op. cit., para.530, p.465.

1301 Sur l'importance de mesures exécutives en application des engagements souscrits sur le plan international, lire C. Sciotti-Liam, op. cit., pp.340-341.

1302 Les juges sénégalais en pratique répugnent à appliquer les pénalités les plus sévères, optant pour des peines avec sursis et des condamnations à des peines maximales de 6 mois bien que le maximun prévu par l'art 299 bis du Code pénal sénégalais soit de 5ans. La peine des travaux forcés à perpétuité est prévue en cas de déccès de la victime. En ce sens voir Tribunal de Kolda, jugement No 074 du 25 février 2004, Ministère public et Dioula Cissokho c/ Adama Barry et Damy Diamanka ; jugement No 154/02 du 12 juin 2002, Ministère public et Sona Baldé c/ Samba Seydi et Kadiatou Baldé ; jugement No 294/01 du 31 Octobre 2001, Ministère Public c/ Batou Baldé et autres ; jugement 328/01 du 28 Novembre 2001, Ministère public et Lansana Baldé c/ Talata Dio et Ansata Baldé.

loi à cause de leur participation active dans l'accomplissement de la pratique, remettant ici en cause de ce fait même, les logiques, qui fondent les législations interdisant les violences féminines. En effet, si la raison de celles-ci est de dissuader, voire de punir les auteurs et complices de violences féminines[1303], la vérité est que les femmes ne sont pas toujours totalement à disculper, d'où leurs hésitations à dénoncer l'auteur des opérations qu'elles ou leurs fillettes auraient subies[1304]. On peut alors comprendre les sentiments assez contradictoires de la population sénégalaise à l'égard de la loi interdisant les MGF. Dans le cadre des sondages effectués au sein de certaines communautés de la région de Kolda connaissant de la pratique, nous avons eu à faire certaines remarques pertinentes en ce sens. Il s'agissait essentiellement de saisir le rôle que peuvent avoir les lois interdisant la pratique dans la dynamique de changement de certaines communautés sénégalaises pratiquantes en ce qui concerne la question des MGF[1305]. Il convient à cet égard de relever, que quand bien même la plupart des répondants étaient à même d'attribuer certaines vertus à la loi[1306], ils reconnaissaient fort curieusement dans le même temps, qu'ils n'étaient pas prêts à dénoncer, celui qui violerait la loi en pratiquant les MGF. Les raisons invoquées étaient la peur d'entretenir des sentiments de haines et de vengeances au sein des familles. A notre avis, ces différentes peurs, montrent très bien que, quand bien même un membre d'une communauté aurait décidé de s'écarter de la pratique comprenant très bien le système de valeurs qui dicte le comportement de l'autre, il est également conscient qu'en utilisant le droit pour voir l'autre puni de ses actes, il aurait aussi dans le même temps attiré sur lui et sa famille les sanctions de l'ordre coutumier. C'est pourquoi même si la majorité des populations des villages interrogés, ayant connu des sensibilisations avancées, n'appréhendent plus la pratique des MGF comme étant positive, ils craignent de voir s'abattre sur eux les sanctions de l'ordre coutumier, ce qui par ailleurs entraînera l'effritement de la cohésion familiale et de l'esprit de solidarité qui anime particulièrement la vie dans les communautés villageoises. On peut donc

1303 En effet le protocole de Maputo ne demande t-il pas expressément aux États africains parties de *« .....prendre des mesures appropriées et effectives pour réprimer les auteurs de la violence à l'égard des femmes....... »*, art 4 al2 (e) du Protocole à la CADHP, adopté par la 2ème session ordinaire de la conférence de l'Union africaine, Maputo, 11 juillet 2003.

1304 *« Sur le banc des accusés, se tiennent, le plus souvent à titre d'auteurs, la mère de l'enfant excisée et quelquefois le père. La raison en est que jamais les parents ne dévoileront le nom de celle qui rend le service de l'excision »*, G. Giudicelli-Delage, op. cit., p.201(207).

1305 Les communautés visées par l'étude ont été précisées plus haut, référence 1259.

1306 Pour beaucoup de répondants, la Loi serait là avant tout pour protéger la santé des femmes et des fillettes. Ainsi, la Loi comme mesure visant à protéger l'intégrité physiques des femmes connaissant la pratique n'est pas percue comme telle au niveau des populations locales concernées.

conclure en disant, que si la loi interdisant les MGF a dans une certaine mesure participé à créer un débat autour de la pratique, son application restera toujours mitigée, aussi longtemps que l'ordre coutumier restera vivace dans les mentalités. La vérité est que, les communautés pratiquantes surtout les femmes veulent rester attachées à leurs systèmes de valeurs traditionnelles convaincues de ce que, celles-ci sauvegarderaient le mieux leurs intérêts propres, lesquels sont ignorés dans l'approche juridique fondée essentiellement sur la nécessité de protéger l'intégrité physique de la femme en l'espèce.

II. L'intégration assez relative des expériences de vies des femmes africaines à la lumière de la question des MGF dans le droit positif

Une telle assertion se vérifie beaucoup plus à vrai dire, en ce qui concerne les mesures répressives (A). C'est la raison pour laquelle, les mesures visant à renforcer l'autonomie des femmes concernées se doivent d'être une préoccupation des plus urgentes des gouvernements considérés si l'on veut lutter efficacement contre la pratique des MGF dans les États sus visés en particulier et ceux africains en général (B).

A. L'inadéquation des mesures répressives

L'approche répressive à elle seule ne permet pas véritablement que, les problèmes, que pose l'éradication de la pratique des MGF au niveau local soient réellement identifiés (1), entraînant de ce fait une double marginalisation de la femme africaine concernée (2).

1. Une ignorance des données locales de la question des MGF

L'approche essentiellement pénaliste en faisant fi de la fonction sociale de l'acte (a), distance le procès pénal de ses attributions normales (b).

a. La fonction sociale des MGF est occultée

L'approche repressive, en légitimant l'éradication de la pratique des MGF, en se fondant de ce qu'elle constitue une atteinte à l'intégrité corporelle laisse non résolue un certain nombre de problèmes dont la résolution est pourtant quasi nécessaire pour la survie des communautés pratiquantes. En effet, cette approche, qui favorise une perception abstraite de la question des MGF en faisant fi de ses fonctions sociales[1307], est une réponse inappropriée au regard des problèmes concrets qu'une éradication de la pratique entraînerait au niveau

1307 Et une telle approche abstraite a pour conséquence un effacement des femmes africaines concernées voire leur objectivisation, lire A Hancock, Overcoming Willful Blindness Building Egalitarian Multicultural Women's Coalitions, in Female Circumcision and the politics of Knowledge, Praeger, West point Connectitut, 2005, pp. 427 (432, 436-37).

des communautés pratiquantes. Les exemples pour soutenir cette affirmation sont légion. En effet, une approche se fondant sur le droit à l'intégrité physique ne permet pas toujours que la question de l'identité culturelle des groupes concernés soit abordée[1308] laquelle est pourtant nécessaire dans la détermination des facteurs à prendre en compte pour toute anaylse des fonctions sociales des sexes masculins et féminins en leur sein[1309]. Toujours en rapport avec la faiblesse de l'approche repressive, son application aux MGF ne règle pas forcément la question de la survie aussi bien matérielle, sanitaire, que celle émotionnelle des femmes et fillettes concernées, lesquelles peuvent se voir rejetées de leurs familles respectives du fait de leur refus de se soumettre à la pratique[1310]. Dans le même sens, reste également ignorée, la question de la

1308 Ce sont ces considérations qui ont poussé d'aucuns à encourager la continuation de la pratique mais sans opérations mutilatoires. De telles expériences ont été conduites par quelques ONG dans certaines communautés pratiquantes. Lire, GTZ, La lutte contre les mutilations génitales féminines : défis et perspectives pour les programmes de santé, Eschborn 2003, pp. 21-22; Y. Hernlund, op. cit., p.235 (245-249).

1309 Or les considérations de genre occupent une place importante dans la lutte contre les violences féminines, y compris les MGF. Appréhender les structures de déséquilibre des rapports de sexes dans un contexte déterminé, permet de développer des mesures, qui permettent de lutter contre les causes mêmes des violences. Ainsi mettre à l'écart la culture avec ses dynamismes dans l'analyse des sociétés connaissant de la pratique, veut dire également fermer les yeux sur les logiques de pouvoirs qui sous tendent lesdites sociétés. Sur l'importance du concept genre dans l'analyse des structures, lire F. Sow, la recherche africaine en sciences sociales et la question du genre, in Colloque international genre, population et développement en Afrique, Abidjan.16-21 juillet 2001. pp.10-11.

1310 En d'autres termes faire valoir son droit à l'intégrité physique pour la femme signifierait simplement son exclusion. C'est la raison pour laquelle, d'aucuns soutiennent que la priorité doit être donnée aux approches communautaires dont la maxime peut se résumer comme suit, les MGF seraient abolies totalement ou ne le seraient pas. Cette thèse est soutenue par l'américain anthropologue Gerry Mackie. Selon lui, dans la mesure où seule une convention sociale fondée sur le désir des communautés concernées de voir leur fille mariée expliquerait la transmission de la pratique de génération en génération, seule une autre convention sociale pourrait entraîner la disparition de la pratique (G. Mackie, op. cit., p.253 (254-261, 279-280). L'ONG sénégalaise TOSTAN semble avoir fait une application positive de cette théorie au travers du phénomène des déclarations publiques. Les déclarations pubiques sont des engagements solennels attestant de la décision des communautés pratiquantes de ne plus se voir soumettre à la pratique des MGF. A dire vrai lesdites déclarations quoique montrant l'existence d'une dynamique de changement dans les dites communautés ne garantit pas toujours un abandon réel de la pratique. En effet certaines enquêtes évaluatives faites par Tostan elles-même ont fait état de certains cas d'excision dans certains villages ayant fait des déclarations publiques d'abandon. Voir en ce sens S Panet, Rapport de l'enquête sur l'impact de la déclaration publique pour l'abandon de l'excision de Diabougou (15 février 1998), Tostan pour l'éducation non formelle en Afrique, juin/juillet/août 2004, pp.14 et s, 30. Ainsi le rôle du droit en la survie des exciseurs dans la mesure où ils ne peuvent plus exercer leurs fonctions[1311]. Or il s'agit là de questions importantes auxquelles le langage juridique doit pouvoir apporter des solutions. Il n'est donc pas surprenant, que l'approche assez étroite des politiques des États rentrant dans le champ de notre étude ne puisse pas véritablement faire bouger les choses en ce qui concerne le statut des femmes concernées[1312]. Pour cela, il est nécessaire, que les problèmes posés par l'éradication des MGF au niveau local soient réellement considérés, si l'on veut faire rentrer le droit dans la dynamique sociale des sociétés considérées[1313]. Et, seule une telle orientation peut faire naître un sentiment collectif réprobateur à l'égard des opérations de mutilation des organes génitaux féminins dans les sociétés considérées et donner ainsi au procès pénal tout son sens en l'espèce.

b. La distanciation du procès pénal de ses attributions normales

Le procès pénal vise avant tout à sauvegarder l'intérêt public contrairement au procès civil axé essentiellement sur des prétentions privées. C'est ce qui expliquerait également la gradation des peines allant des amendes pécuniaires à des peines privatives de liberté sanctionnant l'issue des procédures pénales. L'individu ayant violé une disposition pénale est sanctionné, quand bien même les intérêts privés seraient mis en cause, avant tout de ce qu'il a posé un acte

---

matière ne saurait être écartée mais les interrogations demeurent sur le caractére que celles-ci doivent revêtir pour une protection réelle des intérêts des femmes africaines concernées.

1311 Il convient toutefois de relever que les approches visant à amener les Exciseurs traditionnels à abandonner leurs activités et à faire d'eux des agents de relais efficaces au niveau des communautés en vu de voir disparaître la pratique des MGF restent des plus controversées. Outre le fait que les fonctions d'exciseuses ne peuvent s'analyser exclusivement en termes de gains financiers dans la mesure où les exciseuses jouent un rôle social clairement défini, à savoir entres autres assurer la mariagiabilité des femmes/fillettes, l'accomplissement de plus en plus croissants des MGF dans des centres hospitaliers font sérieusement douter de la justesse d'une telle Orientation. Voir en ce sens C. Gosselin, op. cit., pp. 193(205 et s); G. Mackie, op. cit., pp. 253 (272-274) ; GTZ, La lutte contre les mutilations génitales féminines : défis et perspectives pour les programmes de santé, Eschborn 2003, p.20.

1312 Il s'agit là à dire vrai d'une consécration de l'approche classique des Nations unies sur la question. Il est en effet aujourd'hui admis que le phénomène de la violence féminine, y compris les MGF se doit d'être cmbattu en amont plutôt qu'en aval. C'est dire que les interventions étatiques relatives à la prévention de ce phénomène doivent être développées.

1313 Nous sommes d'avis que le droit peut être bel et bien un facteur de changements de comportements sociaux à condition d'être négocié. Et le droit négocié exige que des injustices clairement identifiées dans les contextes spécifiques aient été reconnues.

portant atteinte à l'ordre public et menaçant l'intérêt général[1314]. C'est donc dire que l'ordre public aussi bien camerounais que celui sénégalais commande que tout individu ayant porté atteinte à l'intégrité physique des femmes et fillettes considérées en les soumettant à la pratique soit sévèrement puni. L'individu est donc puni parce qu'il a décidé en toute connaissance de cause d'outrepasser les limites fixées à sa liberté par le législateur afin de préserver l'intérêt général. A dire vrai, la compréhension de la pratique comme portant atteinte à l'intérêt général est difficilement soutenable au regard des mœurs des communautés pratiquantes:*«Pour la majorité des personnes qui pratiquent les CF/MGF dans notre communauté, il s'agit encore d'un acte de fidélité vis-à-vis des ancêtres, d'un devoir pour protéger l'intégrité sociale et contrôler la sexualité et la reproduction. En bref, c'est un acte qui jusqu'à présent a fait recevoir à ses auteurs des louanges et des récompenses plutôt que des punitions. En approuvant une loi, nous risquons de transformer, du jour au lendemain, des citoyens respectueux en des criminels»*[1315]. Le droit positif de ces États, en définissant unilatéralement ce qu'il faut entendre par intérêt général en l'espèce a écarté le procès pénal de ses attributions classiques[1316]. Un tel procès loin de punir les individus qui auraient délibérément choisi d'enfreindre les lois garantes de l'équilibre social, devient celui de leurs actes[1317]. En effet, le délinquant ici ne peut se sentir véritablement coupable dans la mesure où en accomplissant l'acte il voulait simplement rester fidèle à son système de valeur. Les sanctions sur lesquelles, débouche le procès pénal, peuvent donc apparaître dans une certaine mesure assez incompréhensible pour les personnes ainsi jugées. Et la situation est d'autant plus curieuse, qu'il n'est pas exclu, que dans le cercle des délinquants se retrouvent également pénalisées les femmes et fillettes, que le droit a vocation en l'espèce à protéger. Les femmes africaines connaissant de la pratique seraient alors incomprises à la fois aussi bien de leurs

1314 C'est ce qui explique que le désistement de la victime au procès pénal n'ait pas d'incidence sur la continuation de la procédure, J pradel, op. cit., para.205, p.178.

1315 N. Toubia, la législation en tant qu'instrument pour un changement social et de comportement (version francaise), in The Afro-Arab Expert Consultation on Legal Tools For The Prevention of Female Genital Mutilation, cairo, 21-23 June 200, p.4.

1316 En ce sens, il ne serait pas inutile de relever, l'origine essentiellement exécutive de la loi sénégalaise interdisant les MGF, laquelle a été voté sans que des mesures réelles de préparations n'aient été menées auprès des populations, Interview avec le député Famara Sarr en décembre 2005 (Dakar), lors de nos recherches au Sénégal. Cette conclusion est à la vérité transmissible à d'autres États africains ayant légiféré sur la question. En effet, Preves, démontre dans son article, comment les facteurs externes ont été déterminants dans l'élaboration des lois nationales interdisant les MGF, Heger Boyle et E.Preves, op. cit., passim.

1317 G. Giudicelli-Delage, op. cit., p. 201 (208).

traditions locales, que des droits de l'homme dont les lois pénales interdisant les MGF n'en seraient ici qu'une matérialisation[1318].

2. *La double marginalisation de la femme africaine*

La dite marginalisation est perceptible aussi bien au niveau de leurs systèmes traditionnels (a), que celui du droit moderne dont les droits de l'homme n'en seraient qu'une expression (b).

a. Au niveau du système traditionnel

La marginalisation de la femme africaine dans les ordres traditionnels peut être déduite de ce que, la femme dans les sociétés africaines est essentiellement définie au travers de ses fonctions traditionnelles d'épouses et de mères. En ce sens, la consécration des MGF comme règle coutumière au sein de ces sociétés, ne serait rien d'autre que le signe visible, symbolique de l'acception par la femme de son rôle de mère et d'épouse, dans la mesure où celle-ci est également perçue comme telle dans les sociétés africaines ne connaissant pas de la pratique[1319]. Une distinction se doit d'être cependant faite entre le caractère noble desdites fonctions, que la tradition des MGF veut entre autres préserver et les déviations qui en sont faites en pratique, conséquences d'une socialisation négative limitant les femmes exclusivement aux dites fonctions[1320]. S'agissant particulièrement des MGF, les femmes des communautés connaissant des MGF sont conscientes de ce que, leurs pouvoirs découlent avant tout de l'acceptation des dites fonctions d'épouses et mères[1321]. Et c'est la raison pour laquelle, elles sont prêtes à payer le prix fort pour y accéder[1322]. La soumission à la pratique des MGF est à cet égard une bonne illustration. Ainsi au-delà de l'éradication de la pratique dans les communautés concernées, la question de la sauvegarde du statut de la femme serait d'une importance des plus capitales. Autrement dit les préoccupations des femmes africaines seraient à notre avis, beaucoup moins celles de voir disparaître la pratique, mais relatives à la recherche des voies et

---

1318 La remarque faite par Omofololabo Ayayi-Soyinka apparaît ici des plus pertinentes:"*African women have to endure the patriarchy of European Colonization and cultures in addition to the patriarchal structures of their own cultures*, Omofolabo Ayayi- Soyinka, op. cit., p. 79(79).

1319 J. Ombolo, op. cit., pp. 149-150.

1320 Une socialisation des femmes aux fonctions des mères et d'épouses n'est pas mauvaise en soi surtout quand on note les Efforts, que certains États occidentaux font pour encourager les femmes à la maternité compte tenu de leurs populations de plus en plus vieillissante. Ce qui est à notre avis ici critiquable, est l'étroitesse d'esprit qui en découle.

1321 N. Toubia , la législation en tant qu'instrument pour un changement social et de comportement (version francaise), in The Afro-Arab Expert Consultation on Legal Tools For The Prevention of Female Genital Mutilation, cairo, 21-23 June 200, p.6.

1322 Idem.

moyens pour préserver leurs pouvoirs traditionnels et leurs identités sociales. En ce sens, vouloir les amener à y renoncer par la force en ignorant les dynamiques de pouvoirs qui s'y cachent ne peut qu'être des plus aliénants[1323].

b. Au niveau du système moderne

La marginalisation de la femme africaine en l'espèce proviendrait de ce qu'au travers de lois répressives, le droit moderne procède essentiellement par voie unilatérale à un renversement de l'échelle de valeur de celle-ci. En ce sens, les lois pénales interdisant la pratique des MGF signifieraient avant tout pour la femme africaine, renoncement à son domaine traditionnel de pouvoirs. En d'autres termes, le droit moderne conduirait les femmes concernées dans une impasse, dans la mesure où il s'agirait pour elles tout en cherchant à conserver la parcelle de pouvoir à elles conférée dans leurs communautés respectives au travers du respect de la tradition, d'éviter dans le même temps de se retrouver jetées en prison comme le prévoient les mesures répressives[1324]. Il n'est donc pas surprenant que l'existence de mesures légales interdisant expressément la pratique des MGF ait donné lieu à une recrudescence clandestine dans certaines communautés[1325]. On peut donc comprendre les préférences de certains auteurs pour la médicalisation en ce sens qu'elle permettrait à la femme africaine de coïncider avec elle-même[1326]. Si cette solution a été rejetée par la majorité, l'argumentation sur laquelle repose un tel rejet est assez critiquable au regard des intérêts de la femme africaine, que le droit veut en l'espèce protéger. En effet, l'argumentation fondée sur la nécessité de garantir le droit à l'intégrité physique, laquelle garantie ne doit souffrir d'aucune exception surtout depuis que les MGF ont été définies comme une violence dont les femmes souffrent du fait de leur sexe, pèse peu face aux intérêts de la femme africaine concernée. La préoccupation centrale de cette dernière étant essentiellement de savoir comment maintenir son statut (respectivement celui de sa fille) d'épouse et de

1323 Sur la nécessité de considérer les rationnalités et les dynamiques des pouvoirs, qui sous tendent la pratique des MGF, An-Na'im, op. cit., p.167 (177).

1324 Or les femmes africaines et celles rurales en particulier connaissent des situations de vies assez précaires. Les taux de scolarisation sont généralement assez bas dans les régions considérées. Dans ces conditions ce serait contraire aux principes de justice et d'équité, qu'elles se retrouvent de surccroît jetées en prison.

1325 *"A total ban on the performance of F.C. in public hospitals coupled with criminalization, results only in driving the practice underground, to the unsafe and unhygienic conditions of the traditional procedures. It is moreover prevents parents from bringing their damaged daughters to a medical installation when things go wrong after a badly managed circumcision for fear of criminal sanctions"*: E. Grande, op. cit., p.7.

1326 L'une des têtes de proue à soutenir cette idée est ahmadu Fuambai. Pour plus d'informations, lire son article A. Fuambai, op. cit., pp. 283-312.

mère au sein de sa communauté et des avantages qui s'y attachent[1327]. A cet égard la solution que lui offre le droit positif, lui serait indifférent car ne répondant pas à ses préoccupations[1328]. A cet égard, il conviendrait de développer des stratégies qui leur permettront de comprendre que le mariage ne passe pas forcément par la mutilation[1329] et qu'à côté du mariage, il existe d'autres centres d'intérêts également attrayants. Il s'agira donc en l'espèce de développer une approche socio juridique visant avant tout le renforcement de leurs capacités.

B. La nécessité d'élaborer des mesures renforçant effectivement l'autonomie féminine

Dans la mesure où les uns et les autres s'accordent à admettre que les violences féminines parmi lesquelles les MGF, trouvent leur origine dans l'inégalité d'une répartition historique du pouvoir, il conviendrait que les États développent des stratégies permettant de remédier à ce déséquilibre de rapports. Les mesures éducatives (1) ne seraient donc pas à dissocier de celles purement légales (2) dans cette recherche constante et dynamique d'une égalité véritable entre les deux sexes dans les communautés pratiquantes en particulier et dans le contexte africain en général.

1. Les mesures éducatives participatives à une égalité des sexes

Il s'agit de l'ensemble des moyens permettant aux populations concernées de se distancer des MGF, car convaincues, de ce que cette pratique ne leur permet pas d'avoir des rapports réellement épanouissants. En ce sens, les méthodes assimilatives seraient à refuser (a) au profit de celles participatives, lesquelles sont susceptibles de permettre un vrai dialogue sur les droits de l'homme relatifs aux droits des femmes dans le contexte africain(b).

a. Le rejet des méthodes assimilatives

Il s'agit d'éviter, que les arguments, qui sont généralement avancés au niveau international comme justifiant l'éradication de la pratique, soient appliqués tels quels dans le contexte des communautés concernées. En effet, si les Nations Unies ont eu à organiser un certain nombre de conférences dans le but de

---

1327 An-Na'im, op. cit., p.167 (180)

1328 N. Toubia a à juste titre relevé que les mesures qui se veulent bénéfiques pour les femmes doivent avoir pour thème *«leurs souffrances et leurs violations»*. Et celles-ci ne sauraient être définies à notre avis in abstracto. N. Toubia, note 605, pp.6-7.

1329 En ce sens, certaines études compréhensives ont été élaborées démontrant que la pratique des MGF loin de favoriser la mariage et la fécondité dans la vie du couple produisait plutôt l'effet inverse, D Balk, *"To Marry and Bear Children? The Demographics Consequences of Infibulation in Sudan", in Female Circumcision in Africa* Boulder /London, lynne rienner publishers, 2000, passim.

favoriser une certaine vulgarisation de leurs positions eu à égard à cette thématique auprès des États[1330], il est toutefois important que lesdites positions ne soient pas reprises en tout point au niveau des politiques internes des États[1331]. L'idée ici est d'éviter, que ne soient automatiquement utilisées dans le contexte africain des méthodes éducatives ayant faits leur preuve dans d'autres contextes, quand bien même lesdites méthodes ne permettent pas forcément d'y apporter une réponse appropriée aux problèmes locaux découlant de la pratique[1332]. S'agissant des mesures éducatives se fondant sur les arguments sanitaires, il peut s'avérer assez maladroit en les présentant aux populations africaines directement concernées de les appuyer avec des images montrant leur intimité[1333]. Toujours allant dans le même sens, le fait d'insister dans les messages de sensibilisation adressées aux communautés concernées sur les formes de mutilations les plus graves, quand bien même, celles-ci ne seraient pas pratiquées par les groupes ciblés, peut empêcher toute réceptivité au niveau de ces groupes surtout si ces formes aggravées leurs sont inconnues[1334]. La réceptivité des arguments sanitaires est donc tributaire de ce qu'elles arrivent à permettre aux membres des communautés concernées en particulier la gent féminine, d'établir un lien entre les souffrances, qui y sont décrites et leurs expériences de vie concrètes[1335]. Dans le même sens, l'opportunité d'une législation spéciale, interdisant expressément les MGF visant à accompagner les

1330 Heger Boyle et E.Preves, op. cit., pp.703 (710-714).

1331 La liberté dans l'exécution des engagements internationaux contractés est un principe admis en Droit international. Voir en ce sens, supra, chap.I de cette partie.

1332 Le refus de considérer ces aspects a d'ailleurs conduit á des échecs assez cuisants concernant les politiques d'éradications menées dans certains États africains tels que le Soudan, le Kenya du temps de la colonisation et plus récemment de l'Egypte. Voir en ce sens E. Sussman, op. cit., pp.193 (237ets); S Dillon, Healing the sacred Yoni in the Land of Isis: Female Genital Mutiltion is banned in Egypt, HJIL, 22, 2000, pp.289 (315 et s).

1333 Sur l'aspect dégradant des images chocs, lire Obioma Nnaemeka, "*Colonial Discourses, and Imperialist Interventions: Female Circumcision as Impetus*", *in Female Circumcision and the politics of Knowledge*, pp. 44 (49 et s); P. Herzberger Fofana, op. cit., pp. 18-19.

1334 " *The inexactitude of the health information offered by local campaigners may also have contributed to the campaign's failure to convince the majority of the population (....) There is a tendency, on the part of activists, to exaggerate the rate at which complications are known to occur, and sometimes the information is based on untested claims from the international anticircumcision literature, which tends to extrapolate from case studies of the consequence of infibulation*" C. Gosselin, op. cit., p.193(209). Lire dans le même sens B. Shell- Duncan, W. Obungo Obioro, L. Auko murulli, op. cit., p.109(110).

1335 S panet, Vers l'abandon de l'excision? *Empowerment* communautaire au Sénégal L'organisation non gouvernementale TOSTAN et les Déclarations Publiques pour l'abandon de l'excision, p.8.

mesures éducatrices auprès des populations, se doit d'être sérieusement étudiée à partir de chaque contexte de manière à définir ses fonctions véritables[1336]. De façon générale, pour éviter que les lois applicables aux MGF ne soient pas perçues comme porteuses de jugements au rabais des traditions locales, il faut que les mesures législatives en rapport avec la problématique des MGF intègrent les divers aspects de la problématique des MGF dans leur dynamisme, tels qu'ils apparaissent au niveau même des communautés pratiquantes[1337]. En l'absence d'une telle intégration, le discours des droits de l'homme dans le contexte africain, aurait une fonction essentiellement civilisatrice visant à transformer l'africaine en femme, peut être plus civilisée mais vraisemblablement déracinée[1338]. Or, il est de plus en plus admis, que les droits de l'homme tout en étant universels ou tout au moins ayant une vocation à l'être sont dans le même temps des droits situés dans un espace culturel, historique et géographique donné[1339]. En ce sens les droits de l'homme relatif aux femmes au regard de la pratique des MGF se doivent d'être appréhendées avant tout comme un facteur soutenant la dynamique de changement des sociétés considérées, la pratique des MGF n'étant pas, comme toute règle culturelle statique.
La science juridique des droits de l'homme se doit donc ici, d'être le moyen par excellence permettant une lecture de la pratique dans toute sa complexité.

b. La necessaire lecture contextuelle des droits de l'homme

Il est regrettable que le droit à l'intégrité occupe une place centrale et presque exclusive au sein des mécanismes juridiques offerts par le droit international des droits de l'homme pour lutter contre les MGF, alors même que ce dernier se doit d'être le moyen par excellence permettant véritablement aux populations concernées de s'interroger sur la nécessité ou non de rester fidèles à la pratique

---

1336 Jusqu'ici seuls 4 des pays ayant adopté une législation spéciale contre les MGF ont eu à l'appliquer, UNICEF (centre de recherche innocenti), changer une convention sociale néfaste: la pratique de l'excision/ mutilation genitale féminine, 2005, p. 37.

1337 Surtout, qu'il apparaît aujourd'hui difficile de dissocier tradition et modernité dans le contexte africain, L Sindjoun, Brèves réflexions sur une question sans fin: de la société politique traditionnelle à l'émergence d'une société politique de droit, in droits de l'homme en Afrique centrale: colloque de yaoundé, UCAC-Karthala, 9-11 novembre 1994, pp.91- 95. En ce sens, la médicalisation de la pratique des MGF n'en serait-elle pas une preuve patente?

1338 Sur les dangers de toute politique d'assimilation et l'asserissement qui s'en suit, lire M. Nguele Abada, op. cit., p.71(95-96).

1339 *« Il est de fait qu'il y'a dans chaque zone des grandes formes de monde, une conception des droits de l'homme liée à l'histoire, à la géographie, aux mœurs et à la forme de pensée des populations locales, malgré la valeur extra spatiale et extra temporelle que l'on attribue à l'homme. Il résulte obligatoirement de la juxtaposition de ces deux données une certaine tension entre l'universalisme et la spécificité des droits»*, Kéba Mbaye, Les droits de l'homme en Afrique, 2 ème édition, p. 50.

des MGF[1340]. Pour ce, il est primordial que la question des MGF cesse d'être appréhendée comme un problème essentiellement féminin[1341] et que les sensibilisations y découlant puissent intégrer toutes les composantes sociales des communautés considérées[1342]. Certaines conventions spécialement axées sur les questions féminines, s'avèrent des plus intéressantes concernant ces aspects, dans la mesure où elles demandent expressément aux États parties de développer des mesures appropriées pour modifier les schémas culturels donnant une image stéréotypée à l'un ou l'autre sexe[1343]. L'idée serait alors de développer des stratégies contribuant à une compréhension nouvelle des rapports inter personnels, basées sur une certaine flexibilité dans les tâches à accomplir. Il convient de remarquer qu'une telle modification de rapports sociaux ne saurait être commandée et se doit d'être une conséquence logique de la dynamique de chaque société. En ce sens, les droits de l'homme se doivent d'être un facteur parmi tant d'autres favorisant un changement de comportements dans la perception des rôles de l'un ou l'autre sexe dans un contexte donné. Ainsi, l'appropriation des droits de l'homme dans un contexte donné avec les changements qu'elle impliquerait ne saurait donc être envisageable si lesdits droits n'ont pas d'abord été identifiés comme des réponses permettant aux différents protagonistes de faire face aux injustices localement identifiées[1344]. A cet égard, le succès de l'approche sanitaire dans certaines communautés pratiquantes est des plus illustratives. Le succès de Tostan dans le cadre de la lutte contre les MGF au Sénégal, résulterait dans une large mesure de ce que son programme éducatif axé sur les droits de l'homme et essentiellement participatif

---

1340 Surtout qu'il est admis que le paradigme des droits de l'homme se doit d'être un concept permettant aux uns et aux autres de s'interroger sur les rationnalités qui fondent leurs pratiques, voir An-Na'im, op. cit., pp.167 (178-181).

1341 Dans le cadre des recherches effectuées aussi bien dans les communautés pratiquantes du Cameroun que celles du Sénégal, les MGF étaient percues avant tout comme une question des femmes. La responsble de l'IAC Cameroun nous a relaté les faits d'une espèce où une femme avait tenu à faire exciser sa fille et ce à l'insu de son mari, Interview avec Mme Effium en Janvier 2006 Yaoundé, Cameroun.

1342 Ces aspects ont à dire vrai été abordés au niveau de l'impact des considérations culturelles dans les approches promotionnelles à développer par les États. Nous avons eu à démontrer la place importante, que les deux États, objet de notre étude, accordaient aux communautés pratiquantes, supra, pp.314-316.

1343 Art 5 CEDAW , art.5 al.2; art.4 al.2 (d) Protocole CADHP relatif aux droits des femmes.

1344 Il est donc déterminant *«...... pour accélérer le revirement sociétal indispensable à l'abandon de l'E/MGF, d'informer tous les membres des communautés locales sur les droits humains et les associer à des discussions sur la façon dont ces droits se rapportent à leur situation personnelle»* Unicef (Centre de recherche Innocenti), Changer une Convention sociale nefaste : la pratique de l'Excision /Mutilation génitale féminine, 2005, p.28.

aurait permis aux femmes d'assimiler un certain nombre de connaissances[1345]. Les connaissances ainsi acquises ont permis aux femmes de comprendre que les droits de l'homme leur conféraient des prérogatives les rendant capable de solutionner divers problèmes clairement définis au niveau local de manière à impacter positivement leur environnement. S'agissant particulièrement des MGF, les femmes ont pu établir grâce aux programmes éducatifs de Tostan que la soumission à la pratique n'était pas sans liens avec les cas d'hémorragies ou de décès, lesquels avaient toujours été traditionnellement imputables aux sortilèges et aux mauvais sorts[1346]. Par ailleurs, le discours sur les droits de l'homme au regard de la question des MGF ne saurait être séparé de questions existentielles pour les femmes[1347]. En effet, la femme, respectivement la fillette qui souhaite se détacher de la pratique se trouve confrontée à la question de sa nutrition, de son logement bref de sa capacité à pouvoir se prendre en charge. Ainsi donc une applicabilité des droits de l'homme se basant sur une garantie de ses droits civils, en l'espèce de son droit à l'intégrité physique ne resterait que des plus illusoires en l'absence de stratégies leur permettant de gérer les libertés ainsi acquises[1348]. En ce sens, les discours sur les droits de l'homme dans le contexte africain tout en contribuant à une interrogation des postulats sur lesquels reposent les structures sociales telle que le mariage[1349], se doivent également d'être une école d'apprentissage des libertés ainsi conférées sans que celles-ci n'aboutissent à un éclatement des dites structures[1350]. Autrement dit, outre le fait que des mesures renforçant les capacités des femmes se doivent d'être développées pour leur permettre de jouir effectivement de leurs droits de manière à résister efficacement à la pratique des MGF, l'octroi de telles

---

1345 Sur l'approche participatipative de Tostan et son contenu, lire Eclosion au Sénégal le processus qui a mis fin à l'excision dans 174 villages, janvier 1999, pp.19 et s.

1346 Ibid, pp.81 et s.

1347 C'est ce qui explique que les politiques des États africains relatives aux MGF peuvent difficilement dépasser l'approche promotionnelle.

1348 Le droit au développement, intégrant à la fois la vision libérale que celle socialiste des droits de l'homme trouve ici une bonne application , *« Le droit au développement est un droit inaliénable de l'homme en vertu duquel toute personne humaine et tous les peuples ont le droit de participer et de contribuer à un développement économique, social, culturel et politique dans lequel tous les droits de l'homme et toutes les libertés fondamentales puissent être pleinement réalisés, et de bénéficier de ce développement»*, art.1, A/Rés 41/128 du 4 décembre 1986.

1349 Une telle interrogation n'est elle-même possible, que si les questions sur le genre intègrent également la problématique des droits. En effet, la reflexion sur le genre n'invite-t-elle pas à une «transformation des structures du pouvoir et des rapports humains»?, F. Sow, op. cit., p.16.

1350 *«les communautés humaines à différents niveaux :international, national, intermédiaire ou familial, sont des médiations nécessaires pour que l'être humain puisse se réaliser pleinement, tant par ses droits que par ses devoirs»*, H. De Deker, op. cit., p.203(205).

prérogatives au profit de femmes se doit par ailleurs d'intégrer les réalités sociologiques des communautés concernées.

2. Les mesures légales en faveur des femmes

Si un tel objectif commande que des considérations féminines déterminent l'action des gouvernements dans l'élaboration des lois (b), il conviendrait également qu'en l'espèce les considérations de genre ne soient aucunement dissociées de celles culturelles, surtout que les conventions spécifiques aux femmes de par la souplesse préconisée dans leur applicabilité, n'excluraient pas à priori une telle approche (a).

a. L'indissociabilité des considérations de genres et culturelles

La nécessité de considérer dans l'élaboration des lois leurs incidences concrètes pour l'un ou l'autre sexe est devenue une des priorités de l'heure, dans la mesure où il est admis que les lois ne seraient pas toujours véritablement neutres dans leurs formulations et dans leurs portées. Il fut en ce sens démontré que les expériences de vies de femmes n'étaient que très imparfaitement sauvegardées par le droit international des droits de l'homme existant, ceux-ci préservant avant tout les intérêts masculins[1351]. Grâce à l'ardeur du mouvement féministe, la cause féminine est devenue universelle et les violences contre les femmes ont été identifiées comme un obstacle empêchant les femmes, indifféremment de leurs contextes de vie spécifiques, de jouir de leurs droits[1352]. Ainsi, les arguments culturels généralement avancés pour soutenir la pratique revêtaient dorénavant une connotation négative dans la mesure où ils étaient essentiellement appréhendés comme des éléments définis par les sociétés patriarcales pour que les femmes restent dans les sphères étroites où elles avaient bien voulues les confiner[1353]. Ainsi la culture dans le cadre des politiques visant l'éradication des MGF a été identifiée comme une donnée essentiellement aliénante pour les femmes, leur déniant toute dignité. L'interdiction de la pratique finit par être prévu aussi bien dans divers textes tant nationaux qu'internationaux. Or, la faible réceptivité des lois interdisant les MGF[1354] ainsi que les effets assez contradictoires auxquels elles débouchent au regard des

---

1351 Sur les nécessités d'un droit international intégrant effectivement les préoccupations féminines, voir supra, introduction de la thèse.

1352 La finalité du féminisme est en effet *«to empower women and to transform unequal power relations between the sexes into more egalitarian structures»*, A Hancock, op cit., 1307, p. 427 (428).

1353 Voir supra, les thèses occidentales s'opposant à la continuation de la pratique, pp.43-46.

1354 Même dans un pays comme le Burkina, ayant une certaine pratique judiciaire sur la question, la pratique reste vivace, Press Release WOM/1518, Women's anti-discrimination committee takes up report of Burkina Faso, pp.1, 5, 14 juillet 2005, consulté à l'adresse http://www.un.org/News/Press/docs/2005/wom1516.doc.htm

intérêts des femmes montrent qu'une approche juridique féminine, laquelle a permis la détermination des violences féminines comme une catégorie autonome, ne saurait être appliquée abstraitement à la gent féminine sans tenir compte des spécificités culturelles où le droit a vocation à s'appliquer. La perception selon laquelle la culture aurait un impact absolument négatif pour le statut des femmes se doit d'être ici relativisée, la dynamique sociale soustendant la pratique des MGF n'excluant pas véritablement les femmes de toute sphère de pouvoirs[1355] .Une approche juridique visant une libération globale des femmes du phénomène de la violence, bien que justifiée dans sa conception, se doit d'être diversifiée dans ses applications, les spécificités culturelles de chaque contexte le commandant[1356]. Le principe de l'égalité des deux sexes tel que consacré dans divers textes juridiques aussi bien nationaux qu'internationaux se doit donc d'être apprécié au regard des données sociales s'il ne veut pas être une simple construction intellectuelle relevant de l'abstraction. S'agissant particulièrement des MGF, l'on ne peut nier le fait, que les femmes sont fortement impliquées dans leur réalisation et leur maintien, parce que convaincues, que leur reconnaissance sociale en dépend[1357]. Faire fi de cette considération, ne ferait qu'aggraver le sort des femmes concernées tout en méconnaissant le besoin de reconnaissance qu'elles essayent de préserver en restant attachées à la pratique des MGF. Une prise en compte des intérêts de la femme africaine en l'espèce va donc bien au-delà d'une interdiction de la pratique.

b. Les spécificités des législations protectrices des intérêts des femmes africaines concernées

Si les stratégies développées jusqu'ici ont mis en exergue les incidences négatives de la pratique pour la santé des femmes et leur caractère aliénant pour ces dernières, elles sont toutefois restées étonnamment silencieuses en ce qui concerne l'amélioration du statut des femmes concernées. En effet, bien que les campagnes de sensibilisations surtout celles axées sur les arguments sanitaires ont permis à certaines femmes de prendre conscience des incidences négatives de la pratique pour elles et pour leurs fillettes, il peut paraître assez curieux que lesdites campagnes n'aient fait que favoriser dans certaines communautés

1355 La preuve en ait que, les femmes qui s'opposent aux initives qui ont pour but de mettre fin aux MGF, le font *« non par ignorance de ses aspects nuisibles, mais par crainte que cela n'entraîne une perte de statut et de protection»*, UNICEF (centre de recherche innocenti), changer une convention sociale néfaste : la pratique de l'excision/ mutilation genitale féminine, 2005, p.19

1356 A Hancock, op. cit., pp. 427 (439-440).

1357 L'existence d'une véritable oppression, dans le sens d'une coercition externe nous apparaît ici des plus discutables, supra, pp.101-104.

pratiquantes la médicalisation de la pratique[1358]. C'est que, à notre avis, les femmes concernées savent qu'elles disposent de biens peu de pouvoirs pour changer leur statut social. Ayant déjà eu à démontrer précedemment que les mesures répressives pouvaient dans une certaine mesure davantage favoriser une grande infériorité des femmes[1359], il s'agira pour nous ici de rechercher les stratégies pouvant avoir une incidence réelle sur une amélioration du statut des femmes dans les sociétés considérées de manière à leur faire tirer les conséquences logiques du diagnostic médical sur la question des MGF. En effet, la femme qui veut s'opposer à la pratique des MGF à titre personnel ou pour sa fillette sait, qu'elle doit être à même de s'assumer elle-même ne pouvant plus bénéficier du soutien de ses pairs. La nécessité d'assurer la survie de la fillette ayant soit déjà subie les MGF ou alors menacée de l'être est également d'une extrême importance. Dans les hypothèses visées ci-dessus, les États se doivent de garantir les conditions de subsistances desdites personnes en leur assurant certains besoins primaires tels que la nutrition, l'habillement et le logement. Par ailleurs, les voies et moyens leur permettant de se former et/ou de développer des petites activités rémunératrices se doivent d'être étudiés[1360]. Si certaines dispositions conventionnelles demandent expressément aux États de prendre des mesures légales dans le but de favoriser l'autonomie des femmes, donc leur développement[1361], force est toutefois de constater, que ces mesures visant le renforcement des capacités féminines ne donnent généralement pas lieu à des

1358 Une telle évolution fut d'ailleurs confirmée par l'une des présidentes d'une association féminine de kousséri (localité connaissant de la pratique). Cett dernière eut á relever qu'elle ne comprenait toujours bas pourquoi les débats relatifs à l'excision continuaient à partir du moment où les femmes étaient déjà de plus en plus encline à le faire dans les centres hospitaliers. Lire également dans ce sens, UNICEF (centre de recherche innocenti), changer une convention sociale néfaste: la pratique de l'excision/ mutilation genitale féminine, 2005, pp.16, 25.

1359 Voir supra où tu as eu à traiter du phénoméne de la marginalisation des femmes africaines au regard des droits de l'homme, pp.285-287.

1360 Celles-ci se sont la plupart du temps concentrées autour de la personne de l'exciseur, les préoccupations consistaient à les reconvertir à une nouvelle activité rémunératrice afin de leur assurer les moyens de subsistances. Cette approche présente toutefois quelques faiblesses dans la mesure où les MGF ne sont pas perpetrées à cause des exciseurs mais plutôt à cause de la demande sociale. Lire en ce sens, UNICEF (centre de recherche innocenti), changer une convention sociale néfaste: la pratique de l'excision/ mutilation genitale féminine, 2005, pp.34-35.

1361 « *Les États parties prennent dans tous les domaines, notamment dans les domaines politique, social, économique et culturel, toutes les mesures appropriées, y compris des dispositions législatives, pour assurer le plein développement et le progrès des femmes, en vue de leur garantir l'exercice et la jouissance des droits de l'homme et des libertés fondamentales sur la base de l'égalité avec les hommes* », Art.3, CEDAW; Le droit au développement est également garanti par la CADHP : et art 5(c) du protocole , CADHP relatif aux droits des femmes; para.3 et 7 de son préambule et art.22, CADHP.

droits justiciables[1362]. C'est dire que les États doivent manifester en l'espèce d'une volonté politique réelle afin d'élaborer des lois à même de faire bénéficier aux femmes de prestations adéquates visant à améliorer leurs conditions de vies[1363], fussent un temps soit peu, au moyen de mesures discriminatoires à l'égard des hommes[1364]. Toujours est-il que lesdites prestations obéissent à une logique progressiste[1365] et sont tributaires des capacités financières de chaque État, ceux-ci se devant toutefois d'agir ici en l'espèce aussi bien individuellement que solidairement[1366].

1362 Outre le fait que le droit au développement fait intervenir le peuple dans une matière strictement réservée aux individus, son domaine d'application assez large fait de lui une finalité du droit plutôt qu'un véritable droit. Il s'agirait là de raisons, qui auraient justifié le refus claire des États-Unis de voter la déclaration des Nations unies sur le droit au développement, lire en ce sens Kéba Mbaye, op. cit..5, pp.229-230. Ce qu'il importe à notre avis, c'est que comme Henry De Decker a eu à le relever, l'objet même du droit au développement, à savoir « une vie décente pour tous », commande que les États puissent les « promouvoir dans la mesure de leur possible, en créant diverses dispositions pour que ces droits puissent être progressivement réalisés, selon une justice distributive qui donne à chacun et à tous ce qui leur revient en vertu de leur égale dignité », H De Decker, op. cit., p. 203(217).

1363 En ce sens l'exemple de l'Ouganda est à suivre, laquelle prévoit dans sa Constitution des dispositions spécifiques aux droits des femmes, chap.IV, para.33, Recueil juridique des droits de l'homme, 1996-2000, Bruyant, Bruxelles, 2002, p.1093.

1364 Lire en ce sens, art.4, CEDAW.

1365 Une telle analyse a été clairement affirmée par Hanna Béate Schöpp-Schilling lors du dialogue engagé par la CEDEF avec les ONG sur l'interprétation de l'art.2 CEDAW, - Communiqué de presse FEM/1297, Le CEDAW engage un dialogue avec les ONG en vue d'élaborer une recommandation générale sur l'interpÉtation de l'art 2 de la convention sur les mesures politiques, p.5, 21 juillet 2004, consulté à l'adresse http://www.un.org/News/fr-press/docs/2004/FEM1297.doc.htm le 3 février 2005.

1366 Sur les débiteurs du droit au développement, lire H De Decker, op. cit., pp. 203(218-219); Kéba Mbaye, Les droits de l'homme en Afrique, 2 ème édition, pp.233; P. Pougoué, *Lecture de la Charte Africaine des droits de l'homme et des Peuples, in droits de l'homme en Afrique centrale*, pp. 32 (43-44).

CONCLUSIONS GÉNÉRALES

Les réflexions menées tout au long de notre étude rendent impératives, la nécessité de recentrer les intérêts de la femme africaine dans la définition de la problématique des MGF au regard du droit international des droits de l'homme relatif aux femmes. En effet, si les considérations de genre ont été déterminantes, pour dénoncer la supposée neutralité du régime classique du droit international des droits de l'homme et donc de remettre en cause son aptitude à remédier aux déséquilibres dont les femmes seraient victimes dans leur globalité, notre étude rend nécessaire la conception et l'élaboration des approches différenciées pour faire face à la question féminine. En ce sens, si la réglementation internationale des droits de l'homme offre désormais aux femmes, respectivement celle conventionnelle, un cadre général susceptible de leur permettre de remédier à leurs déséquilibres, celle-ci se doit d'être flexible dans ses applications concrètes selon les situations de vies particulières des groupes de femmes des États parties. Autrement dit, il serait utopique, de vouloir dissocier les considérations de genre, de celles culturelles, géographiques, historiques etc. C'est d'ailleurs, une telle orientation, qui nous a permis de relativiser la centralité du rôle accordé aux lois pénales conformément aux directives générales développées sur la problématique des MGF par les organes d'application des traités au niveau international. Notre propos fut alors de remettre en cause la logique selon laquelle interdiction de la pratique des MGF rimait obligatoirement avec la prise en compte de la protection des intérêts des femmes africaines concernées. Dès lors, il devenait urgent de comprendre pourquoi les populations concernées, les femmes n'étant pas exclues, quand bien même une distanciation avec la pratique était perceptible, refusaient de s'approprier ces lois, le positivisme juridique ayant été ici mis en échec dans la plupart des hypothèses. En effet, les lois, qui étaient supposées libérer les femmes apparaissaient plutôt comme celles là, qui participaient davantage à leur oppression, les craintes des sanctions répressives provoquant dans certaines hypothèses un développement clandestin de la pratique. C'est donc dire, que ces lois pénalisant les MGF, n'avaient pas véritablement appréhendées les souffrances de ces dernières, à savoir être cantonnées dans les rôles sociaux précis, seules conditions de leur respectabilité et semblaient fort curieusement plutôt accroître leurs souffrances. L'apport du droit ne peut en l'espèce être décisif, que s'il est apte à lutter contre les facteurs ne permettant pas aux femmes de refuser de se confronter aux actes constitutifs de violence dont elles auraient pourtant conscience de l'avilissement. L'évolution de la pratique vers la médicalisation serait à notre sens une des preuves les plus palpables de cette impuissance[1367]. L'aptitude du droit à œuvrer au renforcement

1367 Supra, référence 641.

des capacités féminines, nous apparaît être la clé de voûte, susceptible de permettre aux femmes de sortir du cercle infernal de la violence. En ce sens, le rôle des ONGs reste crucial[1368]. En effet l'apport de celles-ci dans le renforcement des capacités civiles n'est plus à démonter surtout dans le contexte africain où, les structures étatiques ne procèdent pas d'une véritable unicité de conception[1369]. Le rôle du droit international des droits de l'homme reste donc ici déterminant surtout en ce qui concerne ses dispositions relatives aux droits sociaux économiques et de solidarité[1370]. En dépit du faible apport de l'approche civiliste ici, dumoins celle pénal, s'avérant dans certaines hypothèses contradictoires, sa place reste capitale compte tenu de la vertu normative attachée à la règle de droit. Toutefois sa fonction doit être symbolique comme a eu à le préciser la déclaration de Dakar[1371], surtout qu'au fond pour reprendre les termes de Marcelo G.Kohen *«le combat pour la réduction des injustices sociales engendrées par les inégalités de fait ne se situe pas pour l'essentiel sur le plan*

1368 Il est en ce sens à déplorer le régime assez restrictif reglémentant leurs activités dans certains États africains. C'est le cas du Cameroun, lire en ce sens, S Kuaté Tameghé / R Loumingou Sambou, op.cit., pp.205 (215-217); A Amougui, op.cit., pp.235 (243-244); J Boukongou, *«aperçu du nouveau cadre juridique des activités non gouvernementales», in Cahier africain des droits de l'homme*, No4, presse de l'UCAC, juillet 2000, p 247 (250). Or, il est une constance que sans la garantie d'une certaine indépendance des structures étatiques dans la conduite de leurs activités, leur rendement dans le cadre des missions d'intérêt général, (domaine juridique, économique, social, culturel sanitaire, promotion des droits de l'homme etc....) qui leur sont traditionnellement affiliées au niveau national voire international restera moindre.

1369 *«En effet, le processus historique de création de l'État diffère en Occident et en Afrique. L'État occidental procède du paradigme de la formation. Il est le fruit d'un mûrissement et apparaît dans son essence comme l'instance arbitrale des intérêts des acteurs sociaux. L'État africain, en revanche, procède du paradigme de la construction. Il n'est pas une création organique de la société, mais s'est imposée au lendemain des indépendances comme l'unique forme d'organisation sociale possible»*,sylvain Kuaté Tameghé / régis Loumingou Sambou(régis), op. cit., pp.205 (207).

1370 Le droit au dévéloppement occupe d'ailleurs une place fondamentale dans les droits de solidarité. C'est d'ailleurs sur le fondement des droits de solidarité, que l'on peut comprendre l'initiative du parlement allemand. En effet celui-ci a demandé au gouvernement allemand d'intégrer la lutte contre les MGF aussi bien au niveau interne, que dans le cadre de ses relations internationales avec les pays directement concernés par la pratique et de concert avec leurs homologues européens. Voir, Deutscher Bundestag-16. Wahlperiode, Weibliche Genitalverstümmelung verhindern- Menschenrechte durchsetzen, Drucksache 16/4152, par.II, 31.01.2007.

1371 *«Dans le cadre de l'abandon de l'E/MGF, adopter une loi est une étape importante, hautement symbolique et nécessaire »*, Conférence parlementaire africaine, Les violences contre les femmes, abandon des mutilations génitales féminines:le rôle des parlements nationaux Dakar, Sénégal 4 et 5 décembre 2005, Déclaration finale adoptée à l'unanimité le 5 décembre 2005,para.7.

du juridique. C'est fondamentalement un problème politique. Le droit international ne peut pas changer le monde. Il peut néanmoins offrir des moyens pour lutter plus efficacement en faveur de la réduction de certaines inégalités et il les offre déjà, bien que d'une manière insuffisante»[1372].

1372 G. Kohen , op. cit., p 416 (416).

TABLE DES DÉCISIONS

A. Cour européenne

Irlande c/ Royaume-Uni, 18 Janvier 1978, Série A.25, §.158, Frédéric Sudre, Jean-Pierre Marguénaud, Joel Andriantsimbazovina, Adeline Gouttenoire, Michel Levinet, Les grands arrêts de la cour européenne des droits de l'homme, 2ème édition, P.U.F, paris, 2004.

Tyrer c/ Royaume-Uni, 25 avril.1978, Série A.26, §.29 et 32, Frédéric Sudre, Jean-Pierre Marguénaud, Joel Andriantsimbazovina, Adeline Gouttenoire, Michel Levinet, Les grands arrêts de la cour européenne des droits de l'homme, 2ème édition, P.U.F, paris, 2004.

B. Comité des droits de l'homme

Affaire No.78/1980, AD c/ Canada , déc. 29 july 1984, A/39/40.

Affaire No 74/1980, Angel Estrella c/ Uruguay, déc. 29 march 1983, A/38/40.

Affaire No 146/1983, Baboeram c/ Surinam, déc. 4 avril 1985, A/40/40.

Affaire No 273/1989, B.d.B. c/ Pays-Bas, déc. 30 Mars 1989, Sélection de décisions du comité des droits de l'homme prises en vertu du protocole facultatif, volume III, New York/Genève 2002.

Affaire No 167/84, B. Ominayak et la bande du Lac Lubicon c/ Canada, déc. 26 mars 1990, RUDH (1991).

Affaire No 504/1992, Denzil Roberts c/ Barbade, déc.19 juillet 1994, A/49/40, vol.II, §6.3, p.342.

Affaire No 352/1989, Douglas c/ Jamaique, déc.19 octobre 1993, RUDH (1994).

Affaire No 318/1988, E et P c/ Colombie, déc. 25 juillet 1990, A/45/50, vol.II.

Affaire No 413/1990, A et B c/ Italie, déc. 2 novembre 1990 RUDH (1991).

Affaire No 550/1993, Faurisson c/ France, RUDH (1997), déc.8 novembre 1996.

Affaire No R.14/61, Hertzberg et autres c/ Finlande, déc. 2 avril 1982, A/37/40, A/37/40.

Affaire No 217/1986, H.v.D. c/ Pays-Bas, déc. 8 April 1987, A/42/40.

Affaire No187/1985, JH c/ Canada, déc.12 april 1985, A/40/40.

Affaire Kandu-Bo et Consorts c/ Sierra-Leone, déc. 4 novembre 1998, A/54/40, vol.I.

Affaire R.12/52, Lopez Burgos c/ Uruguay, déc. 29 juillet 1981, A/36/40.

Affaire No R.1/5, Massera c/ Uruguay, déc. 15 August 1979, A/34/40.

Affaire 385/1989, McIntyre c/ Canada, déc. 31 mars 1993, RUDH (1993).

Affaire No 16/1977, Monguya Mbenge c/ Zaire, déc. 25 March 1983, A/38/40.

Affaire Piadiong et consorts c/ Philippines, déc.19 octobre 2000, A/56/40, vol.II.
Affaire No 488/1992, Toonen c/ Australie, déc. 31 Mars 1993, Sélection de décisions du comité des droits de l'homme prises en vertu du protocole facultatif, volume 3, New York/Genève, 2005.
Affaire No 110/1981, Viana Acosta c/ Uruguay, déc. 29 march 1984, A/39/40.
Affaire No R.13/37, Vidal Martins c/ Uruguay, déc. 23 March 1982, A/37/40.
Affaire No R/2/8, Weisman, déc. 3 April 1980, A/35/40.
Affaire No 458/1991, Womah Mukong c/ Cameroun, déc.21 juillet 1994, A/49/40, vol.II.
Commnunication No 1115/2002:Germany, CCPR/C/80/D/1115/2002, déc.30/04/2004.
Concluding observations of the Human Rights Committee: Mali, CCPR/CO/77/MLI, 16 april 2003.
Concluding observations of the Human Rights Committee: Bénin, CCPR/CO/82/BEN, 1 december 2004
Concluding observations of the Human Rights Committee: Sudan, CCPR/C/79/Add.85, 19 november 1997
Concluding observations of the Human Rights Committee: Senegal, CCPR/C/79/Add.82, 19 november 1997
Concluding observations of the Human Rights Committee: Cameroon, CCPR/C/79/Add.116, 4 november 1999
Concluding observations of the Human Rights Committee:Congo, A/61/40/, §. 80, Nations unies, New-york, 2006.
Concluding observations of the Human Rights Committee:Norvège, A/61/40/ Vol. I, §.81, Nations unies, New-york, 2006.
Concluding observations of the Human Rights Committee: Kenya, A/60/40/ Vol. I, §.86, Nations unies, New-york, 2005.
Concluding observations of the Human Rights Committee:Bénin, A/60/40/, §. 83, Nations unies, New-york, 2005.
CCPR/C/68/L/COG, Liste des points à traiter à l'occasion de l'examen du deuxième rapport périodique de la République du Congo, 3 décembre 1999.
CCPR/C/77/L/MLI CRC/C/114, Liste des points à traiter établie en l'abscence du deuxième rapport périodique de l'État partie qui devait être présenté le 11 avril 1986 :Mali, 27 novembre 2002.
CCPR/C/COD/2005/3, liste des points à traiter à l'occasion de l'examen du troisième rapport périodique de la République démocratique du Congo, 7 décembre 2005

CCPR/C/21/Rev.1/Add.10, General comments No28: Equality of rights between men and women (art.3), 29 March 2000

CCPR/C/21/Rev.1/Add.13, General Comment No. 31 on Article 2 of the Covenant,
The Nature of the General Legal Obligation Imposed on States Parties to the Covenant (adopted at the 2187th meeting on 29 March 2004)
Observation générale No3 sur l'art 2, mise en œuvre du pacte dans le cadre national (treizième session, 1981), in Compilation des commentaires généraux et recommandations générales adoptées par les organes de traités, UN. Doc. HRI/GEN/1/Rev.1 (1994).
CCPR General comment No17: rights of the child (art.24), 7 avril 1989.
CCPR General comment No18:Non-discrimination, November 1989.
Rules of Procedure of the Human Rights Committee: CCPR/C/3/Rev.8, 22 September 2005
CCPR/C/66/GUI/Rev.2, directives unifiées concernant les rapports présentés par les États parties, 26 février 2001

C. Comité d'élimination contre les violences faites aux femmes

Concluding Observations of the Committee on the Elimination of Discrimination Against Women: Cameroon., A/55/38, §§.30-66, Nations unies, New-york, 2000.
Concluding Observations of the Committee on the Elimination of Discrimination Against Women : Congo, A/55/38, §§. 194-238, Nations unies, New-york, 2000.
Concluding Observations of the Committee on the Elimination of Discrimination Against Women : Burkina Faso, A/55/38, §§.239-286, Nations unies, New-york, 2000.
Concluding Observations of the Committee on the Elimination of Discrimination Against Women : Congo, A/58/38, §§.142-189, Nations unies, New-york, 2003.
Concluding Observations of the Committee on the Elimination of Discrimination Against Women : Congo, A/58/38, §§. 190-230, Nations unies, New-york, 2003.
Press Release WOM/1518, Women's anti-discrimination committee takes up report of Burkina Faso, 14 juillet 2005, consulté à l'adresse http://www.un.org/News/Press/docs/2005/wom1516.doc.htm le 30 décembre 2005.
Méthodes de travail actuelles du Comité pour l'élimination de la discrimination à l'égard des femmes, A/59/38 Annexe X.
Recommandation générale CEDEF No14 (neuvième session 1990)
Recommandation générale No19 (onzième session, 1992)
Recommandation générales No24 (vingtième session, 1999)
Recommandation générale No19 (11ème session CEDEF 1992)

Recommandation générale No24 (20ème Session, 1999)

D. Comité des droits de l'enfant

Observations finales du Comité des droits de l'enfant : Mali, CRC/C/15/Add.113,02 novembre 1999.
Observations finales du Comités des droits de l'enfant: Cameroun, CRC/C/15/Add.164, 6 novembre 2001.
Observations finales du Comités des droits de l'enfant: Congo. CRC/C/15/Add.153, 9 juillet 2001.
Observations finales du Comités des droits de l'enfant: Côte d'ivoire, CRC/C/15/Add.155, 9 juillet 2001
Observations finales du Comités des droits de l'enfant: Gambia, CRC/C/15/Add.165, 6 novembre 2001
United Committee on the Rights of the child: Congo, CRC/C/3/Add.57, august 2000
United Committee on the Rights of the Child: Mali, CRC/C/SR.571, October 1990
Summary record of the 89th meething: Sudan, CRC/C/SR.89, November 1994
Summary record of the 637th meething: Djibouti, CRC/C/SR.637, june 2000
Summary record of the 544thth meething: Benin, CRC/C/SR.544, januar 2000
Compte rendu analytique de la 737 ème séance : Cameroun, CRC/C/SR.737, 4 février 2002
Compte rendu analytique de la 1017 ème séance : Togo, CRC/ C/ SR.1017, 24 janvier 2005
Provisional rules of procedure, CRC/C/4, 14 November 1991.
Organisation des travaux, Soumission de rapports périodiques, in CRC/C/118, 30ème session, mai 2002.
Summary record of the 680th meething: Egypte, CRC/C/SR.680, 22 January 2001
Summary record of the 711th meething: Côte d'Ivoire, CRC/C/SR.711, 6 June 2001
Summary record of the 409th meething:Uganda, 2 October 1997

E. Comité des droits économiques et sociaux

CESCR Observation No3, la nature des obligations des États parties (art.2 para.1 du PIDESC), E/1991/23.
General comment No.16 of the Committee on Economic, Social and Cultural Rights (2005).
Observation générale No14, E/C.12/2000/4, le droit au meilleur état de santé susceptible d'être atteint (art.12 du PIDESC), 11 Août 2000

F. Commission africaine des droits de l'homme

Doc.OUA. CAB/LEG/67/3 Draft/ Rapt.Rpt (II) Rev.2, "Rapport du rapporteur", Banjul, 9-15 juin 1980.

Voir en ce sens, la Communication 101/93, Civil Liberties Organization (in respect of the Nigerian Bar Association) c. Nigeria, in Recueil juridique des droits de l'homme en Afrique, 1996-2000, coll. Credho, Bruyant, 2002, p.331 (p.295)

G. Tribunaux nationaux

Tribunal de Kolda, jugement No 074 du 25 février 2004, Ministère public et Dioula Cissokho c/ Adama Barry et Damy Diamanka

Tribunal de Kolda, jugement No 154/02 du 12 juin 2002, Ministère public et Sona Baldé c/ Samba Seydi et Kadiatou Baldé

Tribunal de Kolda, jugement No 294/01 du 31 Octobre 2001, Ministère Public c/ Batou Baldé et autres

Tribunal de Kolda, jugement 328/01 du 28 Novembre 2001, Ministère public et Lansana Baldé c/ Talata Dio et Ansata Baldé.

BIBLIOGRAPHIE

A. Livres et Revues

Armstrong, Patricia A., Female Genital Mutilation: The Move toward the Recognition of Violence against Women as a Basis for Asylum in the United States, The Maryland Journal of International Law and Trade 1997, pp.95-117.

Abu-sahlieh, Sami Aldeeb A., Raison et religion dans la circoncision masculine et féminine en pays musulmans, in droit et culture, 27, 1994, pp.159-193.

Abusharaf, Rogaia Mustafa, Revisiting Feminist Discourses on Infibulation: Responses from Sudanese Feminists, in Female Circumcision, Boulder /London, lynne rienner publishers, 2000, pp.151-166.

Amakoué, Satchivi Francis A., Le déclin de l'État en droit international public, l'harmattan, paris, 2001, 316 p

Amede, Obiora L., The Anti-Femâle Circumcision Campaign Deficit, in Femâle Circumcision and the politics of Knowledge, Praeger, West point Connectitut 2005, pp. 314-356

An-Na'im, Abdullahi Ahmed, State Responsibility under International Human Rights Law to change Religious and Customary Laws, in Human Rights of Women National and International perspectives, university of Pennsylvania press,1994, pp.167-188.

An-Na'im, Abdullahi Ahmed, Madigan Amy et Minkley Gary, Cultural transformations and Human Rights in Africa: a Preliminary Report, in Emory International Law Review, 11, 1997, pp. 287-349.

Amougui, Appolinaire Tite, Réflexions sur la loi No99/014 du 22 décembre 1999 régissant les organisations non gouvernementales, in Cahier africain des droits de l'homme, No4, presse de l'UCAC, juillet 2000, pp. 235-246.

Arvonne, Fraser S., Becoming Human: The origins and development of Women's Human Rights, in Human Rights Quarterly 21.4, 1999, pp. 853-906.

Atangana Amougou, Jean-Louis, Conditionnalité juridique des aides et respect des droits fondamentaux, Université jean Mouli Lyon 3 (Ater en droit public), pp.1-12.

Atangana Amougou, Jean-Louis, Avancées et limites du système africain de protection des droits de l'homme : La naissance de la cour africaine des droits de l'homme et des peuples, droits fondamentaux, No 3, p.8, janvier-décembre 2003, consulté le 25 Juillet 2007à l'adresse http://www.droits-fondamentaux.org/IMG/pdf/df3jasapdh.pdf.

Balk, Deborah, To Marry and Bear Children? The Demographics Consequences of Infibulation in Sudan, in Femâle Circumcision in Africa, Boulder /London, lynne rienner publishers, 2000, pp. 55-72.

Barre-Dirie, Asili., Betroffene Frauen verdienen unseren Respekt und unsere Unterstützung, in weibliche Genitalverstümmelung: eine fundamentale Menschenrechtsverletzung, Terre des femmes, Frankfurt am Main, Mabuse-Verlag GmH, 2003, pp.101-108.

Barrère, Monique, Excision, in Enquête Démographique et de la Santé, Cameroun 2004, Institut National de la Statistique, Ministère de la planification, de la programmation, du Développement et de l'Aménagement du Territoire, Yaounde (Cameroun), USA, Juin 2005, pp.235-243.

Barret, Breitung A., InterprÉtation and Eradication: National and International Responses to Femâle Circumcision, in Emory International Law Review, 10, 1996, pp.657- 693.

Bartholomew, Amy, Human Rights and Post-Imperialism: arguing for a Deliberative Legitimation of Human Rights, in Buffalo Human Rights Law Review, 9, 2003, pp. 25-73.

Bastid, Suzanne, Les traités dans la vie internationale conclusion et effets, paris, Economica, 1985, 303p.

Baumgarten, Inge et Finke, Emanuela, Ansätze zur Überwindung weiblicher Genitalvestümmelung, in weibliche Genitalverstümmelung: eine fundamentale Menschenrechtsverletzung, Terre des femmes, Frankfurt am Main, Mabuse-Verlag GmH, 2003, pp.125-134.

Beck-Karrer, Charlotte, Frauenbeschneidung in Afrika, Arbeitsblätter des Instituts für Ethnologie der Universität Bern, 1992, 68p.

Ben Achour, Yadh, la Mondialisation et les grandes peurs du XXe siècle, in Boutros Boutros-Ghali Amicorum discipulorum que liber (paix, developpement, democracy), vol.II, Bruxelles, Bruyant, 1998, pp. 925-944.

Bendegue, Jean-Marie Vianney, Regard divers sur la corruption au Cameroun: le point de vue du juriste, in De la Corruption au Cameroun, Friedrich-Ebert-Stiftung Cameroun, Saagraph, juin 1999, pp. 161-209.

Bessis, Sophie, Dictionnaire des Mutilations Génitales Féminines. 2004, No peace Without Justice, consulté le 30 Janvier 2007 à l'adresse
http://www.npwj.org/netrep/fgm/DictionnaireMGF.pdf

Binder, Guyora, Cultural Relativism and Cultural Imperialism in Human Rights, in Buffalo Human Rights Review, 5, 1999, pp. 211-221.

Boris, Martin, Les droits culturels comme mode d'interprétation et de mise en œuvre des droits de l'homme : étude à partir du Conflit opposant l'excision à l'ordre public français, Mémoire de troisième cycle en droit, Université Panthéon Sorbonne Paris I, octobre 1996, 154p.

Bouet-Devrière, Sabine, La protection universelle des droits de la femme: vers une efficacité accrue du droit positif international ?, in Revue trimestrielle des droits de l'homme, 41, janvier 2000, pp. 453-477.

Boukongou, Jean Didier, Aperçu du nouveau cadre juridique des activités non gouvernementales, in Cahier africain des droits de l'homme, No4, presse de l'UCAC, juillet 2000, pp. 247-251.

Boukongou, Jean Didier, Avant-propos, Ethnicité, identités et citoyenneté en Afrique centrale, cahier africain des droits de l'homme, No 6-7, presses de l'UCAC (université catholique d'Afrique centrale), mars 2002, pp. 11-17.

Boukrif, Hamid, La Cour africaine des droits de l'homme et des peuples : un Organe judiciaire au service des droits de l'homme et des peuples en Afrique, RADIC, 10, 1998, pp. 60-87.

Boulware-Miller, Kay, Female Circumcision: Challenges to The Practice As A Human Rights Violations, in Harvards Women's Law Journal, 8, 1985, pp.155-177.

Brad, Roth R., Dueling Fates: Schould the International Legal Regime accept a Collective or Individual Paradigm to protect Women's Rights? Symposium article: the CEDAW as a collective approach to women's rights, in Michigan Journal International Law, 24, 2002, pp. 187-225.

Brière, Eloise A., Confronting the Western Gaze, in in Female Circumcision and the politics of Knowledge, Praeger, West point Connectitut, 2005, pp.283-296.

Brynes, Andrew et Connors, Jane, Enforcing the Human Rights of Women: a Complaints Procedure for the Women's Convention? Draft Optional Protocol to the Convention on the Elimination of all Forms of Discrimination against Women, in Brooklyn Journal of International law, 21, 1996, pp.679-797.

Buergenthal, Thomas, Die Bedeutung der allgemeine Erklärung der Menschenrechten für den internationalen Menschenrechtschütz in Studien zu Grund- und Menschenrechten, heft 2, Postdam, März 1999, pp.19-30.

Cancade, Trinade Antonio Augusto, The Future of the International Protection of Human Rights, in Boutros Boutros-Ghali Amicorum discipulorum que liber (paix, developpement, democracy), vol. II, Bruxelles, Bruyant, 1998, pp. 961-986.

Charlesworth, Hilary et Alienating, Oscar, Feminist Analysis of International Law, in Reconceiving Reality: Women and International Law, Studies in transnational Legal Policy, No. 25, ASIL(the American society of international law, Waschington, novembre 1993, pp. 1-18.

Chater, Souad, L'ONU et la condition de la femme, in Etudes internationales 1, 58, 1996, pp. 67-76.

Chinkin, Christine M., The role of Non-Governmental Organisations in Standard Setting, Monitoring and Implementation of Human Rights, in The Changing World of International Law in the Twenty-first Century, 1998, pp.45-46.

Cisse, Bernadette Passade, International Law Sources applicable to Femâle Genital Mutilation: a guide to Adjudicators of Refugee Claims based on a Fear of Femâle Genital Mutilation, in Columbia journal of transnational Law, 35, 1997, pp. 429-451.

Coello, Isabel, Female Genital Mutilation: marked by Tradition, in Cardozo Journal International and Comparative Law, 7, 1999, pp.213-226.

Conte, Philippe et Maistre du Chambon, Patrick, Droit penal général, Masson/Armand colin, Paris, 1996, 340p.

Cook, Rebecca J., State Responsibility For Violations of Women's Human Rights, in Harvard Human Rights Journal, 7, 1994, pp.125-175.

Cook, Rebecca J., State Accountability under The Convention on The Elimination of all Forms of Discrimination against Women, in Human Rights of Women National and International Perspectives, University of Pennsylvania press,1994, pp.228-256.

Coomaraswamy, Radhika, Identity within: cultural relativism, minority rights and the empowerment of Women, 483.George Washington International Law Review, 34, 2002-2003, pp. 483-513.

C Van Boven, theodoor, Les critères de distinction des droits de l'homme, in les dimensions internationales des droits de l'homme, paris, UNESCO 1978, pp.45-63.

Das Kamleshwar, Institutions et procédures issues des conventions relatives aux droits de l'homme et aux libertés fondamentales, in les Dimensions internationales des droits de l'homme, paris, Unesco, 1978, pp. 645-663.

De Deker, Henry, Droit de l'homme et droit au developpement : concurrence ou complémentarité?, in droits de l'homme en Afrique centrale : colloque de yaoundé, UCAC-Karthala, 9-11 novembre 1994, pp.203-222.

De Visscher, Paul, Les tendances internationales des constitutions modernes, RCADI, 1952-II, pp.511-578.

Dillon, Susan A., Healing the Sacred Yoni in the Land of Isis: Femâle Genital Mutilation is banned (again) in Egypt, in Houston Journal of International Law, 22, 2000, pp.289-326.

Djessi Ndine Mpessa, Aspects législatifs rompre le fossé entre la législation et la pratique, in les mutilations génitales au Cameroun, yaoundé, ACAFEJ, 1998, pp.2-12.

Djessi Ndine Mpessa, La société civile et la promotion des droits de la femme, in Cahier africain des droits de l'homme, No4, presse de l'UCAC, juillet 2000, pp.157 -163.

Donnely, Jack, Universal Human Rights in Theory and Practice, Ithaca (New-york) /London (England), Cornell University press, 1.publication, 1989, 295p.

Dormenval, Agnes, Procédures onusiennes de mise en oeuvre des droits de l'homme: limites ou défauts ? paris, presses Universitaires de France, 1991, 273p.

Ebehard, Christopher, Le droit et l'excision : Évaluation critique de la fonction de justice et de la production du droit en France, projet de recherche du groupe de travail DHDI (droits de l'homme et dialogue interculturel), consulté le 12.02. 1999 à l'adresse http://www.msh-paris.fr/red%26%20s/dhi/textes/eber1.htm.

Efua, Dorkenoo, Female Genital Mutilation: the Practice and its Prevention, London, minority rights publications, 1995, 190p.

El Saadawi, Nawal, Imperialism and Sex in Africa, in Femâle Circumcision and the politics of Knowledge, Praeger, West point Connectitut 2005, pp. 35-42.

Erlich, Michel, Notion de mutilation et criminalisation de l'excision en France, in droit et Cultures, 20, 1990, pp.151-162.

Evatt, Elizabeth, Finding a voice for Women's rights: the early days of CEDAW, in George Waschington international law review, 34, 2002-03, pp. 515-553.

Eyike, Vieux., Code d'instruction criminelle et pratique judiciaire camerounaise, Presses Universitaires d'Afrique, yaoundé, 1999, 473p.

Fainzang, Sylvie, Excision et ordre social, in droit et Cultures, 20, 1990, pp.177-182.

Filibeck, Giorgio, Les droits de l'homme entre éthique et politique dans la vie de la communauté internationale, in Boutros Boutros-Ghali Amicorum discipulorum que liber (paix, developpement, democracy), vol.II, Bruxelles, Bruyant, 1998, pp. 1053-1059.

Fuambai, Ahmadu, Rites and Wrongs: an Insider/ Outsider Reflects on Power and Excision, in Femâle Circumcision in Africa, Boulder /London, lynne rienner publishers, 2000, pp. 283-312.

Ghali, Boutros-Boutros, Pour un droit international de la démocratie, Theory of International Law at the threshold of the 21 st Century, Hague/London/Boston, Kluwer Law international, pp. 99-108.

Gillette-Faye, Isabelle, la judiciarisation de l'excision: historique, G.A.M.S (groupe femmes pour l'abolition des mutilations sexuelles et autres pratiques traditionnelles affectant la santé des femmes et des enfants : section française du comité inter africain), Paris, janvier 2002, 11p.

Gillia, Beth Ann, Female Genital Mutilation: a Form of Persecution, New Mexico Law Review, 1997, p. 579-613.

Giudicelli-Delage, Geneviève, Excision et droit pénal, droit et Cultures, 20, 1990, pp. 201-211.
Golze, Anna, Die Individualbeschwerde nach dem Übereinkomen zur Beseitigung jeder Form von Diskriminierung der Frau, in Menschenrechte : Bilanz und Perspektiven, Baden-baden, Nomos-verlag. Gesellschaft, 1.auflage, 2002, pp.511-533.
Gomez Isa, Felipe, The optional protocol for the Convention on the Elimination of all Forms of Discrimination against women: Strengthening the protection Mechanisms of women's human rights, in Arizona journal of international and comparative law, 20, 2003, pp. 291-321.
Gonzalez, Caroline, circoncision et excision des mineurs: de la politique criminelle à la prévention sociale, Thèse, Doctorat d'État en droit, Nice-sophia-Antipolis, faculté de droit et des sciences économiques et de gestion, 26-juin-1998, 446 p.
Gosselin, Claudie, Handing over the Knife: Numu Women and the Campaign against Excision in Mali, in Femâle Circumcision in Africa, Boulder /London, Lynne rienner publishers, 2000, pp. 193-214
Grande, Elisabetta, Hegemonic Human Rights and African Resistance: Female Circumcision in a Broader Comparative Perspective, in Global jurist frontiers, volume 4, Issue2, article 3, produced by the Berkeley Electronic Press: http:www.bepress.com/gj, 2005, 21p.
Hancock, Ange-Marie, Overcoming Willful Blindness Building Egalitarian Multicultural Women's Coalitions, in Female Circumcision and the politics of Knowledge, Praeger, West point Connectitut, 2005, pp. 427-479.
Harris-Short, Sonia, International Human Rights Law: Imperialist, Inept, and Ineffective?, in Human Rights Quarterly, 25, 2003, pp.130-181.
Heger Boyle, Elizabeth et Preves Sharon, E., National Politics as International Process: The Case of Anti-Femâle Genital Cutting Laws, in Law an Society Review, 34, 2000, pp. 703-737.
Hernlund, Ylva, Cutting Without Ritual and Ritual Without Cutting Female Circumcision and the Re-ritualization of Initiation in the Gambia, in Femâle Circumcision in Africa, Boulder /London, Lynne rienner publishers, 2000, pp.235-252.
Herzberger Fofana, Pierrette, Les Mutilations Génitales Féminines (MGF), juillet 2000, 65p consulté le 29.11.2006 à l'adresse
http://www.arts.uwa.edu.au/AFLIT/MGF1.html
Hosken, Fran P., Les mutilations sexuelles féminines, paris, denoel/gonthier, 1983, 292p.
Hottelier, Michel, le noyau intangible des libertés, in Le noyau intangible des droits de l'homme, VIIe colloque interdisciplinaire sur les droits de

l'homme à l'université de Fribourg, vol.20, 23-25 novembre 1989, éditions universitaires Fribourg Suisse 1991, pp. 67-79.

Ibhawoh, Bonny, Between Culture and Constitution: Evaluating the Cultural Legitimacy of Human Rights in the African state, in Human Rights Quarterly, 22, 2000, pp. 838-860.

Ibhawoh, Bonny, Cultural Relativism and Human Rights: Reconsidering the Africanist Discourse, in Netherlands Quarterly of Human Rights, 19, 2001, pp. 43-62.

Johnson, Michelle C., Becoming a Muslim, Becoming a Person: Femâle "Circumcision, Religious Identity, and Personhood in Guinea- Bissau, in Femâle Circumcision in Africa, Boulder /London, lynne rienner publishers, 2000, pp. 215-233.

Kafui Ayaba, Sandra Afanou, Der Menschenrechtsschutz in drei ausgewälten frankophonen Staaten Afrikas: Togo, Senegal und Kamerun, Peter Lang, Frankfurt am Main 2005, 228p.

Kalthegener, Regina, Rechtliche Regelungen gegen Genitalverstümmelung in Africa, weibliche Genitalverstümmelung: eine fundamentale Menschenrechtsverletzung, Terre des femmes, Frankfurt am Main, Mabuse-Verlag GmH, 2003, p. 203-214.

Kamdem, Jean Claude, Mise en œuvre de mécanismes juridiques garants des droits de l'homme en Afrique : le Cas du Cameroun, in droits de l'homme en Afrique centrale : colloque de yaoundé, UCAC-Karthala, 9-11 novembre 1994, pp.137-154.

Kamdem, Jean Claude, Existe-t-il une conception africaine des droits de la personne humaine ?, in Cahier africain des droits de l'homme, No4, presse de l'UCAC, juillet 2000, pp.41-78.

Kamto, Maurice, Mondialisation et droit, in Revue hellenique de droit international, vol.53 (R.H.D.I), 2000, pp. 456-485.

Katzive, Laura, L'utilisation de la loi pour promouvoir les droits des femmes, (version française), in The Afro-Arab Expert Consultation on Legal Tools For The Prevention of Femâle Genital Mutilation, cairo, 21-23 June 2003, pp. 1-19, consulté le 30 Janvier 2007 à l'adresse http://www.npwj.org/2007/02/08/FGMbrochure032004fr.pdf.

Kesia-Mbe Mindua, Antoine, Normes péremptoires du droit international et État de droit en Afrique, RADIC, 10, 1998, pp. 216-243.

Kessler Bodiang, Claudia, Eppel, Gerd et Salam Guèye, Abdou, L'excision dans la région de Kolda au Sénégal, perceptions, attitudes et pratiques, GTZ, 64. p.

Kohen, Marcelo G., Commentaire article.2, para.1 de la Charte des Nations unies, in la Charte des Nations Unies (commentaire article par article), 3e édition, Ecomica, paris, 2005, pp.

Kuaté Tameghé, Sylvain et Loumingou Sambou, Régis, l'État et l'internationalisation des activités non gouvernementales, in Cahier africain des droits de l'homme, No4, presse de l'UCAC, juillet 2000, pp.205-222.

K. Wellerstein, Aimee J., In the Name of Tradition: Eradicating the Harmful Practice of Female Genital Mutilation, in Loyola of Los Angeles International & Comparative Law Review, Octobre 1999, pp. 99-141.

Le Guyader, Alain, La question philosophique d'un noyau dur des droits de l'homme, in droits de l'homme en Afrique centrale : Colloque de yaoundé, UCAC-Karthala, 9-11 novembre 1994, pp.249-265.

Lewis, Hope, Between Irua and Female Genital Mutilation: Feminist Human Rights Discourse and the Cultural Divide, in Harvard Human Rights Journal, 8, 1995, pp.1-60.

Lewis, Hope et Gunning, R., Cleaning our own house: exotic and familiar human rights violations, in Buffalo human rights law review, 4, 1998, pp.123-140.

Le Roy, Etienne, L'accès à l'universalisme par le dialogue interculturel, in Revue générale de droit (R .G.D), 1995, pp. 5-26.

Lionnet, Françoise, Women's Rights, Bodies, and Identities.The Limits of Universality and the Legal Debate around Excision in France, in Femâle Circumcision and the politics of Knowledge, Praeger, West point Connectitut, 2005, pp. 159-182.

Macheret, Augustin, Le noyau intangible des droits de l'homme: sources nationales et internationales, in Le noyau intangible des droits de l'homme, VIIe colloque interdisciplinaire sur les droits de l'homme à l'université de Fribourg, vol.20, 23-25 novembre 1989, éditions universitaires Fribourg Suisse 1991, pp. 31-44.

Mackie, Gerry, Female Genital Cutting: The Beginning of the End, in Femâle Circumcision in Africa, Boulder /London, lynne rienner publishers, 2000, pp.253-282.

Maertens, Jean-Thierry, Les mutilations rituelles en corps et toujours, in droit et Cultures, 20, 1990, pp.163-176.

Makau Mutua, Savages, victims and saviors: the metaphor of human rights, in Harvard journal international law, 42, 2001, pp. 201-245.

Makoundzi-Wolo, Nestor, La commission africaine des droits de l'homme et des peoples, panacée ou placebo? Les illusions d'une charte, Dakar, UNESCO, 1997.

Mandigui, Yokabdjim, L'aide au développement et les droits de l'homme, in droits de l'homme en Afrique centrale : colloque de yaoundé, UCAC-Karthala, 9-11 novembre 1994, pp. 223-240.

Margareth, Etienne, Addressing Gender-Based Violence In An International Context, in Harvard Women's Law Journal, 18, 1995, pp.139-170.

Marie, Jean Bernard, La quête du noyau intangible, Meyer-Bisch (patrice), in Le noyau intangible des droits de l'homme, VIIe colloque interdisciplinaire sur les droits de l'homme à l'université de Fribourg, vol.20, 23-25 novembre 1989, éditions universitaires Fribourg Suisse 1991, pp.11-15.

Matringe Jean, Tradition et modernité dans la charte africaine des droits de l'homme et des peuples, Bruxelles, établissements emile Bruyants, 1996, 137 p.

Mavila, Jean Claude, Plaidoyer pour le respect des droits de l'homme et des peuples pour l'Afrique de l'an 2000, in droits de l'homme en Afrique centrale : colloque de yaoundé, UCAC-Karthala, 9-11 novembre 1994, pp.111-126.

Mbaye, Kéba, Les droits de l'homme en Afrique, in les dimensions internationales des droits de l'homme, paris, Unesco, 1978, pp. 645-663.

Mbaye, Kéba, Menaces sur l'universalité des droits de l'homme, in Boutros Boutros-Ghali Amicorum discipulorum que liber (paix, developpement, democracy), vol.II, Bruxelles, Bruyant, 1998, pp. 1243-1263.

Mbaye, Kéba, Les droits de l'homme (definition, fondements, finalités et caractères), in liber amicorum in memoriam of judge josé Maria Ruda, kluwer law international, 2000, pp.553-562.

Mbaye, Kéba, Les droits de l'homme en Afrique, 2 ème édition, pédone, 2002, 386p.

Mbonda, Ernest Marie, Penser l'ethnicité pour définir la citoyenneté, cahier africain des droits de l'homme, No 6-7, presses de l'UCAC (université catholique d'Afrique centrale), mars 2002, pp. 19-42.

Meyer-Bisch, Patrice, Le problème des délimitations du noyau intangible des droits de l'homme et d'un droit de l'homme, in Le noyau intangible des droits de l'homme, VIIe colloque interdisciplinaire sur les droits de l'homme à l'université de Fribourg, vol.20, 23-25 novembre 1989, éditions universitaires Fribourg Suisse 1991, pp. 97-121.

Moleur, Bernard, Le combat pour les droits de l'homme en Afrique: Symposium international sur la charte africaine des droits de l'homme et des peoples Dakar 25-28 Octobre 1982, in droit et culture, 5, 1983, pp.107-114.

Morange, Jean, La déclaration des droits de l'homme et du citoyen (26 Août 1789), paris, P .U.F (presses universitaires de France), coll. Que sais-je? 1988, 127.p.

Mousseni Batela, Les droits de l'homme dans la société Bamoun, in cahier africain des droits de l'homme, No 6-7, presses de l'UCAC (université catholique d'Afrique centrale), Mars 2002, pp. 259-286.

Moussoki, Désiré, Quels droits de l'homme ?, in droits de l'homme en Afrique centrale : colloque de yaoundé, UCAC-Karthala, 9-11 novembre 1994, pp.57-66.

Moutome, Felicité, Quelle contribution pour l'association camerounaise des femmes juristes (ACAFEJ) dans la lutte contre la MSF (mutilation sexuelle féminine), in les mutilations génitales féminines au Cameroun, yaoundé, ACAFEJ, 1998, pp.13-18.

Ndiaye, Birame, La place des droits de l'homme dans la charte de l'organisation de l'unité africaine, in les dimensions internationales des droits de l'homme, paris, UNESCO 1978, pp.664-679.

Ndi Onana, Georges, Droits de l'homme et Tradition Beti, in cahier africain des droits de l'homme, No 6-7, presses de l'UCAC (université catholique d'Afrique centrale), mars 2002, pp.287-305.

Njandeu, Monique née Mouthieu, La discrimination à l'égard de la femme :une atteinte à l'égalité des sexes, in Verfassung und Recht in Übersee. Law and politics in Africa, Asia and Latin America.35 Jahrgang-1.Quartal, 2002. pp. 54-80.

Njoh-Mouellé, Ebenezer, Échanges et débats, UCAC-Karthala, 9-11 novembre 1994, pp.79-87.

Ngongo, Louis Paul, les principes généraux et fondamentaux des droits de l'homme, in Cahier africain des droits de l'homme, No4, presse de l'UCAC, juillet 2000, pp. 27-40.

Nguele Abada, Marcelin, Le cycle identitaire dans le droit :réflexion sur le fondement de l'expression des droits de l'homme dans les États africains au Sud du Sahara, cahier africain des droits de l'homme, No 6-7, presses de l'UCAC (Université Catholique d'Afrique Centrale), mars 2002, pp. 73-117.

Nguema, Isaac, Universalité et spécificité des droits de l'homme en Afrique : la conception traditionnelle de la personne humaine, in droit et Cultures, 19, 1990, pp. 215-217.

Nguyen Quoc Dinh, Daillier, Patrick et Pellet, Alain, Droit International Public, L.G.D.J (Librair (ie Générale de droit et de Jurisprudence), 7e édition, Paris, 2002, 1510p.

Nyamu, Celestine I., How Should Human Rights and Development respond to Legitimization of Gender hierarchy in developing countries?, in Harvard International Law Journal, 41, 2000, pp. 381-418.

Nzegang, Martin, Société civile et appui au développement, in Cahier africain des droits de l'homme, No4, presse de l'UCAC, juillet 2000, pp.181-188.

Obioma Nnaemeka, The Challenges of Border- Crossing African Women and Transnational Feminisms, in Femâle Circumcision and the politics of Knowledge, Praeger, West point Connectitut, 2005, pp. 2-27.

Obioma Nnaemeka, Colonial Discourses, and Imperialist Interventions: Femâle Circumcision as Impetus, in Female Circumcision and the politics of Knowledge, Praeger, West point, Connectitut 2005, pp. 44-73.

Olinga, Alain Didier, La notion de dignité en droit international des droits de l'homme principe d'unification ou prétexte à manipulation, in Dignité humaine en Afrique hommage à Henry Decker, cahier de l'UCAC,1, 1996, pp.233-240.

Olinga, Alain Didier, Regard divers sur la corruption au Cameroun: le point de vue du juriste, in De la Corruption au Cameroun, Friedrich-Ebert-Stiftung Cameroun, Saagraph, juin 1999, pp. 145-160.

Oloka- Oyango, Joseph, Human rights and sustainable development in contempory Africa: a new dawn, or retreating horizons?, in buffalo human rights law review, 6, 2000, pp.39-76.

Oluyemisi Bamgbose, Legal and cultural approaches to sexual Matters in africa : the cry of the adolescent girl, in University of Miami international and comparative law review, 10, 2001-02, pp. 127-144.

Ombolo, Jean Pierre, Les Mutilations sexuelles en afrique noire , essai de synthèse, étude anthropologique des opérations sexuelles observées dans le monde noir, Yaoundé 1981, 180p polycopié.

Omofolabo Ayayi- Soyinka, Transcending the Boundaries of Power and Imperialism Writing Gender, Constructing Knowledge, in Female Circumcision and the politics of Knowledge, Praeger, West point Connectitut, 2005, pp. 79-121

Orubuloye, I.O., Caldwell, Pat et Caldwell, John, Female Circumcision among the Yoruba of Southwestern Nigeria: the Beginning of Change, in Femâle Circumcision in Africa, Boulder /London, lynne rienner publishers, 2000, pp.73-94.

Otto, Diane, Rethinking the universality of human rights law, in Columbia human rights law review, 29, 1997, pp.1-46.

Ouguergouz, Fatsah, La Charte Africaine des droits de l'homme et des Peuples : une approche juridique des droits de l'homme entre tradition et modernité, Paris, P.U.F (presses Universitaires de France), 1993, 479 p.

Owona Nguini, Mathias Eric, Juristes-savants, droit de l'État et État de droit au Cameroun : l'énonciation professorale et doctorale du droit de la souveraineté et droits de l'homme au crible d'une sociologie politique du champ juridique, in Polis/ R.C.S.P./ C.P.S.R. vol.6, No2, 1998, pp.31-79.

Owona (théophile), Die Souveränität und Legitimität des Staates Kamerun, tuduv-Studien (Reihe Politikwissenschaten-Band 43), München, 1991, 351p.

Panet, Sabine, Vers l'abandon de l'excision? *Empowerment* communautaire au Sénégal L'organisation non gouvernementale TOSTAN et les Déclarations Publiques pour l'abandon de l'excision, Mémoire de fin d'études, Magistère de Relations Internationales et Action à l'Etranger, Université Paris 1 Panthéon-Sorbonne Septembre 2005, 104p.

Panet, Sabine, Rapport de l'enquête sur l'impact de la déclaration publique pour l'abandon de l'excision de Diabougou (15 février 1998), Tostan pour l'éducation non formelle en Afrique, juin/juillet/août 2004, 41p.
Partch, Karl Josef, Les principes de base des droits de l'homme : l'autodétermination, l'égalité et la non discrimination, in les dimensions internationales des droits de l'homme, paris, UNESCO 1978, pp.64-91.
Petra Schnüll / Terre des femmes, Weibliche Genitalverstümmelung in Afrika, in weibliche Genitalverstümmelung: eine fundamentale Menschenrechtsverletzung, Terre des femmes, Frankfurt am Main, Mabuse-Verlag GmH, 2003, p. 23-64.
Pitch, Tamar, La Loi juste. Le traitement juridique des mutilations génitales féminines (version française) in The Afro-Arab Expert Consultation on Legal Tools For The Prevention of Femâle Genital Mutilation, cairo, 21-23 June 2003, pp. 1-10, consulté le 30 Janvier 2007 à l'adresse
http://www.npwj.org/2007/02/08/FGMbrochure032004fr.pdf
Pollis, Adamantia, Cultural Relativism revisited: Through a State Prism, in Human Rights Quarterly, 18, 1996, pp.316-344.
Pougoué, Paul Gérard, La législation camerounaise et la protection des droits de l'homme, in cahier africain des droits de l'homme No4, presses de l'UCAC juillet 2000, pp.101-120.
Pougoué, Paul Gérard, Lecture de la Charte Africaine des droits de l'homme et des Peuples, in droits de l'homme en Afrique centrale, UCAC-Karthala, Colloque de Yaoundé, 9-11 Novembre 1994, pp. 31-45.
Powell, Catherine, Symposium in celebration of the fiftieth anniversary of the universal declaration of human rights: introduction, location, culture, identity and human rights, in Columbia human rights law review, 30, 1999, pp. 201-224.
Pradel, Jean, Procedure pénale, 10ème edition, Cujas, 2000/2001, 862p.
Prasad, Divya, Universality and cultural practice with respect to femâle genital mutilation, in Indian journal of international law, 41, 2001, pp. 495-503.
Quiminal, Catherine, les soninké en France et au Mali : les débats sur les mutilations sexuelles, in droit et Cultures, 20, 1990, pp.183-192.
Ragab, Ahmed R., Ethische Betrachtungen zur Genitalverstümmelung, in weibliche Genitalverstümmelung: eine fundamentale Menschenrechtsverletzung, Terre des femmes, Frankfurt am Main, Mabuse-Verlag GmH, 2003, pp. 113-117.
Ras-Work, Berhane, Null-Toleranz gegenüber weiblicher Genitalverstümmelung, in weibliche Genitalverstümmelung: eine fundamentale Menschenrechtsverletzung, Terre des femmes, Frankfurt am Main, Mabuse-Verlag GmH, 2003, pp.118-122.
Rigaux, François, Kelsen et le droit international, RBDI, 1996, pp.381-408.

Ritz Kerri, L., Soft enforcement: inadequacies of optional protocol as a Remedy for the Convention on the Elimination of all Forms of Discrimination against women, in Suffolk Transnational Law Review, 25, 2001, pp. 191-216.

Romany, Celina, Women as aliens: a Feminist Critique of the Public/ Private Distinction in International Human Rights Law, in The Harvard Law Journal, 6, 1993, pp.87-125.

Rosenke, Marion, Die rechtlichen Probleme im Zusammenhang mit der weiblichen Genitalverstümmelung, Frankfurt am Main, Peter lang GmbH, 2000, 181p.

Sahovic, Milan, Est-il possible de démocratiser le droit international ?, in Boutros Boutros-Ghali Amicorum discipulorum que liber (paix, developpement, democracie), vol.II, Bruxelles, Bruyant, 1998, pp. 1331-1343.

Sahovic, Milan, Le problème de l'éfficacité du droit international, Theory of International Law at the threshold of the 21 st Century, Hague/London/Boston, Kluwer Law international, pp. 275-281.

Samson, Klaus, Le noyau intangible des droits de l'homme-notion utile ou illusion simpliste?, in Le noyau intangible des droits de l'homme, VIIe colloque interdisciplinaire sur les droits de l'homme à l'université de Fribourg, vol.20, 23-25 novembre 1989, éditions universitaires Fribourg Suisse 1991, pp. 45-51.

Schöpp-Schilling, Hanna Beate, Das Frauenrechtsübereinkommen-wirksames Instrument für die welweite Gleichstellung von Frauen ?, in Menschenrechtsschutz in der Praxis der Vereinten Nationen, 1.Auflage, Baden-Baden, Nomos-Verlag-Gesellschaft,1998, pp. 155-165.

Sciotti-Liam, Claudia, L'applicabilité des traités internationaux relatifs aux droits de l'homme en droit interne, Bruxelles, Etablissement Emile Bruyant, 2004, 704p.

Shell-Duncan, Bettina et Hernlund, Ylva, Female Circumcision in Africa: Dimension of the Practice and Debates, in Femâle Circumcision in Africa, Boulder /London, lynne rienner publishers, 2000, pp.1-40.

Shell- Duncan, Bettina, Obungo Obioro, Walter et Auko murulli, Leunita, Women Without Choice: the Debate over Medicalization of Femâle Genital cutting and its impact on a northern kenyan community, in Femâle Circumcision in Africa, Boulder /London, lynne rienner publishers, 2000, pp.109-128.

Sindjoun, Luc, brèves réflexions sur une question sans fin: de la société politique traditionnelle à l'émergence d'une société politique de droit, in droits de l'homme en Afrique centrale : colloque de yaoundé, UCAC-Karthala, 9-11 novembre 1994, pp.91- 98.

Sondra, Hale, Colonial Discourse and Ethnographic Residuals: The "Female Circumcision" Debate and the Politics of Knowledge, in Femâle Circumcision and the politics of Knowledge, Praeger, West point Connectitut 2005, pp. 363-378.

Sonnewald, Karl-Heinz, Declaration der Menschenrechte der Vereinten Nationen vom 10.12.1948, Frankfurt am Main/Berlin, Forschungsstelle für Völkerrecht und ausländisches öffentliches Recht der Universität Hamburg, Heft XVI, Alfred Metzner verlag, 1955, pp.1-41.

Southard, Jo Lynn, Protection of Women's Human Rights under the Convention on the Elimination of all Forms of Discrimination against women, in 8 Pace International Law Review, 1, 1996, pp. 1-90.

Sow, Fatou, La recherche africaine en sciences sociales et la question du genre, in Colloque international genre, population et développement en Afrique, Abidjan.16-21 juillet 2001. 17p.

Subrata, Paul, Combating Domestic Violence Through Positive International Action In The International Community and In The United Kingdom, India, and Africa, Cardozo Journal of International and comparative Law, 7, 1999, pp.227 (227-244).

Sudre, Frédéric, Quel noyau intangible des droits de l'homme, in droits de l'homme en Afrique centrale : colloque de yaoundé, UCAC-Karthala, 9-11 novembre 1994, pp. 267-276.

Sudre, Frédéric, Droit européen et international des droits de l'homme, paris, 6e édition refondue, presses universitaires de France, 2003, 665p.

Sudre, Frédéric, Marguénaud, Jean-Pierre), Andriantsimbazovina, Joel, Gouttenoire, Adeline et Levinet, Michel, Les grands arrêts de la cour européenne des droits de l'homme, paris, P.U.F, coll. Thémis droit, 2 e édit, 2004, 645 p.

Sussman, Erika, Contending With Culture: an Analysis of the Femâle Genital Mutilation Act of 1996, in Cornell International Law Journal, 31, 1998, pp.193-250.

Szabo, Imre, Fondements historiques et développements des droits de l'homme, in les dimensions internationales des droits de l'homme, paris, UNESCO 1978, pp.11-44.

Tavernier, Paul et Capette, Isabelle, Les États Africains et Les Instruments des Nations Unies relatifs aux Droits de l'Homme, in in Recueil Juridique Des Droits de L'Homme en Afrique, 1996-2000, Bruyant, Bruxelles, 2002, pp. 175- 215.

Thomas, Lynn, Ngaitana (I Will Circumcise Myself): Lessons from Colonial Campaigns to Ban Excision in Meru, Kenya, in Femâle Circumcision in Africa, Boulder /London, Lynne rienner publishers, 2000, pp.129-150.

Thio, Li-Ann, The Impact of Internationalisation on domestic Governance: Gender Egalitarianism and The Transformative Potential of CEDAW,

Singapore Journal of International & Comparative Law, 1, 1997, pp. 278-350.
Titi Nwel, Pierre, L'idée de « droit de l'homme » en Afrique noire, in droits de l'homme en Afrique centrale : colloque de yaoundé, UCAC-Karthala, 9-11 novembre 1994, pp.49-56.
Titi Nwel, Pierre, Droits de l'homme et conceptions culturelles de l'homme, in Cahiers de la quinzaine de yaoundé, 5, yaoundé, presses de l'UCAC (université catholique d'afrique centrale, 1997, pp. 1-19.
Titi Nwel, Pierre, Société civile et promotion de la démocratie, in Cahier africain des droits de l'homme, No4, presse de l'UCAC, juillet 2000, pp.189-202.
Tochukwu Okwubanego, John, Female Circumcision and the Girld Child in Africa and the Middle East: the Eyes of the World are blind to the conquered, in International lawyer, 33, 1999, pp.159-187.
Toebes, Brigit C.A., The Right to Health as a Human Right in International Law, School of Human Rights research, Intersentia, 1999, 417p.
Toriairia, Ronelngue, Paradoxes des droits de l'homme, in droits de l'homme en Afrique centrale : colloque de yaoundé, UCAC-Karthala, 9-11 novembre 1994, pp.67-78.
Toubia, Nahid, Female genital mutilation: a call for a global action, New York, Rainbo, 1995, 48p.
Toubia, Nahid, La législation en tant qu'instrument pour un changement social et de comportement (version française), in The Afro-Arab Expert Consultation on Legal Tools For The Prevention of Female Genital Mutilation, Cairo, 21-23 June 2003, pp. 1-9, consulté le 30 Janvier 2007 à l'adresse http://www.npwj.org/2007/02/08/FGMbrochure032004fr.pdf
Toubia, Nahid et Izett, S., Les mutilations sexuelles féminines : aperçu du problème, Genève, Organisation mondiale de la Santé, 1998, 78p.
Triepel, Heinrich, Les rapports entre le droit interne et le droit international, RCADI 1923, pp. 77-118.
Tsou, Etienne, Pourquoi les Mutilations Sexuelles ? Respect de la Tradition ou Pouvoir de Contrôle sur la Femme, yaoundé, SAAGRAPH, Février 2005, 71p.
Usman Mandara, Mairo, Female Genital Cutting in Nigeria: Views of Nigerian Doctors on the Medicalization Debate, in Femâle Circumcision in Africa, Boulder /London, Lynne rienner publishers, 2000, pp.95-108.
Vasak, Karel, Préface, les Dimensions internationales des droits de l'homme, paris, UNESCO 1978.
Vasak, Karel, La réalité juridique des droits de l'homme, in les Dimensions internationales des droits de l'homme, paris, UNESCO 1978, pp.1-10.
Verdier, Raymond, Problématique des droits de l'homme dans les droits traditionnels de l'Afrique noire, in droit et cultures, 5,1983, pp.97-114.

Verdier, Raymond, Chercher remède à l'excision: une nécessaire concertation, in droit et Cultures, 20, 1990, pp.147-150.

Vernier, Dominique, Le traitement pénal de l'excision en France :historique, in droit et Cultures, 20, 1990, pp.193-199.

Viljoen, Frans, Vue d'Ensemble Du Système Régional Africain Des Droits De L'Homme, in Recueil Juridique Des Droits de L'Homme en Afrique, 1996-2000, Bruyant, Bruxelles, 2002, pp. 323 (330-344).

Wachsmann, Les droits de l'homme, paris, Dalloz, 4e édition, 2002, 180 p.

Wanjala, John Kennedy, Est-ce que la Loi peut arrêter la circoncision féminine ? (version française), in The Afro-Arab Expert Consultation on Legal Tools For The Prevention of Femâle Genital Mutilation, cairo, 21-23 June 2003, pp. 1-6, consulté le 30 janvier à l'adresse http://www.npwj.org/2007/02/08/FGMbrochure032004fr.pdf.

Waris, Dirie, Wüstenblumen, München, Wilhelm Heyne Verlag, 2002, 280p.

Weil-Curiel, Linda, Weibliche Genitalverstümmelung aus Sicht einer französischen Rechtsanwältin und Aktivistion, in weibliche Genitalverstümmelung: eine fundamentale Menschenrechtsverletzung, Terre des femmes, Frankfurt am Main, Mabuse-Verlag GmH, 2003, pp.195-202.

Weissman, Deborah M., The Human rights Dilemma: Rethinking the Humanitarian Project, 35, in Columbia Human Rights Law Review, 2004, pp.259-336.

Willybiro-Sako, Jean, Des principes et convictions à une véritable protection juridique en Afrique, in droits de l'homme en Afrique centrale : colloque de yaoundé, UCAC-Karthala, 9-11 novembre 1994, pp.99-110.

Yakemtchouk, Romain, L'Afrique en droit international, Librairie générale de droit et de jurisprudence, paris, 1971, 319p.

Yokabdjim Mandigui, L'aide au développement et les droits de l'homme, in Droits de l'homme en Afrique centrale : colloque de yaoundé, UCAC-Karthala, 9-11 novembre 1994, pp.223-239.

Zoller, Elisabeth, Commentaire art.2, para.2 de la Charte des Nations Unies, in la Charte des Nations Unies (commentaire article par article), 3e édition, Ecomica, paris, 2005, pp. 417-423.

B. Rapports

ALVF Extrême nord, étude sur la participation quantitative et qualitative des femmes dans la politique, juin, 2005, 13 p.

Amnesty international, pour que les droits deviennent une réalité : les États ont le devoir de combattre la violence contre les femmes, paris, juin 2004, 86p.

Comité inter-africain sur les pratiques traditionnelles ayant effet sur la santé des femmes et des enfants.

Compte rendu de la Conférence internationale du Comité inter-africain, Addis-Abeba, Ethiopie, 19-24 Nov.1990.
CRLP/ ACAFEJ, les droits des femmes en matière de santé reproductive au Cameroun, novembre 1999, 18 p.
CRLP/CREFELS, les femmes à travers le monde : Lois et politiques qui influencent leur vie reproductive l'Afrique francophone, New-york, 1ère édition, décembre 1999, 212 p.
CRLP, faire peser les droits : guide de plaidoyer sur le travail des organes de surveillance des traités des Nations- Unies relatifs aux droits en matière de reproduction et de la sexualité, New york, 2003, 132p.
De la Corruption au Cameroun, Friedrich-Ebert-Stiftung Cameroun, Saagraph, juin 1999.
Déclaration finale de la conférence parlementaire africaine à Dakar sur la thématique « Les violences contre les femmes, abandon des mutilations génitales féminines :le rôle des parlements nationaux Dakar, Sénégal 4 et 5 décembre 2005, consulté à l'adresse http://www.ipu.org/splzf/dakar05 /declaration.html'adresse , consulté le 15 Janvier 2007.
Deutscher Bundestag-16. Wahlperiode, Weibliche Genitalverstümmelung verhindern- Menschenrechte durchsetzen, Drucksache 16/4152, 31.01. 2007.
FNUAP (Fonds des Nations Unies pour la population), Table ronde internationale sur l'éradication des mutilations génitales féminines : maîtrise des contraintes par l'utilisation d'approches socio-culturelles, Yaoundé, Cameroun, 1998, 42p.
GTZ, La lutte contre les mutilations génitales féminines : défis et perspectives pour les programmes de santé, Eschborn, 2003, 42p.
Guide pratique des droits de la femme camerounaise, ACAFEJédité avec le concours de l'Ambassade des États-Unis au Cameroun, Yaoundé, 1996, 145p.
La Charte des Nations Unies (commentaire article par article), 3e édition, Ecomica, paris, 2005, 1366p.
Les mutilations génitales féminines au Cameroun, ACAFEJ, 1998, 18p.
Lexique des termes juridiques de Raymond Guillien et Jean Vincent, 7ème édition, Dalloz, 1988.
Ministère de la condition féminine de la république du Cameroun, les Mutilations génitales féminines au Cameroun : rapport du groupe multidisciplinaire de collaboration en mutilations génitales féminines, novembre 2002, 50p.
Minority rights group report No47, Female circumcision, excision and Infibulation: the facts and proposals for change, juillet 1985, 21p.

Rapport de la quatrième Conférence régionale/ Assemblée générale du Comité inter-africain sur les pratiques traditionnelles ayant effet sur la santé des femmes et des enfants, 17-21 Novembre 1997, Dakar (Sénégal).

Rapport du Séminaire de sensibilisation pour l'éradication des pratiques des Mutilations génitales féminines au Cameroun, Kousseri (Extrême-Nord Cameroun), 9-10 juin 1998.

Recommandations faites au Séminaire régional de Dakar, Dakar, 6-10 Février, 1984.

Recueil juridique des droits de l'homme, 1996-2000, Bruyant, Bruxelles, 2002, 1312p.

Recueil juridique des droits de l'homme en Afrique, 1996-2000, coll. Credho, Bruyant, 2002, 1312 p.

Report, the 6th Regional Conference/General Assembly, Bamako, Mali.April 4-5.2005

Resolutions spécifiques de la Conférence régionale du CI-AF, Addis-Abeba, Ethiopie, 19-24 Nov.1990.

Symposium à l'intention des chefs religieux sur les pratiques traditionnelles néfastes en tant que formes de violence contre les femmes, Banjul (Gambie), 20-23 juillet 1998, 150p.

Symposium pour législateurs sur l'élaboration de la déclaration africaine sur la violence contre les femmes, 10-12 Septembre 1997, Addis Abéba Ethiopie, 94p.

Tostan, Eclosion au Sénégal : le processus qui a mis fin à l'excision dans 174 villages, USAID, janvier 1999, 100p.

United nations research institute for social development, gender equality striving for justice in an unequal world, United nations research institute for social development, France, 2005, 303p.

VII e colloque interdisciplinaire sur les droits de l'homme à l'Université de Fribourg 23-25 novembre 1989, le noyau intangible des droits de l'homme, éditions universitaires Fribourg Suisse, imprimerie Saint-paul Fribourg Suisse, 272p.

Workshop on the training of trainers of traditional Birth attendants / circumcisers for alternative income generating projects, Kumba (Cameroon), 12-14 july 2000.

Peter Lang · Internationaler Verlag der Wissenschaften

Habibatou Sow Dia

État et société civile au Sénégal

Frankfurt am Main, Berlin, Bern, Bruxelles, New York, Oxford, Wien, 2007.
173 p.
Berliner Studien zur Politik in Afrika. Edité par Franz Ansprenger. Vol. 14
ISBN 978-3-631-55587-3 · br. € 41.10*

A l'heure où, partout à travers le monde, le concept de société civile connaît un regain d'intérêt, cet ouvrage tente d'apporter un éclairage dans le «flou sémantique» qui caractérise ce concept. Peu d'ouvrages sont consacrés à cette notion contrairement à l'État qui jouit d'une plus grande facilité d'appréhension. A travers une analyse théorique et un effort d'explication des particularités de la société civile dans le contexte sénégalais, l'auteur met en perspective la question démocratique et fait le point sur des concepts importés et dont l'applicabilité n'est pas toujours vérifiée compte tenu des substrats culturels. Les enquêtes en vue de déterminer l'identité des acteurs de la société civile au Sénégal constituent la partie innovatrice de ce travail. Malgré la volonté manifeste de larges segments de la société de s'identifier à la société civile (partis politiques, syndicats, organisations religieuses, sociales, économie informelle), il y a néanmoins des limites à cet effort d'identification: pour jouer son rôle de relance effective et de consolidation de la démocratie, la société civile revendique en effet une identité nouvelle et doit obéir à certains critères, incompatibles avec le mode de fonctionnement d'autres entités de la société. L'ouvrage vient donc à point nommé afin de comprendre, relativiser et vérifier la pertinence de l'utilisation du concept dans le contexte sénégalais, voire africain, et offre également de nouveaux instruments d'analyses des rapports entre l'État et la société civile dans une perspective démocratique.

Contenu: Facilité d'appréhension de l'État par rapport à la société civile · Flou sémantique autour de la société civile · Analyse théorique de rôle et de la place de la société civile · Identité de la société civile au Sénégal · Contexte d'émergence de la société civile · Autonomie de la société civile

FSC
www.fsc.org
MIX
Papier | Fördert
gute Waldnutzung
FSC® C083411

Kolibri 360 GmbH
Ferdinand-Jühlke-Straße 7
99095 Erfurt, Deutschland
produktsicherheit@kolibri360.de